漳浦年鉴

2023

中共漳浦县委党史和地方志研究室 编

方志出版社
Publishing House of Local Records

图书在版编目（CIP）数据

漳浦年鉴. 2023 / 中共漳浦县委党史和地方志研究室编. —北京 : 方志出版社, 2023.12
ISBN 978-7-5144-6050-6

Ⅰ. ①漳… Ⅱ. ①中… Ⅲ. ①漳浦县－2023－年鉴
Ⅳ. ①Z525.74

中国国家版本馆CIP数据核字(2023)第252740号

责任编辑：王娜
责任校对：张玉霞
责任印制：梅中英
出 版 者：方志出版社
地　　址：北京市朝阳区潘家园东里 9 号（国家方志馆4层）
邮　　编：100021
网　　址：http://www.zgfzcb.cn
发　　行：方志出版社图书营销中心（010-67110500）
印　　刷：福州报业鸿升印刷有限责任公司
开　　本：889毫米×1194毫米　1/16
印　　张：17.5
字　　数：537千字
版　　次：2023年12月第1版
印　　次：2023年12月第1次印刷
定　　价：280.00元

《漳浦年鉴（2023）》编纂委员会

《漳浦年鉴（2023）》编纂人员名单

编辑说明

一、《漳浦年鉴》是中共漳浦县委、漳浦县人民政府主办，中共漳浦县委党史和地方志研究室编纂的年度资料性文献，2010年开始编纂出版，一年一鉴，《漳浦年鉴（2023）》为第14卷。

二、《漳浦年鉴(2023)》以马克思列宁主义、毛泽东思想、邓小平理论、“三个代表”重要思想、科学发展观、习近平新时代中国特色社会主义思想为指导，坚持辩证唯物主义和历史唯物主义的立场、观点和方法，全面、客观、系统地记载2022年漳浦县发展情况。

三、《漳浦年鉴(2023)》采用分类编辑法，主体部分设类目、分目、条目3个层次，个别层分目下设次分目。条目为基本记述单元。全书设专记、大事记、县情概览、中国共产党漳浦县委员会、漳浦县人民代表大会、漳浦县人民政府、中国人民政治协商会议漳浦县委员会、中国共产党漳浦县纪律检查委员会漳浦县监察委员会、外事 侨务 台港澳事务、群众团体、法治、军事、应急管理、农业农村 水利、工业、商务 贸易、城乡建设、交通 邮政 通信、资源 环境保护、经济管理、金融、旅游业、教育、科技、文化、体育、卫生健康、社会民生、乡镇 场、人物 荣誉、附录、索引。

四、《漳浦年鉴(2023)》记述时限为2022年1月1日至2022年12月31日，个别事项的记述时间适当上溯或下延。

五、《漳浦年鉴(2023)》采用规范化的语体文记述，力求言简意赅，通俗易懂。书中单位名称首次出现用全称，再次出现用简称。数字用法、标点符号用法分别采用国家标准《出版物上数字用法》（GB/T 15835—2011）、《标点符号用法》（GB/T 15834—2011），计量单位采用国家技术监督局1993年12月发布的《量和单位》系列国家标准。采用的资料和数据，除大事记外，其余均由全县各机关、群众团体、企事业单位提供。

六、《漳浦年鉴(2023)》中漳浦县均不含古雷港经济开发区，特殊情况另外括注。主要数据和统计资料由漳浦县统计局提供，部分数据由各相关单位提供。由于统计口径等原因，相关部门的个别数据与统计资料不一致的，以统计资料为准。

漳浦县地图

比例尺 1：420 000

编制单位：福建省地图出版社 审图号：漳S〔2023〕052号 截至时间：2022年12月

数知漳浦 2022

漳浦县域总面积：2148.84平方千米

森林覆盖率：55.13%

年末户籍人口：711394人

地区生产总值：500.14亿元

第一产业增加值：79.89亿元

第二产业增加值：177.69亿元

第三产业增加值：242.56亿元

人均地区生产总值：78739元（含古雷港经济开发区）

社会消费品零售总额：209.45亿元

出口额：约50亿元

进口总额：约16亿元

实际利用外资(验资口径)：5034万美元

地方一般公共预算收入：20.76亿元

一般公共预算支出：52.53亿元

城镇居民人均可支配收入：47661元（含古雷港经济开发区）

农村居民人均可支配收入：28499元（含古雷港经济开发区）

各类学校在校生：135945人

公立医院、卫生院床位数：3904张

全年接待游客数：662.8万人次

漳浦县城（邱志民2022年10月 摄）

项目建设

2022年，总投资超200亿元的联盛林浆纸一体化项目快速推进。图为建设中的联盛林浆纸一体化项目

（林杜鸿 摄）

2022年9月21日，福建（漳浦）万洋众创城项目举行签约仪式。图为建设中的万洋众创城项目　　（陈艺新 摄）

2022年10月5日，万安生态产业园区基础设施建设施工现场　　（林杜鸿 摄）

2022年1月3日，漳浦县港城大道通车。图为港城大道瓷窑大桥　　（漳浦县交通运输局 供图）

2022年，漳浦县完成鹿溪北岸东段污水管网项目改造。图为2022年12月10日鹿溪北岸污水处理工程航拍图

（邱志民 摄）

2022年，漳浦县城乡供水一体化工程鹿溪至赤湖引水项目建设完成。图为2022年12月20日旧镇桥闸改造项目

（蔡伊君 摄）

文化宣传

2022年1月18日，漳浦县书法协会到深土镇锦东村开展“送‘福’送春联文化惠民活动”。图为锦江楼活动现场

（林杜鸿 摄）

2022年4月28日，漳浦县举办第四届“黄道周杯”漳浦县中小学师生书画作品展

（林杜鸿 摄）

2022年5月8日，漳浦县开展文物古迹展览进校园活动。图为绥安中心学校活动现场

（漳浦县博物馆 供图）

2022年5月16日，漳浦县竹马戏（芗剧）传承保护中心创作演出的芗剧《一代相国蔡新》在福州首演。图为《一代相国蔡新》剧组成员合影　　（林杜鸿 摄）

2022年12月22日，漳浦县在石榴镇举行2022年漳浦县社会科学普及宣传周活动。图为“社会科学在你身边”普及咨询活动现场　　（林杜鸿 摄）

旅游体育

2022年，南浦乡打造生态发展与旅游振兴相结合的云峰寨自然生态园。图为2022年10月5日南浦乡云峰寨一角 （林杜鸿 摄）

2022年7月27日，漳浦县举行花漾街区开街仪式暨助力乡村振兴农特优产品展销会。图为漳浦县绥安镇花漾街区一角 （林杜鸿 摄）

2022年4月30日，漳浦一中举行2022年“三个一”工程展示活动暨春季运动会。图为4分钟跳长绳比赛现场 （漳浦一中 供图）

2022年7月30日，漳浦籍运动员徐子滢在福建省第十七届运动会“南坑小白茶杯”青少年武术套路比赛中获女子丙组规定拳+长拳项目第一名。图为徐子滢夺金后在领奖台上留影 （漳浦县少体校 供图）

社会民生

2022年1月10日，漳浦县多家“110”联动单位在西湖公园南大门广场开展以“人民至上110 勇毅护航新征程”为主题的全国第36个“110联动宣传日”活动。图为活动现场　（漳浦县公安局 供图）

2022年2月15日，福建省重点民生建设项目——漳浦天福医院正式开业。图为天福医院（天福医院 供图）

2022年7月15日，漳浦县在县市场监督管理局门口开展主题为“共创食安新发展，共享美好新生活”的食品安全宣传月活动（漳浦县市场监督管理局 供图）

2022年9月16日，漳浦县农业农村局在六鳌镇开展2022年放心农资下乡进村宣传活动。图为工作人员向种植户宣传农作物病虫害绿色防控

（六鳌镇党政办 供图）

2022年4月25日，漳浦县开展“文明健康 绿色环保”暨第33个爱国卫生月宣传活动。图为志愿者在向群众发放宣传单 （漳浦县卫生健康局 供图）

乡村振兴

2022年5月22日，漳浦县赤土乡的农光互补集中式光伏项目　　（林杜鸿　摄）

2022年8月21日，护河人员在官浔镇南溪清理河道　　（林杜鸿　摄）

2022年11月17日，漳浦县官浔镇被福建省文化和旅游厅评为2022年福建省“全域生态旅游小镇”。图为官浔镇航拍图　（官浔镇政府 供图）

2022年11月，佛昙镇东坂村被农业农村部评为第十二批全国“一村一品”示范村。图为2022年东坂村航拍图　（佛昙镇党政办 供图）

非凡十年

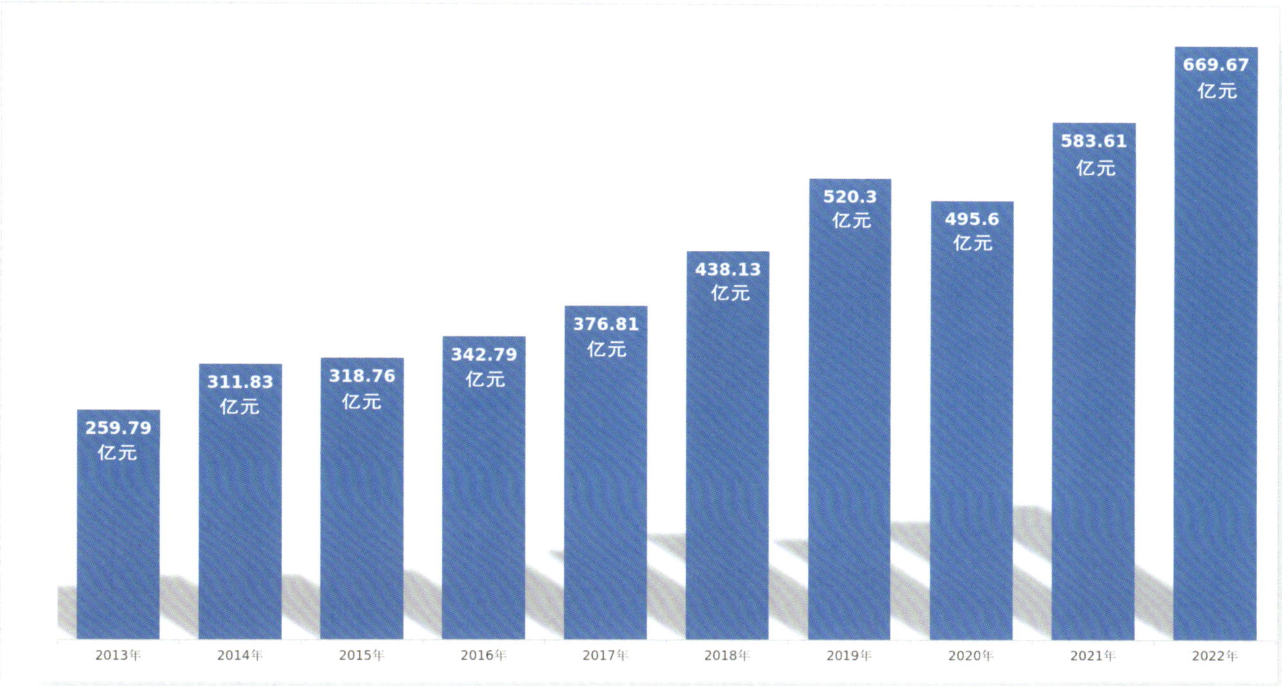

2013—2022年漳浦县地区生产总值

2013—2022年，漳浦县（含古雷港经济开发区）地区生产总值从264.05亿元增长到669.67亿元，人均地区生产总值从31929元增长到78739元，住户储蓄存款年末余额从94.46亿元增长到325.6亿元，农村居民人均可支配收入从11914元增长到28499元，城镇居民人均可支配收入从21912元增长到47661元，城镇化率从44.95%增长到57.4%。十年来，漳浦县全县经济稳步发展，民计民生持续改善，社会事业全面进步，生态文明建设成效明显。

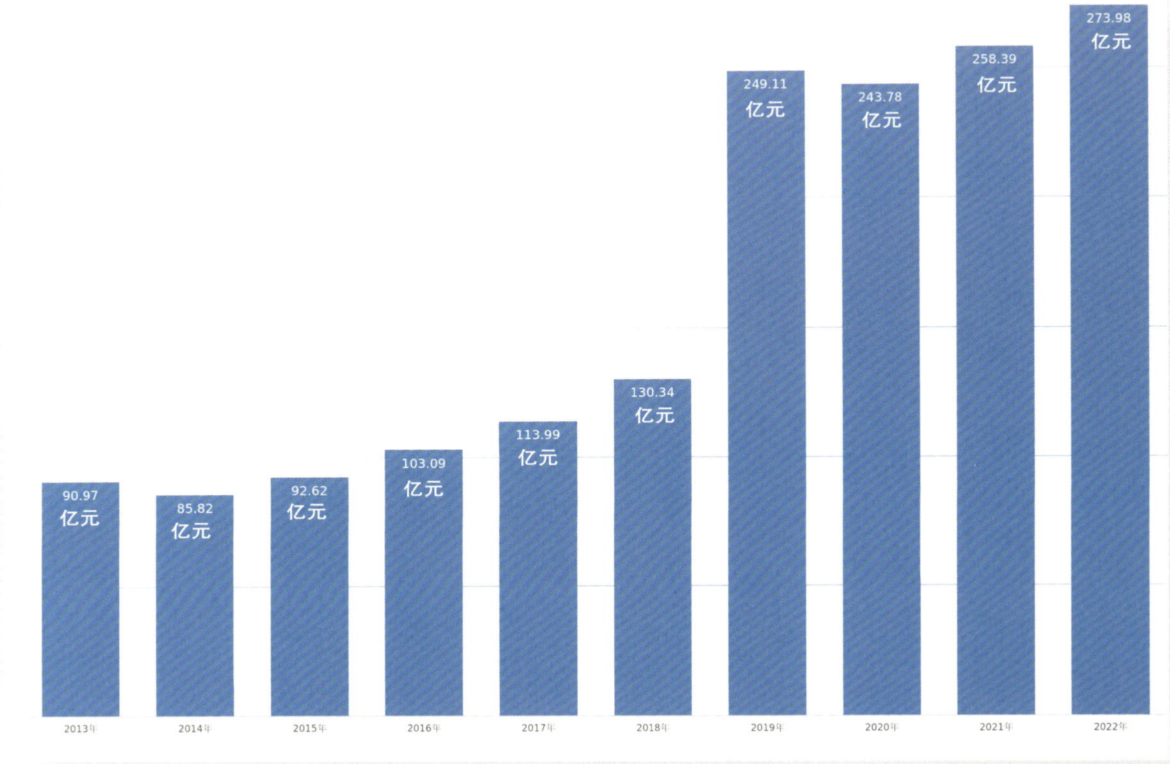

2013—2022年漳浦县社会消费品零售总额

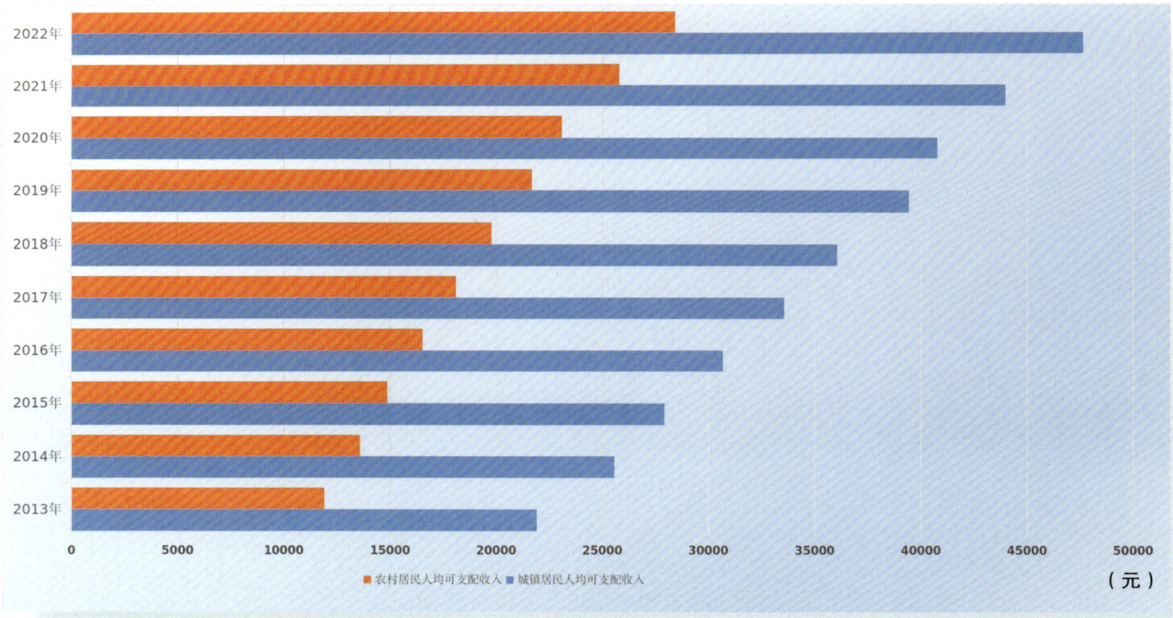

2013—2022年漳浦县人均可支配收入

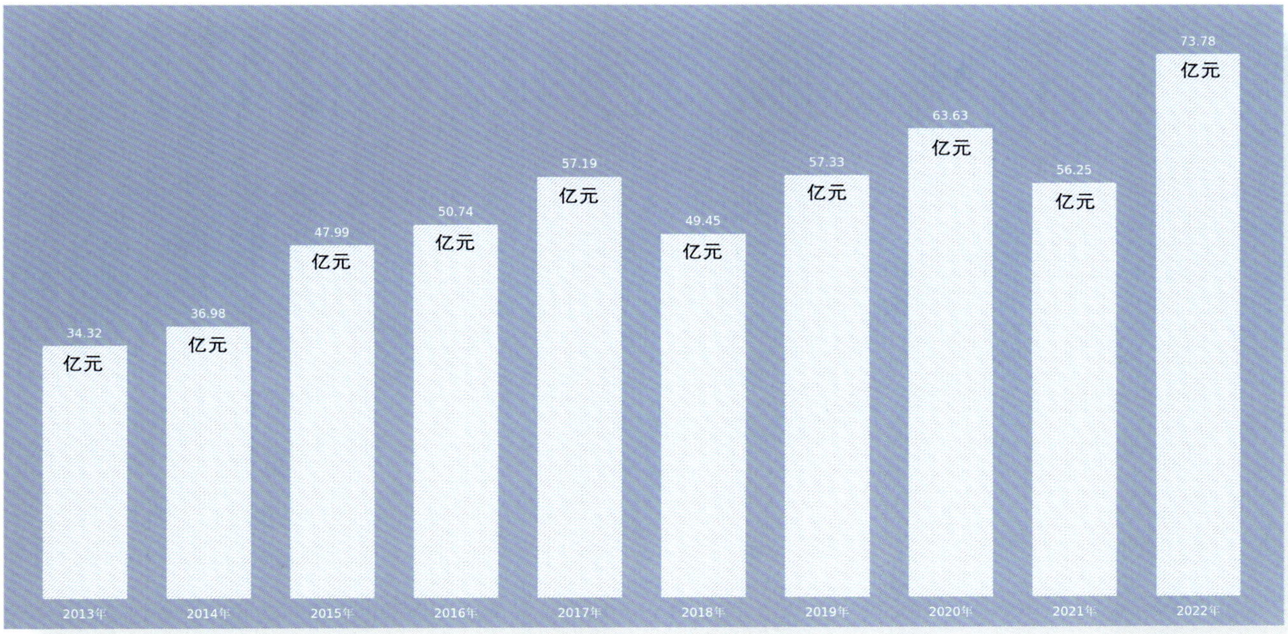

2013—2022年漳浦县一般公共预算支出

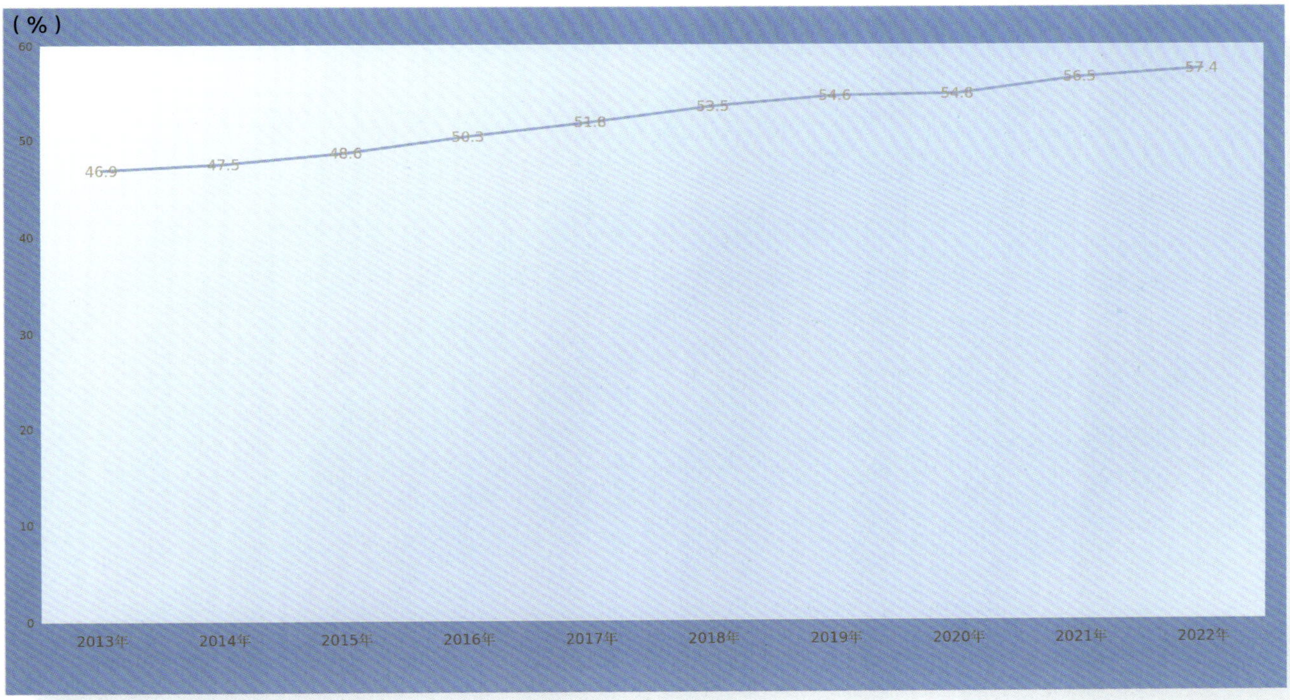

2013—2022年漳浦县城镇化水平

2013年5月，漳浦县城金浦大道

2022年8月，漳浦县城金浦大道

（邱志民 摄）

（邱志民　摄）

2013年12月28日，厦深铁路正式运营，标志着漳浦县进入“高铁时代”。图为漳浦县站广场（林杜鸿　摄）

2014年2月18日，漳浦县被中国书法家协会评为“中国书法之乡”。图为柯云瀚题字

（漳浦县委党史方志室　供图）

2015年9月，漳浦六鳌翡翠湾滨海度假区获评国家AAAA级旅游景区。图为翡翠湾海

（邱志民　摄）

2015年12月14日，福建漳州古雷炼化一体化项目在古雷港经济开发区奠基。图为2022年项目建设现状（詹照宇 摄）

2016年10月，漳浦县顺利通过“义务教育发展基本均衡县”国家级评估验收。图为石斋小学（林杜鸿 摄）

2017年，古雷整岛搬迁工作顺利完成。图为安置点新港城全貌　（詹照宇　摄）

2018年6月18日，漳浦竹屿光伏发电站投用。图为发电站全貌　（邱志民　摄）

2019年5月1日，G228漳江湾特大桥及其连接线全线贯通。图为漳江湾特大桥远眺　（邱志民 摄）

2019年10月，黄道周讲学处被公布为第八批全国重点文物保护单位。图为黄道周讲学处（林文渊 摄）

2020年7月，漳浦县被命名为国家卫生县城。图为西湖公园一角　　（游斐渊 摄）

2021年4月19日，漳浦县首家A股上市企业——福建万辰生物科技股份有限公司在深圳证券交易所创业板上市。图为万辰生物科技股份有限公司生产车间　　（长桥镇党政办 供图）

2021年7月31日，漳浦籍运动员卢云秀夺得第32届夏季奥运会帆船项目女子帆板RS：X级金牌。图为2021年11月22日卢云秀（前排左四）应邀到漳浦一中作报告后与学生在操场互动　　（漳浦县文化体育和旅游局 供图）

2022年8月，福建福船一帆新能源装备制造有限公司鸟瞰图

（漳浦县融媒体中心 供图）

喜迎二十大

2022年，“强国复兴有我”漳浦县庆祝中共二十大群众性主题宣传教育系列活动启动，全县各地通过开展形式多样、内容丰富的主题活动，展现漳浦县经济社会发展和各项事业取得的重大成就。

2022年5月20日，漳浦县在县博物馆举办《古郡漳浦红色履迹》山水画长卷展　　（漳浦县融媒体中心　供图）

2022年5月24日，漳浦团县委、县教育局在漳浦道周中学举行“喜迎二十大、永远跟党走、奋进新征程”示范性入团仪式。图为仪式现场　（卢丰　摄）

2022年9月25日，福建省“兴粮节粮庆丰收 巾帼喜迎二十大”主题活动在漳浦县天福石雕园举行。图为活动现场 （漳浦县妇联 供图）

2022年9月27日，“强国复兴有我”漳浦县喜迎中共二十大群众性主题宣传教育系列活动启动仪式在漳浦县旧县衙举行。图为书画展现场 （林素真 摄）

2022年10月14日，漳浦县“喜迎二十大 奋进新征程”主题演讲比赛（决赛）在县融媒体中心演播大厅举行 （柯国伟 摄）

2022年11月7日，漳浦县学习宣传贯彻党的二十大精神“六进”活动启动暨“福小宣·照金浦”授旗仪式在净凉阁举行 （林杜鸿 摄）

专 记

大事记

县情概览

中国共产党漳浦县委员会

漳浦县人民代表大会

漳浦县人民政府

中国人民政治协商会议漳浦县委员会

中国共产党漳浦县纪律检查委员会
漳浦县监察委员会

外事　侨务　台港澳事务

群众团体

法 治

农业农村 水利

工 业

商务 贸易

城乡建设

交通 邮政 通信

资源 环境保护

经济管理

金 融

旅游业

教育

科 技

社会民生

乡镇 场

人物 荣誉

附 录

非凡十年·活力漳浦

漳浦建县于唐垂拱二年（686年），地处福建省东南沿海，是一座历史悠久、区位优越、物产丰富、人文荟萃的千年文明古县，史有“金漳浦”之美誉，是福建省人口大县、资源大县、农业大县、临港工业新兴县，是国家级生态文明示范区和国家级现代农业示范区，是全国文化先进县和中国书法之乡、中国剪纸之乡、中国竹马戏之乡，是著名侨乡和台胞主要祖籍地。

2013—2022年，漳浦县（含古雷港经济开发区）地区生产总值连续突破300亿元、400亿元、500亿元、600亿元大关，由2013年的264.05亿元增加至2022年的669.67亿元，GDP总量实现翻番；人均地区生产总值由31929元增加至78739万元；农林牧渔业总产值由102.84亿元增加至194.89亿元；规模以上工业总产值由281.24亿元增加至943.55亿元；社会消费品零售总额由76.82亿元增加至273.98亿元；一般公共预算支出由34.32亿元增加至73.78亿元；住户储蓄存款年末余额由94.46亿元增加至325.40亿元；农村居民人均可支配收入由11914元增加至28499元；城镇居民人均可支配收入由21912元增加至47661元；城镇化率由45%增长至57.4%。

这十年，漳浦县始终坚持以人民为中心的发展思想，坚持共享发展理念，全面推进社会事业发展。综合实力不断攀升，城乡面貌焕然一新，民生福祉显著改善，高质量发展蹄疾步稳，人民群众幸福感、获得感、安全感节节攀升。

产业赋能　县域经济添动力

这十年，漳浦县构建千亿级清洁能源、三百亿级绿色纸业、百亿级精细化工三大产业集群。县域综合实力不断增强，营商环境不断优化，产业能级不断提升，工业经济持续增效，在全方位推进高质量发展超越征程中跑出“加速度”。

这十年，漳浦县积极融入闽西南协同发展区、厦漳经济合作区建设，坚持“突出工业、突破工业”，“一区八园”（指绥安工业区、绥安工业园、黄仓工业园、旧镇工业园、大南坂工业园、万安生态工业园、赤湖工业园、前亭工业园、长桥木业产业园）工业格局逐步固化，绥安工业区服务配套进一步提升，赤湖工业园土地征收成片开发方案获批，热电联产、九龙江南引工程试验段等基础设施快速推进，万安生态工业园“五纵八横”道路及沿海大通道连接线建设全面铺开，临港工业产业集群初显雏形。精准引进巨信器材、三峡风电、联盛等346个项目，总投资1346.6亿元，工业经济稳定持续发展。打造绿色纸业、精细化工、清洁能源、食品加工、皮革化纤、机械制造、家居木业等主导产业，建有赤湖皮革、旧镇自行车等一批特色专业园区。

这十年，漳浦县大力发展农产品精深加工和生态农业智慧农业等新兴业态，打造一批国家级现代农业示范园区，提升百里花卉走廊、石榴田园综合体等一批产业示范园，形成茶叶、蔬菜、水果、畜禽、水产、林竹、花卉苗木、食用菌、乡村旅游、乡村物流等一批贯通三次产业的特色农业全产业链，漳浦蝴蝶兰、天福茶叶、万辰金针菇、佛昙河豚、六鳌蜜薯、石榴填鸭等漳浦金字招牌系列优质农产品品牌全面打响，成为乡村振兴的重要支柱产业。

这十年，漳浦县在打造清洁能源产业新征程迈出坚实的步伐。以福船一帆、明阳智能和金风科技为引领，大力发展海工装备制造产业，拓展海上风电和光伏产业链，2021年成功入选全国整县屋顶分布式光伏开发试点县，引进大唐集团清洁能源整县推进项目，打造百亿级临海新能源产业基地，形成以利用“风、光”等可再生能源开发为主的能源开发产业和以功能部件、风电设备等新能源装备制造为主的两大产业集群。

建设提档 城乡脉络焕新颜

这十年，漳浦县认真贯彻落实中央新型城镇化工作和中央城市工作会议精神，提出实施县域“大城关”战略，围绕打造漳州次中心城市，深化“面海东进、跨溪南扩、依山北拓”城市战略布局，坚持高起点规划、高品位建设、高水平管理，持续推进生态宜居宜业宜游滨海新城建设。

这十年，漳浦的道路变宽了，背街小巷亮起了明亮的路灯、停车位慢慢地多了起来、拥堵的交通逐渐顺畅起来……从城市的“面子”到 “里子”，各个脉络发生许多有深度、有品质的变化，城乡建设精彩纷呈。漳浦县先后获得“美丽中国·生态旅游十佳县”、省级优秀旅游县、省级生态县、省级宜居环境建设示范县、省级园林县城、省级森林县城、国家级卫生县城、省级文明县城等荣誉称号。

这十年，漳浦县做细“古”文脉，打造“文化漳浦”名片。注重延续历史文脉，加强历史建筑、文化遗产的保护传承和合理利用，依托漳浦文庙、蔡新府第等6个国家级、省级文物保护单位，建设以“故里·唐城”为主题的府前唐街综合体，重构闽南风情街巷格局，再现漳浦千年文化古韵。依托漳浦威惠庙、黄道周讲学处和蔡新故居，规划实施元光文化产业园、黄道周文化广场和两帝师文化广场。

做靓“绿”品牌，打造“生态漳浦”名片。漳浦县坚持绿色发展理念，累计投资9亿多元，新建鹿溪、道周、石斋等9个城市公园和金浦大道路口、龙湖大道南侧等27个街头绿地，县城主要路段和公共场所实现树绿花红、亮化美化；优化提升西湖公园、石斋公园、绥东溪公园等一批公园。新增城区公园绿地面积近266.67公顷，县城建成区绿化覆盖率提升到44.28%，初步呈现“绿满滨河、园水相亲、生态宜居”园林风貌。

做活“水”文章，打造“活力漳浦”名片。依托鹿溪、南门溪、绥东溪穿城而过的天然优势，坚持治水与建景相结合，打造水系生态经典。投入1.5亿元，实施内河流域综合治理，构建循环流动水系，形成一河一景、一河一特色和“水清岸绿景美”的生态水系景观。积极践行建设海绵城市理念，如在鹿溪公园建设透水铺装、下沉式绿地、生态护岸、湿地系统等工程，构建“蓄、滞、渗、净、用、排”六位一体的生态化、综合化排水模式。

福祉增进 民生答卷绘幸福

这十年，漳浦县始终坚持从实际出发，聚焦群众期盼，坚持共享发展理念，全力办好为民惠民实事，丰富文化供给，健全社会保障，持续补齐民生短板，让人民更好共享改革红利和发展成果，提升城乡居民的获得感、幸福感、安全感。

立体交通网逐步完善，小康幸福路更加通畅。这十年，漳浦县大力推进交通基础设施建设，着力打通国省干线“大动脉”，畅通农村公路“微循环”。先后投资约90亿元资金用于普通公路、汽车中心站、码头建设，漳州沿海大通道漳浦段、G324漳州九龙岭漳浦段、G324长桥镇三古村—盘陀岭隧道口路面改造、漳浦港城大道、赤土乡（瓦仔村）至纵二（新厝顶）—朝阳隧道、旧镇镇至纵一线（沿海大通道）、漳浦汽车中心站、大霜（西林）陆岛交通码头等一批高质量的建设项目相继建成通车，交通动脉更加畅通。红色旅游道路、官浔镇至“花都公路”连接线、石佛线、龙马线、龙美线等一批旅游路、生态示范路的建成，农村公路微循环更具活力。全县216个建制村硬化路通达率100%，通客车率100%，先后开通公交班线16条。

办学条件全面提升，人民教育更为满意。这十年，漳浦坚守为党育人、为国育才初心使命，加快推进教育现代化、建设教育强县。漳浦县教育经费总投入从2013年的6.38亿元增长到2022年的16.61亿元（含古雷港经济开发区），实现教育经费投入两个“只增不减”的要求。这十年，漳浦县投入约8.59亿元建设中小学校舍和公办幼儿园园舍及附属项目212个，总建筑面积50.2万平方米；投入资金3.2亿元对全县中小学教学仪器设备设施及电脑多媒体录播教室等教育技术装备进行配置，实现生均图书册数高中29.3册、初中35.5册、小学17册，馆舍设施和图书资料达到省标配备，实现全县所有学校、教学点“宽带网络班班通”。2016年，漳浦县通过“义务教育发展基本均衡县”国家级验收；2019年，被评为“国家级义务教育质量监测实施优秀组织单位”；2014年、2020年通过福建省人民政府对县教育工作“两项督导”验收。

医疗资源增量提速，人民健康更有保障。这十年，漳浦县卫生健康支出从3.74亿元增长至5.86亿元。漳浦县以“一村一所、十二优先”的原则，优先把民族村、老区村、边远山区等空白村列为建设重点，建成公办村卫生所（室）224家，实现公办村卫生所全覆盖，并全部开通医保终端服务；重视乡村医生医疗水平的提升，邀请县级医生开展培训和帮扶活动，切实解决基层群众看病难的问题；不断优化整合医疗资源，投入约10亿元新建、扩改建医疗机构19个，其中漳浦县医院与漳浦县中医院由二级医院提升至三级综合医院；全县柔性引进省级以上专家21名，建设名医工作室16个，其中国家级5个、省级11个；建设专家工作室2家，让百姓在家门口享受到优质的医疗服务。

跨越十个春秋，回望漳浦县非凡的十年，经济社会发展平衡性、协调性、可持续明显增强，综合实力跃上新台阶，迈上更高质量、更有效率、更可持续、更为安全的发展之路。在进入全面建设社会主义现代化国家、朝着第二个百年奋斗目标进军新征程上，漳浦县将全面贯彻落实习近平总书记“四个更大”重要要求，直面问题和不足、攻坚克难，在新的起点上全方位推进高质量发展超越，奋力谱写全面建设社会主义现代化国家金漳浦新篇章！

（漳浦县融媒体中心）

（编辑：陈诗涵）

1月

3日　漳浦县港城大道通车。项目总投资约12.46亿元，路线全长约14.79千米，路基宽60米，双向六车道，设计时速60千米。

12日　漳浦县人民法院开出自民法典颁布实施以来漳浦县首份《人身安全保护令》，禁止被申请人对申请人实施家庭暴力。

14日　福建省发展和改革委员会主任孟芊带队到联盛林浆纸一体化项目建设现场调研。

18日　福建省残联副理事长郑海生一行到漳浦县调研残疾人康复机构运行情况。

18日　福建省农业农村厅对外合作处调研组一行到漳浦县六鳌镇开展“两直两前”（即直奔现场、直达一线，靠前服务、靠前指导）服务活动调研。

18日　福建省妇联乡村振兴巾帼志愿服务工作考评组到漳浦县开展实地考核工作。

19日　漳浦县见义勇为协会召开春节慰问座谈会，并代表省协会以及市协会为35名见义勇为先进个人颁发奖金共计7.7万元。

20日　20多名来自省、市、县各级媒体记者组成“学习宣传贯彻福建省第十一次党代会精神八闽行”采访团到漳浦县蹲点采访。

21日　2022年漳浦县文化科技卫生“三下乡”集中示范活动启动仪式在官浔镇举行。

28日　漳浦县行政服务中心重新规范建设的漳浦婚姻登记颁证大厅揭牌。

1月　漳浦县住建局对全县已公布的3批共43处历史建筑进行挂牌保护。

2月

5日　总投资约3800万元的鹿溪流域水质提升重点项目——绥东溪两侧污水主干管提升改造工程新建6.6千米污水主干管铺设完成，支管全部接入，已通水运行。

7日　赤湖工业园热电联产项目参与2022年第一季度全省重大项目视频连线集中开工，该项目位于赤湖工业园区联盛林浆纸一体化项目用地红线内，总投资19.3亿元。

10日　福建省国有资产管理有限公司党委委员、省乡村发展投资有限公司董事长林礼谊等和厦门金圆投资集团有限公司相关负责人，联合组成乡村振兴考察团到漳浦县考察。

10日　国家林业和草原局政府网公布第二批59家国家林业产业示范园区名单，漳浦县国家漳浦海峡花卉集散中心产业示范园区入选，是福建省3家入选单位之一。

15日　福建省重点民生建设项目——漳浦天福医院正式开业。

18日　漳浦县在广东省深圳市举办家居产业专场推介会，有50多家企业代表参加，现场签约家居产业项目5个，计划总投资6.7亿元。

3月

4日　漳浦县竹马戏（芗剧）传承保护中心在漳浦县净凉阁文化广场举行新时代廉洁文化题材芗剧《一代相国蔡新》的开排仪式。

8日　漳浦团县委联合其他单位在漳浦县委党校开展“为青山添绿 为党旗添彩”植树节活动，种植红绒球树苗约2000株。

11日　漳州城市职业学院与官浔镇溪坂村在官浔镇溪坂村人才驿站举行共建签约授牌仪式。双方签订《乡村振兴战略合作框架协议》《校村合作协议书》《基层党组织共建协议书》。

4月

1日　漳浦县漳州市绿泉生物科技有限公司年产3000吨果汁原料项目参与漳州全市集中开竣工活动。

2日　“党建引领 金融助力 加快推进漳浦县海洋经济发展”启动大会在漳浦农商银行召开。会上，漳浦县海洋与渔业局同漳浦农商银行签订“党建+金融”双基联动服务乡村振兴战略合作协议。

2日　农业农村部发布2022年农业产业融合发展项目创建名单，漳浦县六鳌镇入选2022年农业产业强镇创建名单。

6日　漳州市卫生健康委员会下发《漳州市卫生健康委员会关于认定漳浦县中医院为三级中医院的批复》，同意认定漳浦县中医院为三级中医院。

8日　漳浦县“党建+金融+乡村振兴”启动仪式暨“政银企村”对接会在南浦乡后坑村举行。40个银保机构党组织与40个村级党组织开展为期3年的结对共建活动。

8日　漳浦县与漳州市旅游投资集团有限公司共同签署协议，由漳州东南花都有限公司投资5000万元，计划在车本村全方位打造红色旅游沉浸式体验项目。

8日　福建福船一帆新能源装备制造有限公司在六鳌镇举行三峡平潭外海海上风电塔筒设备开工仪式。

12日　漳州市委书记张国旺、市长王进足带队到漳浦县开展2022年市委、市政府工作检查。

12日　漳州市果园套种旱粮机械化现场演示会在漳浦县石榴镇举办。

19日　漳浦县未成年人保护委员会在县会议中心举行第一次全体会议。

19日　漳浦县赵木兰养殖有限公司正式通过农业农村部国家生猪核心育种场核验，是漳州市唯一的国家畜禽核心育种场。

20日　漳浦县乡村振兴人才驿站旧镇东厝分站揭牌仪式在旧镇镇东厝村举行。

20日　漳浦县2022年高素质农民种植技术能手培训班开班式在旧镇镇东厝村举行，培训为期5天，50多名当地村民参加培训。

22日　漳浦县在县退役军人事务局举行退役军人、其他优抚对象“优待证”首发仪式。

22日　漳浦县“文明县城 书香漳浦”系列活动启动仪式在漳浦县新时代文明实践中心举行。

24日　福建省平安建设领导小组发布通知，漳浦县获评第四轮第二批平安县（市、区）。

24日　由国家税务总局福建省税务局指导，国家税务总局漳州市税务局和漳浦县人民政府共同主办的“税收助力 青春筑梦”全国税收普法教育示范基地线上行税收宣传活动在漳浦OTO税收主题公园举行，超过5万人次在线观看。

25日　福建省水利厅副厅长陈水树带队到漳浦县调研朝阳水库工程安全度汛情况及九龙江“南引”工程试验段漳浦沿海大通道顶管工程施工情况。

27日　漳浦县剪纸协会在县城文庙日新斋举行“知识产权宣传周”主题剪纸作品展，通过剪纸作品的线上及线下展示，呼吁尊重知识，保护知识产权。

28日　第四届“黄道周杯”漳浦县中小学师生书画作品展开幕式在县文学艺术创作交流基地（旧县衙）举行。

5月

1日　漳浦县交通运输局、漳浦公路分中心联合组织开展“路政宣传月”活动。

10日 福建省民政厅二级巡视员许胜率调研组到漳浦县开展养老服务机构安全管理工作调研。

12日 盘陀中学陈参义教育基金成立大会在盘陀镇政府召开。

12日 福建省政府副省长李德金带队到漳浦县调研中医药、计生、乡村振兴等工作，并参加漳浦县2022年“5•12”国际护士节座谈会。

15日 漳浦县竹马戏（芗剧）传承保护中心创作演出的芗剧《一代相国蔡新》在福州市工人文化宫首演。

17日 漳浦县城乡供水一体化东部片区佛昙段应急供水保障工程举行开工仪式。

18日 漳浦县博物馆举办“5•18”国际博物馆日系列活动。

19日 漳州市东南部沿海地区九龙江调水工程（一期）项目第3标段在漳浦县湖西畲族乡连线参与福建省重大水利工程集中开工视频动员会。

20日 中国工农红军闽南独立第三团成立九十周年纪念大会在漳浦县会议中心召开。

20日 纪念中国工农红军闽南独立第三团成立九十周年《古郡漳浦红色履迹 山水画长卷》展览开幕式暨作品捐赠仪式在漳浦县博物馆举行。

22日 漳浦县在绥安中心学校举办2022年防震减灾科普讲解大赛。

24日 福建省统计局一级巡视员雷志亮带队到漳浦县调研联盛林浆纸一体化项目固定资产投资进度情况。

26—27日 福建省乡村振兴研究会常务理事郑维荣率专家服务团到长桥镇开展调研。

31日 漳浦县乡村振兴与老区建设促进会揭牌。

6月

1日 漳浦县青年人才座谈会在漳浦县会议中心召开。

1日 漳浦县召开见义勇为先进个人（群体）表彰大会，表彰获得“2021年度见义勇为荣誉称号”的10名先进分子。

7日 全国高考开考，漳浦县设置漳浦一中、道周中学、绥安中学3个考点共143个考场，高考考生3855人。

8日 漳浦人才发展有限公司举行揭牌仪式宣告正式启动运营。

15日 漳浦县中医院呼吸与危重症医学科顺利通过国家PCCM（呼吸与危重症医学科）规范化建设评审，获评“国家PCCM科规范化建设二级医院优秀单位”。

17日 福建省重点建设项目漳浦县朝阳水库工程枢纽工程建设区项目用地获得国务院批准。

18日 天福养生文化村项目安养中心大楼举行封顶仪式。

25日 漳浦县公安局在本局举行夏季治安打击整治“百日行动”第一次集中统一行动启动仪式。

27日 漳浦县海洋与渔业局清理违规定置网暨扫海清网专项执法行动启动，清理整治长期占用海域航道进行养殖和捕捞的设施和网具。

30日 福建省委政法委委务会成员郑辉带队到漳浦县，开展县劳动争议纠纷多元调处中心、县司法局“两平台三队伍”等省委政法委重点课题工作调研。

同日 漳浦县第二批党员教育现场教学点揭牌仪式在漳浦县新时代文明实践中心举行。

同日 漳浦县财政局联合漳浦县委党校在县委党校会议中心举办全县财务管理制度培训班，全县各预算单位财务干部职工263人参加培训。

6月 福建省民族宗教厅公布福建省首批“铸牢中华民族共同体意识”乡村振兴示范乡名单，漳浦县赤岭畲族乡名列其中。

7月

1日 漳浦县在绥安镇城西社区举办“喜迎二十大 建功新时代”文艺晚会，庆祝中国共产党成立101周年。

2日 漳浦县17个乡镇、漳浦盐场及南山茶果场妇联换届完毕。

2日 由漳浦县妇联主办的2022年“美家美户，幸福常驻”暑期公益班在县妇女儿童活动中心开班。

5日 选址在六鳌镇，总投资30亿元的中船漳州海上风电装备产业园合作项目签约仪式在漳浦县会议中心举行。

5日 漳浦县将散葬在石榴镇的8位烈士迁移到漳浦烈士陵园集中安葬。

7日 漳浦县正式颁布《漳浦县妇女发展纲要（2021—2030年）》和《漳浦县儿童发展纲要（2021—2030年）》。

13日 福建省高速公路建设总指挥部副总指挥、省高速集团董事长陈岳峰深入漳浦调研沈海高速万安出入口工程项目。

14日 福建省安全生产委员会办公室第四驻守督导组组长谢秀桐一行到漳浦县开展“打好安全检查百日大会战，坚决防范化解重大安全风险”7月驻守督导。

14日 漳浦“新农人”素质提升培训班开班仪式在浦台创业园举行。

16日 漳浦籍作家吴可彦获得“2021年度中国残疾人事业新闻人物”称号。

18日 漳浦县公安局交警大队在县城朝阳大道、金浦大道道路两侧新增汽车停车泊位485个和两轮车停车泊位1000余个。

20日 漳浦县进丰冷冻食品有限公司、漳州益生源生物科技有限公司、漳浦县深土镇普亮水果种植场、漳浦县丰之源农产品收购有限公司通过2021年基层农技推广体系改革与建设补助项目农业科技示范基地验收。

27日 漳浦县花漾街区开街仪式暨助力乡村振兴农特优产品展销活动在县城府前唐街举行，展期3天。

28日 2022年漳浦县残疾人农村实用技术培训班在漳浦县委党校举办。

29日 福建省双拥模范城（县）命名大会在福州举行。漳浦县再次被授予“福建省双拥模范县”称号，蝉联省级双拥模范县（城）八连冠。

29日 两岸“茶业研学”标准共通试点项目启动会在漳州科技职业学院国际交流中心召开。

8月

2日 漳浦竹马戏（芗剧）传承保护中心和福建师范大学音乐学院签约授牌仪式在漳浦县文化体育和旅游局举行。双方签订战略合作框架协议，并互相授予福建师范大学音乐学院“竹马戏”音乐实践基地和教育部中华优秀传统文化传承基地“闽台地方戏曲”漳浦县竹马戏传习基地牌匾。

2日 漳浦县留守、困境儿童暑期公益夏令营开营仪式在县青少年宫举行，为期3天。

3日 全国花生减毒固氮绿色生产关键技术大田测产与现场观摩会在漳浦县赤湖镇举行，是农业农村部在全国83个花生减毒固氮绿色生产关键技术示范区的首场实际测产验收观摩会。

3日 福建省人大常委会委员、法制委主任委员薛云官带队到漳浦县调研传统村落保护工作。

10日 福建省星级饭店管理人员培训班在漳浦县金士顿大酒店开班。

10日 漳浦县人力资源和社会保障局举办2022年夏季高校毕业生暨人力资源招聘会，有30家用人单位参加，提供就业岗位130个。

10日 漳浦县人力资源和社会保障局举行2022年新申报认定的市级高层次人才荣誉证书颁发暨人才卡发放仪式，为27位市级高层次人才颁发荣誉证书，发放26张人才卡。

10日 福州大学土木工程学院“河小禹”专项行动启动暨合作共建签约仪式在漳浦县水利局举行。

12日 漳浦县旧镇交邮综合便民服务站正式投入使用，打通进村出村的寄递运输通道。

14日 漳浦团县委联合漳州龙溪应急救援中心、福建省微益助困公益服务中心在江滨公园举行防溺水应急辅助救援工具投放仪式。

19日 漳浦县道德模范宣讲活动启动仪式暨首场宣讲活动在漳浦县融媒体中心举行。

20日“漳州市万名‘新农人’素质提升工程”漳浦巾帼专场活动在六鳌镇举办，六鳌镇政府与漳州科技职业学院商学院签订公益直播助农协议、地标产品产业融合发展项目。

24日 漳浦县新的社会阶层人士联谊会组织爱心企业和爱心人士向县教育机构认捐355万元，用于漳浦奖教活动。

26日 福建省粮食和物资储备局局长孙建平率调研组到福建省储备粮管理有限公司漳浦直属

库开展工作调研。

26日 漳州市基层妇联执委巡回培训班（漳浦站）开班，县妇联设主会场，各镇场设分会场，采取“线下讲座和线上直播”相结合方式开展，全县3000余名妇联执委参训。

30日 漳浦县人民检察院驻县自然资源局检察官联络室正式揭牌设立。

30日 漳浦县计划生育协会偕同县卫生健康局举行2022年漳浦县“生育关怀 金秋助学”助学金发放仪式，为76名学生发放助学金及物资总价值20.36万元。

31日 漳浦盐场中心幼儿园举行新园落成揭牌仪式，项目总投资1412.7万元，占地面积4782平方米，建设3层教学综合大楼1幢，规划9个教学班。

31日 漳州市荔枝龙眼优新品种高接换种现场推进会在漳浦县马坪镇、赤岭畲族乡举行。

31日 漳州市新的社会阶层人士统战工作实践创新基地建设推进会在漳浦县召开。

31日 福建省发改委副主任王忠带队到漳浦县赤湖工业园调研联盛热电联产项目建设。

9月

1日 漳州青年返乡创业主题沙龙暨大葱种植技术培训班在漳浦县举办。

3日 漳浦县在西湖公园举办“喜迎二十大 永远跟党走 歌颂金漳浦”主题2022年迎中秋广场演唱会。

6日 漳州市委书记张国旺到漳浦县调研基层党建、乡村振兴工作。

7日 漳浦县第38个教师节庆祝表彰大会召开。

7日 中国气象局副局长张祖强一行到漳浦县进行气象工作调研。

13日 漳浦县六鳌商会成立大会在六鳌翡翠湾召开。

16日 漳浦比逊河实业有限公司年产3300万件家居装饰品项目完成各项审批手续，进入建设阶段，成为2022年漳浦县首家“交地即交证、拿地即开工”的企业。

21日 漳浦县人民政府与万洋集团有限公司签约福建（漳浦）万洋众创城项目。项目规划用地54.47公顷，计划总投资约50亿元。

21日 漳浦县城乡供水一体化中部万安水厂（一期）、西北部片区（一期）工程开工仪式在南浦乡龙桥村桥头自然村举行。

25日 福建省“兴粮节粮庆丰收 巾帼喜迎二十大”主题活动在漳浦县天福石雕园举行，截至当日19时，线上线下实现销售额116.67万元。

27日 福建省政协副主席、福建省乡村振兴促进会会长许维泽带领省乡村振兴促进会、基金会一行到漳浦县石榴镇调研乡村振兴工作。

27日 漳浦县喜迎党的二十大群众性主题宣传教育系列活动“强国复兴有我”启动仪式在漳浦县旧县衙举行。

27日 漳浦县医院举行创伤中心启动暨培训会，标志着漳浦县医院创伤中心正式启动。

29日 省级粮食储备库建设项目（2022—2024）重点建设项目之一——福建省储备粮管理有限公司漳浦直属粮库扩建项目开工建设。

29日 漳浦县中共闽粤边区特委红色革命教育基地被命名为第七批福建爱国主义教育基地。

10月

10日 以“喜迎党的二十大快乐足球嘉年华”为主题的“三菱友谊杯”2022年第七届残疾人民间足球活动争霸赛暨足球进基层服务活动在漳浦特殊教育学校举行。

10日 漳浦县在鹿溪和南溪流域放流鲢鱼、鳙鱼80万尾。

12日 福建省交通运输厅总工程师寇军率调研组一行到漳浦盐场督导互花米草除治攻坚工作。

12日 福建省工商联副主席陈飚带队到漳浦县开展民企签约项目建设情况调研。

12日 漳浦县召开漳浦县2022年符合政府安排工作退役士兵和退出消防员安置工作选岗现场会，参加公开选岗的转业士官全部一次性成功选岗，安置率100%。

14日 漳浦县与自然资源部厦门海洋中心举行框架协议签约仪式，推动共建漳浦县海洋自然资源管理支撑体系。

16日 漳浦县提升营商环境工作领导小组办公室、营商环境与信用建设服务中心、项目服务中心揭牌仪式在县工信局举行。

18日 福建省委农办主任、省农业农村厅厅长、省乡村振兴局局长陈明旺带队到漳浦县调研漳浦农业农村和乡村振兴工作。

19日 福建省委政法委基层社会治理处处长钟河林带队到漳浦县开展“综治+保险”调研工作。

11月

1日 由福建省气象学会、福建省旅游协会联合开展的2022年“清新福建·气候福地”第二批气候康养福地推荐认定名单发布，位于漳浦县的天福文化产业园榜上有名。

1日 农业农村部公布第十二批全国“一村一品”示范村镇名单，漳浦县佛昙镇东坂村（河豚）名列其中。

3日 漳州首家高校退役军人服务站在漳州科技职业学院揭牌，漳州首支高校大学生退役军人志愿服务队同步成立并授旗。

3日 中国动物卫生中心到漳浦县开展农贸市场和病死猪无害化处理场及非洲猪瘟病监测工作。

7日 漳浦县举行学习宣传贯彻中共二十大精神“六进”活动启动暨“‘福小宣’·照金浦”授旗仪式。

7日 漳浦县举行“三无”（无船名船号、无船舶证书、无船籍港）船舶拆解现场会，现场拆解海洋与渔业执法过程中查扣的“三无”船舶12艘。

11日 漳浦县第一个村级乡贤促进会——石榴镇温斗村乡村振兴乡贤促进会在温斗村村委会揭牌。

14日 漳浦县暂停绥安镇、佛昙镇、深土镇区域中小学、幼儿园线下教学活动，启动小学高年级及中学学段线上教学。

23日 位于漳浦县大南坂镇的福建宝旺莱生态农业科技有限公司被省妇联列为2022年度“福建省巾帼示范基地”。

27日 2022年“天福杯”海峡两岸名茶邀请赛颁奖典礼在漳州科技职业学院国际交流中心举行。

12月

8日 由漳浦县人民法院与漳浦中西林场联合打造的绿碳司法保护实践基地揭牌。

9日 漳浦县城区启动疫情防控和文明县城创建志愿服务活动。

9日 福建省林业局网站发布《福建省绿化委员会 福建省林业局关于命名2022年度省级森林乡镇和森林村庄的决定》，漳浦县湖西乡赵家城村、漳浦县赤岭乡杨美村、漳浦县官浔镇西北村获评省级森林村庄。

14日 福建省农业农村厅、农科院作物所、漳州市农业农村局、漳浦县农业农村局联合在官浔镇康庄大洋片召开玉米示范品种和优质稻现场会。

15日 位于绥安镇大峰山的漳浦县殡仪馆新址揭牌并正式投用。

20日 漳浦县集中式光伏项目合作框架协议云签约仪式举行。

22日 福建省农发行副行长况流东一行到漳浦县考察对接项目融资工作。

22日 福建省交通运输厅二级巡视员谢俊林带队到漳浦县开展安全生产工作督导。

22日 漳浦县老年人体育协会第四届会员代表大会在漳浦县会议中心召开。

22日 福见·漳浦美术书法摄影作品展在漳浦县文学艺术创作交流基地（旧县衙）举办，展出以“诚信”为主题的120幅书法、美术、摄影作品。

22日 2022年漳浦县社会科学普及宣传周、漳浦县首届石榴填鸭文化节启动仪式在石榴镇填鸭文化公园一期举行。

22日 漳浦县石榴镇车本村的漳浦县中共闽粤边区特委红色革命教育基地获评“福建省爱国主义教育基地”，在石榴镇车本村授牌。

12月 漳浦县绥安镇英山村发现一大批官方税契，数量有300多张，尺寸大小不一，最为久远的为清乾隆三十八年（1773年），最近的为1957年，大部分保存完好。

（漳浦县委党史方志室）

（编辑：陈诗涵）

县情概览

· 自然地理 ·

【地理位置】 漳浦县地处福建省南部沿海，漳州市东南部，位于北纬 23° 36′—24° 21′、东经 117° 24′—118° 01′。东及东南濒临台湾海峡，南偏西与东山县隔海相望，西南与云霄县相连，西及西北与平和县毗邻，北及东北与漳州市龙海区接壤。全境东西最宽距离 62.80 千米，南北最宽距离 71 千米，县域总面积 2148.84 平方千米。海岸线长 216 千米（航拍 267 千米），居全省第二位；凸出部形成整美、六鳌、古雷 3 个半岛，凹岸形成江口湾、佛昙湾、前湖湾、将军湾、大澳湾、旧镇湾、浮头湾、东山（古雷）湾等垵澳。

【地形地貌】 县境属博平岭山脉的延伸，在鹿溪上游河谷分野，分为梁山山脉和石屏山脉，派分出灶山山脉。梁山山脉绵亘于县境西南 150 多千米，西半部是漳浦与云霄两县的界山，东半部为县境中部盆地与南区沿海的分水岭。梁山山脉多山峰，有“梁山九十九峰”之说，主要有：洞仔尖、雀目山、狮石尖、金刚山、莲花峰等。石屏山山脉绵亘于县境西北部，其极顶海拔 1006 米，是漳浦县境内的最高峰；石屏山山脉崇高险峻，海拔 800 米以上的山峰有 7 座，900 米以上的有 5 座，主要有石屏峰、玳瑁山、五牙山、摩顶山、海云山等。灶山山脉是石屏山支脉溪坂五牙山—长桥横内山从县境中部腹地向沿海的延伸，山脉的南北两侧形成赤土、湖西两个盆地，主要山脉有胶丢尾山、乌龟山、朝天马山、灶山、南峰等。县域地势由西北向东南倾斜，各山脉之间为大小不同的平原、盆地，其间夹有许多丘陵。

【水文】 境内主要溪流有鹿溪、南溪、浯江溪、赤湖溪、佛昙溪、杜浔溪，六条溪流各成水系，主河道总长 204.88 千米，流域面积 1460.40 平方千米。河网（含 13 条一级支流）密度 0.19 千米 / 平方千米，年平均径流量 13.88 亿立方米，年排涝量 16.83 亿立方米，年最大排涝量 23.33 亿立方米。鹿溪是境内最长的溪，源自平和侯门，入县域后，纳盘龙溪、胜利溪、东山溪、盘陀溪、马坑溪、查岭溪、罗山溪、万安溪、后井溪，至旧镇港入海，主河道 57 千米，境内长 43.90 千米，流域面积 631.90 平方千米，年均径流量 5.95 亿立方米，平均流量 15.33 米 ^{3}/ 秒。境内有西湖、鉴湖 2 个淡水湖，水域面积 5.55 平方千米。全县有水库 85 座，其中中型 8 座，小（1）型 19 座，小（2）型 58 座，有效灌溉面积 2.39 万公顷。

【气候】 漳浦县属南亚热带海洋性季风气候。

主要气候特点　2022 年，漳浦县年平均气温 21.8℃，比历年平均偏高 0.3℃，属正常。年极端最高气温38.4℃，出现在8月22日，年极端最低气温3.7℃，出现在12月19日，均无超过常年极值。全年日最高气温大于等于35℃日数为31天。无倒春寒、五月寒和秋寒天气。年降雨量1608.8毫米，比历年平均偏多23.8毫米，约2%，属正常。全年降雨日数152天，大于等于0.1毫米的日数124天。年日照时数1956.9小时，比历年平均偏多178.1小时，属偏多，年日照百分率44%。

主要气象灾害　2022年，漳浦县影响较大的气象灾害有干旱、高温、暴雨等。干旱：出现历史少见的夏秋连旱，气象干旱在10月上旬到中旬达到高峰，全县出现气象重旱到特旱。高温：日最高气温≥35℃高温日数达31天，年极端最高气温38.4℃，出现在8月22日。暴雨：全年出现6场暴雨，4次局地强对流天气，日极端最强降水为本站的136.7毫米（7月5日）。

【矿藏】　境内已探明矿产有23种，其中金属矿有铁矿、铅矿、锌矿、铝土矿、钨矿、锡矿等6种。铝土矿储量81.90万吨（已开采36.235万吨），钨矿储量602吨、锡矿112吨。非金属矿有砂矿、花岗岩、玄武岩、辉绿岩、高岭土、陶瓷土、硅藻土、石英等。其中玻璃砂储量2亿吨以上，铸型用砂1.27亿吨，水泥用标准砂94.69万吨，硅藻土储量198.7万吨，高岭土储量500万吨，饰面用花岗岩2.15亿立方米以上，饰面用辉绿岩500万立方米，陶瓷土101.90万吨，建筑用花岗岩资源达5亿立方米以上。地下淡水常年储量2.60亿立方米，每年利用0.80亿立方米；地下热水有石榴象牙温泉、东山温泉，盘陀雀仔埔温泉，沙西院前温泉、涂楼埔头温泉，均已局部开发建温泉浴室；另有旧镇狮头海水温泉，一个钻孔自喷涌水量1000吨/日以上，孔口水温52℃。

·人文地理·

【建置沿革】　漳浦县秦前属七闽地。秦并入版图属闽中郡。汉部分属东冶县，部分属南海郡。东晋义熙九年（413年）置绥安县，属义安郡。隋大业三年（607年），并入建安郡的龙溪县。唐武德元年（618年），属岭南道建州龙溪县。唐武德五年（622年），属江南道丰州龙溪县。唐贞观元年（627年），属岭南道泉州龙溪县。唐垂拱二年（686年），置岭南道漳州，漳浦属漳州。五代后梁开平三年（909年），属闽王国漳州。南唐保大四年（946年），改漳州为南州，属南州。北宋乾德四年（966年），复南州为漳州，属漳州。元至元十六年（1279年），改漳州为漳州路，属福州行中书省漳州路。明洪武元年（1368年），改漳州路为漳州府，属漳州府。清时，均属漳州府。民国元年（1912年），属福建省漳州府。民国2年（1913年），废除府州制度，福建设东、西、南、北四路，属南路。民国3年（1914年），改设闽海、厦门、汀漳、建安四道，属汀漳道。民国23年（1934年），全省设10个行政督察区，属第六行政督察区。民国24年（1935年），全省设7个行政督察区，属第五行政督察区。

1949年9月，漳浦县解放，属福建省第六行政专区。1950年4月，第六行政专区改称漳州行政督察区，属漳州行政督察区；8月，漳州行政督察区改为龙溪地区，属龙溪地区。1955年3月，龙溪地区改为龙溪专区，属龙溪专区。1985年6月，龙溪专区改称漳州市，属漳州市，至2022年底不变。

【政区划分】　北宋乾德四年（966年），漳浦县城区设坊，城区外设乡。元至元十六年（1279年），县域设1个坊3个乡。明洪武元年（1368年），县域设坊、都、图，有1个坊13个都76个图。清初，县域设坊、都、保，有1个坊9个都175个保；嘉庆三年（1798年），县域有1个坊9个都135个保。民国23年（1934年），推行保甲制度，县域设306个保，编为50个联保。民国29年（1940年），联保改为乡镇，编为30个乡镇301个保。

1949年9月，漳浦县解放，设立7个区，后增设至12个区，分辖6个镇，135个乡。1958年9月后，撤销区（乡镇）建制，成立10个人民公社；之后，分设为26个人民公社，再合并为17个人民公社。1984年9月后，人民公社改为乡（镇），原生产大队改为行政村（建制村），全县共有3个镇、18个乡。1988年5月起，漳浦县陆续撤乡改镇。至2018年，全县有绥安、旧镇、霞美、杜浔、沙西、古雷、六鳌、深土、赤湖、佛昙、前亭、马坪、官浔、长桥、石榴、盘陀、大南坂17个镇，南浦、赤土2个乡，湖西畲族乡、赤岭畲族乡2个少数民族乡，共21个乡镇。2019年5月，古雷、霞美、杜浔、沙西4个乡镇成建制委托古雷港经济开发区管理。此后至2022年底不变。

【人口】 2022年末，漳浦县（含古雷港经济开发区）户籍人口为248072户、948352人。其中，男性489063人、女性459289人，城镇人口494707人、乡村人口453645人；常住人口85.10万人，出生率8.89‰，死亡率6.58‰，自然增长率2.31‰，城镇化率57.4%。

【民族】 2022年，漳浦县有26个少数民族，主要是畲族、高山族。其中畲族人口约2.6万人，主要分布在赤岭、湖西等地；高山族人口有25户54人，位居漳州市第二位，主要居住在绥安镇。

【文物古迹】 漳浦县是漳州市置县时间最早的县份，1300多年的历史积淀，为漳浦县留下一批文物古迹。2022年年末，漳浦县辖有县级文物保护单位128处，省级文物保护单位14处，全国重点文物保护单位5处7个点。

赵家堡——诒安堡　2001年6月，被公布为第五批全国重点文物保护单位，含赵家堡和诒安堡两个点。赵家堡位于湖西畲族乡硕高山下，是南宋皇室后裔闽冲郡王赵若和的第九世孙、进士赵范于明万历二十八年（1600年）始建，第十世孙赵义续建而成的一座仿宋朝建筑建造的城堡。是世界上独有的一个灭国王族聚族而居数百载的古城堡。赵家堡由内城和外城组成。内城主体建筑完璧楼，取“完璧归赵”之意；外城主体建筑是四座五进并列的同式建筑赵范府第（俗称官厅），辟有荷花池、汴派桥、辑卿小院、聚佛宝塔、墨池、禹碑、三堂和武庙八大景观。赵家堡有“国之瑰宝”之美誉，被载入《中国旅游名胜大辞典》；是10个“漳州市城市名片”之一，也是10个“福建最美的乡村”之一。

诒安堡俗称湖西城，位于湖西畲族乡城内村，清康熙二十六年（1687年）由曾任广西按察使、湖南布政使和太常寺卿的黄性震为家族抵御寇患而捐资兴建，是一座全国罕见、保存最完好的清代典型的闽南民居古城堡，与赵家城、新城（蓝廷珍府第）统称为“湖西五里三城”。诒安堡平面为锁形，城墙周长1200米；城内有95座民宅和黄氏大小宗祠各一座。诒安堡是闽南一带珍贵的人文古迹，被载入《中国旅游名胜大辞典》。

漳浦文庙　2006年5月，漳浦文庙大成殿被公布为第六批全国重点文物保护单位。漳浦文庙位于县城区龙湖中路与金浦大道交叉口，始建于南宋庆元四年（1198年），重建于明洪武二年（1369年），之后，明成化、清康熙、民国间均做过修缮。2013年，重修文庙大成殿，并根据县志记载，在原址复建棂星门、大成门、文昌宫、道义门、明伦堂等建筑，2014年5月开工重建，2017年9月23日竣工，占地1.33万平方米，建筑面积2500平方米，工程投资5000万元。重修后的漳浦文庙，是福建省规格较高、规制完整的县级文庙之一。

锦江楼　2006年5月，被公布为第六批全国重点文物保护单位。锦江楼位于深土镇锦东村，是一座防盗防匪防地震的闽南沿海古民居土楼。楼分内、中、外三圈，三层内通廊式土圆楼。内圈楼于清乾隆五十六年（1791年），由江头村林生泽建，中圈楼及外圈护厝由其妻李灿于清嘉庆八年（1803年）续建，迄今200多年。全楼有房间120多间，鼎盛时期曾居住400多人。锦江楼以其多圈建筑而独具一格，电影故事片《欢乐英雄》《阴阳界》中的许多镜头曾在该楼拍摄。

蓝廷珍府第　2013年3月，被公布为第七批全国重点文物保护单位。蓝廷珍府第位于湖西畲族乡顶坛村新城自然村，是清康熙、雍正年间历任澎湖副将、南澳总兵、福建水师提督的蓝廷珍，于康熙末期在家乡动工修建，雍正五年（1727年）落成的府第式城堡。府第建筑群呈纵向五落对称分布，沿中轴线依次为门厅、正堂、后堂、主楼与后厢。府第规模宏大，布局对称，构思巧妙，工艺手段多样，是闽南地区官家府第的杰作。府第内建造土楼，形成院城格局，在闽南民居中甚为罕见，是蓝廷珍府第独特之处。

黄道周讲学处　2019年10月，被公布为第八批全国重点文物保护单位，含黄道周讲学处和黄道周墓2个点。黄道周讲学处位于绥安镇石斋社区，又名“东皋书舍”，明万历三十七年（1609年）始建，崇祯十七年（1644年）扩建，改称“明诚堂”。明代著名理学家、书法家、教育家黄道周生活、讲学、著述的主要地方。南明隆武朝赐“文明书院”，1961年辟为纪念馆。坐北朝南，占地面积1058平方米。由外门楼、门厅、天井和廊庑、正堂组成。正堂面阔5间，进深3柱，后封檐墙。天井中间摆正方形天方盘，边长3.78米，盘面刻1万多个小方格和8个同心圆，方格和圆圈纵横交错，是黄道周手制演绎易经用的器具。黄道周讲学处是典型的明代闽南古民居建筑，被载入《中国旅游名胜大辞典》。

黄道周墓位于绥安镇北郊绥安中学旁，墓建于清康熙元年（1662年），为黄道周、蔡玉卿夫妇合葬墓。墓葬北向，占地3000平方米。三合土结构，平面呈“风”字形，封土直径3.5米，三层墓埕，进深6米，龟背形坟堆前立墓碑，碑石有夫妻合葬佳域铭文。

【旅游胜地】　漳浦县旅游资源丰富，自然景观、人文景观特色明显，已初步形成滨海风光旅游带、风景名胜自然生态旅游带、人文景观旅游带和红色旅游带等具有地域特色的旅游产业带，是福建省旅游重点县。2022年年末，漳浦县辖有国家AAAA级旅游景区5个，国家AAA级旅游景区1个。

天福茶博物院　2003年3月，被国家旅游局评为国家AAAA级旅游景区。景区位于盘陀镇，国道324线边，距县城15千米，2002年1月建成开院，是世界上最大的茶博物院。景区内设主展馆、中国茶道教室、日本茶道馆和书画馆四大展馆，还有薪火相传、茗风石刻、明湖垂影、茂林修竹、唐山瀑布、武人茶苑、兰亭曲水、天宫赐福等八大景观。整个茶博物院布局精巧紧凑，立意独具匠心，环境舒心高雅，文化氛围浓厚，是一处善缔茶缘、感受茶情、传播茶文化以及休闲购物的高品位旅游区。2005年9月，被授予首批全国农业旅游示范点称号。

东南花都　2005年12月，被国家旅游局评为国家AAAA级旅游景区。景区位于官浔镇马口，国道324线边，是一个集花卉生产、销售、展示、出口、旅游观光、休闲度假、会议培训、科普教育、健身娱乐于一体的综合性旅游度假区。其前身是1995年9月成立的“花博园”，2003年7月，由漳龙公司接管扩建成“东南花都”，辖3个全资子公司，其中“闽南花卉”主营花卉盆景，“阳光山庄”和“策士溪乡村俱乐部”主营游客食宿接待。东南花都是历届“海峡两岸（福建·漳州）花卉博览会”的举办地，以花为媒，是海峡两岸农业科技与经贸合作示范基地，是闽台风俗文化互动的平台。景区依山傍水，群花锦簇，生机盎然，四季花香横溢，是一个集花展会务、休闲度假、生态观光、户外拓展训练于一体的多功能综合生态旅游区。2006年被授予全国农业旅游示范点称号。

漳州滨海火山国家地质公园　2007年，被国家旅游局评为国家AAAA级旅游景区。景区位于前亭镇至前湖湾滨海一带，是国土资源部批准的首批全国11个国家地质公园之一。2004年10月1日正式开园，景区由一山（香山）、二岛（林进屿和南碇岛）、三湾（崎沙湾、江口湾和后蔡湾）组成，是一处典型的第三纪火山地质地貌，主要地质遗迹有柱状玄武岩、古火山口、火山喷气口群和玄武岩西瓜皮构造等4种。滨海火山国家地质公园是全国唯一规模最大、保存最完整、特色最突出的滨海火山地质遗迹，属世界罕见，被省政府列入福建十大旅游品牌。2005年，被《中国国家地理》杂志评选为“中国最美的十大海岛”之一。

唐山过台湾石雕园 2014年12月，被国家旅游局评为国家AAAA级旅游景区。景区位于沈海高速公路漳浦段天福服务区，距县城25千米，由高速公路服务区、石雕园、观光茶园和皮定均将军纪念园4个部分组成。石雕园主要景观有春潭探幽、夏涧鸣泉、枫林秋韵、曲桥冬雨、闽台民俗馆、石雕园和皮定均将军纪念园、葛洪纪念馆、油茶坊等。景区自然生态与闽台文化兼容并蓄，以石雕形式描述了海峡两岸人民血缘相通、文缘相承、俗缘相近、神缘相似、茶缘相同的渊源关系。2005年9月，被授予首批全国农业旅游示范点称号。

翡翠湾滨海度假区 2015年9月，被国家旅游局评为国家AAAA级旅游景区。景区位于六鳌镇鳌西村，是集滨海浴场、沙滩娱乐、沙雕艺术、冰雪娱乐、神兽观赏、风电奇观、海景酒店、特色餐饮服务于一体的滨海生态旅游休闲度假区。翡翠湾素有中国的佛罗里达海岸之称，是中国大陆架最美的海滩之一，这里有迷人的翡翠湾沙滩、天然浴场、帐篷区、烧烤区、排球场，更有珍稀动物羊驼、澳大利亚国鸟鸸鹋，是户外休闲度假和商务旅游会议的天堂。

龙美湾旅游区·抽象画廊景区 2019年12月，被评为国家AAA级旅游景区。景区位于漳浦县六鳌半岛东海岸的崂屿山，这里的岩石经千万年的海蚀风化、风沙洗礼，特殊的矿物质形成棕红色的纹理，在四通八达的沟壑间呈现绚丽多姿的图形，宛如毕加索抽象画的艺术杰作，是国内罕见的奇特景观，被中国科学院地质专家命名为“抽象画廊”。景区以自然艺术景观、娱乐休闲体验和商务休闲旅游为三大主题，将观光、休闲、娱乐、体验、度假等功能有机融合。

·经济社会发展·

【概况】 2022年，漳浦县实现地区生产总值500.14亿元，比上年增长7.1%；规模工业总产值306.83亿元，增长14.2%；固定资产投资166.5亿元，增长16.3%；一般公共预算总收入28.01亿元，增长13.5%；地方一般公共预算收入20.76亿元，增长27.7%；社会消费品零售总额209.45亿元，增长5.9%；实际利用外资（验资口径）5034万美元，完成213.1%；城镇居民人均可支配收入（含古雷港经济开发区）47661元，增长8.3%，农村居民人均可支配收入（含古雷港经济开发区）28499元，增长10.4%。

【临港工业气势迸发】 2022年，漳浦县坚持产业引领，护航重点项目，总投资超200亿元的联盛林浆纸一体化项目快速推进，锦联线、横六路等8个关联配套项目进度加快，鹿溪至赤湖引水、尾水深海排放工程竣工投用。225个在建工业项目完成投资93.1亿元、增长69.6%，巨信智能器材、伟伊包覆纱等一批重点项目建设进度加快，国昌茂100兆瓦渔光互补等6个总投资39.1亿元的项目获批省发展改革委集中式光伏试点。完成规上企业研发投入6.67亿元，新增规上企业43家、总数达279家，新增产值亿元以上企业25家；申报国家级高新技术企业17家，福建福船一帆新能源装备制造有限公司入选全省战略性新兴产业企业百强。九龙江南引、将军澳作业区、万安工业园万福路和万钦路市政道路及配套项目等基础设施建设不断完善。

【现代农业优势凸显】 2022年，漳浦县严守耕地保护红线，攻坚整改耕地图斑1543宗、面积122.04公顷，新建高标准农田2073.33公顷，引导退林退果还粮172.33公顷。六鳌一级渔港建成投用，佛昙后社、旧镇白沙等渔港加快推进。创建省级优质农产品示范基地2个，新增市级以上农业龙头企业24家，示范农民合作社、家庭农场19家，桥辉农林、中鹭祥等一批项目竣工投产，省粮食储备直属库、农产品冷藏保鲜设施等一批项目扎实推进。新增认证无公害农产品10个，官浔镇康庄村入选首批省级农业生产社会化服务展示基地，南浦乡大坪村、马坪镇仙都村、赤土乡溪东村获评省级“一村一品”专业村，佛昙镇东坂村入选全国“一村一品”示范村、全国乡村特色产业超亿元村，六鳌镇获评国家级农业产业强镇。

【第三产业态势向好】 2022年，漳浦县组织217家企业商户参与省市线上线下促消费活动，引导打造新都、万新、永嘉3个夜间经济集中区，府前唐街花漾街区正式运营。全年新增限上贸易企业72家、规模以上服务企业13家，及时兑现政策奖励资金340万元。文旅产业加速回温，全年接待游客662.8万人次，旅游总收入74.37亿元，云峰寨等景区设施持续完善，天福文化产业园获评省级气候康养福地，东南花都获评省级森林康养基地和休闲农业示范点，漳浦县中共闽粤边区特委红色革命教育基地入选第七批福建省爱国主义教育基地名单。

【项目建设蹄疾步稳】 2022年，漳浦县110个在建重点项目完成投资208.2亿元，超年度计划15个百分点。华煜城汽配、国嘉防火门等29个总投资279.38亿元的市级以上重点项目顺利开工建设，天福医院、万辰金针菇等13个总投资42.07亿元的市级以上重点项目竣工投用，赤湖工业园热电联产代表全市参加第一季度全省重大项目视频连线集中开工。抢抓国家政策机遇，策划生成项目350个，总投资505.8亿元；全年新增入库项目308个，总投资333.44亿元。

【招商引资成效显著】 2022年，漳浦县围绕“2+3”产业体系，编制完成《漳浦县产业链招商地图》，坚持“一把手”招商、精准招商、以商引商，组织产业招商专题推介会2场，县处级领导赴深圳、杭州、温州等地招商84次， 中船风电、吉华新材料、万洋众创城、金顺鑫新材料、六鳌海上风电二期等一批超10亿元的大项目落户漳浦，同溢堂和天福医养产业园实现利润转增资超亿元。全年完成签约项目134个，总投资323.6亿元，其中重大项目22个，总投资262.07亿元。

【要素保障有力有效】 2022年，漳浦县全年报批土地233.33公顷、林地185.87公顷，供应污染物排污权指标326.9吨、能耗指标85万吨标准煤，处置批而未供土地139.59公顷、闲置土地67.29公顷。累计争取上级专项资金12.38亿元，谋划专项债项目16个，获批债券资金36.96亿元，龙睿公司完成政策性融资18.4亿元。深化“放管服”改革，“两办两中心”（指漳浦县提升营商环境工作领导小组办公室、项目前期工作办公室，营商环境与信用建设服务中心、项目服务中心）揭牌成立；推行不见面招投标模式，组织开展公共资源交易335宗，节约工程建设项目招投标资金8.8亿元；推出“一件事”集成套餐服务改革11项，137个高频事项实现跨省通办，审批服务事项网上申办率达94.46%，区域“打捆”项目环评审批获生态环境部典型案例推广。

【城市建设扩容提质】 2022年，漳浦县投入23.07亿元，实施城建项目30个。开工建设国道324线城关过境段外甩工程，新改扩建金鹿路、金浦大道、得仙路等道路工程，县城区供水管网建设、滨江南岸西区电力工程等一批基础设施建成投用。突出整体形象打造，府前唐街、绥东花园等旧城片区房屋征收强势重启；投入3410万元，提升改造老旧小区12个，惠及居民617户；智慧体育公园、绿道建设工程、府前街无障碍设施改造工程等项目建成投用，城市品质更加宜居。扎实推进智慧停车场项目建设，重新规范划定主城区17条道路停车泊位，新建或改造文庙西侧、碧桂园御江府停车场，新增停车位2300个以上。

【乡村振兴效应彰显】 2022年，漳浦县扎实推进农村集体“三资”“四清”专项整治，清理农村集体资产8877宗、17.15亿元。谋划专项债项目包3个，总投资51.8亿元，开工建设佛昙、湖西等乡村振兴提升改造项目，石榴乡村振兴整镇推进工程加快实施。建成东南片区村镇污水处理工程，改造提升六鳌、湖西、前亭、赤岭、佛昙5座垃圾中转站，新建改造农村公路54千米、镇村公厕13座，整治裸房4008栋，获评省级美丽庭院122户、卫生村15个，六鳌镇、赤湖镇入选省级卫生乡镇。投入4200万元，巩固提升溪坂—后坑、近院—东坂、大埔—后垅、攀龙—车本4条乡村振兴示范线，赤岭畲族乡入选省级乡村振兴特色文创示范乡，官浔镇获评省级全域生态旅游小镇。

【生态质量稳步提升】 2022年，漳浦县坚定践行“绿水青山就是金山银山”的理念，除治互花米草269.94公顷，赤湖工业园区突出生态环境问题整改有序推进，第二轮中央生态环保督察矿山非法开采问题完成省级终验。绥东溪污水主干管提升改造工程实现通水运行，鹿溪北岸污水主干管改造、县城区临时污水处理站等项目完工投用，整治入河排污口86个，流域断面水质持续提升，近海海域水质优于二类。大力整治露天烧烤、工地扬尘污染，空气质量不断改善。完成植树造林1257.87公顷，湖西畲族乡赵家城村、赤岭畲族乡杨美村、官浔镇西北村入选省级森林村庄。

【为民实事扎实推进】 2022年，漳浦县坚持人民至上，扎实推进民生工程，殡仪馆、朝阳水库、国道外甩、文体中心等一批备受关注的重点民生项目加快推进，“打造漳州南部区域医疗中心，推动医养结合产业发展”位列市2022十大民生实事榜首。全年财政用于民生支出43.74亿元，占财政支出的82.74%。市、县两级37项为民办实事项目年度完成投资10.7亿元，超序时进度19.5个百分点。投入3.55亿元，新建或改造县医院、县中医医院、深土卫生院等卫生项目6个，新增床位337张；实施漳浦二中教学楼B幢、顶坛民族小学综合楼、鉴湖小学附属幼儿园等教育项目11个，建成后可供学位5405个。投入1.8亿元，启动建设城乡供水一体化等农村供水保障工程12个，惠及26个村庄5万余人。

【民生保障坚实有力】 2022年，漳浦县坚持稳就业保民生，落实各类就业创业补贴资金1463万元，新增城镇就业4403人，实现失业人员再就业1328人，开发公益性岗位250个。投入583.8万元，提升改造区域性养老服务中心3个、三星级以上幸福院64个、长者食堂4个。赤岭、南浦等4个公益性生命公园项目有序推进，天福养生村建成投用。累计发放城乡低保、特困供养、残疾人两项补贴等各类资金1.02亿元，惠及群众40.3万人次，城乡居民参保率达98%。

【社会事业全面进步】 2022年，漳浦县坚持为国育才，谱写教育新篇章，2022年高考漳浦一中4名学生被国内顶级名校录取，本科上线率达98%以上。成立全县奖教基金，意向捐赠款超5000万元；赤岭民族中学郑雅秀获教育部乡村优秀青年教师培养奖励。县医院被确定为公立医院高质量发展省级试点单位，旧镇、佛昙卫生院成功创建全国“社区医院”。坚定文化自信，以精湛的艺术传播漳浦声音，廉洁文化题材芗剧《一代相国蔡新》入选省舞台艺术精品工程，获得国家艺术基金资助，全国公开巡演。县剪纸艺术创作基地再获省新时代特色文艺示范基地称号。大南坂司法所入选省级司法行政系统先进集体。建成县应急指挥中心，排查各类安全隐患6636个，整治率100%，安全生产事故起数、死亡人数实现“双下降”，获评省级平安县。

（漳浦县委党史方志室）

（编辑：许建生）

中国共产党漳浦县委员会

综 述

【概况】 2022年，中国共产党漳浦县委员会（简称漳浦县委）落实新时代党的建设总要求，发挥统领全局、协调各方作用，统筹推进经济社会发展。全年召开县委常委会（扩大）会议43次。

【中共二十大精神学习宣传贯彻】 2022年，漳浦县委学习宣传贯彻中共二十大精神，深刻领会并全面贯彻党的二十大作出的重大决策部署。县委理论学习中心组围绕《习近平谈治国理政》第四卷、《闽山闽水物华新——习近平福建足迹》、习近平来闽考察重要讲话精神以及对漳州工作的重要指示精神等内容开展专题学习22次。全县各级党组织开展理论学习中心组学习研讨120次，开展主题党日活动1000余场，覆盖党员干部2万余人次。在融媒体平台开辟“庆祝党的二十大”“学习二十大 奋进新征程”等专题专栏；组建“福小宣·照漳浦”宣讲队，进企业、进农村、进机关、进校园、进社区宣讲中共二十大精神。

【政治建设】 2022年，漳浦县委加强党的政治建设，强化纪律规矩意识，引导党员干部牢记“五个必须”；强化决策督查，紧盯重大任务、重点项目、重要工作，开展12个专题督查。全面落实意识形态工作责任制，巩固壮大奋进新时代的主流思想舆论；认真贯彻落实《中国共产党宣传工作条例》，推进意识形态工作纳入干部考核考察、领导干部述职、文明考评、巡察、纪律监督、民主生活会等内容。

【全面从严治党】 2022年，漳浦县委严格落实全面从严治党主体责任，加强干部队伍建设，抓实抓细人才工作，夯实基层战斗堡垒，强化正风肃纪反腐，加强民主法治建设。县委常委带队下沉各乡镇（场、工业区、园）开展全面从严治党主体责任落实情况检查，推动各级党委（党组）主体责任、书记第一责任人责任和纪委监督责任落到实处，抓好省委全面从严治党检查移交问题整改。深化考评结果运用，专项记功嘉奖132人，提拔重用晋级140人；深化干部作风“五不”问题专项整治，查处“四风”问题61起123人；严格落实“三个区分开来”，为9名受诬告错告的干部澄清正名，为18名因工作被问责后仍表现突出的干部晋升职级。

【党建引领】 2022年，漳浦县委突出党建引领乡村振兴，强化村干部监督管理，开展村级组织换届“回头看”；推进“三资”（农村集体经济组织依法所有的资金、资产、资源）、“四清”（清理资产资源、清理经济合同、清理工程项目、清理债权债务）专项整治行动，持续盘活集体资源，双轮驱动新增村财超8000万元；深化农村“达标创星”，整顿转化22个软弱（后进）党组织，提高离任村主要干部生活补贴；完善社区党建联席会议制度，创建“驿家亲”物流党建联盟，实施台企党建三年行动计划，天福集团台资党建案例入选全国《非公有制企业党建》“年度百个两新党建创新案例”。查处“两违”综合整治、生态环保等重点领域腐败问题，开展工程项目招投标、政府采购突出问题专项整治。支持人大依法履职，充分发挥协商民主作用；认真学习贯彻《中国共产党统一战线工作条例》，完善大统战工作格局；支持总工会、共青团、妇联等人民团体依照各自章程开展工作、履行职责；抓好党管武装，深化“双拥”共建，漳浦县蝉联省级双拥模范县（城）八连冠。

【社会稳定】 2022年，漳浦县委着力防范化解重大风险，应对和解决重点、难点问题，获评省级平安县。严格落实党政领导平安建设责任制，突出抓好非法出入境违法犯罪整治、基层社会治理创新、常态化推进扫黑除恶斗争等重点工作；开展矛盾纠纷大化解、公共安全大整治、基层基础大提升等专项行动，妥善解决一批群体性历史遗留问题；推进泰禾·香山湾、福晟·钱隆首府等中高风险房地产项目风险化解。严格落实安全生产“一岗双责”，开展安全隐患大排查大整治，累计排查各类安全隐患6636个，整治率100%，事故起数、死亡人数、受伤人数等指标全面下降。扛牢粮食安全政治责任，整治违法图斑2068个，实现乱占耕地建房零新增，坚决遏制耕地“非农化”；全面肃清牛蛙、生猪违法养殖，严厉打击非法挖砂采矿，治理工业污染，持续解决突出生态环境问题；加快实施总投资15.2亿元的36个城乡污水处理和流域水质提升项目，推动国控、省控断面水质稳定达标。全年没有发生较大及以上级别食品安全事故。

（陈玺鸿）

重要会议

【中共漳浦县第十四届委员会第五次全体会议】 2022年12月7日，中共漳浦县第十四届委员会第五次全体会议召开，会议由县委常委会主持召开。全会深入学习贯彻党的二十大精神，落实省委十一届三次全会以及市委十二届四次全会的部署要求，听取和讨论黄键鹏受县委常委会委托作的工作报告和在第一次全体会议上的讲话，审议通过《中共漳浦县委关于深入学习宣传贯彻党的二十大精神 加快建设活力新产城、生态富家园的决定》。

【中共漳浦县委常委会（扩大）会议】 2022年，漳浦县委召开43次县委常委会（扩大）会议，传达中央、省委、市委重大决策、重要会议精神，听取漳浦县为民办实事、平安建设、信访、安全生产、生态环境整治、脱贫攻坚、行政审批、重点项目建设、医共体建设、房地产风险防范、食品安全、打击整治非法出入境、禁毒工作、涉诈劝投逼返工作、县委巡察工作等28项工作情况汇报；审议平安建设相关文件、漳浦县2021年度财政决算（草案）和2022年1—6月财政预算执行情况报告、漳浦县古雷镇和杜浔镇撤镇设街道行政区划调整、2023年漳浦县委县政府为民办实事项目等有关事项13项，及法治宣传教育、海洋经济高质量发展、乡村振兴、产业发展、安全生产、食品安全、双拥共建、旅游资源开发、生态环境保护、行政审批、信访等相关方案、报告69份。

（漳浦县委办公室）

组织工作

【概况】 2022年，中共漳浦县委组织部（简称漳浦县委组织部）围绕学习宣传贯彻中共二十大精神这一主题，在党员教育管理、基层组织建设、干部队伍建设和人才队伍建设等方面狠抓落实。全年发展党员335人，分2批对发展党员过程中存在的违规违纪行为进行排查。开展基层党组织“达标创星”活动。2022年度市对县人才绩效考核位列优秀等次。

【党员教育管理】 2022年，漳浦县委组织部分层次分阶段开展29期新时代基层干部主题培训，培训总人数5700多人。全面推行“4+N”主题党日活动，依托“漳浦初心使命”微信公众号，每月发布“4+N”主题党日“菜单”。开展“送教下乡”活动40多场次，组建一支由40多人组成的“金浦党教轻骑队”，打造8类18个县级党员教育现场教学点推广体验式教学。举办“喜迎二十大 奋进新征程”演讲比赛，选拔43名党建宣讲志愿者充实宣讲一线。

【基层组织建设】 2022年，漳浦县委组织部开展基层党组织“达标创星”活动。开展村级组织换届“回头看”，加强村干部监督管理；举办软弱涣散和相对后进村（社区）党组织书记能力提升班、示范村书记培训班，驻村书记、示范村书记擂台赛；重点整顿转化22个软弱（后进）党组织；培育提升石榴镇梅北村、赤土乡溪东村等第一批10个党建示范点；实施村财增收“双轮驱动”，深化“三资”“四清”专项整治，收回集体资产313宗，新增村财收入5545万元。选派百名金融指导员进村，推动40对银村共建，培育新的村财增收项目近百个，新增村财2500多万元。在社区领域，着重整合盘活党建资源，提升小区党组织覆盖率，推进3个小区党群活动中心建设；完善社区党政联席会议制度，督促7类重难点问题有序化解。在“两新”领域，突出“天福样板”特色品牌的巩固提升和示范辐射，天福集团台企党建案例入选《非公有制企业党建》“年度百个两新党建创新案例”；组建物流行业党委，创建“驿家亲”党建联盟。在县直机关领域，探索“平战结合”服务机制，组织74家县直机关党组织与社区党组织结对，平时开展“双报到”活动，战时下沉小区网格“家家访”，全年提供志愿服务7458次，解决难题624件。

【干部队伍建设】 2022年，漳浦县委组织部构建一线考察、无任用推荐和综合测评印证相贯通的干部考察识别体系。针对疫情防控、图斑整治、征地拆迁等重点工作开展一线专项考察21次；开展选人用人专项检查，针对发现的75个问题进行分析研判；出台县直机关股级干部调配指导意见、干部作风“五不”（指履职不担当、工作不碰硬、落实不见效、能力不适应、内心不敬畏）问题专项整治实施方案，规范干部借调跟班锻炼，推进干部规范化管理、常态化监督。加强考评结果运用，制定多项考评方案，对在重点工作中表现突出的132名一线干部予以专项记功嘉奖及奖金奖励，优先提拔重用、晋升职级140人；对工作推进不力、考评考核排名靠后的党政主要领导干部、分管领导，采取提醒谈话、取消当年度评先评优资格、年度考核奖减半发放等方式进行惩处。

【人才队伍建设】 2022年，漳浦县委组织部完善升级“1+1+7”（指1个县级F类人才认定支持办法、1个“菁英汇浦”行动计划、7个人才工程）人才政策体系。强化载体建设，成立全市首家县级人才公司，创设旧镇东厝等乡村振兴人才驿站示范点；在联盛浆纸有限公司等重点企业设立“服务企业引才招工联络组”，同步开展“百企大走访”，精准引育市级以上高层次人才50人、省级工科类青年人才4人、市级首席科技官2人。优化人才服务，开通县级F类人才申报管理系统，2022年发放人才卡81张，新增人才公寓45间。

（林达伟）

宣传工作

【概况】 2022年，中共漳浦县委宣传部（简称漳浦县委宣传部）围绕学习宣传贯彻中共二十大精神，开展理论宣传、特色宣传，加强意识形态工作及网络安全和信息化管理，加大文化惠民力度，推进精神文明建设，推动宣传思想文化各项工作落到实处。

【理论武装】 2022年，漳浦县制定《中共漳浦县委理论学习中心组2022年学习计划》和《2022年全县党委（党组）理论学习中心组专题学习重点内容安排》，推动各级党委（党组）理论学习中心组学习制度化、规范化，县委理论学习中心组共开展集体学习22次，其中专题研讨7次、邀请专家做专题辅导报告5次。组建“学习贯彻党的二十大精神”县委宣讲团，分赴各地各部门开展专题辅导报告会25场次，受众3000人次，全县成立中共二十大精神宣讲队伍266支，开展宣讲活动307场，受众6390人次。依托新时代文明实践（所、站），推动宣传常态化，开展宣讲活动1000多场，受众4万多人次。

【媒体宣传】 2022年，漳浦县依托县融媒体中心等多平台优势，在市级以上媒体上稿3900余篇次，新闻作品获省奖以上7件。漳浦县委宣传部线上开展中共二十大精神宣传工作，各平台累计推出相关新闻报道618篇次，在市级以上媒体上稿136篇次；线下制作“一图读懂学习党的二十大报告精神”等3版专题版面，张贴在全县200多个农村宣传文化长廊、近500处县直各单位宣传栏（公示栏），转发市委宣传部23条宣传标语在漳浦广播电视台、户外大屏及各乡镇场、县直有关单位795块LED屏滚动播出。围绕重大主题宣传活动和重点工作，做好社会宣传，全方位做好“福”文化宣传，在全县设置“福”文化广告牌58块，悬挂福元素灯饰、道旗等装置188个，张贴主题海报设计350张，LED屏幕播放“福”文化海报12000次。向上宣介漳浦发展故事，对接福建“八闽行”采访团走进漳州钜宝生物科技有限公司、天福医院、福建福船一帆新能源装备制造有限公司和联盛浆纸（漳州）有限公司，深入种植、医疗、制造和轻工业等行业；对接中央电视台农业农村节目中心《三农群英汇》栏目到漳浦县采访漳州市河豚协会会长戴云峰先进事迹。

【特色宣传】 2022年，漳浦县组织开展2022年漳浦县文化科技卫生“三下乡”，举办2022年漳浦县社会科学普及宣传周、漳浦县首届石榴填鸭文化节启动仪式。宣传推介各乡镇地方特色产业，打造《六鳌番薯情》歌曲MV，对外宣传“六鳌番薯”；弘扬特色文化，打造“红色、廉洁、涉台、道周”4张漳浦特色文化名片，规划建设蓝氏三杰、黄道周文化等展馆；编演戏曲《梁鹿先贤颂》，打造国家艺术基金资助项目芗剧《一代相国蔡新》；加大对8个省市级爱国主义教育基地的建设提升力度，漳浦县中共闽粤边区特委红色革命教育基地被福建省委宣传部命名为第七批福建省爱国主义教育基地。

【意识形态工作】 2022年，漳浦县召开专题工作会议，研究部署意识形态工作，完善意识形态工作专项巡察、督查考评、干部考核、执纪问责、典型通报等制度机制，推动意识形态工作制度化、规范化、常态化。

【网络安全和信息化管理】 2022年，漳浦县承办2022年度全市网信工作专题培训会，多次召开全县网络安全工作会议，传达上级会议精神，结合漳浦县实际，部署网络安全相关工作。严格落实新闻媒体“三审三校”制度。

【精神文明建设】 2022年，漳浦县完成登记注册志愿者13.35万人，存在时长人数67040人，服务总时长131.32万小时；注册项目6477个，队伍870支，开展“传承雷锋精神 弘扬时代新风”“关爱下一代春蕾活动”等系列活动。开展全国、全省、全市道德模范推荐评选活动，全县有2人获得漳州市道德模范荣誉称号，1人入选“福建好人榜”候选人，1人获评漳州市“新时代好少年”。发放《移风易俗倡议书》2万份，倡导“文明祭扫树新风”，开展移风易俗“三好”推选活动，培育“好村（居）”“好带头人”“好事例”42个。2022年，漳浦县未成年人校外心理健康辅导站被列入全省第三批县级未成年人心理健康辅导示范站行列。

【文化惠民】 2022年，漳浦县围绕“福”文化等主题开展各类文艺活动100多场，剪纸协会在全县新时代文明实践站所举办非遗培训讲座30余场，漳浦县剪纸艺术创作基地被福建省文联、省财政厅授予“福建省新时代特色文艺示范基地”称号。组织电影队开展免费放映电影活动，完成农村公益电影放映3657场。围绕中共二十大这一主线，开展形式多样、主题鲜明的文艺活动50多场。组织全县文艺工作者创作疫情防控主题文艺作品1000余件。

【“强国复兴有我”漳浦县喜迎中共二十大群众性主题宣传教育系列活动】 2022年9月27日，“强国复兴有我”漳浦县喜迎中共二十大群众性主题宣传教育系列活动启动仪式在漳浦县旧县衙举行。漳浦县突出“中国书法之乡”“中国民间艺术（剪纸）之乡”的特色优势，组织举办“福来福往·福见金浦”漳浦县“福”文化创意剪纸作品展览、“廉洁文化”书法作品展、“古郡漳浦红色履迹”山水画长卷展览、“时代楷模”主题图片展等一系列展览活动以及“青春献礼二十大 强国有我新征程”中小学校文化活动，主题鲜明、形式多样、内容丰富。

（林　翔）

2022年5月20日，漳浦县在县博物馆举办《古郡漳浦红色履迹》山水画长卷展，图为展览现场　（漳浦县文联 供图）

统战工作

【概况】 2022年，漳浦县召开全县统战（民族宗教）工作会议5次。开展“凝聚新力量、筑梦新时代”“人人参与自救、共建共享文明社会”等喜迎党的二十大主题公益活动6场。开展“黄廷芳奖学金”“同心·光彩助学”活动，发放助学助教金41万元。各商会、协会开展重阳节慰问活动，发放慰问金及物资价值25.8万元。

【非公有制经济领域统战】 2022年，中共漳浦县委统一战线工作部（简称漳浦县委统战部）定期分析全县经济社会发展、人才引进政策、产业发展、项目需求等情况，针对性开展“双招双引”（招商引资、招才引智）工作，推进商会招商、以商招商，引导在外民营企业家回漳浦意向投资项目4个。开展“百名干部挂百企”“爱乡爱企促发展、同心同行兴万村”等活动，形成“统战系统+商协会+村（社区）”共建助力乡村振兴模式，捐款捐物助力村（社区）80余万元；挂牌成立漳浦县第一个村级（温斗村）乡贤促进会，助力浦商回归创业。11月30日，泉州市漳浦商会被中华全国工商业联合会认定为全国“四好”商会。

【民族宗教领域统战】 2022年，漳浦县委统战部健全完善“县领导挂钩联系民族乡、县直机关挂钩帮扶民族村”制度，开展“铸牢中华民族共同体意识主题月”“民族团结进步宣传周”“党史、地情宣传进校园”等特色群众性活动9场；扶持民族乡村特色产业，全年下发各级民族资金537万元。开展宗教场所财务管理督导检查、宗教活动场所“四进”活动。

【海外统战】 2022年，漳浦县委统战部组织开展“福侨爱心包”“给归侨侨眷送爱心”“品味端午情、传承爱国心”为侨服务活动和《中华人民共和国归侨侨眷权益保护法》《中华人民共和国民法典》学习交流活动；开展征集“侨批档案文献”“侨乡文化剪纸”“为冬奥加油”等文化活动6场，宣传漳浦“侨文化”；开展暖侨行动，发放归侨侨眷生活困难补助4.56万元；与县检察院联动，推动检侨联络点揭牌、检侨联络员聘任，维护侨胞侨企合法权益，多元化解涉侨社会矛盾。

【港澳台交流交融】 2022年，漳浦县搭建茶文化互享共鉴平台，积极促进与港澳台的交流交融，组织开展“连线云茶会”“海峡两岸名茶邀请赛”等活动3场，开展“同心向党、喜迎二十大”“端午粽香飘两岸、传承家风话亲情”等活动13场；推进台胞科技特派员制度实施，聘任台籍特派员22人，主动探索两岸农民合作新途径，推动两岸农民在交流交往、培训辅导、产业对接、经贸合作等方面形成新的合作机制；加强联动配合，健全完善台胞检察联络员制度，第二批聘任联络员8人。

（郑鸿斌）

巡察工作

【概况】 2022年，漳浦县委巡察办组织开展十二届市委第一、二轮3家单位县级交叉巡察、十四届县委3轮5个批次涉及13个乡镇、16家县直单位党组织（含下属副科级单位）的常规巡察和专项巡察，其中市委第一轮县级交叉巡察和县委第一、二轮巡察发现问题742个，移交问题线索59条。

【县级交叉巡察】 2022年，漳州市、漳浦县两级采取“板块轮动”“常专结合”“上下联动”的方式，对漳浦县城市管理局开展工程项目建设领域专项巡察，对绥安镇开展常规+工程项目建设领域专项巡察，对漳浦县工业和信息化局开展常规+营商环境专项巡察。巡察发现漳浦县城市管理局、绥安镇问题49个，移送问题线索4条。

【常规+专项巡察】 2022年，漳浦县委巡察办对13个乡镇开展“常规+专项”巡察，对13家县直单位组织（含下属副科级单位）开展常规巡察，其中县委第一、二轮常规巡察发现问题573个，工程项目建设领域专项巡察共发现问题120个，发现问题线索55条。

（林子涵）

机构编制

【概况】 2022年，中共漳浦县委机构编制委员会办公室（简称漳浦县委编办）统筹全县编制，保障教育、卫生等民生领域用编要求，加强重点领域和关键环节机构设置，加快乡镇综合行政执法改革，完成291家事业单位年检工作。

【机构编制管理】 2022年，漳浦县委编办统筹全县107名事业编制，服务支持“万才聚漳”行动；统筹编制438个，用于招录乡村教师及乡镇卫生院卫技人员；支持乡镇招录用编88个，招录农业委培生10名，做好士官安置用编工作。核增赤湖工业园区事业编制5个，专用于生态环境保护队伍建设。保障乡村人才用编需求，2022年统筹438个编制用于招录乡村教师及乡镇卫生院卫技人员，支持乡镇招录用编88个，招录农业委培生10名。

【体制机制优化】 2022年，漳

浦县委编办加强重点领域和关键环节机构设置，调整完善县自然资源局、城市管理局内设机构职责，理顺县工业和信息化局、农业农村局部门有关职责，调整县城市管理局权责清单24项。4月，组织开展党政机构和事业单位改革落实情况和“三定”规定执行情况自查自纠工作，推动机关职能优化协同高效，理顺部门之间的职责边界。

【乡镇综合行政执法改革】 2022年，漳浦县成立乡镇综合行政执法改革工作领导小组，制定《漳浦县加快推进乡镇综合行政执法改革工作方案》，坚持“一镇一清单”，根据乡镇区域及经济社会发展差异，梳理制定赋予乡镇行政执法事项清单。7月，漳浦县印发第一批赋予乡镇行政执法事项，其中经济发达镇135项，沿海乡镇130项，山区乡镇120项。12月，召开漳浦县人民政府赋权乡镇人民政府部分行政执法事项工作推进会，涉及赋权事项的县直部门与乡镇当场签订赋权事项承接确认书，完成8个乡镇的赋权确认书签订工作。

【事业单位登记管理】 2022年，漳浦县委编办完成县直291家事业单位年度报告公示、73家事业单位法人变更登记、15家事业单位法人注销登记、6家事业单位法人设立登记；完成县直30家机关、7家群团统一社会信用代码赋码发证和变更。开展事业单位法人“双随机”（随机抽取检查对象、随机选派执法检查人员）抽查，加强事中事后监管，建立“一抽查一通报”制度，推动事业单位“双随机、一公开”监管全覆盖、常态化。

（林艺伟）

机关党建

【概况】 2022年，中共漳浦县委县直机关工作委员会（简称漳浦县直机关党工委）加强党员教育管理，组织党员干部培训，组织党组织书记培训2期324人次、党务干部培训2期76人次、党员发展对象党性教育培训2期52人次；规范组织工作，开展从严治党主体责任落实情况检查工作；发挥党员先锋模范作用，组织县直机关63家单位组成“党员先锋队”“应急突击队”参加文明创城志愿服务等工作。

【巡听旁听制度落实】 2022年，漳浦县直机关党工委制定县直单位党委（党组）理论学习中心组学习巡听旁听工作实施方案，统筹安排人员到35家县直机关单位开展县直机关党委（党组）理论学习中心组巡听旁听工作，了解县直单位党委（党组）理论学习中心组集中学习调研情况、日常学习管理情况，落实理论学习中心组巡听旁听制度。

【党组织建设指导】 2022年，漳浦县直机关党工委执行党支部发展党员“公示制”和“票决制”，全年指导县直机关发展党员40人。严格执行党内各项政治生活制度，结合党建工作实际研究细化“三会一课”、理论学习、主题党日等工作。落实按期换届制度，规范指导县直机关党组织做好换届选举工作，全年指导机关党组织换届选举73场次。对县直机关46个党委（党组）进行全面从严治党主体责任落实情况检查并督促整改。

【近邻党建】 2022年，漳浦县直机关党工委组织开展党员“双报到”活动，发挥支部和党员在创建省级文明县城、党建帮扶等工作中的战斗堡垒和先锋模范作用。2022年，漳浦县直机关党工委组织县直机关63家单位逾万人次组成“党员先锋队”“应急突击队”参加文明创城志愿服务等工作。

（吴晓玲）

党校（行政学院）工作

【概况】 2022年，中共漳浦县委党校（行政学院）（简称漳浦县委党校）深入学习中共二十大精神，坚持党校姓党、从严治校。做好干部教育培训、理论宣讲、教学科研、决策咨询等工作，规范乡镇党校建设。

【干部教育培训】 2022年，漳浦县委党校贯彻落实全县干部培训计划，举办第十九期和第二十期科级干部进修班、第二十四期青年干部培训班等3个主体班次，新招录事业干部岗前培训班、党员发展对象党性教育培训班、“两新”组织书记暨党建指导员培训班、“两新”领域党龄逢十党员培训班、新提拔科级干部任职培训班、干部专业化能力提升专题培训班、2022年度漳浦县公务员培训班、全县基层党组织书记班、全县财务管理制度培训班、县管干部学习贯彻中共二十大精神专题研讨班、新时代主题基层干部培训乡镇专场、县直部门党建引领基层治理新时代主题培训班（线上培训）等各类培训32个班次，培训7000多人次。

【理论宣讲】 2022年，漳浦县委党校选派多名教师组成“党教轻骑队”，以学习贯彻党的十九届六中全会精神、《习近平谈治国理政》第四卷、《闽山闽水物华新》、中共二十大精神等为主要授课内容，分赴全县17个乡镇、7个社区开展专题辅导宣讲85场，参与听课党员6000多人次。

【教学科研】 2022年，漳浦县委党校有6篇教师论文发表于CN类刊物。完成福建省委党校2021年度基地课题结项5个、2022年度课题立项2个；完成漳州市委党校课题立、结项9个，获优秀课题评选一等奖3个、二等奖3个、三等奖3个；完成漳浦县社科联课题立项4个。组织参与市、县研讨会、论坛、主题征文活动，其中1篇被评为优秀论文。

【决策咨询】 2022年，漳浦县委党校参与民生课题调研6项，内容涉及漳浦剪纸技艺传承、全县农村道路建设等方面。组织做好科级班、青干班等学员的课题调研指导，完成调研课题24个，涉及文旅经济、乡村振兴等方面内容，并择优汇编《决策咨询参考》专报2期。

【乡镇党校规范建设】 2022年，漳浦县委党校加强农村党员教育培训，发挥农村基层党组织的战斗堡垒作用和农村党员的先锋模范作用，推进7个试点乡镇党校规范建设，完成乡镇党校规范建设评估报告。

（陈建溪）

老干部工作

【概况】 2022年，中共漳浦县委老干部局（简称漳浦县委老干局）对老干部开展节日慰问、生日祝福、上门家政、健康探视、出行保障等一系列精准服务，采取“互联网+服务+学习”的信息化管理模式，上门送学送教60余人次。2022年，漳浦县委老干部局获中国老年报社“筑梦新时代，奋进新征程——喜迎党的二十大胜利召开知识竞赛”优秀组织奖，获评全省老干部信息宣传工作表现突出单位。

【离退休干部党组织建设】 2022年，漳浦县委老干局坚持理论讲座与上门送学相结合，组织离退休干部党支部书记开展《关于加强新时代离退休干部党的建设工作的意见》解读、中共二十大精神专题讲座。开展离退休干部党组织“达标创星”评选活动，县离退休教育工作者协会被评为第三批省级离退休干部示范党支部。开展离退休干部“五融五助”（融入组织建设，助力基层党建；融入红色血脉，助力精神传承；融入基层治理，助力安全稳定；融入文化宣传，助力老有所乐；融入帮教帮扶，助力关心关爱）和近邻党建示范社区创建，组织党员开展主题党日实践活动。

【老干部作用发挥】 2022年，漳浦县委老干局利用离退休干部工委党校、老党员之家、老年大学等平台，加强对老年群体的法治宣传教育，发动老干部争当宣传员。组织老干部广泛开展“建言二十大”“我看中国特色社会主义新时代”“争当文明先锋、积极参与文明县城创建”“防疫抗疫志愿者”等活动。组织老干部到蔡新故居开展“党建+家风文化”主题党日活动；组织引导老干部开展志愿活动，深入社区、公园等开展美化环境、关心下一代等志愿服务活动。

【老干部待遇落实】 2022年，漳浦县委老干局为全体离休干部、“5·12”退休干部、处级退休干部订阅《福建老年报》《金浦报》等报刊，定期为处级退休干部投送《漳浦信息》。在广电网络上建设“漳浦县老干部服务e站”，让老干部通过电视参与学习党史知识、政策理论、防疫知识。为进入“后双高期”（高年龄、高发病期）的离休干部购买每人每月360分钟的“家政保洁、生活照料、精神慰藉”等23项可挑选的居家养老服务。制发老干部就诊一卡通，方便老干部就医问诊、报销取药。

（郭志成）

档案管理

【概况】 2022年，漳浦县档案馆接收全县疫情防控档案1596件、县党史学习教育办的党史学习教育档案95卷；组织开展满25年馆藏文书档案开放审核工作，完成馆藏4万件档案的开放审核工作；馆藏档案数字化率100%，建立民生档案专题数据库；接待查档4000余人次、利用4900多卷。组织编纂出版《漳浦知县传略》。

【档案资料征集】 2022年，漳浦县档案馆结合“纪念红军攻克漳州90周年”主题活动，开展红色档案资料征集，征集《漳浦红色故事》《谷文昌和长江支队战友》等红色书籍资料10多册；征集《拳拳服膺惠泽侨乡》、“迁台记忆（电子版）”及20多件“侨批”（指海外华侨通过海内外民间机构汇寄至国内，连带家书或简单附言的汇款和领取包裹的凭证）等特色档案资料。

【档案建档指导】 2022年，漳浦县档案馆结合档案保密管理督导检查活动，做好党史学习教育档案收集建档，做好2021年以来漳浦县疫情防控工作、党史学习教育文件材料收集、整理、归档、数字化和移交进馆工作，接收全县疫情防控档案1596件、县党史学习教育办的党史学习教育档案95卷。接收原粮食局工程档案100卷，侨联文书档案27卷。

【档案利用服务】 2022年，漳浦县档案馆接待查档群众4000多人次，利用案卷4900卷次。增加馆藏档案数字化增量，馆藏档案数字化率100%，建立民生档案专题数据库。配合漳浦县民政局将全县婚姻数据同步到全国婚姻登记电子档案库，向县民政局提供馆藏2008年至2020年度婚姻（含涉外婚姻）档案、收养登记档案数字化副本122377件、965685张。

【档案开放审核】 2022年，漳浦县档案馆制定《漳浦县档案

2022年6月9日，漳浦县档案馆在旧国税大楼举办“喜迎二十大 档案颂辉煌”宣传展览。图为群众在观看展览 （漳浦县档案馆 供图）

馆档案开放审核工作规定（试行）》等制度，规范馆藏档案开放审核程序，促进档案开放利用，对满25年馆藏文书档案进行开放审核，完成馆藏4万件档案开放审核。

【档案宣传】 2022年，漳浦县档案馆举办“喜迎二十大 档案颂辉煌”档案宣传展览，发动全县各单位在“6·9”国际档案日前后开展形式多样的宣传活动。

（漳浦县档案馆）

党史和地方志工作

【概况】 2022年，中共漳浦县委党史和地方志研究室（简称漳浦县委党史方志室）编纂《漳浦年鉴（2022）》《中共漳浦县委执政纪要（2021）》《漳浦红色故事》等书籍，摄制漳浦人民革命历史和传统村落专题片5部，开发和利用漳浦县红色资源，运用“五进”宣讲、义务讲解、书籍赠阅、新媒体等多种形式宣传漳浦地方党史和地情。

【《漳浦年鉴（2022）》编纂出版】 2022年12月，由漳浦县委、县政府主办，漳浦县委党史方志室承编的《漳浦年鉴（2022）》由海峡书局出版社出版。该书共65万余字，设27个类目，全面、客观记述2021年度漳浦县自然、政治、经济、文化、社会、生态工作等方面的基本情况和发展变化。

【《中共漳浦县委执政纪要（2021）》编纂完成】 2022年12月，《中共漳浦县委执政纪要（2021）》文字稿件编纂完成，该书分设领导讲话、重要文件、执政论坛、典型案例、重要专题、党委（党组）工作、纪委监委和法院检察院党组工作、部门工作、乡镇场党委工作、大事记10个栏目，近30万字，系统记载2021年度漳浦县委执政实践。

【《漳浦红色故事》编印发放】 2022年5月，由漳浦县委党史方志室主编的《漳浦红色故事》编印完成。全书共13.6万字，收录52篇故事，再现革命先辈在漳浦红色土地的英勇事迹。《漳浦红色故事》作为纪念红三团成立90周年特色教材，发放近1000本至全县各级党组织。

【党史研究】 2022年，漳浦县委党史方志室组织撰写《伟大建党精神和漳州战役中体现的红军革命精神的内在联系刍议》入选福建省委党史研究和地方志编纂办公室与漳州市委宣传部主办、漳州市委党史方志室承办的“漳州战役”理论研讨会。选送的《耿飚学说闽南语》《曾志入漳寻红军》等30篇红色故事入选中央党史和文献研究宣传专项引导资金项目《漳州红色故事读本》。《略论中国工农红军闽南独立第三团的历史贡献与现实启示》被2022年第3期《漳州史志》采用。

2022年，中共漳浦县委党史和方志研究室编纂出版《漳浦年鉴（2022）》《中共漳浦县委执政纪要（2021）》，摄制革命历史纪录片《梁鹿烽火》

（林雪芬 摄）

【党史和地方志宣传】 2022年，漳浦县委党史方志室开展党史专题宣讲“五进”活动，为湖西华侨中学、旧镇卫生院、前亭镇、全县“两新”领域党龄逢十党员等作专题宣讲6场，听讲人数500多人。开展党史地情书籍赠送活动，全年赠送党史和地方志书籍1200多册。通过“漳浦党史方志”微信公众号推送漳浦红色故事、漳浦历史名人等专题文章近百篇。

【革命历史纪录片《梁鹿烽火》摄制】 2022年，漳浦县委党史方志室摄制3集革命历史纪录片《梁鹿烽火》，以纪录片的形式还原漳浦革命斗争历史进程并设计制作成U盘，分发至漳浦各县直机关党组织、各乡镇党委。

【传统村落专题片摄制】 2022年，漳浦县委党史方志室摄制旧镇镇石牛尾村、湖西畲族乡城内村2个中国传统村落视频，在镇、村播放，传承和保护传统村落文化。

（陈厦屏）

乡村振兴

【概况】 2022年，漳浦县制定印发《关于做好2022年全面推进乡村振兴重点工作的实施意见》，做好乡村发展、乡村建设、乡村治理重点工作。出台《漳浦县实施乡村振兴战略十大行动2022年重点任务》，围绕特色产业发展、农村人居环境整治提升、乡村治理提升、脱贫成果巩固、农村党建引领等十大行动，推进107项重点任务落实。

【乡村振兴样板培育】 2022年，漳浦县精心打造3个省级实绩突出村、18个省级试点村，财政累计投入乡村振兴专项资金1.2亿元，谋划项目150多个，建设投资近2亿元；重点打造G228滨海旅游风景线、G324产业康养线、X535生态田园山区线等3条乡建乡创路线，因地制宜谋划线上20多个村的乡建乡创规划设计，一村一方案；推动2个省级特色镇和2个市级重点镇整镇推进建设。

【乡村产业振兴】 2022年，漳浦县坚持强龙头、补链条、聚集群，以产业转型升级促进乡村发展。严格落实粮食安全党政同责，将粮食播种面积、粮食产量等任务全面落实到镇、村、户和田；加快推进高标准农田建设，建成高标准农田2078公顷。保障蔬菜和肉蛋奶有效供给。立足漳浦县8大特色产业优势，实施特色现代农业产业培育行动计划，持续打造天福茶叶、万辰菌菇、东新种猪、傲华畜牧等品牌，培育石榴填鸭、南浦竹笋、溪东余甘、六鳌地瓜、六鳌紫菜等多张县域特色名片，做优“一村一品”，做强“一镇一业”，新增“一村一品”专业村国家级1个、省级3个、农业产业化联合体省级3个，认证无公害农产品30个。佛昙镇东坂河豚被认定为国家级“一村一品”，六鳌镇入选国家级农业产业强镇，石榴青枣获全省首个水果品类“气候优质农产品”认证。

【乡村生态振兴】 2022年，漳浦县以“一月一考核”推动农村人居环境整治，创新“考核奖惩”机制，召开现场推进会4场，发放奖励资金345.3万元；推进厕所革命，完成新改建农村卫生厕所30户；加快农村生活污水治理，建设完成污水处理厂5座、污水处理站16座，重点推进10个村庄农村生活污水治理项目，完成4条农村黑臭水体治理；提高农村生活垃圾处理水平，建设完成垃圾中转站4座；推进农村“三线”整治，完成线路违规搭挂治理75千米。推进乡村建设行动，开展实用性村庄规划编制工作，完成村庄规划编制104个；加快农村路网提档升级，重点推进乡道“单改双”和村道新改建，完成新改建农村公路63.27千米、村道安防提升33.79千米、危桥改造1座；推进农村电网改造升级，建成32条标准自动化线路，新建改造175个台区；推进乡村清洁能源建设，建成分布式光伏611户；推进“绿盈乡村”建设，完成8个中级版“绿盈乡村”认定，累计推荐22个高级版“绿盈乡村”，完成207个“绿盈乡村”创建。完善养老服务体系，提升改造佛昙镇、盘陀镇、六鳌镇敬老院为区域性养老服务中心，20个被列为省政府2022年“为民办实事”项目。

【乡村组织振兴】 2022年，漳浦县强化基层党组织建设，推选113名乡村经验丰富、业务能力突出的“老乡镇”“老支书”担任部分村党组织书记“导师”，帮助熟悉农村工作，提升工作能力；创新“县级党校重点调训+乡镇党校集中轮训+‘送教下乡’分点培训”相结合的教学模式，打造8类18个县级党员教育现场教学点；制定《漳浦县农村集体“三资”专项整治实施方案》，建立“1234”（1个中心、2轮驱动、3大特色、4种方式）工作机制，清“家底”、厘症结、解难题，收回集体资产资源169宗，新增村集体收入2911.77万元。完善基层治理体系，发挥自治强基作用，全县216个建制村全部完成《村规民约》修订；率先在盘陀镇上洞村、蒲野村以及长桥镇东升村、友爱村开展乡村治理积分制工作；全县规划为267个网格，配备“二员”（指综治网格员和警务助理）534人，发动治安巡防队、法律援助队、志愿服务队等专门队伍人员3584人。

【乡村人才振兴】 2022年，漳浦县推动政策向乡村一线倾斜，壮大乡村人才队伍规模。深化科技特派员制度，全年全县有科技省级特派员26名、市级54名，挂钩帮扶全县216个建制村开展农业帮扶；打造旧镇镇东厝村、佛昙镇东坂村、官浔镇溪坂村3个人才驿站；推广果园套种模式，派遣12名农技干部到各个乡镇果园套种点进行技术服务；推进高素质农民培训，开展中央补助资金培训7期（522人），省级补助资金培训42期（3305人次）。

2022年11月7日，漳浦县举行学习宣传贯彻中共二十大精神“六进”活动启动暨“福小宣·照金浦”授旗仪式，图为漳浦县新时代文明实践理论宣讲志愿服务队 （林杜鸿 摄）

【乡村文化振兴】 2022年，漳浦县以新时代文明实践中心为载体，推送乡村文化振兴。举行学习宣传贯彻党的二十大精神“六进”活动启动暨“福小宣·照金浦”授旗仪式，县主要领导多次深入赤土、石榴、赤岭等乡镇宣讲中共二十大精神；发挥漳浦县委宣讲团、基层乡村讲师团、文艺轻骑队等宣讲队伍力量，组建223支宣讲队开展特色宣讲251场次，漳浦县农业农村局《三种颜色看乡村振兴 美丽村庄催生美丽经济》入选福建省“听党话、感党恩、跟党走”优秀视频作品。树立乡村文明新气象，完善村规民约，引导倡导喜事新办、丧事简办，发放《移风易俗倡议书》2万多份，开展移风易俗“三好”竞赛，培育移风易俗“好村（居）”“好带头人”“好事例”42个；推进乡镇文明实践所（站）科学化、规范化、制度化建设，先后在长桥镇、深土镇等地召开拓展建设现场会4次，开展省市文明乡镇结对共建，实现各乡镇（村）文明实践所、站建设全覆盖，引导各地开展文明实践活动。

（柯祥勇）

（编辑：林雪芬）

漳浦县人民代表大会

综　述

【概况】　2022年，漳浦县第十八届人大常委会召开主任会议12次、常委会会议7次。开展执法检查2项，调研、视察12项，跟踪督查5项，听取审议专项工作报告12项，形成审议意见11件43条。依法作出决议、决定9项。任免国家机关工作人员73人次。2022年11月25日依法接受9名县人大代表的辞职请求，2022年12月18日依法补选出10名县人大代表。

【人事任免】　2022年，漳浦县第十八届人大常委会坚持党管干部、人大依法选举和任免干部的原则，共任免国家机关工作人员73人次（任命人员45人次，免去职务28人次）。分别是关于杨水寿等任职的通知（22人次）、关于杨福财等职务任免的通知（2人次）、关于涂林鹏派等职务任免的通知（2人次）、关于陈鸿辉免职的通知（1人次）、关于徐国平等职务任免的通知（2人次）、关于蓝周全等职务任免的通知（15人次）、关于杨达武免职的通知（1人次）、关于姚国明等职务任免的通知（2人次）、关于林海免职的通知（1人次）、关于陈志元任职的通知（1人次）、关于林惠勇等职务任免的通知（14人次）、关于陈毅峰等职务任免的通知（4人次）、关于陈伟雄等任职的通知（2人次）、关于何伟丽等法律职务任免的通知（4人次）。

主要会议

【漳浦县第十八届人民代表大会第二次会议】　2022年12月27—28日，漳浦县第十八届人民代表大会第二次会议在绥安镇召开，出席会议的县人大代表262人。会议听取审议漳浦县人民政府县长吴丁顺所作的漳浦县人民政府工作报告、漳浦县第十八届人大常委会主任刘达文所作的漳浦县人民代表大会常务委员会工作报告、漳浦县人民法院院长邱小斌所作的漳涓县人民法院工作报告、漳浦县人民检察院检察长欧阳伟所作的漳浦县人民检察院工作报告，表决通过以上4个工作报告；审查和批准漳浦县2022年国民经济和社会发展计划执行情况及2023年国民经济和社会发展计划草案的报告，批准漳浦县2023年国民经济和社会发展计划；审查和批准漳浦县2022年财政预算执行情况和2023年财政预算草案的报告，批准漳浦县2023年县本级预算。大会选举邱丽玉、林志强2人为漳浦县第十八届人民代表大会常务委员会委员。

【漳浦县第十八届人大常委会会议】　2022年，漳浦县第十八届人大常委会召开常委会会议7次。

县十八届人大常委会第二次会议　1月26日召开，研究有关人事议案。

县十八届人大常委会第三次会议　4月14日召开，传达学习十三届全国人大五次会议精神；听取县人大常委会监察司法工委关于2021年规范性文件备案审查工作情况的报告；听取和审议《县政府关于“七五”普法规划实施情况和“八五”普法工作安排情况专项工作报告》《关于检查〈中华人民共和国水污染防治法〉贯彻实施意见的报告》；研究有关人事议案。

县十八届人大常委会第四次会议　5月27日召开，会议听取和审议县政府关于2021年度国有自然资源资产管理情况的专项报告、关于漳浦县国有资产管理情况综合报告；听取和审议主任会议关于2022年度“6·28”代表统一活动日主题的议案，决定2022年度“6·28”代表统一活动日主题为“为民履职、助力乡村振兴”；研究有关人事议案。

县十八届人大常委会第五次会议　8月23日召开，听取和审议漳浦县政府关于2021年度预算执行、决算草案及其他财政收支情况的审计工作报告，形成审议意见；听取和审议漳浦县政府关于2021年财政决算（草案）和2022年上半年财政预算执行情况的报告、关于2022年新增政府债务限额管理及新增政府债券资金安排使用预算调整方案（草案）的报告，会议决定批准2021年县本级财政决算，决定批准2022年新增政府债务限额管理及新增政府债券资金安排使用预算调整方案，批准县本级2022年预算调整；听取和审议漳浦县政府关于2022年上半年国民经济和社会发展计划执行情况的报告、关于铸牢中华民族共同体意识推动新时代漳浦县民族工作高质量发展情况的专项报告、关于乡村振兴工作情况的专项报告；研究有关人事议案。

县十八届人大常委会第六次会议　9月21日召开，听取和审议漳浦县监察委员会关于开展整治群众反映强烈的问题工作情况的报告；听取和审议漳浦县政府关于县十八届人大一次会议代表建议、意见办理情况的报告，关于进一步减轻义务教育阶段学生作业负担和校外培训负担工作开展情况的报告；听取和审议县政府关于水污染防治法执法检查工作“审议意见”研究处理情况报告并进行满意度测评；研究有关人事议案。

县十八届人大常委会第七次会议　11月25日召开，听取和审议县政府关于2022年环境状况和环境目标完成情况的专项报告；听取和审议县政府关于漳浦县本级2022年补充申报限额空间新增专项债券限额管理及新增政府债券资金安排使用预算调整方案（草案）的报告、关于2022年漳浦县财政收支预算调整方案（草案）的报告，决定批准漳浦县本级2022年补充申报限额空间新增专项债券限额管理及新增政府债券资金安排使用预算调整方案，批准县本级2022年财政收支预算调整；审议9名县十八届人大代表辞去职务的请求；审议通过主任会议《关于补选县十八届人大代表的议案》；审议通过主任会议《关于召开漳浦县第十八届人民代表大会第二次会议的议案》；研究有关人事议案。

县十八届人大常委会第八次会议　12月20日召开，听取和审议《漳浦县第十八届人大常委会代表资格审查委员会关于代表变动情况的代表资格审查报告》；听取《关于县十八届人大二次会议筹备工作情况的报告》；审议通过主任会议《关于提请审议县十八届人大二次会议各代表团召集人建议名单及主席团和秘书长等名单（草案）的议案》《县十八届人大常委会工作报告（稿）》；研究有关人事议案。

依法监督

【执法检查】　2022年，漳浦县人大常委会开展执法检查2项。对漳浦县实施《中华人民共和国水污染防治法》执法检查，开展科普“一法一例”执法检查，推动法律法规正确实施。

【调研视察】　2022年，漳浦县人大常委会开展调研、视察12项。开展“七五”普法实施和“八五”普法工作安排情况专题调研，推动普法工作落细落实。开展浦台农业融合发展情况调研，推动台胞台企在漳浦落地生根。开展主要河流水域建设和保护情况工作视察，推动河流水域建设和保护工作。开展县十八届人大一次会议代表建议办理情况调研，建议县政府及有关部门抓紧对接、密切配合，尽快落实代表建议办理。开展“十四五”规划重大项目进展情况及营商环境工作情况视察，建议营造亲上加清的营商环境。开展乡村振兴工作情况调研，打通乡村振兴痛点堵点。与漳州市人大常委会开展民族工作情况联动调研，深化民族团结进步创建工作。开展院前医疗急救工作调研，回应人民群众急救服务关切，守护人民群众身体健康和生命安全。开展乡村振兴战略实施情况专题调研，促进乡村发展、乡村建设、乡村治理工作有序开展。开展县域工业经济高质量发展工作调研，推动全县工业经济高质量发展。开展农村饮用水保障工程建设进展情况集中视察，提升农村供水保障水平，让农村群众喝上放心水。开展审计查出问题整改落实情况工作调研，防范风险、堵塞漏洞，提高监督成效。

【跟踪督查】　2022年，漳浦县人大常委会开展跟踪督查5项。开展《福建省实施〈中华人民共和国渔业法〉办法（修订）》执法检查工作整改情况跟踪督查，推进有关部门严格渔业监督执法，保障渔业生产安全和优化监督管理。开展未成年人刑事检察专项工作整改情况跟踪督查，贯彻落实对涉罪未成年人的“教育、感化、挽救”方针，为全县未成年人的健康成长提供坚强有力的检察保障。开展消防“一法一例”执法检查情况跟踪督查，保护人民群众人身财产安全，维护公共安全。开展县十八届人大一次会议代表建议办理情况工作督查，督促提升代表建议办理水平，确保代表建议件件有着落、事事有回音。开展水污染防治法执法检查工作整改情况跟踪督查，推动保护漳浦县水体环境，保障饮用水安全，维护公众健康。

建议决策

【决议、决定】　2022年，漳浦县人大常委会会议先后作出决议、决定9项，分别是关于开展第八个五年法治宣传教育的决议；关于2022年度“6·28”代表统一活动日主题的决定；关于批准漳浦县2021年县本级财政决算的决议；关于批准漳浦县2022年新增政府债务限额管理及新增政府债券资金安排使用预算调整方案的决议；关于批准县政府关于2022年财政预算调整方案的决定；关于批准漳浦县本级2022年补充申报限额空间新增专项债券限额管理及新增政府债券资金安排使用预算调整方案（草案）的决议；关于接受林振宗等辞去县十八届人大代表职务的请求决定；关于召开漳浦县第十八届人民代表大会第二次会议的决定；关于补选县十八届人大代表的决定。

【审议意见】　2022年，漳浦县人大常委会会议听取审议专项工作报告12项，形成审议意见11件43条，分别是关于水污染防治法实施情况的执法检查报告的审议意见（5条），关于2021年度国有资产管理情况综合报告和国有自然资源资产管理情况专项报告的审议意见（4条），关于漳浦县2021年度本级预算执行、决算草案及其他财政收支情况的审计工作报告的审议意见（4条），关于漳浦县2022年上半年财政预算执行情况的报告的审议意见（4条），关于漳浦县2022年上半年国民经济和社会发展计划执行情况的报告的审议意见（4条），关于铸牢中华民族共同体意识推动新时代漳浦县民族工作高质量发展情况的专项报告的审议意见（4条），关于漳浦县乡村振兴工作情况的专项报告的审议意见（4条），关于县人大常委会会议对县十八届人大一次会议代表建议办理情况的报告的审议意见（4条），关于县人大常委会会议对县监委开展整治群众反映强烈的问题工作情况的报告的审议意见（4条），关于进一步减轻义务教育阶段学生作业负担及校外培训负担工作情况的报告的审议意见（3条），关于2022年环境状况和环境目标完成情况专项工作报告的审议意见（3条）。

2022年9月16日，漳浦县人大常委会督查组开展对《中华人民共和国水污染防治法》执法检查报告的审议意见办理落实整改情况进行跟踪督查及满意度测评。图为漳浦县盘陀镇村镇污水处理设施物联网管理平台现场　　　　（杨志林 摄）

代表工作

【履职平台建设】　2022年，漳浦县人大常委会把县人大代表编成30个活动小组、各级人大代表混合编成145个活动小组。每月向代表寄送有关文件和材料，及时通报常委会行使职权的情况以及县情县政。2022年5月，举办新一届县乡人大代表初任培训班。依法接受9名县人大代表的辞职请求，补选10名县人大代表。

【活动平台拓展】　2022年，漳浦县人大常委会邀请县人大代表列席漳浦县人大常委会会议，参加常委会组织的调研、视察和执法检查等活动，拓展代表对“一府两院”工作的知情知政途径和履职渠道。直面县人大代表履新实际，确定2022年“6·28”代表统一活动日活动主题为“为民履职，助力乡村振兴”。加强乡镇人大代表联系群众活动室建设，用好人大代表联系群众工作平台，密切人大代表与人民群众的联系，畅通民意表达渠道。

【议案督办】　2022年，漳浦县人大常委会加强和改进代表建议办理工作，健全完善督办机制，对办理方案、进度、质量进行督查。将与民生关系密切、迫切需要解决的代表建议作为重点督办件，由县人大常委会领导进行重点督办；对于其他的代表建议按照对口联系挂钩的原则进行对口督办和协同督办。听取漳浦县政府关于代表建议办理情况的报告，督促漳浦县政府及其有关部门及时解决办理过程中的突出问题。漳浦县十八届人大一次会议期间，漳浦县人大代表提出建议、批评和意见77件，分解为154个交办件，交由46个承办单位办理，办结率为100%，满意和基本满意率达100%。

（漳浦县人大常委会办公室）

（编辑：林雪芬）

漳浦县人民政府

综　述

【概况】　2022年，漳浦县实现地区生产总值500.14亿元，比上一年增长7.1%；规模工业总产值306.83亿元，比上年增长14.2%；固定资产投资166.5亿元，增长16.3%；一般公共预算总收入28.01亿元，增长13.5%；地方一般公共预算收入20.76亿元，增长27.7%；社会消费品零售总额209.45亿元，增长5.9%；实际利用外资（验资口径）5034万美元，完成213.1%；城镇居民人均可支配收入（含古雷港经济开发区）47661元，增长8.3%，农村居民人均可支配收入（含古雷港经济开发区）28499元，增长10.4%。

【工业经济】　2022年，漳浦县225个在建工业项目完成投资93.1亿元，漳浦巨信智能器材有限公司、漳州伟伊化纤有限公司包覆纱等一批重点项目建设进度加快，国昌茂漳浦盐场100兆瓦渔光互补等6个总投资39.1亿元的项目获批省发展和改革委集中式光伏试点。总投资超200亿元的联盛林浆纸一体化项目快速推进，锦联线、横六路等8个关联配套项目进度加快，鹿溪至赤湖引水、尾水深海排放工程竣工投用。完成规模以上企业研发投入6.67亿元，新增规模以上企业43家、总数达279家，新增产值亿元以上企业25家；申报国家级高新技术企业17家，为历年之最；福建福船一帆新能源装备制造有限公司入选全省战略性新兴产业企业百强。九龙江南引、将军澳作业区、万安工业园万福路和万钦路市政道路及配套项目等基础设施建设不断完善。

【农业发展】　2022年，漳浦县严守耕地保护红线，攻坚整改耕地图斑1543宗、面积122.04公顷，新建高标准农田2073.33公顷，引导退林退果还粮172.33公顷。六鳌一级渔港建成投用，佛昙后社、旧镇白沙等渔港加快推进。创建省级优质农产品示范基地2个，新增市级以上农业龙头企业24家，示范农民合作社、家庭农场19家，桥辉农林、中鹭祥等一批项目竣工投产，省粮食储备直属库、农产品冷藏保鲜设施等一批项目扎实推进。新增认证无公害农产品10个，官浔镇康庄村入选首批省级农业生产社会化服务展示基地，南浦乡大坪村、马坪镇仙都村、赤土乡溪东村获评省级“一村一品”专业村，佛昙镇东坂村入选全国“一村一品”示范村、全国乡村特色产业超亿元村，六鳌镇获评国家级农业产业强镇。

【第三产业】　2022年，漳浦县组织217家企业商户参与省市线上线下促消费活动，在新都城市商业广场、万新商业广场、永嘉天地购物广场打造3个夜间经济集中区，府前唐街花漾街区正式运营。全年新增限额以上贸易企业72家、规模以上服务企业13家，及时兑现政策奖励资金340万元。文旅产业加速回温，全年接待游客662.8万人次，旅游总收入74.37亿元，云峰寨等景区设施持续完善，天福文化产业园获评省级气候康养福地，东南花都获评省级森林康养基地和休闲农业示范点，漳浦县中共闽粤边区特委红色革命教育基地入选第七批福建省爱国主义教育基地名单。

【项目建设】 2022年，漳浦县110个在建重点项目完成投资208.2亿元。福建华煜城汽车配件有限公司、福建国嘉年组装40万樘钢质防火门等29个总投资279.38亿元的市级以上重点项目开工建设，天福医院、万辰金针菇等13个总投资42.07亿元的市级以上重点项目投用，赤湖工业园热电联产代表全市参加第一季度全省重大项目视频连线集中开工。策划生成项目350个，总投资505.8亿元；全年新增入库项目308个，总投资333.44亿元。

【城市建设】 2022年，漳浦县投入23.07亿元，实施城市建设项目30个。开工建设国道324线城关过境段，新改扩建金鹿路、金浦大道、得仙路等道路工程，县城区供水管网建设、滨江南岸西区电力工程等一批基础设施建成投用。突出整体形象打造，府前唐街、绥东花园等旧城片区房屋征收强势重启；投入3410万元，提升改造老旧小区12个，惠及居民617户；智慧体育公园、绿道建设工程、府前街无障碍设施改造工程等项目建成投用，城市品质更加宜居。推进智慧停车场项目建设，重新规范划定主城区17条道路停车泊位，新建改造文庙西侧、碧桂园御江府停车场，新增2300多个停车位。

【生态文明】 2022年，漳浦县除治互花米草269.94公顷，推进赤湖工业园区突出生态环境问题整改，第二轮中央生态环保督察矿山非法开采问题完成省级终验。绥东溪污水主干管提升改造工程实现通水运行，鹿溪北岸污水主干管改造、县城区临时污水处理站等项目完工投用，整治入河排污口86个，流域断面水质持续提升，近海海域水质优于Ⅱ类。整治露天烧烤、工地扬尘污染，空气质量不断改善。完成植树造林1253.33公顷，湖西乡赵家城村、赤岭畲族乡杨美村、官浔镇西北村入选省级森林村庄。

【社会事业】 2022年，漳浦县财政用于民生支出43.74亿元，占财政支出82.74%，市县两级37项为民办实事项目年度完成投资10.7亿元；推进殡仪馆、朝阳水库、国道外甩、文体中心等一批重点民生项目，“打造漳州南部区域医疗中心，推动医养结合产业发展”位列漳州市2022十大民生实事榜首；投入3.55亿元，新建改造6个卫生项目，新增床位337张；实施漳浦二中教学楼B幢、顶坛民族小学综合楼、鉴湖小学附属幼儿园等11个教育项目；投入1.8亿元启动建设城乡供水一体化等12个农村供水保障工程，惠及26个村庄5万余人。累计发放城乡低保、特困供养、残疾人两项补贴等各类资金1.02亿元，惠及群众40.3万人次，城乡居民参保率达98%；落实各类就业创业补贴资金1463万元，新增城镇就业4403人，实现失业人员再就业1328人，开发公益性岗位250个；投入583.8万元，提升改造3个区域性养老服务中心、64个三星级以上幸福院、4个长者食堂；赤岭畲族乡、南浦乡等4个公益性生命公园项目有序推进，天福养生村建成投用。成立全县奖教基金，意向捐赠款超5000万元，2022年高考漳浦一中本科上线率达98.02%。漳浦县医院被确定为公立医院高质量发展省级试点单位，旧镇中心卫生院、漳浦县第二医院成功创建全国“社区医院”。廉洁文化题材芗剧《一代相国蔡新》入选省舞台艺术精品工程，荣获国家艺术基金资助，全国公开巡演。县剪纸艺术创作基地再获省新时代特色文艺示范基地称号。大南坂司法所被评为省级司法行政系统先进集体。建成县应急指挥中心，排查各类安全隐患6636个，整治率100%，安全生产事故起数、死亡人数实现“双下降”，获评省级平安县。

（孙剑威）

重要会议

【县政府常务会议】 2022年，漳浦县政府召开12次常务会议。

第一次常务会议 1月14日召开，听取2022年度为民办实事项目情况汇报；研究审议并原则通过漳浦县2022年重点项目、关于启动漳浦县城区污水收集与水环境整治工程项目、关于建发玺院小区配套幼儿园举办普惠性民办幼儿园、《漳浦县农村人居环境整治考核方案（讨论稿）》等有关事项。

第二次常务会议 2月25日召开，研究审议并原则通过《漳浦县2022年度县城片区房屋征收工作方案》《漳浦县养殖水域滩涂规划局部调整方案》《漳州市创建国家食品安全示范城市漳浦县实施方案(2022—2023年)》《关于厦门港古雷港区将军澳作业区建设有关问题》。

第三次常务会议 3月25日召开，传达学习习近平总书记在3月17日中央政治局常委会会议上的重要讲话精神以及全国、省、市疫情防控有关会议精神，听取全县疫情防控工作情况汇报；研究审议并原则通过《漳浦县县直有关部门生态环境保护责任清单》《关于漳浦县湾（滩）长制工作的汇报》《漳浦人才发展有限公司组建方案》《漳浦县旅游资源开发战略合作框架协议书》《漳浦县石榴镇车本红色旅游项目合作协议书》和《漳州市东南部沿海地区九龙江调水工程三方协议书》。

第四次常务会议 4月15日召开，审议并原则通过《漳浦县人民政府工作规则》；学习贯彻习近平总书记重要指示、李克强总理批示精神和刘鹤副总理要求的“十五条措施”，分析漳浦县安全生产形势；审议并原则通过《漳浦县安全生产大检查工作方案（讨论稿）》；传达学习《中央生态环境保护督察整改工作办法》精神并研究贯彻落实措施。

第五次常务会议 5月30日召开，传达学习《关于更加有效发挥统计监督职能作用的意见》；传达学习中共中央办公厅、国务院办公厅关于《农村乱占耕地建房专项整治试点工作方案》，并听取漳浦县遏制耕地“非农化”工作情况汇报；传达学习全国气象高质量发展工作电视电话会议精神；传达学习习近平近期关于安全生产的重要指示批示精神，听取2022年全县房屋结构安全专项治理工作情况；审议并原则通过《关于申请对2022年度县城片区房屋征收项目实施征收的报告》《漳浦县工程项目招标投标领域突出问题专项整治工作方案》《关于申请农贸市场项目用地收储的报告》《漳浦县防震减灾规划（修改稿）》《关于建设漳浦县医院立体停车场的报告》《关于220kV锦连线工程建设相关事宜的报告》《关于漳浦县公益性生命公园建设选址问题》。

第六次常务会议 6月28日召开，研究审议并原则通过《漳浦县国有粮食企业整合并转改革工作方案》《漳浦县2022—2026年新一轮乡镇财政管理体制实施方案》《漳浦县人民政府关于赋予乡镇人民政府部分行政执法事项（第一批）的决定》《漳浦县加快推进乡镇综合行政执法改革工作方案》《漳浦县妇女发展纲要（2021—2030年）》《漳浦县儿童发展纲要（2021—2030年）》《漳浦县“十四五”民政事业发展专项规划》。

第七次常务会议 7月29日召开，传达学习新修订的《福建省矿产资源监督管理办法》《福建省土地管理条例》；研究审议并原则通过《关于调整部分县级议事协调机构有关情况的报告》《关于2021年度乡镇(场、工业区、园)和县直机关绩效考评结果(优秀单位增补)及奖励上浮的报告》《关于漳浦县2021年度财政决算（草案）和2022年1—6月财政预算执行情况的报告》《漳浦县对口帮扶边坝县框架协议（讨论稿）》《乡镇便捷通高速沈海高速漳浦互通及连接线工程项目》《赤湖工业园突出生态环境问题整治工作方案（讨论稿）》《漳浦万安生态开发项目一期市政道路工程等PPP项目甩项事项》《漳浦县教育机构接受社会捐赠资助管理办法》。

第八次常务会议　8月24日召开，研究审议并原则通过《漳浦县中学布局专项规划（2020—2030）》《漳浦县小学布局专项规划（2020—2030）》《2022年度漳浦县经济社会运行和高质量发展监测与绩效管理工作方案》《漳浦县农村生活污水提升治理五年行动计划（2021—2025）》。

第九次常务会议　9月23日召开，研究审议并原则通过《漳浦县“菁英汇浦”行动计划》《漳浦县项目代办服务实施办法（试行）》《2022年漳浦县营商环境攻坚提升“12345”行动方案》《前亭新材料数字产业园项目投资协议》。

第十次常务会议　10月25日召开，传达学习全省、全市防灾减突暨自然灾害综合风险普查工作视频会议精神，并提出漳浦县初步贯彻意见；研究审议并原则通过关于前亭镇农贸市场建设相关事宜、《漳浦县“十四五”残疾人保障和发展规划（送审稿）》。

第十一次常务会议　11月28日召开，传达学习贯彻《财政部关于加强“三公”经费管理严控一般性支出的通知》；研究审议并原则通过《2023年县委县政府为民办实事项目》《关于闽宁协作有关情况的汇报》《关于我县建筑垃圾收运处置市场化运作的请示》《漳浦县建立健全食品安全分层分级精准防控末端发力终端见效工作机制实施方案》。

第十二次常务会议　12月16日召开，研究审议并原则通过《2023年政府工作报告（征求意见稿）》《漳浦县行政许可事项清单（2022年版）》，关于2023年部门预算编制情况及使用预算一体化系统编报预算情况的报告，关于新修订《漳浦县行政事业单位国有资产管理暂行办法》的报告，《漳浦县深入打好污染防治攻坚战实施方案》，关于漳浦县绥安镇设立中营社区居民委员会事宜；传达学习《关于推动职能部门做好生态环境保护工作的意见》。

【县政府、县政协联席会议】2022年8月19日召开，副县长许坤煌通报县政府2022年度上半年工作情况；县政协副主席涂平辉通报县政协2022年度上半年工作情况；书面通报2022年度政协提案办理暨重点提案协商督办工作情况。

（孙剑威）

重要活动

【第一季度重点项目集中开竣工】2022年1月3日，漳州市2022年第一季度重点项目集中开竣工仪式举行，漳浦县参与全市2022年第一季度重点项目集中开竣工10个，总投资239.5亿元，项目涉及造纸、海洋装备制造、玩具制造、食用菌、医养、交通项目等领域。其中，开工项目4个，总投资214.3亿元，年度计划投资50.9亿元；竣工项目6个，总投资25.2亿元。

【教育项目集中剪彩】　2022年1月7日，漳浦县举行一批教育项目集中剪彩仪式，有7个教育项目集中剪彩，分别是漳浦一中南校门、漳浦一中明诚楼、城关中心学校、城关中心幼儿园、实验幼儿园夏商园区、实验小学华府分校以及第二实验幼儿园新校区。

【天福医院正式开业】　2022年2月15日上午，由台商、天福集团创始人李瑞河先生投资兴建的非营利性三级综合医院——漳浦天福医院正式开业。天福医院占地20公顷，总建筑面积10.8万平方米，设置床位900张，在设置门诊、急诊、内科、外科、妇科、儿科等基本临床科室的基础上，重点发展妇产、肿瘤、康复及心脑血管疾病等专科。

【海原—漳浦党政领导干部互学互助座谈会】　2022年5月11日，海原—漳浦党政领导干部互学互助座谈会召开。两地领导指出，在两地党委和政府的共同努力下，闽宁协作取得丰硕成果和重要经验，成为全国东西部协作的成功典范。结对帮扶以来，漳浦县委县政府累计投入资金3.25亿元，实施121个项目，推动海原县乡村振兴进程和经济社会发展。

【九龙江调水工程（一期）项目开工】 2022年5月19日，省重大水利工程集中开工视频动员会连线集中开工活动举行，漳州市东南部沿海地区九龙江调水工程（一期）项目第三标段在漳浦县湖西畲族乡参与集中开工。

【福船一帆海外塔筒首批交付】 2022年8月26日，福建福船一帆新能源装备制造有限公司承接的Enercon智利海外塔筒项目首批16套风机塔筒完工交付。该项目是福船一帆目前承接的单个订单数量最大的海外塔筒项目，订单金额约1亿元。

（孙剑威）

招商引资

【概况】 2022年，漳浦县完成签约项目134个，完成市下达任务（22个）的609.1%；总投资323.6亿元，完成市下达任务（80亿元）的404.5%，其中，三产项目72个，新签约重大项目24个，完成开工项目155个（含2021年签约未开工项目），完成竣工项目140个（含2021年签约未竣工项目）。全年实际利用外资（验资口径）5034万美元，完成率213.1%，居全市县域第1位。

【外出招商】 2022年，漳浦县组织产业招商专题推介会2场，主要领导外出招商15次，赴杭州、深圳、东莞、福州、厦门、温州、嘉兴等地招商考察。在深圳举行家居产业专场推介会，在上海举办2022年漳浦（上海）产业招商专题推介会。

【惠企政策落实】 2022年，漳浦县编制出台《漳浦县惠企政策汇编》，内容涵盖工业项目准入条件、惠企政策、投资成本、政府服务机构等4个部分内容。围绕漳浦县重点发展的“2+3”产业项目，编制完成《漳浦县产业链招商地图》，按照食品、家居、清洁能源、纸业产业、精细化工等产业对地块进行分类。组织符合条件的企业申报各级惠企资金，其中省级商务发展专项资金已通过市工信局、省工信厅审核的3家；县级惠企政策有4家企业提交申报材料。

【漳浦县家居产业专场推介会在深圳举办】 2022年2月18日，漳浦县在广东省深圳市举办家居产业专场推介会，来自粤港家居商会会员企业、深圳市漳州商会、深圳市漳浦商会会员企业及其他有投资意向的50多家企业代表参加，现场签约家居产业项目5个，总投资6.7亿元。

【中船漳州海上风电装备产业园合作项目签约】 2022年7月5日，漳浦县在县会议中心举行中船漳州海上风电装备产业园合作项目签约仪式。中船漳州海上风电装备产业园合作项目选址在漳浦县六鳌镇，项目总投资30亿元，一期用地面积约23.33公顷，生产10—20兆瓦风力发电机组和单片超过100米的风机叶片，规划年产能规模100万千瓦。

【福建（漳浦）万洋众创城项目签约】 2022年9月21日，漳浦县在县会议中心举行福建（漳浦）万洋众创城项目签约仪式。福建（漳浦）万洋众创城项目规划用地54.47公顷，计划总投资约50亿元。

（孙剑威）

政务督查

【概况】 2022年，漳浦县政府督查室全年办理反馈领导批示件240件，县长现场办公事项7件，重点开展信访、水质提升、创城创卫、农村集体“三资”、中央环保督察回头看、互花米草专项整治工作、全县机关效能建设等专项督查20多次，下发专项督查专报2期，对在工作中不履行工作职责，作风不正、纪律不严、形象不良的具体责任人进行问责。

【综合性工作督查】 2022年，

漳浦县政府督查室对县委、县政府重大会议精神和重大决策部署开展重点督查，对县政府工作报告需落实事项进行细化分解。落实国务院互联网＋督查事项反馈26件，人民网49件；通过真督实查，发现漳浦县承接的22个市委、市政府为民办实事项目（53个子项目）均按时间节点完成序时进度，县委、县政府确定的15件为民办实事项目总体进展顺利，其中有9件完成目标任务、4件超序时推进。

【领导批示件办理】 2022年，漳浦县政府办理主要领导各类批示件240件，实行每月每周跟踪督促，汇总呈报《办理情况反馈》68期。反馈率100%，办结率100%；实时跟进办理县长现场办公议定事项7件、县政府常务会议纪要议定事项10件。

【议案、建议、提案办理】 2022年，漳浦县政府督查室办理办结市人大建议3件、政协提案3件，办结率100%，满意率100%以上；漳浦县人大代表议案、建议、意见77件，办结率100%，满意率100%，政协委员提案98件，办结率100%，满意率95%以上。

（孙剑威）

政府信息公开

【概况】 2022年，漳浦县政府信息公开责任单位43家，主动公开政府信息1538条，政府信息公开及时率100%；受理政府信息依申请公开44件，均及时答复。

【政府信息主动公开】 2022年，漳浦县政府主动公开政府信息1538条，主动公开政府信息的主要类别：行政许可类138条；安全生产、应急管理类82条；机构职能类106条；重大建设项目类27条；科教文体卫生类97条；规划计划类109条；民政扶贫救灾社会保障就业类信息165条；国土资源城乡建设环保能源类信息114条；政策、规范性文件类信息10条；为民办实事类信息53条；其他类信息637条。政府信息公开及时率100%。

【政府信息依申请公开】 2022年，漳浦县累计受理政府信息依申请公开44件，其中，县本级政府6件，各部门37件，乡镇1件。按照申请方式分类：当面申请3件，网络申请15件，信函申请26件。2022年答复政府信息公开44件，其中予以公开18件，部分公开1件，属于内部事务信息1件，不掌握相关政府信息24件。

【县档案馆、图书馆信息公开查阅点公开情况】 2022年，漳浦县档案馆、图书馆接受送交政府信息单位43个，接受送交政府信息纸质文件1538份，接受查询163人次，其中接受现场查阅86人次，接听咨询电话71人次，接受其他方式查阅人数6人次。

（孙剑威）

智慧漳浦建设

【概况】 2022年，漳浦县以电子政务为抓手，推进智慧漳浦建设。保障政务信息网视频会议系统、应急视频会商系统和政务视频会议公共平台稳定运行，视频会议系统覆盖全县各乡镇场，全年保障各级政务视频会议232场。

【县政府网站内容保障】 2022年，漳浦县政府网站发布各类政府信息6635条，图解政策信息5条，开展调查征集9期、“政务访谈”6期，“漳浦政府网”微信公众号发布各类信息246条。

【公文交换平台功能优化】 2022年，漳浦县畅通全县各乡镇场、各部门之间公文流转渠道，推动无纸化办公，提高党政机关、事业单位办公效率，2022年通过县公文交换平台流转公文7000多份。

（孙剑威）

机关事务管理

【概况】 2022年，漳浦县做好

机关事务管理。开展公务用车使用情况检查4次，开展办公用房情况抽查6批次，服务保障各类会务，新增19个单位完成第二批的全国节约型机关创建。

【公车平台监管】 2022年，漳浦县严格执行《福建省党政机关公务用车管理办法》，依托车载定位系统，加强公务用车管理。对乡镇和县直机关的公务用车的使用管理情况开展专项督查，全年开展工作检查4次，检查各类公务用车198辆，责令立即整改12条。

【办公用房管理】 2022年，漳浦县强化监督检查，推动党政机关办公用房规范化使用。全年组织6批次对办公用房进行抽查，发现整改性问题2条，相关单位均在规定期限内完成整改工作。

【会务保障】 2022年，漳浦县服务保障县政府党组会议17次、常务会议12次及专题会议50次，服务保障其他各类协调会或视频会500多场次。

【公共机构节能】 2022年，漳浦县组织实施全县节约型机关创建工作，通过业务指导和日常监督，推动漳浦县节约型机关持续稳步建成。新增19个单位完成第二批的全国节约型机关创建，全县58个创建单位中有43个完成创建目标。

（孙剑威）

机关效能建设

【概况】 2022年，漳浦县机关效能建设聚焦“提高效率、提升效能、提增效益”行动、“产业发展项目建设攻坚年”活动和“七比一看”竞赛，深入践行“马上就办、真抓实干”，持续提升机关效能建设科学化、规范化、制度化水平。

【绩效管理】 2022年，漳浦县制定《2022年度漳浦县经济社会运行和高质量发展监测与绩效管理工作方案》，科学合理调整设置考评指标体系。加强对乡镇和县直部门内部绩效管理，要求合理制定符合本单位实际的绩效考评方案。常态化开放群众评议网络平台，依托漳浦县行政服务中心，将窗口评价纳入绩效考评管理。增设领导评议、乡镇与县直机关互评等方式，畅通评议渠道；修订完善正向激励和察访核验考评办法。

【效能督查】 2022年，漳浦县效能办结合干部作风“五不”问题专项整治行动，开展多轮次重点督查。对打击整治非法出入境工作、经济指标运行情况、防抗暴雨、农村集体“三资”整治、“两违”综合治理、专项债券项目、2021年耕地流出整治情况等工作及领导批示、批办的事项开展针对性专项督查，同时对督查情况进行通报；不定期开展常态化效能履职督查，其中包括会风会纪督查4轮次，节假日值班值守工作落实情况督查6轮次。2022年，因履职、监管不到位，由漳浦县效能办责令作出书面检查的个人16人次，作出效能问责处理的个人2人次、单位1个。

【诉求办理】 2022年，漳浦县效能办采用组建业务研判群，实时关注办理动态，直查快办诉求件，建立约谈提醒、催办督办、预警移送等制度，压实责任，督促履职尽责。全年受理群众诉求件98件，其中，投诉类8件，占比8.2%；咨询类66件，占比67.3%；建议类15件，占比15.3%；求助类9件，占比9.2%；按时办结率100%。县“12345”平台全年热线各项便民服务效能指标位居全市前列，全年受理群众诉求件31141件，比上一年增长96.10%，其中，按诉求类型分类如下：投诉类21424件，占比68.80%；咨询类5637件，占比18.10%；建议类874件，占比2.81%；求助类3206件，占比10.30%。及时查阅率100%、按时办结率99.99%、群众满意率100%。

（孙剑威）

人事人才

【概况】 2022年，漳浦籍离校

未就业毕业生2035人，通过就业回访、就业推荐等方式完成就业1952人，就业率达96%。漳浦县加快人才引培步伐，推进人事制度改革。2022年6月16日，漳浦县作为漳州市唯一县域代表在全省高校毕业生就业创业视频会议上作交流发言。

【事业单位人员管理】 2022年，漳浦县推进事业单位人事制度改革，规范事业单位人员聘用工作。完成2021年度全县政府系列行政机关及事业单位工作人员的年度考核工作，办理各类专业技术职务聘任和续聘3000余次；办理专业技术初级职务资格确认工作，审核通过151人；呈报上级评审各类专业技术资格135人。

【事业单位收入分配】 2022年，漳浦县加强事业单位工资基金管理，做好各事业单位基金单位的工资基金审核工作。完成漳浦县2022年事业单位工作人员工资统计报表和离退休人员情况统计报表。贯彻实施“工改”各项配套政策，完成事业单位各项正常增资工作。开展“1+X”专项巡查，规范事业单位收入分配。

【创业平台搭建】 2022年，漳浦县培育众创空间和创业孵化基地，指导和推动漳浦县广盛众创空间、浦台创业园孵化基地等平台提高服务水平，全年拨付20万元补助支持创业孵化基地发展。

2022年2月7日，漳浦县在金浦大道举办2022年漳浦县“迎新春、送岗位”人力资源招聘暨就业创业政策宣传会　　（林志鑫 摄）

依托浦台创业园基地和漳浦县青年创业促进会，及时发布创业创新补贴政策，推荐毕业生112人次参加省市级创业资助项目评选和“中国创翼”大赛，有22个项目获奖。

【创业金融扶持】 2022年，漳浦县设立创业担保基金，降低贷款门槛，为高校毕业生创业贷款提供担保，解决资金问题。全年审核创保贷款贴息资格24人，银行成功发放贷款34笔，发放金额461万元。

【岗位供给】 2022年，漳浦县提供565个企事业单位岗位面向高校毕业生公开招聘，比上一年增加165个，增长40%。增加基层服务项目岗位22个，其中“三支一扶”岗位15个，服务社区岗位7个。落实就业见习单位69家，提供见习岗位237个，累计吸纳大学生见习316人次。

【创业政策宣传】 2022年，漳浦县发布各类就业创业政策320条，开展“送政策进企业、院校”活动60次，发放就业创业政策宣传单7000份。

（漳浦县人社局）

信访工作

【概况】 2022年，漳浦县接收来信、网上信访1987批次，其中上级转交办来信1192批次，上级转交办网上信访795批次。2022年，漳浦县在漳州市各县（区）信访工作考核中居全市“优秀”行列，连续6年获评全市“优秀”。

【信访事项受理办理】 2022年，漳浦县人民政府信访局（简称漳浦县信访局）受理初信初访237件（其中初信185件，初访52件），及时受理率100%，按期办结率100%。做好信访办理情况督查，对信访事项的办理情况采取电话督办、发函督办、实地走访等方式定期进行跟踪督办；加强与信访群众的互动沟通，努力提升群众满意度、评价参评率和满意率。2022年，漳浦县信访机构满意率89.3%，比上一年下降6%；有权处理机关满意率93.2%，比上一年下降3.6%。

【矛盾排查分析研判】 2022年，漳浦县坚持重点时期排查和日常排查相结合，及时发现苗头性、倾向性问题，帮助群众解决问题。重点时期，有关职能部门建立"每日会商"联防联控机制，综合运用大数据信息优势，建立实时信息互通、情报共享、联动预警、联合应对的工作机制，做好隐患排查、风险评估、联动处置工作。

【信访法治宣传】 2022年，漳浦县结合2022年5月1日施行的《信访工作条例》，通过宣传栏、宣传展板、专题黑板报、LED电子屏幕、电视、微信公众号等多种途径大力宣传法治知识及《信访工作条例》；印发《信访工作条例》《信访漫画》《网上信访操作指南》《依法上访须知》等宣传册，分发到各乡镇场进行宣传，将宣传册置于漳浦县信访局接访大厅、门口等公共场所供群众阅读。

【"治重化积"专项工作】 2022年，漳浦县信访局巩固"治重化积"成效，推动属地属事责任单位完善信访人基本情况台账、治理化解工作台账，明确责任领导、责任人员、化解措施、化解时限，强化责任落实，综合运用法律、政策、经济、行政等手段和教育、协商、调解、疏导等办法，降低重复信访事项，促进积案攻坚化解。截至2022年12月，中央交办第一批"治重化积"信访件153件，已化解153件，化解率100%；中央交办第二批"治重化积"信访件39件，已化解39件，化解率100%。

【应急处突】 2022年，漳浦县提高应对紧急情况、处置突发事件的能力，切实解决群众反映的问题，防止矛盾聚集升级。及时协调处理农民工讨薪问题54批次998人次，帮助多个房地产项目农民工讨回工资1100余万元。

【突出信访问题化解】 2022年，漳浦县发挥县直有关单位职能部门优势，综合运用法律、行政和思想教育等多种手段，推动信访事项有效化解。用活资金，根据信访问题的复杂程度，向上级申请特殊疑难信访问题专项资金，依法依规、科学分配、合理利用该项资金，推动解决信访突出问题。帮助白血病患者蔡某累计筹措帮扶救助资金43.1万元。2022年从县信访专项资金中下拨80万元，用于推动解决信访突出问题。2022年省领导挂钩积案3件、市领导挂钩积案6件全部按期化解，化解率达100%。

【信访评理工作】 2022年，漳浦县坚持和发展新时代"枫桥经验"，开展信访评理，邀请律师、村（社区）代表、基层"两代表一委员"人员、社会贤达名士、老党员、调解委员会人员等参与信访评理，依法依规及时妥善处理来信来访群众的信访事项。2022年，全县开展评理272件，其中经评理化解271件，化解率99.63%。

【信访工作联席会议机制】 2022年，漳浦县发挥乡镇信访工作联席会议作用，梳理排查辖区内矛盾纠纷，分析辖区信访形势，研究部署信访工作任务。全县召开乡镇信访工作联席会议204次，研究协调解决重要信访事项153件，部署督导检查重点节点信访保障工作170次。

（朱惠琴）

行政审批

【概况】 2022年，漳浦县政务服务中心认真推进政务服务标准化、规范化、便利化，全年累计办理各类审批服务124437件，开展公共资源交易335宗。累计推出138项"不见面审批"事项，办理3356件。

【政务服务事项集成化办理】 2022年，漳浦县政务服务中心推行“跨省通办、省内通办”改革，让“数据多跑路，群众少跑腿”，累计办理“跨省通办”事项2440件，“省内通办”事项3062件。推广“一件事”集成套餐服务改革，企业、群众通过“一套材料”“一张表单”办成“一件事”集成套餐的多个政务服务事项，累计推出11个“一件事”套餐，办理政务服务事项3413件。完成存量证照标准化改造，实现电子证照省标向国标升级转换，推进电子证照在“E政务”自助服务终端、行政审批系统的深度应用。截至2022年12月，电子证照入库831524份。

【工程建设项目审批制度改革】 2022年，漳浦县政务服务中心推行“多评一表”“多图一审”“区域评估”“联合验收”“模拟审批”等服务新模式，创新推出“项目设计方案联审快办”“承诺审批”+“桩基先行”“线上云验收”等服务模式。2022年，漳州市工程建设项目审批管理系统（漳浦）办理业务950件（其中正式出文892件，完成联合审图11件，联合验收47件），区域评估184件。

【公共资源交易】 2022年，漳浦县政务服务中心组织开展公共资源交易335宗，成交总价56.53亿元，为县财政增收节支8.95亿元。其中，完成建设工程项目招投标124宗，预算价56.85亿元，中标价48.05亿元，节约财政资金8.8亿元；完成国有资产产权交易202宗，预算价8.25亿元，成交价8.39亿元，增收0.14亿元；完成政府采购9宗，预算价880万元，中标价840万元，节约资金40万元。

【政务服务事项“就近办”】 2022年，漳浦县政务服务中心召开全县乡镇便民服务中心工作推进会，部署推进乡镇便民服务中心加快标准化规范化便利化建设；对深土、赤土、长桥3个乡镇便民服务中心和黄仓、南境、温斗3个村便民服务站提供16.5万元的办公设备支持。完善村（居）便民服务站建设，实现群众足不出村即可办理政务服务事项。截至2022年12月，全县17个乡镇便民服务中心134个行政审批服务事项已全部进驻省网办事大厅，配备“E政务”一体机38台，让群众真正体验“就近办”的便利。

【“免申即享”服务模式】 2022年，漳浦县政务服务中心对于符合“免申即享”受理条件的救助对象，其参加城乡居民基本医疗保险个人缴纳的费用由医保、财政部门通过结算统一划拨到位，实现医疗救助“免申即享”。对中小微企业、以单位方式参保的个体工商户缓缴3个月职工医保（含生育险）单位缴费，缓缴期间免收滞纳金，符合条件的中小微企业无需提出申请即可享受缓缴单位缴费政策，累计惠及企业2314家。推出失业保险稳岗返还“免申即享”服务，由漳浦县政务服务中心就业中心窗口通过失业保险系统后台数据进行线上比对后，直接向符合条件的参保单位发放稳岗返还资金，实现稳岗返还“免申即享”，累计为741家企业发放稳岗返还资金946.25万元，惠及职工23917人。

【“15分钟医保便民服务圈”打造】 2022年，漳浦县政务服务中心严格按照“六个有”和“六统一”的工作要求，累计在全县建成294个基层医保便民服务综合窗口。将职工参保信息变更登记、城乡居民参保登记、转入手续办理、医保政策宣传咨询解答等10项医保经办服务事项下放至镇村两级办理，实现医保业务就近办。全面推行“医保专员”制度，累计为全县17个乡镇和漳浦盐场配备镇村医保专员298人。

【台胞证办理】 2022年，漳浦县政务服务中心通过电话提醒常住漳浦县境内且台胞证即将到期的台胞尽快换发台胞证，向拟换证的台胞一次性告知办证地点路线、所需材料等相关内容，现场开通绿色通道，方便台胞一次性办结相关事项。针对60周岁以上出行不便的台胞，推出“送证上门”服务。全年累计通知台胞26人次，办理业务16件。

（陈燕辉）

（编辑：林雪芬）

中国人民政治协商会议漳浦县委员会

综 述

【概况】 2022年，中国人民政治协商会议漳浦县委员会（简称漳浦县政协）召开全体会议1次、常委会会议4次；县政协十五届一次会议以来共收到委员提案130件，立案98件，办复率100%；开展10个协商课题，组织11次民主监督，履行政治协商、民主监督、参政议政职能。

【联络联谊】 2022年，漳浦县政协牢牢把握团结和民主两大主题，加强与社会各界的沟通联系，广泛凝聚共识。漳浦县政府、县政协联席会和政协常委会上定期通报经济社会发展情况，委员们及时了解情况，点对点会商群众普遍关注的重大问题。发挥工商联、无党派人士等在协商议政中的主体作用，引导他们参与活动、发表意见。开展宗教场所视察活动，共同维护和谐的宗教关系。定期开展政协委员和异地商会走访活动，帮助解决实际困难。密切与新的社会阶层人士的联系沟通，引导他们认同主旋律、凝聚正能量。以亲情、乡情、爱国情为纽带，邀请港澳台侨代表人士列席政协全会，为他们了解漳浦发展情况、寻求合作商机、充分发表意见创造条件。

【文史工作】 2022年，漳浦县政协把握政协文史工作的重点，着力发掘地方文化，推出具有“三亲”（亲历、亲见、亲闻）特色的文史精品力作。编辑出版《湖泽储英——漳浦县西湖公园建设纪实》一书，组织编印《漳浦文史》第41辑。协助漳州市政协编撰《漳州古代卫所》，组织与漳浦县委党校、档案馆、博物馆、相关协会领导及专家学者的座谈交流，宣传漳浦文史的时代价值和现实意义。

主要会议

【政协第十五届漳浦县委员会第二次会议】 2022年12月25日至27日在漳浦县城举行。会议听取并讨论中共漳浦县委书记黄键鹏在开幕大会上的讲话；审议并通过漳浦县政协第十五届常委会工作报告和提案工作情况报告；会议期间，委员们列席县十八届人大二次会议，听取并讨论县政府工作报告及其他重要报告。会议选举增补第十五届漳浦县委员会常务委员6人。

【漳浦县政协十五届常委会会议】 2022年，漳浦县政协第十五届常委会召开4次常委会会议。

第二次常委会会议 5月16日召开，会议通报2022年度县政协协商工作计划；漳浦县教育局、漳浦县卫健局、漳浦县交通运输局作2021年工作情况及2022年工作计划通报；举行纪念红军攻克漳州90周年专题讲座。

第三次常委会会议　8月31日召开，漳浦县政协副主席郑世然传达学习《闽山闽水物华新——习近平福建足迹》和《习近平谈治国理政》第四卷精神；副主席涂平辉通报2022年县政协工作开展情况；县直有关单位作工作情况通报；研究撤销洪正鸿政协委员资格的事项。

第四次常委会会议　11月11日召开，会议听取有关委室作调研视察报告起草说明；听取《关于华侨建筑保护和修缮的视察》《关于漳浦剪纸技艺传承创新情况的专题调研》《关于全县农村道路建设的视察报告》《漳浦县海岸线资源保护与开发利用情况调研》《关于我县少数民族文物保护情况的视察》《关于制止耕地“非农化”、防止耕地“非粮化”工作调研》《关于进一步加强县城区基本公共卫生服务能力建设的调研》等；开展“漳浦县乡镇教育基金”专题议政性协商；县政协副主席蓝小红作主旨发言、湖西乡作典型发言；县政协委员协商建言；县直部门回应发言。

第五次常委会会议　12月23日召开，会议听取漳浦县政府2022年工作报告起草说明和县政协提案办理情况通报；听取县政协常委会工作报告起草说明；听取提案工作报告起草说明；审议通过县政协十五届二次会议有关事项；听取关于增补十五届县政协委员和常务委员建议名单的说明；表决通过县政协有关人事事项。

视察调研

【概况】　2022年，漳浦县政协以专题协商、提案督办、跟踪问效等方式开展10个协商课题，形成涉及教育、医疗、民生、生态环境、民俗文化等一系列调研成果。在专题协商会上，政府部门与政协委员深入互动，一批个案问题得到落实整改。

【教育基金专题调研】　2022年，漳浦县政协开展全县教育基金专题调研活动，发动漳浦籍企业家和社会乡贤踊跃捐资奖教助学，助力漳浦教育事业发展。漳浦县全年颁发奖教金386万元。通过调研视察、召开专题议政性常委会会议，推动在乡镇设立教育基金，助推漳浦县城乡教育事业发展。

2022年漳浦县政协调研视察活动开展情况表

表1

时　间	活动事项
4月	漳浦县政协组织开展推进全县乡镇教育基金发展调研活动，深入调查了解全县各乡镇捐资奖教助学情况
4月1日至6月30日	漳浦县政协文化文史和学习委联合漳浦县委党校，对漳浦剪纸技艺传承创新情况进行专题调研，邀请主管部门专家、传承代表人、政协委员等采取实地察看、听取汇报、座谈交流等方式，了解漳浦县剪纸技艺传承保护现状，分析存在问题，形成可行性建议，推进漳浦剪纸传承发展
5月	漳浦县政协提案委联合漳浦县委党校，就进一步加强县城区基本公共卫生服务能力建设，深入漳浦县疾控中心、绥安社区卫生服务中心、绥城社区卫生服务中心等单位，采取现场察看、听取汇报、座谈交流等方式开展调研
5月19日	漳浦县政协台港澳侨联络委牵头组织部分政协委员、侨胞代表、党校教师、相关单位，实地察看马坪镇后康陈氏种德堂、前亭镇过港村王加禄故居等2处华侨历史建筑，在前亭镇政府召开专题座谈会

续表 1

时 间	活动事项
5月31日	漳浦县政协法制与社会事业专委会到湖西畲族乡、佛昙镇、赤湖镇等地开展“全县农村道路建设情况”专题视察，先后视察湖西畲族乡Y348城内村至岭脚村路段、佛坛镇X535佛昙至沿海大通道连接线、佛坛镇Y366、赤湖镇Y370育贤街，在赤湖镇政府召开座谈会
7月1日至9月30日	漳浦县政协经济委部分委员和几位业界代表人士组成课题调研组，联合开展漳浦县海岸线资源保护与开发利用现状专题调研活动，了解漳浦县海岸线资源保护与开发利用现状及存在问题，结合漳浦县情，立足实际，提出具有针对性、操作性的对策建议，优化经济发展与自然资源保护关系，形成调研报告提交漳浦县委、县政府作为决策参考依据
9月	漳浦政协民宗委围绕“漳浦县少数民族文物保护情况”专题成立视察组，针对漳浦县文物保护管理机构和制度不够健全、文物保护法律意识普遍偏低、文物保护资金投入不足、文物合理利用没能有效发挥等问题提出相应的对策建议
9月29日	漳浦县政协农业和农村委到赤土乡、官浔镇等地开展全县“遏制耕地‘非农化’、防止耕地‘非粮化’”专题视察调研并召开座谈会
11月1日	漳浦县政协课题组成员深入绥安镇大亭市场、后楼池市场、青年路市场、江滨市场、中心市场等地开展现场调研活动，召开座谈会。课题组建议要统筹兼顾解决县城新老城区农贸市场布局不合理问题，结合2022年漳浦县国土空间规划，做好规划部署
11月9日	漳浦县政协农业和农村委对漳浦县水生态环境保护情况进行视察调研。调研组深入大南坂、南浦等乡镇，实地察看大南坂工业园工业污水处理厂、南浦乡小流域治理工程、朝阳水库建设等项目

协商议政

【概况】 2022年，漳浦县政协加强与提案承办单位联系，跟踪督促抓好落实。10件重点提案全部由县政协班子领导领衔督办，由县政协提案委牵头，联合县委督查室、县政府督查室对22个承办单位进行全面跟踪督办。县政协十五届一次会议以来共收到委员提案130件，立案98件，办复率100%。组织引导委员深入基层倾听民声，广泛收集反映民意，全年累计被漳州市政协专刊采纳的社情民意信息16条。研究制定《创建第七届省级文明县城工作民主监督实施方案》，由县政协班子领导带队，分11批次组织县政协常委、各专委会委员对创建省级文明县城工作开展专题民主监督，形成民主监督报告，为漳浦县委、县政府科学决策提供重要参考。

2022年漳浦县政协重点提案一览表

表 2

序号	提案内容	界别	承办单位
1	《关于拓宽红色旅游路绥安棕口路段的建议》	经济	县交通运输局、住建局、自然资源局、绥安镇政府、石榴镇政府分办
2	《关于抓紧实施印石路改造建设的建议》	特邀	县住建局、自然资源局、绥安镇政府分办
3	《关于提升做大长桥木业产业园的建议》	工商联	县工信局主办；自然资源局、林业局、环保局、长桥镇政府协办
4	《关于优化营商环境进一步发展壮大民营企业经济的建议》	工商联	县行政服务中心、工信局、税务局、人民银行分办

续表 2

序号	提案内容	界别	承办单位
5	《关于进一步加强县城区基本公共卫生服务能力建设的建议》	经济	县卫健局
6	《关于点燃乡村旅游，发展民宿经济，助力乡村振兴的建议》	经济	县文体旅局、公安局分办
7	《关于加快户用光伏整县推进，更好更快赋能乡村振兴的建议》	工商联	县工信局、发改局、国网漳浦县供电公司分办
8	《关于解决我县教师严重缺编的建议》	文艺	县委编办、人社局、财政局、教育局分办
9	《关于创新养老服务体制机制建设的建议》	工商联	县民政局
10	《关于印发〈民营企业常用法律法规汇编〉引导我县民营企业依法规范经营履行社会责任的建议》	经济	县司法局

【“关于解决漳浦县教师严重缺编的建议”办理】 2022年底，漳浦县政府有关部门完成该提案办理。漳浦县财政局安排600万元用于幼教编外补贴，安排380万元用于寄宿制学校工勤人员工资补助，财政投入比上一年增加500%。漳浦县委编办统筹全县事业编制存量空编，依标足额核定全县公办中小学教职工编制。全县招聘新任教师200人，接收公费师范毕业生13人，人才引进23人，新教师招聘数比2021年增长约80%。

【“关于创新养老服务体制机制建设的建议”办理】 2022年底，漳浦县政府有关部门完成该提案办理。漳浦县民政局采用政府购买服务方式，每年投入1320万元，购买漳浦县禾康智慧养老服务有限公司开展覆盖全县村居的养老服务。引导民办机构建设开展医养结合，确定锐光医院、漳浦县健民医院为市级医养结合试点单位。居家养老服务公司与医院签订协议，为居家老人提供紧急救援服务。医疗机构为老人提供快速、便捷的“绿色通道”式医疗服务，到社区开展义诊、健康教育和医疗常识培训。

【“关于优化营商环境进一步壮大民营企业经济的建议”办理】 2022年底，漳浦县政府有关部门完成该提案办理。漳浦县工信局梳理各级政府惠企政策，帮助组织100多家企业参与招商签约，组织30多家企业代表参加企业家恳谈会。漳浦县税务局通过各种渠道开展网格化服务，在全市范围内率先聘请5位涉税服务机构代表、企业财务人员为税务体验师，收集意见建议，发现痛点难点。县行政服务中心强化窗口办理服务质量，严格监督办理人员服务水平，在行政服务中心一楼办证大厅出口处设立“办不成事反映窗口”。人行漳浦支行在货币信贷政策实施、基础金融服务优化、本外币跨境管理服务等方面，制定惠民服务措施，如开展“一县一品，贷动闽生”专项行动，印发《漳浦县“融惠闽台”专项行动工作实施方案》，组织召开专项行动工作推进会。

（赵卫强）

（编辑：林雪芬）

中国共产党漳浦县纪律检查委员会 漳浦县监察委员会

综 述

【概况】 2022年，中共漳浦县纪律检查委员会、漳浦县监察委员会（简称漳浦县纪委监委）监督检查、审查调查、巡察监督、推动监督下沉、信访举报、信息宣传、廉洁文化建设等多项工作走在全市前列。

2022年1月19日，漳浦县在绥安镇召开中共漳浦县纪委十四届二次全会，图为会议现场 （漳浦县纪委监委 供图）

【中共漳浦县纪委十四届二次全会】 2022年1月29日，中共漳浦县纪委十四届二次全会召开，漳浦县委书记黄键鹏出席会议并做强调讲话，县委常委、县纪委书记、县监委主任方云柏主持会议并作题为《弘扬伟大建党精神，忠诚担当履职尽责，为把古郡金漳浦建设成为活力新产城、生态富家园提供坚强保障》的工作报告，漳浦县各套班子领导，县法院院长、县检察院检察长，县直有关单位及各乡镇场（区、园）主要负责人，县纪委委员、县监委委员等参加会议。

【案件办理】 2022年，漳浦县纪委监委深化作风建设，紧盯“股长文化”现象，以及不作为慢作为乱作为等形式主义、官僚主义问题，结合干部作风“五不”问题专项整治，查处“四风”问题25起57人。开展失实检举控告澄清4起，调查处理结果公开反馈8起。深化运用“四种形态”批评教育帮助和处理607人次，党纪政务立案157件，其中科级件16件，留置1人，移送司法机关9人。坚持行贿受贿一起查，立案审查调查7名涉嫌行贿犯罪人员。做实案后整改，发出纪检监察建议6份，推动完善工程项目招投标、政府采购等制度。

党风政风监督

【纪律监督】 2022年，漳浦县纪委监委查处落实主体责任不力问题8起13人，涉及5个党组织。严明政治纪律和政治规矩，加强对“一把手”和领导班子监督，查处违反政治纪律问题4人。

【政策落实情况监督】 2022年，漳浦县纪委监委深化“四访”活动，加强对乡村振兴、惠民富民政策落实情况的监督检查，对村干部特别是“一肩挑”人员的监督，查处群众身边腐败和作风问题26起84人。持续巩固提升“点题整治”，深入推进“整治查纠违法停车执法不规范问题”等19个整治项目，全过程跟进监督，逐项梳理问效，制发提示函、督办函等6份，督促建章立制10项。

党风廉政建设

【专项整治】 2022年，漳浦县纪委监委围绕流域水质提升、非法采矿和土地卫片图斑整改等突出问题，开展“打深井”式监督，先后查办问责案件27起，督促整改到位。针对监督发现的共性问题，开展“调研式”监督，向县委呈报《加强小规模工程招投标规范管理》等呈阅件5份。协助漳浦县委监督推动“三资”“四清”专项整治，督促建立“七级责任链条”，促进解决一批村集体资产资源历史遗留问题，并与有关职能部门共同制定“三个中心”建设方案，保障村集体“三资”全面彻底清、稳妥有效理、长期规范管，相关经验做法被《中国纪检监察报》、中央纪委国家监委网站专题宣传报道。

2022年12月2日，漳浦县党风廉政警示教育基地 （林舒萍 摄）

【廉政宣传教育】 2022年，漳浦县实施新时代廉洁漳浦“三项工程”（廉洁阵地提升、廉洁文化精品、廉洁新风弘扬）建设，取材本地查处的违纪违法案件拍摄警示教育片《失控》，助推创编廉洁文化题材芗剧《一代相国蔡新》在省、市巡演，提升廉洁文化引领力、传播力、感染力，营造崇廉向善的社会风尚。

（漳浦县纪委监委）

（编辑：林雪芬）

外 事

【概况】 2022年，漳浦县人民政府外事办公室（简称漳浦县外事办）优化APEC卡申报服务工作；联合漳浦县公安局、人社局、工信局等部门开展“妈妈式”外事服务，举行政策宣讲4场，发放境外企业及人员领事保护宣传政策卡20余份；完成共建“一带一路”国家茶文化与茶产业发展官员研修班和发展中国家乡村旅游规划与发展研修班2期援外培训。

【APEC卡申报服务】 2022年，漳浦县外事办优化APEC卡申报服务工作，开展APEC卡集中推介、上门推介，联合漳浦县工信局、绥安开发区等单位开展微信群推介，提升APEC卡使用覆盖面，为企业拓展海外业务提供便利。全年办理APEC商务旅行卡1人次。

【外事服务进企业】 2022年，漳浦县外事办联合漳浦县公安局、人社局、工信局等部门开展“妈妈式”外事服务，为外向型企业提供APEC卡申办、外国人来华邀请函申办、企业涉外安全指导、领事保护、人才政策、疫情防控等政策宣讲4场；汇总梳理漳浦县外资企业名单和漳浦县在境外投资企业名单，开展实地走访、政策宣讲；了解企业困难和诉求，现场指导漳浦县境外企业设立安全总监、制订境外企业及人员安全管理预案，发放境外企业及人员领事保护宣传政策卡20余份。

【涉外企业复工复产服务】 2022年，漳浦县外事办服务涉外企业复工复产，指导外国人来华邀请函申办材料，指导服务漳浦县联盛浆纸（漳州）有限公司、际诺思（漳州）轻工制品有限公司、西帝西环宇（漳州）工业有限公司、漳浦前垣纺织有限公司等企业邀请国外急需紧缺工作人员6人到漳浦复工复产。8月，帮助企业妥善安排2名在厦门漳浦往返的外国专家在漳浦居住办公。

【援外培训开展】 2022年，漳浦县完成共建“一带一路”国家茶文化与茶产业发展官员研修班和发展中国家乡村旅游规划与发展研修班2期援外培训项目，招收学员140人（商务部原计划招收50人），超额完成培训任务，受到商务部及相关领导的表扬。4月，漳浦县通过线上的形式与在尼泊尔当地的中华茶文化促进会和肯尼亚卡罗蒂纳大学一同举办共建“一带一路”国家茶文化与茶产业发展官员研修班学员结业证书颁发典礼。2022年，漳州科技职业学院“无公害茶叶生产技术培训班”“茶文化与茶产业发展官员研修班”获评商务部援外培训经典项目。

【涉外事务服务监管】 2022年，漳浦县外事办协助漳浦县公安局核查2起境外涉诈案件，成功与境外受骗人员联系并完成退赃工作；开展领事保护工作，协助“五洲8号”船舶突发事件处置广东工作组处理一起涉及漳浦县户籍船员在境外意外死亡事件。

（潘桂华）

侨务

【概况】 2022年，漳浦县侨务办公室（简称漳浦县侨办）加强与海外华侨联系交流，拓展与华侨联谊联络；春节期间慰问走访困难归侨及侨眷，发放慰问金2400元；办理华侨和侨眷身份证明及“三侨生”身份证明，办理华人华侨来闽定居手续；为141人发放职工归侨退休生活补助金额16.42万元；协调漳浦县城民生项目建设中涉迁归侨户拆迁安置工作。

【联谊与联络】 2022年，漳浦县侨办通过电话、微信、慰问信等多种方式加强与海外华侨的联系交流，拓展与华人华侨联谊联络。通过重点侨务对象和友人宣传漳浦县的良好投资环境和经济社会发展所取得的成就；鼓励有爱心、有实力的华侨回乡探亲访友、捐资助学、捐助公益事业，为漳浦县社会事业发展做贡献；7月27日，菲律宾发生7.0级地震，漳浦县侨办第一时间向旅菲漳浦乡亲打电话询问灾情并发去慰问信。

【侨益维护】 2022年，漳浦县侨办重视归侨侨眷及华侨权益的保护，对侨胞来信来访问题，及时帮助排忧解难。8月，协调解决漳浦县城民生项目建设中涉迁归侨户拆迁安置工作，切实维护侨益。

【帮扶与服务】 2022年春节，漳浦县侨办开展慰问走访活动，走访慰问困难归侨及侨眷2人，发放慰问金2400元；慰问重点侨务对象4人，发放慰问金2400元；新办或补办华侨身份证明1人，侨眷身份证明6人；办理华侨来闽定居7人；办理中考“三侨生”身份证明8人，为“三侨”子女享受中考加分政策提供政策引导和帮助；发放职工归侨退休生活补助，人数141人，金额16.42万元。

（漳浦县侨办）

台港澳事务

【概况】 2022年，中共漳浦县委台港澳工作办公室（简称漳浦县委台港澳办）深化漳浦台湾融合，台胞台商服务、信息专报、浦台交流、人才工作等工作位居全市前列，其中，市对县党政领导平安建设责任书落实情况、台胞台商服务管理工作、对台交流联络上报专报信息工作均位居全市第一。2022年度获评中央台办“两刊”对台宣传工作先进单位；漳浦“融惠闽台”专项行动获评2022年福建省“一县一品 贷动‘闽’生”专项行动十大优秀项目。

【在漳浦台港澳企业服务】 2022年，漳浦县委台港澳办到在漳浦台港澳企业走访调研35次，沟通联系企业100多次，为在漳浦台港澳企业纾难解困。将台胞台商投诉件处置工作纳入年度工作重点，落实信访件办理“一案一策”制度，组织专人深入台胞台企面对面沟通协调，全年接到6件信访件均已办结。

【台胞台商权益保障】 2022年，漳浦县委台港澳办与漳浦县司法局共建涉台公共法律服务工作站，打造漳浦县涉台法律服务窗口和工作品牌，优化在漳浦台胞台企法律权益保障；联合漳浦台商联谊会推荐新增1名漳州市台湾省籍党员代表担任漳浦县检察院听证员；优化涉台检察工作，协调推荐聘用8名台胞台属为台胞检察联络员。落实台籍子女教育优惠政策，全年帮助在漳浦台籍子女开具籍贯证明16份，协调漳浦县台湾同胞联谊会为在漳浦台籍子女开具中考加分证明7份。

【“融惠闽台”专项行动】 2022年，漳浦县委台港澳办推动制定《2022年漳浦县“融惠闽台”专项行动工作实施方案》，与人行漳浦县支行、县金融办、台创园等部门共同开展2022年“融惠闽台”专项行动。2022年年末全县对台领域贷款余额95.01亿元，比年初增长34.73%。

【台胞台企金融服务】 2022年，漳浦县委台港澳办协助漳浦农商银行制定2022年“福惠闽台”专项行动工作方案，推出对台专项信贷产品“福台贷”，在贷款准入、贷款额度、协助贴息等方面为台胞台企开通专属“绿色通道”；协助台胞台企申领“金融信用证书”，筛选6家优质台企和3名台胞颁发金融信用证书；为台创园整体授信6亿元，为漳州满足园艺、新百盛花卉科技等4家园区内企业代表分别授信1000万元。协助厦门银行漳浦支行推出“薪速汇”等业务，在大陆存人民币可在台湾ATM（自动取款机）提领新台币并享受免手续费优惠政策。推动台创园内台企、台农成立台湾农民创业服务中心，按贷款额的10%缴存保证金，作为贷款风险互助补偿资金池。

【漳浦台湾融合】 2022年，漳浦县委台港澳办深化拓展漳浦台湾两岸融合发展交流活动，全年举办协办漳浦台湾交流活动13场。

茶文化交流 2022年7月，金门同乡总会总会长杨维居一行到天福茶博物院开展茶文化交流，推动两地茶领域、茶文化学习互鉴；10月19日，“一抹茶香续情缘，共话两岸姐妹情”闽台茶文化交流活动在漳州科技职业学院举办，以茶为媒促进两岸妇女民间交流交往；11月27日，2022年“天福杯”海峡两岸名茶邀请赛颁奖典礼在漳州科技职业学院举行，漳浦台湾两地通过“天福杯”海峡两岸名茶邀请赛建设良好的斗茶平台，以获奖茶叶的高标准引导两岸茶农不断提高制茶技术，促进两岸茶文化交流，推动两岸茶产业融合发展。

两岸同源传统文化交流 2022年端午节、中秋节期间，漳浦县委台港澳办举办“品味端午情 传承爱国心”包粽子活动、“端午粽香飘两岸 传承家风话亲情”联谊活动和“2022年中秋漳浦台商联谊会——天福茶文化之旅”活动，先后邀请7名在漳浦台胞、18个在漳浦创业台胞家庭和96名在漳浦台胞台商参与活动，给台胞以家的温暖。

两岸同源信俗文化活动 2022年12月，漳浦县委台港澳办在漳浦威惠庙、漳浦乌石天后宫，分别举办“弘扬开漳圣王文化，共叙浦台同胞一家亲交流联谊活动”和“千年金身·乌石妈祖——浦台妈祖情缘交流联谊活动”，密切“人同祖、民同俗、语同音、神同缘”的两岸亲情。先后邀请26名在漳浦台胞台商参加。

漳浦涉台文化品牌打造 2022年7月，漳浦县委台港澳办组织10名台胞台商到蓝氏宗祠种玉堂开展“浦台同胞畲乡行交流联谊活动”，共同追溯“蓝氏三杰”与台湾历史渊源；9月，接洽新华社、《海峡导报》、《闽南日报》等媒体记者团，到天福集团开展“大陆台企这十年”专访；10月，到赤岭畲族乡和湖西畲族乡开展“如何打造蓝氏、黄性震浦台文化品牌”调研，跟进蓝理文化园项目、文物保护修缮工程等相关涉台文物项目建设进度。

【台湾人才引进政策落实】 2022年，漳浦县委台港澳办到台企、高校、医院等企事业单位开展《漳州市“万才聚漳”行动计划》等政策宣传；配合漳浦县委人才办及相关部门对全县台湾人才现状调查摸底，建立人才档案，谋划“菁英汇浦”文件出台，规范人才管理；落实关于《福建省引进台湾高层次人才申报确认实施办法（试行）》《漳浦县关于促进人才优先发展的实施意见》等政策，联合漳浦县人社局、团县委等相关部门单位制定出台《关于支持和鼓励台湾人才来浦就业创业的六条措施》及F类人才政策，鼓励县内台资企业及其他民营企业为台湾青年提供实习、就业岗位80个；对急需引进的紧缺台湾人才来浦就业给予相应补助支持，全年向上级申请实习就业创业经费补助52.5万元。

（戴晓晖）

（编辑：许建生）

群众团体

漳浦县总工会

【概况】 2022年，漳浦县各行业新成立工会组织135家，新发展会员2681人。至2022年12月，全县有基层工会组织1073个（其中单独基层工会979个、联合基层工会94个），涵盖单位4149个、工会会员74561人。开展2022年度全国、省、市“五一劳动奖章（状）”的推荐评选活动，1人获得“2022年省五一劳动奖章”。

【基层工会组织建设】 2022年，漳浦县总工会加强组织建设，做好非公有制企业、新就业形态群体工会组织建设工作，针对不同性质、不同工作基础、不同组织形式的基层工会，实行分类指导。全年，全县各行业新成立工会组织135家，新发展会员2681人，其中新就业形态群体企业新成立工会组织39家，新发展会员479人。优化工会专干队伍建设，漳浦县总工会有工会专干21人、集体协商指导员1人，通过制定《漳浦县总工会乡镇工会组织员绩效考核办法》，强化乡镇工会组织员（工会专干）队伍建设，加强监督管理，全年开展3场次、66人次工会专干培训。

【工会服务阵地建设】 2022年，漳浦县总工会整合各类服务资源，为职工打造服务、维权、帮扶等多元化服务阵地。落实职工医疗互助工作的各项政策和措施，组织参加医疗互助17543人，其中农民工274人；做好职工维权工作，全年办理4件转交信访案件，接受职工咨询10余次，引导职工到漳浦县劳动监察大队进行依法立案。

【工会经费返还】 2022年，漳浦县总工会开展小微企业工会经费返还工作，涉及小微企业2440家，返还工会经费约909.8万元；下拨补助资金11万元。

【职工关心关爱】 2022年，漳浦县总工会扩大职工疗休养受益群体，组织开展职工疗休养活动2期，77人次职工参加。开展职工子女暑托班活动2期，补助资金8万元，服务职工子女148人。开展农民工“求学圆梦行动”，全年有106名农民工参与圆梦计划本专科学历教育。

【企业工资集体协商】 2022年，漳浦县总工会开展工资集体协商“要约行动月”活动，引导企业、行业结合自身实际，通过协商的方式处理各类劳动关系问题，全年参与集体协商企业265家，参与职工数12441人。

【工会慰问服务】 2022年，漳浦县总工会开展“春送岗位”“夏送清凉”“金秋助学”“冬送温暖”等活动。推行“工E就业”平台，动员企业注册49家，发布就业岗位195个，求职关注1290人；开展“防暑降温”慰问活动，慰问全县一线职工482人，送去慰问物资5.7万元；常态化开展金秋助学活动，全年开展帮扶困难职工子女8人，发放帮扶资金26160元；聚焦新就业劳动者，元旦、春节期间开展送温暖活动，累计慰问191人次，发放款物总计16.21万元，其中向新就业形态劳动者和新就业形态企业发放慰问资金3万元。

【劳模关爱】 2022年，漳浦县总工会向全县省级劳模发放困难补助金2.4万元，向市级劳模发放困难补助金2.3万元，向市级以上退休农民劳模发放补充养老金2520元，向市级以上退休劳模发放荣誉津贴15.92万元。重阳节向全县市级以上退休劳模发放慰问金6.52万元。全年向全县各级劳模发放荣誉津贴、节日慰问、困难补助等各项资金27.39万元。落实省级以上劳模医疗保障待遇，省级以上退休劳模患病后在享受基本医疗保险后的个人负担部分再给予80%的补助；组织劳模开展疗休养活动2场。

（蔡兆昌）

共青团漳浦县委员会

【概况】 2022年，共青团漳浦县委员会（简称漳浦团县委）举办各种主题活动20余场，发展团员1270人。培育青年典型，推荐并报送优秀青年个人和集体，获团中央表彰1个、团省委表彰10个、团市委表彰93个。开展新农人培训，推荐并指导创业青年参与创新创业大赛，举办第二届浦台青年创新创业大赛，优化青年就业创业发展环境。

【基层团组织建设】 2022年，漳浦团县委发展团员1270人，团员录入率100%，33名基层优秀团员经组织审查推优入党。组织全县32所中学全面开展违规发展团员自查并督促问题整改。联合漳浦县教育局、县少工委在全县少先队员和少先队中开展“红领巾奖章”二星章争章活动，认定22个少先队大队、62个少先队中队获漳浦县“红领巾奖章”集体二星章，认定102名少先队员获漳浦县“红领巾奖章”个人二星章。

【青少年群体关爱】 2022年，漳浦团县委向省、市团县委报送8名贫困大学生，帮助其获得资助；开展“抱团携手，深情助困”行动，发动漳浦驻深圳团工委为漳浦县八一希望小学捐赠821个书包、180套桌椅、52套风扇等；关爱困境青少年和特殊青少年群体，开展“情暖六一·携手同行”等慰问活动，捐赠价值4万余元书包、文具、水杯等学习生活用品；举办“益童有你，携爱前行”暨留守、困境儿童暑期公益夏令营，有12名困境儿童参与；依托腾讯公益平台开展“99”公益日活动，根据漳州团市委等部门部署，参与“筑梦七彩课堂”“圆梦行动助力计划”和“爱过年·情系漳州”3个“一起捐”项目，筹集善款3777.69元。

2022年5月31日，“喜迎二十大 争做好队员”2022年漳州市庆“六一”主题队日活动在漳浦县实验小学分校举行 （卢丰 摄）

【青年志愿服务】 2022年，漳浦团县委组织1000多名志愿者参与“送温暖 送春风”春节系列活动、文明劝导和创城宣传等志愿服务活动，全年开展创城志愿服务活动50余场，参与1000多人次，累计志愿服务时长3000余小时，发放创城宣传单10000余份。组建39支近800名志愿者组成青年突击队和青年志愿者服务队开展志愿服务，总服务时长突破8000小时。

【青少年社会教育】 2022年，漳浦团县委组织青年志愿者广泛宣传《中华人民共和国未成年人保护法》《中华人民共和国预防未成年人犯罪法》等相关法律法规。开展“防震减灾科普讲解大赛”“守护青春不‘毒’行，健康宣教在行动”暑期禁毒宣传活动，设立校园“青春护航信箱”。开展常态化公益性艺术培训，全年在青少年宫开展2期公益培训，有284名少年儿童受益。在青少年宫建成的漳浦县“归航计划”观护帮教基地举办开放日活动7场，数千名学生、家长参观体验。

【青年就业创业服务】 2022年，漳浦团县委发动全县党政机关、企事业单位、金融机构等93家用人单位为暑期大学生提供优质实习岗位1367个，确认实习人数469人。有北京大学、厦门大学、福州大学、中国农业大学、华南理工大学、南开大学6所高校的实践团到漳浦开展暑期“三下乡”社会实践活动，福州大学土木工程学院与漳浦县河长办签署河湖共建深度合作协议。推报企业参与“英才项目”、漳州市水仙杯、大中专毕业生创业、“创客中国”创新创业大赛等赛事项目，全年推报会员企业约110家，近20家企业获奖，其中“基于BIM的乡村建筑全过程一体化技术服务”项目获得第九届“创青春”中国青年创新创业大赛优秀奖。举办第二届浦台青年创新创业大赛。

【“新农人”青年人才培训】 2022年，漳浦团县委围绕重点领域，了解各乡镇产业发展特点以及农村青年对政策解读、技能培训、创业融资等方面的需求，开展新农人素质提升工程“‘花’开漳浦，科技助农”花卉技术培训会等主题培训会3场，培训服务“新农人”近270人，线上观看点击量累计40余万次。

（许煜锋）

漳浦县妇女联合会

【概况】 2022年，漳浦县妇女联合会（简称漳浦县妇联）举办巾帼直播带货3场，销售额总计120余万元；协调金融机构为2130户创业妇女发放贷款3.77亿元；制作发布21期《金浦好家风》闽南语讲古节目；培育树立巾帼先进典型；举办和承办“重阳敬老·曲水流觞”“两岸一家亲，共话姐妹情”联谊和两岸女企业家创业交流等活动6场次；编制新一轮《漳浦县妇女发展纲要（2020—2030）》《漳浦县儿童发展纲要（2020—2030）》。

【妇女儿童关爱帮扶】 2022年，漳浦县妇联发动各级妇女组织、机关企事业单位、社会各界爱心人士开展“母亲健康1+1”公益募捐活动，全年累计募集爱心款22万元；到各乡镇走访慰问68名“两癌”低收入妇女，送出慰问金34.5万元；在深土镇、大南坂镇、赤土乡开展赠书及慰问活动3场，慰问困难儿童185人，为湖西畲族乡困难女童提供专项司法救助金4万元。对接爱心企业家与10个困难儿童建立长期帮扶关系；开展“亲子共沐书香”“少年儿童心向党”等主题家庭亲子阅读、传承红色家风、读中华经典、两岸儿童联谊等亲子活动5场，惠及120多个家庭；选送的亲子视频作品《海蛎煎》在漳州市妇联和市教育局联合举办的“少年儿童心向党 用心用情伴成长——妈妈教我家乡菜”中获得第一名。

【公益家教宣传】 2022年，漳浦县妇联策划制作《金浦好家风》闽南语讲古节目，截至2022年年底共发布21期，点击观看超9万人次；录制《金浦清风谣》进机关、进学校、进社区宣传；线下举办公益家教讲座16场，受益群众900多人。开展暑假“美家美户，幸福常驻”公益课堂，为160名儿童和家长开设亲子同行班、常礼举要、口语交际、规范练字、绘本阅读与创作等课程。

【妇女儿童权益维护】 2022年，漳浦县妇联接待来信来访来电41起，信访调处率99%；为广大妇女和家庭提供纠纷调解、法律咨询、心理疏导等维权服务，开展普法宣传活动8场次。

【创业女性金融扶持】 2022年，漳浦县妇联联合漳浦农商银行授予全县“巾创贷”8亿元的专项信贷额度，女性法人企业最高授信可达1000万元，个人最高授信可达100万元，全年为2130户创业妇女发放贷款金额3.77亿元；开展反诈骗、反集资、金融知识宣传的金融下乡活动50多场。

【巾帼宣传宣讲】 2022年，漳浦县妇联开展巾帼专题学习会近30场，组织巾帼宣讲员赴村镇、进学校、访企业开展中共二十大精神宣讲17场，在《中国妇女报》、《中国县域经济报》、《福建日报》、人民网、新华社、中国妇女网等媒体矩阵报道全县各行各业妇女参与乡村振兴、文明创建、岗位建功等工作的优秀事迹工作动态100多篇。在线上线下开展“我奋斗·家国美”故事汇、“少年儿童心向党”亲子教育实践、“我爱我家 喜迎二十大”等群众性主题宣传教育活动16场次，获漳浦县“喜迎二十大 奋进新征程”主题演讲比赛“优秀组织奖”。

2022年3月，漳浦县妇联在县会议中心开展漳浦县“我奋斗·家国美”故事汇活动
（漳浦县妇联 供图）

【巾帼先进典型树立】 2022年，漳浦县妇联培育树立省级“巾帼示范基地”1个、“福建省新时代巾帼志愿服务最美社区”1个、“全省达标乡镇妇联”3个、“全省达标村妇联”3个、市级“巾帼文明岗”5个、“漳州市家庭教育创新实践基地”2个；培育树立省妇联系统先进工作者1人、全省优秀基层妇联主席1人、省级最美执委1人、市级最美执委8人；培育树立省级先进家庭126户、市级先进家庭199户、县级先进家庭965户。

【乡村振兴巾帼行动】 2022年，漳浦县妇联开展电子商务培训、农业技术培训、儿童早教师培训9场次，培养爱农业、懂技术、善经营的“巾帼新农人”3000多人；在旧镇镇、六鳌镇、闽南文化城举办3场巾帼直播带货活动助农纾困，线上线下销售额总计120多万元；14个巾帼文明岗与9个镇10个村达成结对协议，促成六鳌镇地标产品与漳州科技职业学院商学院签订公益直播助农协议、地标产品产业融合发展项目。

【家庭心理健康服务】 2022年，漳浦县推出“周末的初心”亲子心理辅导活动7期，参与人数800多人；刊发“心理免疫”相关科普文章；以“心向阳光 和谐万家”为主题在漳浦县新时代文明实践大访谈中重点讲解未成年人心理健康和家庭教育志愿服务实践工作。

【乡镇（场）妇联换届】 2022

年7月，漳浦县完成全县17个乡镇、漳浦盐场和南山华侨茶果场妇联换届工作，选举产生妇联主席19人、专职副主席18人、兼职副主席18人、执行委员393人。

（周小娟）

漳浦县科学技术协会

【概况】 2022年，漳浦县科学技术协会（简称漳浦县科协）组织实施科普工作规划，开展科学知识普及，推广先进科学技术和开展青少年科技教育活动，指导科普阵地的规划、建设和管理工作。

【科普宣传】 2022年，漳浦县科协遴选专技人员37人，组建县级科普人才库，成立科普志愿服务队，开展“全国科普日”“科技周”“科技工作者日”专家现场咨询、发放宣传品等科普活动；开展沿海水产养殖技术培训、鹿溪水资源保护放养鱼苗、中小学生近视防护、中医科普、气象科普、防灾减灾演练科普志愿服务系列活动10多场次；发动近千名科普志愿者进企业、进乡村、进社区、进学校开展科普讲座、演讲比赛、现场指导、网络答题等多种形式的科普活动，直接或间接受益者达10多万人次。

【协会服务】 2022年，漳浦县组织开展院士专家工作站、学会（协会）服务站申报工作。促成天福集团与李培武院士签订合作意向书；徐聘号茶叶公司等7家省级学会服务站顺利通过漳州市科协审核并上报福建省科协。中国水产协会福建森海食品创新驱动服务站案例写入喜迎二十大福建科协学会创新驱动服务站成效掠影，在各大网站报道，佛昙镇水产养殖协会被评为福建省先进农技协组织。

【科普设施建设】 2022年，漳浦县新建216个村级科普宣传栏。漳浦县科协开展全县92个科普E站、10个农村中学科技馆、147个科技工作室、9个科普惠农服务站以及科普宣传栏（墙）等基层科普设施整改。

【青少年科技创新】 2022年，漳浦县举办第二届全县青少年科技创新大赛，收集作品207件，遴选32件参加省、市大赛，获得省、市表彰作品11件。推荐青少年参加2022年福建省“新大陆杯”青少年创意编程与智能设计比赛，获得省、市表彰8项。

（杨智勇）

漳浦县社会科学界联合会

【概况】 2022年，漳浦县社会科学界联合会（简称漳浦县社科联）开展社科知识普及活动，举办主题为“学习贯彻二十大·砥砺奋进新征程”社科普及宣传周活动，开展社科课题研究。2022年1月，漳浦县社科联被福建省社科联授予“优秀组织奖”称号；12月，被福建省社科联授予“最佳组织奖”称号。2022年，漳浦县党员干部参与福建省社科联举办的中共二十大精神网上知识竞答活动，获全省第一名。

【社科普及宣传】 2022年，漳浦县组织开展学习宣讲中共二十大精神“六进”活动暨“福小宣·照金浦”宣讲活动；开展“千年古郡·魅力金浦”学习贯彻中共二十大精神调研采风活动。12月22日，漳浦县在石榴镇举行填鸭文化节活动启动仪式，现场组织开展“社会科学在你身边”普及咨询活动、科普周主题图片展等社科知识普及宣传系列活动，摆放50块宣传展板，分发各类宣传材料1万多份，参与群众300多人。同日，开展“学习贯彻二十大·砥砺奋进新征程”漳浦县社科普及宣传周及2023年漳浦县“三下乡”活动，活动周期间，“贯彻二十大·诚信铸大美”美术书法摄影展在社科基地漳浦县旧县衙开幕，人文社科类展馆及社科基地免费开放，接纳参观人员1000多人次。

【课题调研】 2022年，漳浦县社科联编印《漳浦县2021年度哲学社会科学研究规划课题成果汇

2022年12月22日，漳浦县在石榴镇填鸭公园开展漳浦县社科普及宣传周活动。图为群众在观看展板（林杜鸿 摄）

编》，收集、整理、评选出2022年度全县各乡镇场、县直单位选送的课题成果29项。联合漳浦县委党史和地方志研究室与漳浦县老促会，深入挖掘全县地方红色资源，参与组织红军进漳及红三团成立九十周年等活动并参与编印《红色漳浦》。

【学会管理】 2022年，漳浦县社科联规范社科团体的换届选举工作，做好社科团体年检工作；支持社科团体开展学术研讨活动，加深漳浦县两帝师文化研究；参与诚信促进会到革命老区车本村采风慰问活动和“闽南文化研究会”活动。

（林秀艺）

漳浦县归国华侨联合会

【概况】 2022年，漳浦县归国华侨联合会（简称漳浦县侨联）指导乡镇侨联换届，帮扶慰问困难归侨侨眷，协调解决侨益保护工作，接待海外侨领4批次12人，开展征集侨批档案文献活动，协助开展华侨建筑保护和修缮视察活动，开展《中华人民共和国归侨侨眷权益保护法》《中华人民共和国民法典》等宣传培训活动。

【基层侨联组织建设】 2022年，漳浦县侨联开展基层侨联主席交流会，到赤土乡、湖西畲族乡、佛昙镇、马坪镇等地开展工作调研，指导相关乡镇侨联换届；新成立赤土乡归国华侨联合会、湖西畲族乡苏溪村侨联，推动南山华侨茶果场、佛昙镇等省、市侨胞之家建设。

【联络联谊】 2022年，漳浦县侨联接待来访交流、考察的坦桑尼亚福建商会、日本闽南文化研究会、新西兰华人游艇协会、菲律宾中国洪门协和竞业社总社等海外侨领4批次12人。6月2日，组织开展“品味端午情 传承爱国心”包粽子活动，邀请全县侨界代表、侨资企业代表、侨联工作人员和归侨侨眷共叙侨情；到湖西畲族乡、前亭镇、大南坂镇、石榴镇、绥安镇等重点侨乡，慰问重点侨属；推动天福集团申报华侨国际文化交流基地，配合福建省侨联文化交流部到漳浦现场指导基地申报工作。

【暖侨行动】 2022年，漳浦县侨联到南山华侨茶果场向贫困归侨侨眷发放省侨联“福侨爱心包”20份，慰问华侨农场困难职工10户，每户1000元；为23户低保、建档立卡户归侨侨眷发放生活困难补助5.52万元；慰问3户因病、因学导致生活困难的归侨侨眷5560元；组织志愿者帮助海外华侨清理住宅环境卫生。

（何惟英）

漳浦县台湾同胞联谊会

【概况】 2022年，漳浦县台湾同胞联谊会（简称漳浦县台联）做好台联基础性数据更新工作，对全县户籍辖区内的漳浦定居台籍人员进行动态管理；关爱帮扶困难台胞，做好老龄台胞和困难台胞补助报审；开展与台企、台胞联络联谊。

【联络联谊】 2022年，漳浦县台联服务台胞在漳浦就业创业，组织2名定居台胞参加第六届海峡两岸（漳州）青年交流周系列活动暨2022年漳台青年非遗研习营活动。

【困难台胞关爱帮扶】 2022年，漳浦县台联在春节期间为5名困难台胞申请到困难台胞帮扶金1.1万元；重阳节期间，为全县5名满80周岁的老龄台胞及台胞遗孀送上慰问金3000元。做好老龄台胞和困难台胞补助报审，全年累计为41名老龄台胞和台胞遗偶申请上级台联老龄补助15.56万元，为3名台胞低保户申请困难补助1.44万元，为符合条件的台胞及台胞遗偶申请财政配套补助5.11万元；为34名定居台胞出具台籍子女身份证明，协助8名台籍中、高考生享受到加分的优惠政策。

（郑色娇）

漳浦县工商业联合会（总商会）

【概况】 2022年，漳浦县工商业联合会（总商会）（简称漳浦县工商联）加强商会组织建设，帮助企业解答政策疑惑、解决困难，维护企业权益。

【商会组织建设】 2022年，漳浦县工商联走访泉州漳浦商会、厦门漳浦商会、维修协会、建材装修协会、运输与物流协会等商会协会及会员企业20多次，发放各类优惠政策材料200多份；参加各商协会换届工作，引导商会加强规范化建设，创建“四好”商会，所属商协会——泉州市漳浦商会荣获全国“四好”商会称号，漳浦县交通运输与物流协会荣获省级“四好”协会称号。

【企业权益维护】 2022年，漳浦县工商联组织走访商协会和会员企业36家，协调县直相关部门和乡镇（区、园）解决企业发展过程中遇到的各种问题14个；发挥企业合规第三方监督评估机制作用，为2家涉案企业开展第三方监督评估工作。

【企业融资服务】 2022年，漳浦县工商联帮助解决部分会员企业融资问题，协调邮储银行漳浦支行为厦门漳浦商会企业授信20亿元、漳浦农商银行向商会会员企业授信30亿元；通过司法矛盾纠纷调解、法院诉调联动行等机制平台，帮助企业化解纠纷。

【捐资帮扶】 2022年，漳浦县工商联组织协调各商会协会结对帮扶5个村；与漳州科技职业学院签订乡村振兴战略合作框架协议；发动民营企业捐款、捐物40多万元；发动14家企业参与“同心·光彩”助学公益活动，捐资、捐物约6万元资助17名贫困学生；引导商会协会开展重阳节慰问活动，发放慰问金及物资约25.8万元。

（邱欣琰）

漳浦县文学艺术界联合会

【概况】 2022年，漳浦县文艺家、爱好者加入县级及以上协会65人，其中县级新增会员27人，市级新增会员20人，省级新增会员16人，国家级新增会员2人，累计县级会员总数997人，市级会员总数286人，省级会员总数216人，国家级会员总数52人。

漳浦县文学艺术界联合会（简称漳浦县文联）组织开展各类活动近100场。2022年4月，漳浦县剪纸艺术创作基地被福建省文联、省财政厅授予“福建省新时代特色文艺示范基地”称号；10月，漳浦县艺术创作交流基地被福建省文联授予“文艺两新”实践聚集地称号。

【作品创作】 2022年，漳浦县文联带领广大文艺工作者创作出一批文学、书法、美术、剪纸、摄影、戏剧等精品佳作。

文学方面 新增国家级会员1名。陈建新作品《在光影里追逐逝去的翅膀——电影〈革命者〉观后》在福建省电影局、省文联、

省委宣传部电影管理处、省作协等联合主办的“我与红色电影”主题征文活动中被评为“优秀作品”，薛伟强创作的《江山——陈嘉庚与中国共产党》获福建省广播电视艺术奖广播文艺节目一等奖，林跃奇作品《穿越神秘的大海》入选2022年福建省“暑假一本好书”书目，吴可彦发表新书《文学的星空》并入选漳州市第三届文化拔尖人才。2022年12月28日，吴可彦作品《盲校》在第三届福建省中长篇小说双年榜评选活动中被评为长篇小说双年榜上榜优秀作品。

书法方面　有近20件作品入选省级以上展览，其中林铁印、王艺勇的作品获省文化和旅游厅、省文联、省乡村振兴研究会主办的“喜迎党的二十大，振兴我乡村”福建省首届农民书画展优秀奖，林元弼的作品入展2021“中国书法·年展”全国楷书作品展，蓝杰聪论文入选第六届中国书坛兰亭书法双年展之“兰亭论坛”。

美术方面　新增省美术协会会员3人。有近10件作品入选省级以上（包含省级）展览，其中陈杰茹、王勇美、邱志勇、林泽航、许银添等6人作品入选第二届花香鸟语福建花鸟画大展。

剪纸方面　有100余件作品参加省级以上展览，其中4幅作品入选由中国民间文艺家协会和清华大学美术学院联合主办的“百虎齐贺岁·民艺创新展”——暨“文艺两新”中青年民间文艺家作品展，卢淑蓉作品获省剪纸协会主办的全国剪纸大赛金奖，6名剪纸艺术家入选漳州市工艺美术名人。

摄影方面　新增国家级会员1名。有10多人次参加省级以上展览，其中许其成摄影《新农人更畅销》获第28届“我们的新时代”福建省摄影展银奖、杨志坤摄影《和谐相处》获铜奖；许其成摄影作品《新农人更畅销》获“礼赞新时代，奋进新征程”喜迎党的二十大福建摄影展一等奖；林杜鸿摄影作品《我们的节日》在漳州市文联、市公安局举办的摄影展上获一等奖。

戏剧方面　芗剧《一代相国蔡新》在福州、漳州、漳浦等地完成巡演，首演现场观众人数300余人，通过2个平台进行全程直播，在线观看达72.86万人次；“阿梅木偶剧团”创作300余件作品。

音乐舞蹈　漳浦县舞蹈协会编排舞蹈《唱支山歌给党听》代表福建省参加2022年全国群众舞蹈网络展演，舞蹈《健康@未来》获“全民共舞　喜迎二十大”福建省第五届广场舞展演比赛铜奖。

2022年12月24日，漳浦县书法家参加漳州市文化科技卫生“三下乡”活动。图为活动现场义写春联　（漳浦县文联 供图）

【文艺活动】　2022年，漳浦县组织广大文艺工作者开展疫情防控主题作品创作，在微信公众号“漳浦文艺网”推出25期、400多件“艺”起抗疫美术、书法、摄影、文学、音乐、戏剧、曲艺、歌舞等专题抗疫作品；围绕宣传中共二十大精神开展书画、摄影、音舞、文学、曲艺等形式多样、主题鲜明、影响广泛的文艺展览和文艺活动，如第四届“黄道周杯”漳浦县中小学师生书画作品展、《古郡漳浦红色履迹山水画长卷》展、“福来福往·福见金浦”、“福”文化创意剪纸作品展览、“廉洁文化”书法作品展、守正创新·梁鹿寄情“庆国庆　喜

2022年5月12日，闽宁协作漳海情——漳浦·海原文化艺术交流培训班在漳浦文庙开班
（漳浦县文联 供图）

迎二十大”漳浦书画作品展、“贯彻二十大·诚信铸大美”福见·漳浦美术书法摄影作品展、“指尖溢彩·方寸传情” ——晋江、漳浦剪纸艺术作品邀请展等、闽宁协作漳海情——漳浦·海原文化艺术交流展。

【文艺志愿服务】 2022年，漳浦县组织开展文艺志愿服务，参与市、县“三下乡”活动，依托“福小宣”品牌载体，通过芗剧、音乐、舞蹈、木偶戏等形式宣讲中共二十大精神。利用元旦、春节、元宵、端午等重大节日开展丰富多彩的公益性文化惠民活动，书法协会在春节、端午节、中秋节期间举办7场送“福”送春联文化惠民活动，累计为群众送出春联和“福”字6700余副（张）；灯谜协会举办庆元宵灯谜大会；剪纸协会在全县各个新时代文明实践所开展非遗培训近50场，戏剧协会常驻农村文化公园开展公益展演，开展非遗（木偶芗剧）进校园活动10余场；电影协会完成农村公益电影放映3350场、西湖公园广场公益电影放映306场。

【换届选举】 2022年7月，漳浦县文学艺术界联合会第四次代表大会召开，选举产生新一届县文联领导班子，选举产生漳浦县文学艺术界联合会第四届委员会委员、主席团主席、副主席。

（张艺君）

漳浦县残疾人联合会

【概况】 2022年，漳浦县有17个乡镇成立残疾人协会，聘请乡镇联络员13人，村级（社区）残疾人联络员271人。2022年，漳浦县残疾人联合会（简称漳浦县残联）完善社会康复服务体系，做好残疾儿童康复救助、残疾人辅助器具适配补贴、“爱耳日”宣传教育等工作，改善残疾人状况，推进残疾人精准康复服务工作。

【残疾人康复工作】 2022年，漳浦县残联开展儿童康复救助，审核全县在全省各个康复机构接受康复训练的0—17周岁残疾儿童271人，发放康复训练补助资金313.89万元。开展第23次全国“爱耳日”宣传教育活动，发动全县各乡镇残联、社区、康复机构、辅具适配机构广泛开展宣传教育活动。2022年，漳浦县有3名残疾儿童享受人工耳蜗康复补助，344名得到辅助器具适配补贴，补助资金62万元。漳浦县妇幼保健院、漳浦县锐光医院、漳州星启点康复服务有限公司3家残疾儿童康复服务协议管理机构通过市级评审。

【残疾人帮扶】 2022年，漳浦县残联配合县民政部门对持证残疾人和低保、特困供养对象信息数据比对，精准掌握低保和特困供养残疾人情况；下发《积极推动符合条件的困难残疾人家庭纳入边缘户、脱贫监测户和重点对象工作的通知》文件至各乡镇场残联，争取国家扶贫政策扶持；对全县脱贫不稳定户和38户50名突发严重困难户残疾人以及独居重度残疾人进行入户走访、慰问，以精准扶贫对象优先安排助残项目，残疾人托养项目292人，发放补助资金58.4万元；发放“一户多残”家庭生活补助555户1151人，发放补助资金64.11万元。

【扶残助学】 2022年，漳浦县做好未入学适龄残疾儿童少年数据核实及适龄未入学残疾儿童少年控辍保学工作。开展扶残助学项目，扶助186名残疾学生及残疾人家庭子女就学，发放补助资金30.75万元。

【残疾人托养】 2022年，漳浦县残联做好残疾人托养，全年机构托养项目补助10人，发放资金6.8万元；居家托养省级项目补助292人，发放资金58.4万元。

【残疾人就业创业服务】 2022年，漳浦县残联推进残疾人就业服务工作，完成省级就业创业项目补助87人，补助27.7万元；残疾人自主就业创业社会保险补贴48人，补贴金额20.17万元。全年审核企业和机关事业单位交纳残疾人就业保障金131家，安置残疾人就业246人，征收残疾人就业保障金612.87万元。在漳浦县委党校举办2022年漳浦县残疾人农村实用技术培训班，提高农村残疾人的自我发展能力。

【残疾人社会保障】 2022年，漳浦县残疾人联合会推进普惠政策，落实好重度残疾人“两项补贴”政策和低保轻度残疾人生活补贴，一级重度残疾人每人每月补贴270元，二级重度残疾人每人每月补贴220元，低保轻度残疾人生活补贴每人每月120元。

【扶残助残宣传】 2022年，漳浦县残联结合全国助残日、全国残疾预防日、残疾人健身周等残疾人重大节日开展宣传活动，发送宣传短信60万条，发动各村（居）委会利用LED屏、横幅等进行宣传。5月，慰问独居残疾人、脱贫不稳定户和困难残疾人，到福建福船一帆新能源装备制造有限公司、台玻福建玻璃有限公司等企业调研残疾人集中就业安置情况，宣传应届残疾人高校毕业生及残疾人就业创业政策和企业安置残疾人扶持政策；5月18日，协同漳浦县中医院和2家爱心机构在漳浦县家同（旧镇）养护院举办第三十二个全国助残日志愿服务活动，为残疾人现场发放轮椅5部，助行器2部，手杖6根，为养护院中未办证的残疾人现场进行评残；9月28日，带领20户重度或困难残疾人家庭到天福茶博院开展以“喜迎二十大 同心庆盛世”为主题的残疾人文化进家庭“五个一”活动；10月10日，指导开展“三菱友谊杯”2022年第七届残疾人民间足球争霸赛暨足球进基层服务活动（福建专场）。

【漳浦县2022年农村实用技术培训班举办】 2022年7月28—29日，漳浦县在县委党校举办2022年漳浦县残疾人农村实用技术培训班，邀请农业教授、农业技术总监等多名资深相关专家，开设无公害农产品生产技术、作物营养、病虫害绿色防治技术、农业污染防治、农药安全使用等实用课程，用实际案例帮助参训残疾人掌握从事作物种植所必需的专业技术知识和实用技术。

【残疾人职业技能竞赛获佳绩】 2022年，漳浦县残联组织7名残疾人参加漳州市第五届残疾人职业技能竞赛并取得团体第三名，其中2人取得个人项目第一名，1人取得个人项目第二名。

（俞月霞）

漳浦县红十字会

【概况】 2022年，漳浦县创立红十字志愿服务队伍3支，登记志愿者199人。漳浦县红十字会依法接收社会捐赠85864.87元。

【应急救护服务】 2022年，漳浦县开展公共场所配置AED+群众性应急救护公益培训项目，全面实施“关爱生命救在身边”行动，组织召集各布点单位3—5名管理员进行红十字急救员持证培训。截至2022年12月底，漳

2022 年 5 月 5 日，漳浦县绥安镇联合县红十字会在金浦大道开展无偿献血暨造血干细胞入库宣传活动。图为活动现场

（绥安镇党政办 供图）

浦县机关单位、大型商超、景区、学校等公共场所第一批 28 台自动体外除颤仪 AED 设置完毕，投入使用。2022 年，漳浦县有红十字应急救护师资 17 人，开展救护“进学校”“进企业”“进机关、社团”“进社区”活动，举办救护员培训 94 期，培训救护员 3062 人。

【人道救助】 2022 年元旦、春节期间漳浦县红十字会组织 46 个爱心单位走访慰问全县 217 户困难户。受理小天使基金申请 7 份，福万通少儿大病申请 4 份，2 个项目获批救助 5 人，金额 14 万元。开展“博爱送万家”活动，帮扶慰问全县 217 户困难家庭，合计价值 10.77 万元。开展“99 公益日”活动，发动各爱心单位参与“99 公益日”活动，参与 10048 人次，筹集善款 21.02 万元，其中依托漳州市红十字会“爱过年・情系漳州”项目筹集善款 20.16 万元用于 2023 年“爱・过年”项目红十字博爱送万家救助慰问活动；依托漳州市红十字会“救在身边・漳州行动”项目筹集善款 5664.78 元用于购买急救物品。

【“三献”工作】 2022 年，漳浦县组织无偿献血 85 场，献血 3768 人次，献血量 134.76 万毫升，造血干细胞入库 42 人。实现第三例造血干细胞捐献成功，实现第二例遗体捐献、第七例器官捐献。2022 年 3 月 5 日，漳浦县红十字会组织 10 名志愿者在万新广场献血点开展“汇聚热血 守护健康”无偿献血及造血干细胞捐献宣传活动，向群众普及无偿献血、造血干细胞、遗体器官捐献等知识。

【疫情防控物资接收和使用】 2022 年 3—5 月，漳浦县红十字会依法接收社会捐赠款物 14.62 万元，其中，接收物资 4 批，总价值约 11.55 万元，接收捐款 30583 元，全部根据捐赠意愿和法定要求转拨、移交。

【志愿服务】 2022 年，漳浦县红十字会组织漳州科技职业学院红十字会志愿服务队、漳浦县红十字会禾康暖心夕阳志愿服务队 199 名红十字志愿者开展志愿服务。组织漳州科技职业学院红十字志愿服务队开展暑期下乡为农村老人义诊活动。2022 年 6 月，漳州科技职业学院红十字会申报的“锦医卫”闽台志愿服务项目成为 2022 年福建省红十字志愿服务项目培育对象。

（林欢初）

漳浦县计划生育协会

【概况】 截至 2022 年年底，漳浦县有 267 个基层计生协会、803 个计生协会小组、35462 名会员。2022 年，漳浦县计划生育协会（简称漳浦县计生协会）开展计生宣传教育、计生家庭帮扶、优生优育指导、生殖健康咨询等服务，助力家庭发展，服务乡村振兴。

【计生宣传】 2022 年，漳浦县

计生协会联合多部门在漳浦盐场开展“会员心向党 喜迎二十大”红五月群众性宣传服务活动，发放宣传单700多份、宣传品250份。联合盘陀镇开展以家庭健康为主题的健康知识讲座。2022年，全县各计生协会开展座谈纪念会18场次，参会1783人次；开展宣传活动21场次，参加人数2415人；发放宣传品530份，发放宣传资料7780份；开展志愿服务18场次，参与人数137人。

【幸福工程帮扶】 2022年，漳浦县研究制定“幸福工程”帮扶资金管理实施细则和帮扶资金安排，开展新一轮“幸福工程”帮扶工作，发放资金428万元，帮扶110户计生母亲发展经济。运用“整村推进、多元扶持，产业带动、乡村振兴”的帮扶模式，在赤土乡溪东村开展首次整村试点推进工作，提供75万元项目资金，支持15名受助母亲发展余甘子产业。

【计生关怀服务】 2022年，漳浦县各级计生协会开展慰问失独家庭活动，累计慰问545人次，慰问金额35万元；组织计生家庭开展“包饺子”“迎新年庆生”“中秋节”博饼、丝网花制作等活动。开展健康体检、咨询保健等志愿服务活动。落实福建省计生协会“关爱新生命——儿童营养改善”公益项目，为全县46户经济困难家庭52名婴幼儿捐赠奶粉。协同人寿保险公司做好计生家庭意外伤害保险的投保、理赔等工作，全年投保210万元，为152户计生失独家庭办理每人400元的住院护理保险；落实紧急救助服务，全年救助计生家庭26户，发放救助金额6.7万元。

【金秋助学】 2022年，漳浦县计生协会开展省、市、县三级“金秋助学”活动，为79名符合条件的女学生发放助学金及学习用品，合计金额超13万元。

【早教指导师培训】 2022年，漳浦县计生协会开展第二期早教指导师培训，培训计生小组长48人，发动316名小组长参加2期全省儿童保健家庭指导员线上培训。

【青春健康服务】 2022年6月，漳浦县计生协会与漳浦龙成中学共建的青春健康俱乐部揭牌并投入使用，为在校学生提供心理辅导；在漳州科技职业学院举办防艾知识竞赛，邀请专业律师举办切合实际的法律讲座。

【计生宣传教育】 2022年，漳浦县计生协会推广运用“健康知识进万家”小程序，倡导健康生活方式。举办普及生殖健康知识等专题讲座和活动7场，服务500多人次；指导基层计生协会协调配合医疗机构，做好婚前健康体检、优生检测、孕期保健、母乳喂养等知识的宣传倡导。

（柯美华）

政法委与综治

【概况】 2022年，漳浦县抓紧抓实省级通报突出问题整治、扫黑除恶斗争、市域社会治理和基层治理创新等各项工作，实现社会治安发案率、电信网络诈骗违法犯罪案件数、非法出入境人数明显下降，景区和非景区景点安全管理水平，基层社会治理及平安建设水平及群众安全感、满意度明显提升。2022年度漳浦县落实党政领导平安建设责任书考核评价排名全市第一。

【社会稳定维护】 2022年，漳浦县开展风险隐患排查化解整治攻坚行动，加强动态管理。建立健全矛盾纠纷预警“三项排查”机制，完善矛盾纠纷多元化解体系，全年没有发生“民转刑”案件。开展公共区域安全隐患排查促改专项行动，健全完善危险物品“一体化”监管机制；开展“护校安园”和“预防校园欺凌”专项行动，健全落实警医联动机制，筑牢医院及周边安全防线；推进道路交通安全综合整治和事故预防“减量控大”工作，全县5处为民办实事的隐患路段全部整治完成。

【治安突出问题集中整治】 2022年，漳浦县集中整治社会治安突出问题。巩固电动车（摩托车）综合整治，整治成果通过市级验收；加强重点行业整治，巩固信息网络、自然资源、交通运输、工程建设领域整治，启动教育、医疗、金融放贷、市场流通领域整治；开展打击整治养老诈骗专项行动。

【社会治理智能化平台建设】 2022年，漳浦县创新具有漳浦特色的“一中心、三平台”模式，构建“治安防控平台、矛盾化解平台、便民服务平台”3个平台。发挥全县267个村级网格、534名网格员和警员作用，服务群众36548人次，帮助解决群众问题11034个。推进智能安防小区建设。推进漳州市社会治理智治平台应用；引导群众通过“平安漳州e家”公众号或小程序平台开展互动，反映上报隐患、诉求，截至12月31日，全县“平安漳州e家”关注认证270341人次、认证数全市第一，认证率全市第四。12月28日，深土镇政法委员代表漳浦县参加漳州市社会治理智治平台业务实战竞赛比拼活动，获全市一等奖。

【综治平安建设】 2022年，漳浦县深化平安乡村、法治乡村创建融合度，提升全县“平安和谐村居”创建水平，把“平安医院”“平安校园”建设工作实效作为文明单位（学校）创建、党建先进评选或医疗机构绩效考评的前提条件，调动卫生单位（学校）的创建积极性。开展“平安边界”创建，搭建共同调处跨界矛盾纠纷平台，有序开展县乡行政区域界线联检工作。深化平安工业园区创建，发挥创建实效性，调动更多企业走上平安建设、法治建设的轨道上来。以创建“平安家庭”为抓手，提高群众参与平安创建的意识及热情，夯实平安建设基层基础。

【常态化扫黑除恶斗争】 2022年，漳浦县纵深推进常态化扫黑除恶斗争。深化完善扫黑除恶长效常治工作机制，推进案件线索攻坚，严格按照线索核查“三长负责制”“4321”机制，做到涉黑涉恶线索条条有回音、件件有着落，确保所有线索举报件有效核查率100%。全年侦破恶势力犯罪集团案件2起（均为敲诈勒索案），抓获嫌疑人10人，带破系列案件33起。

【市域社会治理工作法推行】 2022年，漳浦县从布局、机制、方式3个方面探索市域社会治理和基层治理现代化创新试点，通过搭建展示、交流平台挖掘做强优质社会治理品牌项目。8月22日，漳浦县举办市域社会治理和基层治理现代化试点创新项目比拼活动，17个乡镇和11家县直单位通过现场演讲+PPT展示的方式，展现单位市域社会治理特色，实现以重点突破带动整体提升的效果。截至2022年12月，漳浦县打造28个创新试点，绥安镇绥南社区“五治融合”社区治理新模式获全省治理经验三等奖，漳浦县检察院“归航计划”获评2021年度福建省新时代巾帼志愿服务“十大优秀项目”，漳浦县人力资源和社会保障局劳动纠纷多元调处中心被人力资源和社会保障部评为“全国人社系统优质服务窗口”，县司法局“两个平台、三支队伍”和前亭镇“海岸110”乡村治理在全市推广，赤湖镇和漳浦县委老干部局“银发资源”与社会治理互融互促集成经验在《法治日报》刊发。

（漳浦县委政法委）

法治政府建设

【概况】 2022年，漳浦县贯彻《法治中国建设规划（2020—2025年）》《法治社会建设实施纲要（2020—2025年）》《法治政府建设实施纲要（2021—2025年）》，及时召开十四届县委全面依法治县委员会第三次会议，传达学习《关于进一步加强市县法治建设的意见》，审议通过《漳浦县法治政府建设实施方案（2021—2025年）》《漳浦县法治社会建设实施方案（2021—2025年）》《漳浦县党政主要负责人履行推进法治建设第一责任人职责情况列入年终述职内容工作方案》，推进漳浦县法治建设整体规划建设，一体推进法治漳浦、法治政府、法治社会建设。

【重大行政决策制度健全】 2022年，漳浦县贯彻落实《重大行政决策程序暂行条例》精神，严格按照决策启动公众参与、专家论证、风险评估、合法性审查、集体讨论决定、决策公布等程序规范执行。漳浦县政府修订出台《漳浦县人民政府工作规则》，完善县政府行政决策程序规则，保障和推动重大行政决策事项依法作出。县政府对重大项目、为民办实事项目、大额资金使用、区域规划、工业重点项目等事关社会发展全局的重大事项，均召开县政府常务会议进行集体讨论研究确定。

【行政预防调处化解体系建设】 2022年，漳浦县开展行政复议工作，聚焦行政复议体制改革，按照规定的程序办理行政复议案，将行政复议作为依法化解行政纠纷重要手段，保持行政复议申请渠道通畅。全年收到行政复议申请68件，受理68件。漳浦县政府作为行政复议被申请人（第三人）的行政复议案件6件。依法履行行政应诉职责，做好行政应诉工作，全年县政府行政诉讼应诉12件。对法院受理的行政诉讼案件，均在法定期限内提交答辩状和相关证据材料、依据等，并配合人民法院进行案件审理的相关准备工作。

【突发事件应对体系健全】 2022年，漳浦县印发《2022年安全生产专项整治三年行动巩固提升工作要点》，对标细化分解任务，全县13个专项领域分解重点任务47项，明晰部门职责分工，落实《安全生产专项整治三年行动重点任务清单》，确保当年全面完成40项重点任务。在开展隐患排查治理，春节、两会、“五一”国际劳动节、中共二十大等重要节点和高温汛期重要时段，先后组织开展安全生产大检查、安全检查百日大会战、“防风险、除隐患、保平安、迎二十大胜利召开”集中攻坚专项行动等专项行动，从严监管执法，深入排查治理隐患。开展3轮督导检查，深入基层一线，深查、细查各个领域整治重点，发现问题隐患148项，省、市督导组发现隐患问题98项，全部完成整改。开展突发地质灾害、森林防灭火、危化品运输车辆突发事件应急救援演练等实战演练，提升依法预防突发事件、先期处置和快速反应能力。

【规范性文件清理和审查备案】 2022年，漳浦县开展涉及人口计划生育内容的配套规范性文件专项清理工作，废止11件涉及人口及计划生育内容的配套规范性文件。开展涉及“水能资源开发利用权”的规范性文件专项清理。全年向漳州市人民政府报备规范性文件8件，向漳浦县人大常委会报备以县政府名义印发的规范性文件。全年收到各类文件征求意见110份，均在回复时限内做好函复。

【乡镇综合执法改革】 2022年，漳浦县推进乡镇综合执法改革，将部分县政府有关部门行使的行政处罚权分批交由乡镇人民政府，赋予乡镇第一批行政执法事项145项，其中，赋予绥安镇第一批行政执法事项135项、沿海乡镇130项、山区乡镇120项。加强行政执法人员资格管理，做好行政执法考试报名和组织工作，全县有307人参加综合法律知识考试、170人参加乡镇专业法律知识考试、8人参加司法行政专业考试。对全县各乡镇开展行政执法监督检查。

【政务服务规范化】 2022年，漳浦县推进政务服务标准化，推动全县17个乡镇、252个村（居）便民服务大厅及便民服务站的规范统一。全面推行综合办事窗口全覆盖，落实“前台综合受理、后台分类审批、综合窗口出件”，实现“一窗受理、综合服务”。在漳浦县行政服务中心设立企业开办服务专区，把分散在市管、税务、刻章、银行、公积金、医保、社保等部门的多个事项、多个流程整合为一个环节办理、一套材料、一张表单，申请人只需要通过一个窗口、一天就能办完开办企业所需的审批事项。推进政务服务法治化，在全县开展涉法涉诉信访案件集中评查化解专项工作，排查各类涉法涉诉信访案件69件，通过案件评查，逐一找准涉法涉诉信访的症结，及时修正瑕疵、纠正错误，精准做好案件化解工作。

【行政权力规范运行】 2022年，漳浦县完善行政决策监督机制，接受人大建议监督，倾听政协意见建议。规范漳浦县政府常务会议决策流程；加强政务公开制度化、标准化、信息化建设，提高政务公开能力和水平；全面推进政务公开，加快政府职能转变。2022年，漳浦县政府收到政府信息公开申请7件，均按照《中华人民共和国政府信息公开条例》规定的时限和要求做好回复。

【数字法治政府建设】 2022年，漳浦县推行“跨省通办、省内通办”改革。全年办理“跨省通办”事项2343件，“省内通办”事项2954件。深化工程项目审批制度改革，进一步梳理审批服务事项，全面推行“多评一表”“多图一审”“区域评估”“联合验收”“模拟审批”等服务新模式，创新推出“项目设计方案联审快办”“承诺审批”+“桩基先行”“线上云验收”等服务模式。2022年，漳浦县工程建设项目审批管理系统梳理出10类项目报批流程图，120个服务审批事项；办理业务950件，其中正式出文892件，完成联合审图11件、联合验收47件、区域评估184件。推行乡镇便民服务中心“一门”办理、“一窗”改革、“一章”审批、全程代办改革，完善村（居）便民服务站建设，实现群众足不出镇、村即可办理政务服务事项。2022年，全县17个乡镇便民服务中心120个行政审批服务事项（绥安镇122个）已全部进驻省网办事大厅，配备“E政务”一体机38台。

（张世昌）

公安

【概况】 2022年，漳浦县立刑事案件1717起，比上一年下降1%；破案1112起，比上一年上升13.8%，破案率64.8%，比上一年增长8.7%。其中，立传统“盗抢骗”案件446起，比上一年下降8.7%；破案338起，比上一年上升53.6%，破案率76%，比上一年增长31.1%；现行命案、八类案件保持100%全破。2022年，漳浦县公安局被福建省公安厅、漳州市公安局和漳浦县委、县政府立功表彰，其中获评先进集体11个，获评优秀民警58人次。

【涉诈问题整治】 2022年，漳浦县立电信网络诈骗案件198起、比上一年下降32.8%，破案149起，比上一年上升10.3%；群众损失1064.7万元，比上一年下降11.5%；抓获犯罪嫌疑人399人，比上一年上升154.6%，实现“两升两降”目标。结合“獴猎-2022”专项行动，年初部署开展打击整治非法出入境“大宣传、大劝返、大管控”专项行动，2022年累计劝返回流滞留境外人员359人，对滞留境外涉诈高危人员及其亲属采取银行管控等惩戒措施491人，宣布作废护照142本，限制出境3091人；破获偷越国（边）境案件38起，抓获嫌疑人144人，打掉团伙16个。

【专项打击】 2022年，漳浦县深度打击整治“盗抢骗”“黄赌毒”“食药环”等各类违法犯罪，完善“小案快侦、全案多破、有赃即追”打击机制。组织开展12次集中返赃仪式，累计追赃挽损855万元；自侦破获毒品案件5起，抓获犯罪嫌疑人6人，缴获毒品56.85克，查处吸毒人员14人，涉麻制毒保持“零发案”；破获涉赌刑事案件59起、涉黄刑事案件14起，查处涉赌行政案件148起、涉黄行政案件34起；破获非法采矿案件11起，其中福建省公安厅挂牌督办案件2起；破获涉海砂刑事案件13起，查处涉海砂行政案件156起，查扣海砂47万吨；破获养老诈骗案件39起，破获涉拐案件2起，移送起诉涉拐犯罪嫌疑人3人；查处“三非”外国人（指那些未经合法手续而在中国非法就业、非法入境和非法居留的所有外国人的统称）案件25起48人。

【百日行动】 2022年，漳浦县开展夏季治安打击整治“百日行动”，建立“一组长、一常务、双第一副组长、双主任”领导架构，实行“一办、三组、十一项机制”专班运作。

“亮剑”行动 2022年，漳浦县开展“亮剑”行动，行动期间立刑事案件609起，比上一年下降4.5%；破案507起，比上一年上升50%；抓获嫌疑人677人，抓获互联网上在逃犯罪嫌疑人146人，追赃挽损253万元。打掉3个在缅北木姐地区“组织招募、运送偷渡、从事诈骗、洗钱销赃”全链条外流诈骗团伙，抓获犯罪嫌疑人71人，另研判关联涉案人员109人，涉及15个省份；破获偷越国（边）境案件4起，抓获犯罪嫌疑人16人，打掉团伙2个。破获2起全省集群战役案件，1起制售假药案件、抓获犯罪嫌疑人6人，1起走私冻品案件、抓获犯罪嫌疑人6人。推进陆地涉海砂突出问题专项整治，破获涉海砂刑事案件4起，查处涉海砂行政案件100起，关停违规修造船厂1家，查扣海砂近13万吨。深挖彻查“黄赌毒”“食药环”等案件49起。

“净土”行动　2022年，漳浦县查处交通违法行为16949起，其中严重交通违法行为10714起，拆除摩托车、电动车非法加装遮阳篷11809个，在全市率先完成21处纳入为民办实事重点道路隐患整改。组织清查出租房屋8887家次、旅馆民宿935家次、歌舞娱乐场所452家次，检查寄递、物流企业（含网点）1044家次，新增登记出租房屋524家、新增登记流动人员29196人，查处不如实登记宾馆、旅馆16家。收缴气枪17把、各类子弹251发、炸药1920千克、雷管4127发。清查涉险公共区域891处，发现整改隐患68处，发出公安提示函3份；实现临水临崖重点区域视频监控100%全覆盖。全县组建7个船管站29名船管员、42支224名岸线巡防队，查扣违规违法船舶21艘，拆解“三无”船舶19艘。

“坚盾”行动　2022年，漳浦县公安局开展矛盾纠纷大排查大化解专项行动，共排查、化解矛盾纠纷597个，化解率100%。

【道路交通安全整治】　2022年，漳浦县深化预防道路交通事故“减量控大”等道路安全整治专项行动，推进创城交通秩序整治，查处各类交通违法行为47452起，其中严重违法行为29675起；发生一般交通事故164起，比上一年下降1.2%，交通事故“四项指数”（指交通事故的发生起数、死亡人数、受伤人数、直接财产损失四项）持续下降。推动交通安全设施提档升级，增设货车右转盲区警示区10处、货车右转停车让行区9处，增设机动车停车位913个，全县无发生重特大交通事故。依托6个“漳浦110”警务站，重新规划必巡点37个，规划必巡线19条。

【涉险公共安全区域专项整治】　2022年，漳浦县推进景区和非景区景点等涉险公共安全区域安全管理专项整治，整合巡防队伍160支1015人，排查整改风险隐患60处，增设临水警示牌30块。

【户籍管理】　2022年，漳浦县年末人口为191811户、711429人，其中男性367452人，女性343977人。漳浦县公安局办理出生落户5875人、死亡注销2777人、户口迁入6727人、户口迁出9107人。办理身份证45772件，审核签发省外受理的漳浦籍人员第二代居民身份证888人次，受理省外人员第二代居民身份证870人次；办理临时身份证336张。登记流动人口84298人、出租房屋14137户。

【出入境及往来台港澳管理】　2022年，漳浦县受理公民出国护照申请167人次，往来港澳通行证申请388人次，往来台湾通行证申请41人次，前往港澳定居申请4人次。受理台湾居民来往大陆通行证108人次，受理港澳居民来往内地通行证16人次。

2022年，漳浦县公安局深化“三非”外国人治理，查处“三非”外国人25起48人次（其中非法入境29人次、非法居留6人次，非法就业13人次），累计遣送出境“三非”外国人28人；办理非法入境类案件56起214人（其中刑事案件31起，行政案件25起），抓获犯罪嫌疑人87人、查获偷渡人员81人，违法人员48人。其中，组织他人偷越国边境刑事案件17起；加强对出境从事赴境外赌博和诈骗活动高危人员管控，开展防范治理漳浦县居民赴境外赌博和诈骗活动专项行动，防范、遏制漳浦县居民持用出入境证件赴境外从事赌博、诈骗违法犯罪活动。

【林区治安管理】　2022年，漳浦县开展“昆仑2022”和“绿盾2022”专项行动，全力打好破坏林木林地资源犯罪“坚碧”战役、破坏野生动物资源犯罪“亲野”战役、森林火灾肇事犯罪“断薪”战役，严惩各类涉森林和野生动植物资源犯罪，特别是针对中央生态环境保护督察和森林督察遗留的案件，推进案件的清理打击。全年抓获涉林违法犯罪嫌疑人29人，破各类违法犯罪案件28起，其中省督案件1起，起诉犯罪嫌疑人21人，确保辖区森林资源和生态环境安全。

【网络安全监管】　2022年，漳浦县公安局常态化开展网络安全执法监督，对全县政府机关、事业单位、重点企业等联网单位进行全面网络安全执法检查。督促各单位严格落实网络安全主体责任，提升网络安全防护水平，全年开展网络安全执法检查71家次，下发整改通知书21份，督促整改安全隐患问题200余个，督促指导重要信息系统开展等级安全保护建设备案8家。加强网络犯罪的侦查打击，以侵犯公民个人信息、电信诈骗、钓鱼网站、网络黑客、网络涉毒涉枪涉赌等新型网络违法犯罪案件为打击重点，主动打击各类网络违法犯罪，开展“净网行动2022”专项行动，侦破侵犯公民个人信息等网络犯罪案件24起。

【公安宣传】 2022年，漳浦县深化警媒协作、警地联动，挖掘警内外宣传骨干资源，组织广播、电视、报纸等各种宣传媒体，报道非法出入境、交通安全整治、防范养老诈骗、解决群众急难愁困问题、维护社会安定稳定等相关新闻，形成宣传规模，扩大宣传效果，弘扬漳浦公安正能量。全年被中央、省、市、县等各级各类媒体采写稿件近10篇，在各级媒体共上稿397篇。其中，中央级媒体上稿132篇，省市级媒体上稿265篇。

【漳浦县开展全国第36个“110联动宣传日”活动】 2022年1月10日，漳浦县多部门联合在县城西湖公园南大门广场开展以“人民至上 110 勇毅护航新征程”为主题的全国第36个“110联动宣传日”活动。全县20多家“110”联动单位根据各自单位实际和行业特点，开展健康义诊、社会救助、供水供电、交通通信、节能环保、质量监督、消费维权、法律救援、求助报警、科普宣传、消防安全常识介绍、义务写春联等宣传和服务活动。

（陈 峰）

2022年1月10日，漳浦县多家“110”联动单位在西湖公园南大门广场开展以“人民至上 110 勇毅护航新征程”为主题的全国第36个“110”联动宣传日活动。图为漳浦县公安局工作人员向群众宣传反恐防暴知识

（漳浦县公安局 供图）

检 察

【概况】 2022年，漳浦县人民检察院办理各类案件1613件，其中审查逮捕案件275件441人，审查起诉案件1028件1456人，办理公益诉讼案件61件，刑事、民事、行政诉讼监督案件249件。漳浦县人民检察院推行“一轴两翼”法治决策工作机制，针对矿产资源保护、重大项目服务保障、国有资产保护等领域案件多发、社会管理漏洞、行业工作推进不力等情况，先后向漳浦县委、县政府提交《法治决策参考》9期。设立派驻自然资源局检察联络室，在规范线索管理及案件办理方面及时提出建议，推动检察监督与自然资源综合行政执法协作配合。建设完成“一轴两翼”法治决策工作机制实践基地，该项工作经验在全市检察机关“一院一品、一部门一特色”的评审中获得第二名。

【刑事犯罪打击】 2022年，漳

2022年，漳浦县人民检察院建设完成“一轴两翼”法治决策机制实践展示馆。图为8月17日，讲解员在馆内讲解　　（蔡坛彬 摄）

浦县人民检察院批准逮捕各类刑事犯罪202件317人，提起公诉755件1090人，其中批捕故意杀人、强奸等严重暴力和“两抢一盗”等多发性侵财犯罪56人，起诉75人；监督公安机关立案8件11人，监督撤案19件24人；监督行政执法机关移送刑事犯罪案件18件，均已立案；纠正漏捕、漏诉82人。打击电信网络诈骗及其关联犯罪，批捕33件53人，起诉195件333人，以开展“断卡”行动为契机，加大侦查监督力度，推动全链条打击网络犯罪活动。立案查处司法工作人员涉嫌渎职犯罪1件1人。

【刑事诉讼监督】　2022年，漳浦县人民检察院分别在漳浦县公安局、漳州市公安局古雷分局设立“侦查监督与协作配合办公室”，推动监督工作实现从事后监督到实时监督、全程监督的转变，提高案件捕后侦查质量，刑事案件比从2021年的1∶1.17下降至1∶1.08。推进反腐败工作，深化监检衔接，起诉贪污、受贿犯罪6人，起诉行贿、串通投标犯罪7人。落实“少捕慎诉慎押”刑事司法政策，其中依法不批捕63件108人，不起诉180件209人，不批捕率与不起诉率与2021年同期相比均有所上升。

【民事诉讼监督】　2022年，漳浦县人民检察院受理民事行政检察案件110件，提出再审检察建议4件，发出民事执行监督检察建议39件、行政非诉执行监督检察建议22件、督促行政机关履职检察建议17件，通过公开听证行政争议实质性化解6件。其中开展非法占用林地领域督促履职监督专项活动，利用林业案件数据平台调取排查擅自开垦林地、改变林地用途等案件，发出督促履职检察建议16件。履行民事检察职能，加强与司法、妇联、法律援助中心等部门沟通协作，办理涉农民工讨薪领域支持起诉案件8件，维护弱势群体合法权益。

【公益诉讼】　2022年，漳浦县人民检察院推进预防性公益诉讼机制，立案行政公益诉讼案件50件，发出诉前检察建议28件，立案刑事附带民事公益诉讼案件11件，起诉8件。拓宽领域共建，与生态环境局、市场监督管理局等部门强化在生态、食品药品安全、安全生产、国有财产保护、国有土地使用权出让、英烈权益保护等领域的信息共享，加大公益诉讼受损苗头性问题发现力度。全省首创“预防性公益诉讼机制”和“公益观察团”工作经验，在全市检察系统推广，被写入漳州市委《关于加强新时代检察机关法律监督工作的若干措施》文件。

【未成年人检察】　2022年，漳浦县人民检察院推进罪错未成年人“归航计划”，对涉嫌轻微犯罪的未成年人不批捕20人，不起诉55人，适用犯罪记录封存53人。针对办案中发现的监护人监管不当或缺位问题制发“督促监护令”29份，聘请15名专业心理咨询师为涉案未成年人进行心理评估及干预。建成企业技能帮教、社区公益帮教等满足涉案未成年人不同发展需求的观护帮教基地9个，已有71人完成观护重返校园或重新就业。漳浦县人民检察院办理的3起未成年人检察案例被推荐至最高检参与各类典型案例评选活动。“归航计划”项目在漳浦县市域社会治理和基层治理现代化试点创新项目比拼活动中荣获一等奖，并获评福建省新时代巾帼志愿服务“十大优秀项目”。

2022年9月8日，漳浦县人民检察院举行首届听证员聘任仪式暨培训会 （蔡坛彬 摄）

【社区矫正检察监督】 2022年，漳浦县人民检察院健全完善“四位一体”社区矫正检察监督机制，以社区矫正检察官办公室为平台，强化脱管、漏管核查纠正，发出纠正违法通知书15份。巡回检察石榴、赤土等司法所，全面排查社区矫正对象的交付执行、衔接接收、监督管理、教育帮扶等情况，全年对监外执行不当提出纠正61件。2022年，漳浦县人民检察院被确定为全市刑事执行检察业务示范点。

【专项司法救助行动】 2022年，漳浦县人民检察院开展“关注困难妇女群众，加强专项司法救助”专项活动，以符合救助条件的困难妇女作为重点对象，办理相关司法救助案件10件12人，其中杨某国家司法救助案被推荐参加最高检国家司法救助指导性案例评选。

【整治养老诈骗专项行动】 2022年，漳浦县人民检察院开展打击整治养老诈骗专项行动，通过“12309”检察服务中心、案件审查和重点案件“回头看”等方式开展线索摸排，累计排查检察环节各类案件746件，办理相关案件批捕5件11人，起诉5件12人，守护好老年人的“钱袋子”。

【常态化扫黑除恶斗争】 2022年，漳浦县人民检察院依法严惩有组织犯罪，严格落实提前介入引导侦查机制、重大涉黑涉恶犯罪案件请示报告、备案审查制度，确保扫黑除恶始终在法治轨道上运行。3月，依法对被告人覃某某等4人恶势力犯罪集团以涉嫌敲诈勒索罪提起公诉，并获法院有罪判决。

【涉案企业合规改革】 2022年，漳浦县人民检察院将涉案企业合规改革作为优化营商环境建设的重要举措，牵头推动在漳浦县营商办成立漳浦县涉案企业合规第三方监督评估机制管委会，吸纳52名政治素质高、业务能力强的各领域专业人员，组建第三方监督评估专业人员名录库。结合漳浦县实际，探索涉案企业合规改革工作，成功办理全省首起涉台企业合规案件和全市首例跨区域合规考察案件。

【法治宣传品牌创新】 2022年，漳浦县人民检察院坚持线上、线下双融合，打造形式多样、接地气的法治宣传产品。线上打造“新潮流带法”模式，推出的《“全国各地来上分”检察版》短视频在最高人民检察院及《今日说法》等平台播出。最高检发感谢信对漳浦县人民检察院在全国两会期间配合策划、制作新媒体作品表示充分肯定。线下与漳浦县委党校共建“漳浦县党员干部法治教育基地”，开设“法治论坛”，以漳浦县科级及以下党员干部为主要对象，检察官定期授课，通过多模式法治交流，强化党员干部法治思维。

【首届听证员聘任仪式暨培训会举行】 2022年9月8日，漳浦县人民检察院举行首届听证员聘任仪式暨培训会，漳浦县20名听证员正式“持证上岗”。以检察机关基本职能、检察听证发展历程、开展情况、听证案件范围、听证会程序等为内容对听证员开展履职培训，并组织观看《检察听证，听什么？谁在听？》《公开听证》微电影，让听证员熟悉听证程序。

（黄雅婷）

法院

【概况】 2022年，漳浦县人民法院受理各类案件12555件，办结12620件，比上一年分别下降5.59%和5.06%；结案率99.30%，创历年新高，居全市法院第三；生效裁判服判息诉率99.77%，员额法官人均办案274.35件。审判执行质效指标持续名列全市前茅，核心指标结案率连续5年取得全省法院第一。推动“线上+线下”双轨开庭常态化，健全完善与漳浦县看守所远程视频提讯庭审系统，运用“移动微法院”“互联网法庭”网上立案2739件、网上开庭402件、网上调解252件。微信公众号刊发各类稿件227条，在中央、省市级主流媒体发布各类宣传报道205篇。

【刑事审判】 2022年，漳浦县人民法院审结各类刑事案件693件975人，其中审结故意伤害、寻衅滋事、抢劫、诈骗及盗窃等严重暴力犯罪和多发性侵财案件129件160人。审结恶势力犯罪集团案件3件14人。快审严判电信网络诈骗犯罪案件4件5人、帮助信息网络犯罪案件169件289人、非法出入境犯罪案件25件49人。严惩养老诈骗犯罪，为19名老年人追回被骗“投资款”38万余元。依法判处缓刑、管制等非监禁刑366人。

【民商事审判】 2022年，漳浦县人民法院审结各类民商事案件5654件，标的额11.2亿元。审结合同类案件4010件，其中审结建设工程、承揽合同纠纷案件184件。注重群体性纠纷化解，以“社区+法院”模式建立物业服务合同纠纷多元化解机制，104起纠纷得到化解。平等保护民事主体合法权益，依法审结婚姻家庭、房地产、邻里、劳动争议等涉民生案件1183件，其中涉婚姻家庭纠纷案件831件。强化老年人权益保障，审结继承纠纷案件11件；发出全市首份《家庭教育令》，并针对涉少案件（涉未成年人）中暴露出的问题，发出多份司法建议书，均得到反馈并整改。

【行政诉讼】 2022年，漳浦县人民法院审结各类行政诉讼案件141件，审查行政非诉案件57件。强化行政争议实质性化解，与漳浦县行政诉讼管辖法院芗城法院沟通协调，联合出台《行政争议多元化解机制实施细则》，助推行政案件诉源治理。2022年，漳浦县行政诉讼案件32件，比上一年下降46.88%，行政首长出庭应诉率100%。

【判决执行】 2022年，漳浦县人民法院执结各类案件4397件，案款到账金额1.15亿元，移送追究拒执罪被判刑4人。曝光“失信黑名单”4202人次，纳入“限制高消费名单”5406人次。开展涉民生专项执行行动10次，执结涉民生案件389件，执行到位522.9万元。推行案款“一案一账户”，发放案款1470笔1.04亿元。推进网络拍卖工作，挂网处置财产134次。创新“执行+保险”救助机制，为申请执行人提供执行救助、执行悬赏保险服务。

【矛盾纠纷排查化解】 2022年，漳浦县人民法院开展“治重化积”和矛盾纠纷大排查大化解等四大专项攻坚行动，集中力量办结国家和漳州市信访局交办的“治重化积”重点信访件13件，办结率92.3%。与漳浦县林业局密切配合，化解11起涉案标的额上亿元、涉及9个国有林场、历经15年的历

2022 年 12 月 8 日，漳浦县绿碳司法保护实践基地在中西国有林场揭牌
（漳浦县人民法院 供图）

史遗留信访老案。与乡镇、县直部门密切配合，联动研判、协同化解。

【营商环境优化】 2022 年，漳浦县人民法院开展“百名干警挂百企”活动。依法平等保护各类市场主体合法权益，审结涉企案件 2609 件，标的额 7.98 亿元。优化创新创造创业法治环境，审结知识产权案件 31 件。开展涉营商环境案件专项执行行动，执结该类案件 614 件，执行到位 8156.42 万元。畅通涉企“执行不能”案件退出机制，审结破产案件 11 件。注重维护台商台企合法权益，审结涉台纠纷案件 16 件，办理两岸司法互助案件 5 件，完善“三员联动”纠纷化解机制，促进两岸发展。

【“林长＋法院院长”协作机制建立】 2022 年，漳浦县人民法院与漳浦县林长办联合出台“林长＋法院院长”协作机制，完善林业行政执法与刑事司法衔接工作机制，严厉打击涉生态犯罪，审结非法采矿案件 5 件 8 人，涉水污染、破坏森林资源等案件 17 件 19 人，补植复绿林木 89.09 公顷；审结涉生态环境保护公益诉讼案件 4 件，督促 5 名被告人缴纳生态环境损害赔偿金 9.02 万元。探索“恢复性司法实践＋社会化综合治理”生态司法模式，成立“绿碳司法保护实践基地”，推进全市首个森林经营碳汇交易项目创建。

【司法助力专项整治】 2022 年，漳浦县人民法院司法助力全县养殖用海确权颁证工作，审结涉农村集体“三资”案件 30 件，标的额 1086.08 万元。深化“金融纠纷多元化解中心”平台建设，防范金融风险，诉前化解金融案件 496 件，标的额达 9873.12 万元。加大对涉房地产信访案件法律、政策宣讲和释明引导力度，加强涉房地产风险项目处置的法律研判，服从服务“保交楼”大局。

【重大项目司法保障】 2022 年，漳浦县人民法院前移关口，建立重点工业企业案件识别机制，精选审判骨干组成多个“服务项目审判团队”。与漳浦县司法局联动，成功在诉前化解涉联盛纸业项目征迁系列案件 4 件，促使双方当事人对被征迁土地承包经营权进行确认并达成分配协议。持续发挥“3+1”审执机制和“古雷港区法官工作室”职能作用，成功化解涉古雷重点石化项目纠纷 4 件；出台《关于服务保障古雷石化重点项目建设推进行政争议实质性化解的实施方案》，设立“司法行政调处中心”，召开区院联席会议 3 次，促成重点项目行政争议源头治理和实质化解。

【基层社会治理】 2022 年，漳浦县人民法院开展“四季竞赛、五大比拼”活动，聚焦“人民调解”“诉调对接”“公调对接”等核心指标，与 34 家行业性人民调解委员会建立会商机制，诉前调解各类案件 3891 件，司法确认、诉前调解申请出具调解书 215 件，推动漳浦县平安建设考核指标“万人成讼率”持续下降，诉源收案比上一年下降 8.21%，执源收案比上一年下降11.34%。开展“关爱雏鹰·法护成长”法治宣传活动，围绕校园欺凌等热点问题，拍摄“未成年人普法教育系列微视频”10部，并深入学校开展宣传活动。

【司法助力乡村振兴】 2022年，漳浦县人民法院妥善处置涉农纠纷案件185件。前移司法服务关口，开展巡回审判、案后回访、法治宣传、“法律门诊”等，推动“无讼乡村”“平安乡村”创建，司法助力建设宜居宜业和美乡村。开展“根治欠薪”活动，执结涉农民工薪资案件246件，执行到位农民工工资431.68万元。在漳浦广播电视台开辟《乡村法治行》“法官说法”专栏，定期推送8期。

【司法便民利民“创新力”提升】 2022年，漳浦县人民法院升级诉讼服务体系，自主开发“智能客服助手”，为当事人通过公众号自助完成立案咨询、投诉建议等提供便捷服务。强化司法大数据集控管理，一站式服务建设考评保持全市法院前三名。精简办事流程，开具生效证明服务前移，开通线上诉讼费办理渠道。前移涉案信息查询服务窗口，累计提供查询服务8000余人次。加强司法救助，为当事人减缓免交诉讼费4.32万元，发放司法救助款83.2万元。

（漳浦县人民法院）

司法行政

【概况】 2022年，漳浦县司法局开展大排查大走访活动13次，排查调解纠纷5646件，调解成功率99%。与漳浦县人民法院联合出台《关于深化推进诉非联动、诉源治理 建立“蓝碳”纠纷多元化解联动机制的方案》，推动涉海矛盾纠纷化解。漳浦县司法局被中华全国人民调解员协会评为“组织宣传人民调解工作先进集体”，基层司法所建设工作经验在全省作典型经验交流，大南坂司法所被福建省人力资源和社会保障厅、福建省司法厅授予“全省司法行政系统先进集体”称号。

【人民调解】 2022年，漳浦县司法局深入推进“三个三”新时代调解模式，突出抓好重要节日、重点时段和矛盾纠纷多发、易发重点地区的矛盾纠纷的排查调处。在镇、村设立人大代表调解工作室；与漳浦县人民法院联合出台《关于深化推进诉非联动、诉源治理 建立“蓝碳”纠纷多元化解联动机制的方案》，推动涉海矛盾纠纷化解，助力基层社会治理现代化。开展大排查大走访活动13次，排查调处各类矛盾纠纷5646件，成功调解矛盾纠纷5590件，调解成功率99%。

【社区矫正与安置帮教】 2022年，漳浦县司法局制定下发《关于贯彻落实全省社区矫正执行模式的实施意见》，与检察机关建立联席会议、联合执法检查、检察官入驻社区矫正中心、信息沟通四项机制。严格抓好入矫、解矫、审前评估、暂予监外执行病情复查等工作制度的执行。完善请销假审批、日常监督、训诫警告、跨市县活动等全流程执法程序，严格请销假和管理审批制度，扎实开展“在矫通”App日常巡查工作，发现异常情况记录在案，并及时进行通报。常态化开展对社矫对象和刑释人员的走访和谈话，深入社矫对象家庭、所在村居社区走访摸排涉黑涉恶线索。与漳浦县公安局联合制定《司法行政机关与公安机关常态化安置帮教工作信息化核查机制》，对全县刑满释放人员信息开展全面核查比对，全面排查安置帮教重点人员，及时开展走访帮教。加快推进“智慧矫正”工作，完成远程视频系统建设，实现县、乡二级音视频互联互通和部、省、市、县、乡五级指挥贯通。

【普法宣传教育】 2022年，漳浦县司法局开展《中华人民共和国民法典》普法宣传。以“美好生活·民法典相伴”为主题，组织开展“民法典宣传月”系列活动，开展主题宣传进校园活动28场，赠送民法典宣传材料3500多份；在“漳浦普法”微信公众号推出10期“我要学民法典”，组

2022年6月15日上午，前亭镇驻村工作组联合前亭司法所到辖区码头、港澳口开展“战疫有我 法治同行”宣传活动（前亭镇政府 供图）

织法律顾问进村入户开展现场法律援助咨询，通过以案释法、现场问答等方式解决群众现场咨询的农作物损害赔偿等问题165个。做强“法律明白人”培养工程，择优选取1380名法治素质好、群众工作基础好的村民小组长、退役军人作为“法律明白人”的重点培养对象，组织“法律明白人”参与法治宣传、矛盾调解、法律服务等活动，开展各类公共法律服务156场次，惠及群众4万多人次。在长桥镇春光村建成乡村振兴普法宣传示范点，将法治宣传教育为民惠民落到实处。开展“蒲公英”公益基层普法活动118场次，参加讲座干部群众4000多人次。走访232个社区（村、居），为基层群众解答法律咨询526人次；进校园举办法治讲座41场，开展法治宣传活动170场次。

【公共法律服务】 2022年，漳浦县司法局创新工作举措，与漳浦县台港澳办联合成立涉台公共法律服务工作站，促进司法行政机关与台胞台企良性互动，为台胞台企提供普惠、便捷、精准、优质、高效的法律服务；受理5件“容缺受理”、21起就近办理（其中3起上门服务）、4起异地协办案件。累计受理法援案件1030件。为受援人免收法律服务费用516.5万元，为受援人挽回损失或取得利益854.17万元。办理各类公证1247件。为年老体弱、行动不便的当事人上门服务68次；为残疾人、低保户等困难群众减免公证费人民币3.7万元。全年走访75家民营企业，到企业现场开展法治讲座29场，修改合同30份。

（周艺清）

（编辑：林雪芬）

军事

人民武装

【概况】 2022年，漳浦县人民武装部加强官兵思想教育和军事训练，以县级武装部规范化带动基层武装部规范化、以设施规范化促进制度规范化，推进全县民兵建设提质增效，完成年度民兵整组和18周岁男性公民兵役登记任务。

【军事训练】 2022年，漳浦县人民武装部抓好现役干部和专武干部的组织指挥和业务训练，抓好应急民兵队伍遂行抢险救灾、应急救援等急难险重任务训练，抓好专业民兵的专业训练，完成年度训练任务。先后组织民兵连长暨情报信息员、“四会”教练员、海上民兵分队、哨所民兵集训，承担全省防化救援分队骨干训练任务，提高民兵队伍“平时服务、急时应急、战时应战”的能力。

2022年7月15日，漳浦县组织开展2022年军地防汛救灾暨县城超标洪水演练
（漳浦县人民武装部 供图）

【兵员征集】 2022年，漳浦县人民武装部在完成18周岁男性公民兵役登记的基础上，扎实抓好兵役登记、征兵宣传、体格检查、政治考核、审批定兵、廉洁监督等工作。

【军地共建】 2022年，漳浦县人民武装部组织发动民兵参与全县经济建设，参加急难险重任务。开展军地防汛救灾暨县城超标洪水演练，长期援建旧镇“八一希望小学”，协调组织民兵、驻地官兵参加义务植树活动。协助县民政部门，在八一建军节、春节期间，走访慰问现役军人军属。

（漳浦县人民武装部）

人民防空

【概况】 2022年，漳浦县人民防空办公室（简称漳浦县人防办）

贯彻落实《中华人民共和国人民防空法》《人民防空工程建设管理规定》《福建省人民防空条例》等法律法规，做好人防工程结建规划、审批、建设、管理和指挥通信等各项工作。

【人防工程质量监督】 2022年，漳浦县人防办对在建人防工程施工各阶段质量控制点、主体结构、竣工验收等进行监督指导，没有发现存在质量和安全问题。漳浦县全年申报质量监督“结建式”人防工程项目若干个，漳浦县人防办出具监督方案若干份，发出人防工程建设问题整改通知单若干份，收到书面整改反馈若干份，形成闭合管理，出具验收报告若干份。

【人防工程检查维护】 2022年8月，漳浦县人防办随机抽取1个2006年1月1日至2010年12月31日间竣工的防空地下室、2个2020年7月1日至2021年6月30日期间竣工验收备案的防空地下室进行检查，经检查，3个防空地下室整体结构完好，设备基本齐全，大部分可以正常使用，部分通过维修、整改后可以正常使用。

【人防宣传教育】 2022年，漳浦县通过多种媒介宣传漳浦县人民防空的新成就、新动态，宣传《中华人民共和国人民防空法》。进工地开展人防知识宣传，在在建项目工地围挡设置人防宣传图片；结合“9·18”防空警报试鸣，开展形式多样的人防宣传周及宣传“五进”活动；组织人员深入机关、企业、社区、学校，发放人防宣传资料、避险引路导航软件操作指南等，并提供政策咨询服务。

（蔡泽昌）

退役军人事务

【概况】 2022年，漳浦县退役军人事务局为各类优抚优待对象兑现足额发放各项抚恤金、补助金、优待金；完成计划安置转业干部安置任务；成立退役军人志愿服务先锋队；设立退役军人关爱基金；为立功现役军人送喜报；为全县退役军人发放双拥主题年画；为全县退役军人、其他优抚对象办理发放优待证。2022年，漳浦县顺利通过第八次省级双拥模范城验收。

【抚恤补助】 2022年，漳浦县退役军人事务局发放重点优抚对象抚恤金和物价补贴；60周岁农村老兵生活补助金和物价补贴；老烈士子女生活补助和物价补贴；发放住院医疗补助，发放重点优抚对象门诊补助；为全县优抚对象减免有线数字电视收视费；开展重点优抚对象春节、八一建军节慰问；开展“解忧难·暖兵心——帮扶残疾退役军人”活动；设立退役军人关爱基金，关心帮扶困难退役军人。

【移交安置】 2022年，漳浦县完成计划安置任务，若干名转业军官全部安置在行政岗位，对符合政府安排工作退役士兵（退出消防员）进行安置，除若干名安置到央企和市企，其他的全部安置在乡镇及县直机关工作。

【褒扬纪念】 2022年，漳浦县退役军人事务局开展以“2022·奋进·网上祭英烈”为主题的网上祭扫活动；开展烈士寻亲活动，为12位烈士找到亲属；为全县退役军人及其他优抚对象办理发放优待证；举行烈士公祭仪式，深切缅怀烈士的不朽功绩；投入80余万元对漳浦县烈士陵园配套设施进行提升改造。

【退役军人就业创业帮助指导】 2022年，漳浦县退役军人事务局举办退役军人暨随军家属专场招聘会，促进退役军人就业创业；依托“再启航——退役军人在线学习平台”，组织2022年度自主就业退役士兵适应性培训，为退役士兵精准提供就业指导。

【退役军人权益维护】 2022年，漳浦县退役军人事务局梳理当前退役军人各项政策措施的落实情况，解决退役军人各类诉求，及时重新调查核实、及时规范反馈情况，及时回应退役军人关切的利益问题；主动协调相关部门，督促各乡镇退役军人服务站优化服务。全年提供困难一次性临时救助30人。

【拥军支前】 2022年，漳浦县退役军人事务局发挥社会各界自身优势，开展科技、法律、文化进军营等特色活动；开设“拥军邮路”，为驻漳浦部队官兵免费上门送收邮件；投入24.2万元为驻漳浦军警购置训练生活设施；协调电力等部门优化驻浦部队用电问题，解决驻漳浦部队用电难题。

【拥军优属】 2022年，漳浦县各套班子领导深入基层走访慰问驻浦官兵，帮助解决实际困难，送上慰问金及慰问物资。组织县、乡镇、村三级干部为漳浦籍现役军人家属送去慰问金和鲜花等慰问品，八一建军节期间慰问驻浦部队；协调解决现役军人子女就学问题。

【军休所事务】 2022年，漳浦县退役军人事务局做好军休干部的思想政治建设，组织军休干部阅读有关文件，听取党和政府重要会议精神传达；重大节日组织走访慰问军休干部；按时发放军休干部离退休费和津贴补贴，按标准提高军休干部生活待遇保障水平；做好军休干部的医疗保障工作，开展医疗保障知识普及活动；引导和鼓励军休干部参与文体娱乐活动；开展经常性走访探望，定期了解军休干部情况和需求，为军休干部提供必要的关心照顾；协助办理军休干部去世后的丧葬事宜，按照政策规定落实遗属待遇。

【光荣院管理】 2022年，漳浦县退役军人事务局对光荣院进行修缮提升改造，完善各项配套设施。完善光荣院各项规章制度，明确岗位责任制，加强安全宣传教育，建立日安全检查零报告制度，定期组织消防安全知识培训及应急演练活动，提高安全防患意识和应急处置能力。加强食堂卫生、食品采购，确保食品卫生安全；定期组织老人体检，建立健康档案。

【退役军人事务宣传】 2022年，漳浦县退役军人事务局在漳州科技职业学院建立漳州首家高校退役军人服务站，漳州首支高校大学生退役军人志愿服务队同步成立并授旗，经验做法受到退役军人事务部、福建省退役军人事务厅表扬，中央、省、市主要媒体的宣传报道；邀请驻漳浦部队官兵、参战老兵、退役军人及家属代表以及消防指战员150多人一起观看爱国主义教育电影，用实际行动向志愿军英雄烈士致敬，受到“中国退役军人”、中国双拥网等多家媒体的宣传推广；组织各乡镇宣传报道退役军人先进事迹，有221篇漳浦县退役军人在疫情防控、志愿服务、国防教育等方面的先进事迹在各大主流媒体刊发，其中省部级媒体115篇。

（黄志平）

（编辑：林雪芬）

应急管理

安全生产监督管理

【概况】 2022年，漳浦县发生各类生产安全事故6起，比上一年减少10起，下降62.5%；死亡4人，比上一年减少1人，下降20%，全年没有发生较大及以上生产安全事故。执法办案30起，比上一年增加23起，上升328.5%；事故立案处罚5起。

【安全生产责任机制建立】 2022年，漳浦县研究制定下达安全生产目标责任，签订责任书48份，构建横向到边、纵向到底的安全生产责任体系。健全完善“党政同责、一岗双责、齐抓共管、失职追责”和“三管三必须”（指管行业必须管安全，管业务必须管安全，管生产经营必须管安全）的责任体系，督促落实属地管理责任、行业部门监管责任和企业主体责任。同时，将安全生产工作与绩效考核、平安建设、追责问责挂钩，完善各项安全生产工作机制。

【安全生产排查整治】 2022年，漳浦县排查生产经营单位6972家次，排查一般隐患7064项、重大隐患1项，均已整改销号，行政处罚471次，责令停产整顿16家，关闭取缔6家，约谈警示167家。下发《漳浦县安全生产委员会关于印发开展“防风险、除隐患、保平安、迎二十大胜利召开”安全生产集中攻坚专项行动的通知》《漳浦县安全检查百日大会战工作方案》等文件，盯紧抓牢全县事故多发、风险突出的道路交通、建筑施工、渔业船舶和消防等重点行业领域和安全生产工作薄弱环节，组织驻点督导组深入各乡镇场、工业区（园）开展指导检查和驻守督导。

【行业安全监管】 2022年，漳浦县开展执法监督检查，出动监管检查人员292人次，检查企业87家，发现一般隐患381条，已全部整改；发出责令整改指令书26份，复查整改意见书26份，现场处置措施2份。加强企业监管，开展“防风险、除隐患、保平安、迎二十大胜利召开”安全生产集中攻坚专项行动，检查批发企业、零售店137家次，发出责令整改指令书2份，排查出隐患12条，完成整改12条；检查危险化学品企业58家次，发出责令整改指令书16份，发出现场处置措施决定书4份，排查事故隐患90条，全部完成整改。对涉氨制冷企业进行全覆盖检查，组织专家组对被列入第一批轻工重点企业的29家园区企业开展专家服务指导，排查问题311项，并对隐患问题逐企逐条逐项对照检查，闭环整改；开展粉尘涉爆县际交叉检查，邀请专家对6家涉爆企业进行隐患排查指导，排查隐患问题25项，已整改到位。对经治理合格复电生产的68家石板材企业每月进行一次的联合检查。

【应急管理综合执法】2022年，漳浦县开展执法检查生产经营单位194家次，立案查处35起；移送公安机关追究刑事责任案件1起；促使生产经营单位严格落实主体责任，全年生产安全事故起数比上一年度下降62.5%，事故死亡人数比上一年度下降20%。

【安全生产宣传教育】2022年，漳浦县围绕安全生产月“遵守安全生产法当好第一责任人”主题，以“五个一”（一座谈、一视频、一宣誓、一宣讲、一指导）形式在企业开展安全宣传活动，组织全县各乡镇、各单位、各企业参与链工宝“新安全生产法”知识竞赛、市安办安全知识竞赛等活动；全年无间断推进安全宣传“五进”活动。拍摄新时代文明实践应急抢修救援服务宣传片——《时刻备战，护万家安全》，通过电视、短视频、户外宣传屏等平台推送。线上线下开展防灾减灾宣传周活动，全县悬挂应急管理、安全生产、防灾减灾宣传标语、横幅、挂图、展示架1000多幅，电子屏60多个，发放宣传资料80万份、宣传小礼品约60万套。

（漳浦县应急管理局）

防灾减灾

【概况】2022年，漳浦县启动应急响应14次，其中启动防暴雨洪涝Ⅲ级响应4次，启动防暴雨洪涝Ⅳ级响应5次，启动防暴雨洪涝Ⅱ级响应1次，启动防台风Ⅳ级响应3次，启动防台风Ⅲ级响应1次。开展公共服务设施调查，涉及9个小类533个调查对象，总体调查进度100%，系统质检通过率100%。开展城市安全风险评估，对工业风险单元、人员密集场所单元及公共设施单元等366个风险点开展现场调研，漳州市安全风险管控信息平台填报企业数884家。完成各类应急预案修订94个。

2022年11月9日，漳浦县开展应急管理、安全生产、消防安全宣传活动进校园活动。图为活动现场（漳浦县应急管理局 供图）

【应急体系建设】2022年，漳浦县构建应急预案体系，对漳浦县总体突发事件应急预案和安全生产类、自然灾害类应急预案进行修订，21个乡镇场应急预案110个，已完成修订72个；县直有关部门应急预案56个，42个部门预案已完成修订20个，13个专项预案已完成修订2个。以县应急指挥为中枢，搭建预警信息全媒体发布网络，建立风险联合会商研判、防范救援救灾一体化的应急指挥机制。制定应急救援总指挥部工作规则，推动建立健全应急救援指挥体系；坚持“管行业管风险防范、管行业管应急救援”原则，明确各行业领域主管部门负责本行业领域风险防控、监测预警和突发事件先期应对处置工作；制订应急预案总体建设规划，修订完善各级人民政府总体应急预案、专项应急预案和部门应急预案。制订全民安全教育计划，加大公益宣传力度，普及安全知识，培育安全文化。坚持经常性安全风险教育和常态化应急疏散演练相结合，推进安全风险网络化管理和全社会共建共治共享。

【应急救援队伍建设】 2022年，漳浦县完善防灭火、医疗、水、电、通信等13支专业应急救援队伍，县级专业森林消防队伍由52人扩增为88人；建设新时代文明实践应急抢险救援服务平台。

【避灾点建设】 截至2022年12月31日，漳浦县建成1个县级避灾点、17个乡镇级避灾点、226个村级避灾点，提升建设深土镇山边村等9个省级达标避灾点。

【应急培训演练】 2022年，漳浦县印发《漳浦县乡村危险区域群众转移演练工作方案》，成立5个督导组，对全县建制村危险区域群众转移避险演练工作进行督查；举办县镇村三级防汛防台风业务知识视频培训班，近400人参加视频培训班；举办漳浦县军地防汛抢险救灾暨县城超标准洪水应急演练。全县危险区域转移对象建档立卡人数1233人，其中，地质灾害点15处，威胁30户106人；房前屋后高陡边坡点49处，威胁55户498人。全县累计下沉干部4511人次，累计陆上转移群众3004人次，海上转移群众757人次。

【自然灾害安全整治三年行动】 2020—2022年，漳浦县各级各部门突出防洪防潮、海洋渔业、水上交通作业、城镇防涝、地质灾害、避灾安置点等重点方面，聚焦防汛防台风重点工作、重点部位和关键环节，深入开展自然灾害风险隐患大排查大整治。全县各主要行业领域成立检查组863个次，督导检查1862次，检查单位2193家，督导问题884个，行政处罚68家，责令停产整顿29家，关闭取缔28家，罚款55.81万元。

【森林防灭火】 2022年，漳浦县发布高森林火险橙色预警信号5次，禁火令2次。开展森林火灾隐患排查348次，发现一般安全隐患6个，排查林区输配电设施火灾隐患129处，均整改到位。打击林区违法用火行为，立刑事案件2起，采取刑事措施2人，破案2起，破案率100%，处理违章用火行为为15起，罚款8500元。发送森林防火宣传短信204万条，出动防火宣传员1000余人次，出动宣传车400余辆次，制作森林防火宣传横幅900多条。

（漳浦县应急管理局）

消防救援

【概况】 2022年，漳浦县消防救援队伍接警469起，其中火灾扑救302起，抢险救援126起，社会救助41起，出动消防车820辆次，出动5150人次，抢救被困人员52人，疏散被困人员6人，抢救财产价值304万元，保护财产价值1038.4万元。未发生亡人或较大以上火灾事故。2022年，漳浦县消防救援大队完

2022年12月22—24日，漳浦县森林防灭火指挥部在漳浦县委党校开展为期3天的漳浦县扑火队伍技能培训及实战演练。图为演练现场

（漳浦县应急管理局 供图）

成春节、两会、中共二十大等重大消防安全保卫任务，成功处置“4·18”“6·28”2起厂房火灾事故。

【执勤备战】 2022年，漳浦县消防救援大队坚持实战实训，定期分析研判本地灾害事故风险，对重点区域和场所单位进行实地熟悉，完善各类灾害事故应急救援，制订特种灾害救援预案；及时修订完善灭火救援作战数字化预案和相关处置方案80余份；以绥安、赤湖消防救援站抗洪抢险专业编队为主体，从实战出发编配6人水域救援小组，加强水域救援专业训练，做好防汛防台工作。2022年，各级媒体报道漳浦县消防救援大队“两车追尾 消防及时营救”“全力打好防疫阻击战”“压肉机‘咬’住手指 消防人员紧急施救”等警情，特别是漳浦辖区内短时强降雨，漳浦县消防救援大队及时出动抢救遇险群众，得到中央、省、市各级媒体报道；在“6·28”某公司火灾扑救中，漳浦县消防救援大队到场迅速，处置科学规范，及时遏制火灾蔓延。

【公共消防基础建设】 2022年，漳浦县整合基层部门管理服务资源，将17个乡镇和漳浦盐场消防网格工作纳入全县综治网格管理平台，构建网络化、社会化、信息化的基层消防管理体系。漳浦县消防救援大队联合相关部门推动建设西湖公园和长桥镇友爱村2个取水码头，推动老旧小区改造20个，改造消防设施22处，建立电动自行车集中停放场所29处、机动车停车位200个，增设20座市政消火栓。推动赤岭乡、马坪镇、前亭镇、湖西乡、旧镇镇5个距离消防站较远和火灾频发的乡镇各配备1辆2.5吨小型水罐消防车及相关器材，利用原官浔镇公安派出所旧营房改造建成官浔镇小型消防救援站并投入使用。

【火灾隐患排查整治】 2022年，漳浦县消防救援大队开展今冬明春火灾防控、“三合一”场所排查整治、全县消防安全大排查大整治、生产经营租住场所重大火灾风险综合治理、消防安全大检查、高层建筑重大火灾风险专项整治、劳动密集型企业消防安全专项治理等专项整治工作，及时督促整改火灾隐患，从严从快查处消防安全违法行为。全年检查单位1053家次，督促整改火灾隐患或违法行为578处，下发行政处罚决定书36份，下发临时查封决定书10份，责令“三停”14家，督办重大火灾隐患2家，罚款32.16万元。

【消防安全宣传教育】 2022年，漳浦县消防救援大队整合社会资源，结合季节火灾特点，开展形式多样的消防宣传活动。组织宣传人员、宣传车进社区、农村、企业、学校、家庭，重点对鳏寡孤独老人、留守儿童等弱势群体开展消防安全敲门行动。整合新媒体资源，围绕亮点特色消防工作推进情况开展系列宣传报道；在漳浦县广播电视台播放消防安全常识；通过通信平台向目标人群发送消防安全提示短信；在商业集中区、主要路段等播报消防公益广告，张贴消防宣传公益使者海报2000余份。开展内容多样、参与性强的“119”消防宣传月系列活动，邀请企业员工、中小学生及各界群众参观消防站，通过参观消防站车辆装备、听取消防常识讲解、体验火场逃生等方式，让参观人员零距离接触消防安全；开通“消防安全云课堂”，联合漳浦融媒体视频号、中国移动云盘平台开展线上消防安全宣传活动，针对受众群体等特点制作上传消防安全短视频。开展社会单位消防安全大培训，结合“全生命周期”消防宣传培训教育工作，对行业部门、商场、企业、医院、学校、娱乐场所等30余家单位开展消防安全知识培训，到社区开展消防宣传活动，发放宣传资料2万余份；开展农村消防安全集中宣传，依托宣传车开展日夜巡回宣传活动，在17个乡镇和漳浦盐场主干道、繁华路段、人员密集场所、农村社区等场所停驻，通过车载LED屏有针对性地播放消防宣传片和火灾警示案例。

（漳浦县消防救援大队）

（编辑：林雪芬）

综 述

【概况】 2022年，漳浦县实现农林牧渔业产值148.68亿元，比上一年增长4.9%，居漳州市第二名；农民人均可支配收入28499元（含古雷港经济开发区），比上一年增长10.4%，居漳州市第三名。建成1家国家级生猪调控基地和11家省级生猪调控基地，年末生猪存栏30万多头。截至2022年12月，全县有农业产业化重点龙头企业79家，家庭农场示范场95家，农民合作社示范社79家；认证“三品一标”农产品78个。

【农业特色产业发展】 2022年，漳浦县以创建农业产业强镇、培育龙头企业为引领，不断做优“一村一品”、做强“一镇一业”，提升农业产业化水平。六鳌镇（地瓜）被评为国家级农业产业强镇；佛昙镇东坂村（河鲀）获得国家级“一村一品”示范村认证、国家级乡村特色产业超亿元村认证；新增省级“一村一品”专业村3个（溪东余甘、大坪竹笋、仙都杨梅）、市级“一村一品”示范村11个；省级农业产业化联合体3个（福建绿泉产业化联合体、绿领养殖产业化联合体、优荔美水果产业化联合体）；认证无公害农产品30个。推动乡村旅游提档升级，“漳浦花海浪漫游”入选2022年农业农村部中国美丽乡村休闲旅游行（春季）精品景点线路推介。

【脱贫攻坚成果巩固】 2022年，漳浦县建立健全防止返贫机制及“一键报贫”平台审核机制，力促脱贫人口增收发展，巩固拓展脱贫攻坚成果。全县享受扶贫帮扶政策的脱贫人口2969户8119人，重点围绕农村低保对象、农村特困人员、脱贫不稳定户等农村低收入人口开展动态监测。对全县脱贫不稳定户92户294人，按照“一户一策、一户一方案”的要求，强化挂钩帮扶，实现稳定脱贫，防止返贫。2022年补助发放小额信贷298户930.22万元，产业扶贫资金448万元，重点支持已脱贫重点对象以及脱贫户中的低保户发展农业特色产业，受益脱贫户1106户；实施雨露计划，补助学生195人59.1万元，做到应补尽补。

【乡村振兴战略实施】 2022年，漳浦县以石榴镇6.8亿元整镇推进项目一期工程为突破口，全县13个乡镇场着力乡村振兴整镇推进，通过探索政府引导、国企运营、银行融资的共建模式，推进“万企兴万村”行动等举措，谋划项目近46.298亿元。统筹推进2个省级特色镇、18个省级试点村、3个实绩突出村建设，发挥试点村的辐射带动作用，通过实施145个项目，完成投资近2.48亿元。精心打造“溪坂—后坑”“近院—东坂”“大埔—后垅”“攀龙—

车本”4条省级乡村振兴示范线，着重突出乡村基础设施、乡村文化振兴、乡村产业振兴等方面建设，谋划包装一批项目共37个，完成投资4221万元，在线上做到抓两头带中间，打造有特色、有亮点的“产业+”示范线。

【农村人居环境整治】 2022年，漳浦县以“一月一考核”推动农村人居环境整治提升，创新“考核奖惩”机制，全年召开现场推进会4场，发放奖励资金345.3万元。推进实用性村庄规划编制工作，完成村庄规划编制104个。加强农房风貌管理，完成整治既有裸房4008栋。扎实推进厕所革命，完成新改建农村卫生厕所30户。加快农村生活污水治理，建设完成5座污水处理厂、16座污水处理站，重点推进10个村庄农村生活污水治理项目，完成4条农村黑臭水体治理。提高农村生活垃圾处理水平，完成4座垃圾中转站建设。推进农村“三线”整治，完成线路违规搭挂治理任务75千米。保障安全饮水，新建改建农村供水管网120千米、规模化水厂2座。畅通村组道路，加快农村路网提档升级，重点推进乡道“单改双”和村道新改建，完成新改建农村公路63.27千米、村道安防提升33.79千米、危桥改造1座。

【农业综合执法检查】 2022年，漳浦县开展农资市场执法检查，出动执法人员260人次，检查农资生产、经营和使用单位250家；开展农产品领域执法检查，出动执法人员100人次，检查生产企业、个人105家；开展农资质量执法抽检，对全县范围内的农资（农药、肥料、兽药）生产、经营和使用单位依法抽检，抽检单位42个（其中农药22个、兽药5个、肥料15个），完成全年农资抽检计划任务。

（林　宇）

种植业

【概况】 2022年，漳浦县通过发展优质稻生产、保障“菜篮子”供应、打好种业翻身仗等，聚焦种植业结构调整，加快种植业提质增效，促进农业增效、农民增收，助力乡村振兴。全年粮食播种面积13526公顷，总产量9.63万吨；蔬菜种植面积19064.5公顷、产量57.6万吨；水果种植面积12426.3公顷、产量24.5万吨；茶叶种植面积120.3公顷、产量252吨；食用菌鲜品产量5.28万吨，干品产量1848吨。全年实现农业产值55.89亿元，比上年增长10.5%。

【粮食生产增收提效】 2022年，漳浦县粮食播种面积13525公顷，总产量9.61万吨。其中谷物9781公顷，产量7.05万吨；薯类2878公顷，产量2.20万吨；豆类866公顷，产量0.36万吨。发挥19家水稻工厂化育秧示范点的先进产能，采取“农业合作社+农户”经营模式，通过工厂化育秧、机械化插秧、无人机病虫害防治等技术，实现规模化种植，提高粮食单产；落实实际种粮农民一次性补贴政策，发放补贴资金457.29万元。创新推广稳粮增收模式，探索果园套种粮油作物模式800多公顷、蔬菜大棚轮作粮食作物200多公顷，实现“一块良田两份收益”。示范推广优质稻品种，筛选15个适宜全县种植的优质稻品种作为主推品种进行示范推广，建立优质稻品种核心示范片19个，面积299.2公顷。强化农田基础设施建设，建成高标准农田2078公顷，完成投资4987.2万元。

【高优果蔬种植】 2022年，漳浦县着力抓好“菜篮子”工程，优化现代农业产业布局、促进品种优化、质量提升，抓好蔬菜基地提质增效，加大农业“五新”技术引进、试验、示范与推广力度。重点做好蔬菜“五新”推广应用，结合赤湖大葱、佛昙白萝卜、深土白花菜、马坪豆类和叶菜类等无公害蔬菜基地建设开展工作，重点做好农业节水喷灌、推广高效、低毒、低残留农药及病虫害绿色防控等“五新”技术的推广应用。全年蔬菜种植面积19064.5公顷、产量57.6万吨；水果种植面积12426.3公顷、产量24.5万吨。茶叶种植面积120.3公顷、产量252吨；食用菌鲜品产量5.28万吨，干品产量1848吨。

【农业新型经营主体培育】 2022年，漳浦县坚持扶优扶强，加大农业新型经营主体培育力度。全县有农业产业化重点龙头企业79家，其中国家级2家、省级20家；家庭农场示范场95家，其中省级24家；农民合作社示范社79家，其中省级5家。

【农业特色品牌打造】 2022年，漳浦县因地制宜发展"一村一品"，打造农业特色品牌，有"一村一品"示范村37个，其中国家级1个、省级7个、市级29个。以"三品一标"为抓手推动标准化生产，打造优质农产品，全县认证"三品一标"农产品78个，其中无公害农产品58个、国家地理标志证明商标19个、绿色食品1个。

【优新品种推广与农业科技运用】 2022年，漳浦县实施种业振兴行动，引进推广优新品种28个，建设农业优新品种示范片168个（其中，市级28个、县级140个）。福建万辰生物科技股份有限公司入选国家种业阵型企业，是福建省唯一入选农作物种业阵型企业，入选食用菌破难题阵型。全国花生减毒固氮绿色生产关键技术大田测产与现场观摩会在赤湖镇召开，花生减毒固氮绿色生产技术应用在全省取得重要突破，花生亩产量增加61.7千克，增长25.72%。引进种植普薯32甘薯脱毒种苗，在六鳌镇脱毒甘薯试验展示田进行测产验收，脱毒甘薯亩产量增加1.21吨，增长达52.1%，在石榴镇建立甘薯脱毒苗育苗基地。开展高素质农民培训，其中2022年高素质农民培训省级补助经费培训42期（3305人次）、中央补助资金培训7期（522人）。

【化肥农药减量增效】 2022年，漳浦县实施化肥农药减量增效行动，全县化肥、农药使用量均比2021年减少3%。推广应用有机肥329333.3公顷次、商品有机肥4733.3公顷次、豆科绿肥种植9066.6公顷次、实施秸秆还田面积5600公顷次、推广测土配方施肥技术面积35266.6公顷次。加强农膜使用及农药包装废弃物回收管理，全县农膜回收利用率83%、农药包装废弃物回收处理率45%以上（农药包装废弃物累计回收22.09吨，处置22.09吨）。

【农产品质量安全监管】 2022年，漳浦县做好农产品质量安全监督抽检与风险监测，接受各级农业部门监督抽检样品341个、风险监测样品703个。全县完成蔬菜、水果、食用菌、禽蛋、禽肉样品快速检测11086个，农产品质量合格率均高于全国农产品质量安全监测平均水平。建立蔬菜、水果、食用菌、畜禽等生产基地名录库，632家农业生产主体完成福建省食用农产品承诺达标合格证与一品一码追溯并行管理，建立生产档案数2065个，完成生产主体赋码总数量50413批次。

【农产品质量安全检验检测资质提升】 2022年5月8日，漳浦县农产品质量安全检验检测站通过福建省农业农村厅的农产品质量安全检验检测机构评审（CATL）；5月22日，通过福

2022年9月16日，漳浦县农业农村局到六鳌镇开展放心农资下乡进村活动（林宇 摄）

建省市场监督管理局的检验检测机构资质认定评审（CMA）。漳浦县农产品质量安全检验检测站有资质出具蔬菜、水果、食用菌的敌敌畏、嘧霉胺、甲霜灵等12种农药残留的检验报告。

（林 宇）

林 业

【概况】 2022年，漳浦县完成植树造林1257.87公顷，森林抚育3102.33公顷，封山育林806.2公顷，松林择（间）伐改造面积234.13公顷；审批林木采伐403宗，采伐面积1001.8公顷，采伐林木蓄积量94577立方米。南浦乡兴巷村等6个建制村被省绿化委、省林业局命名为“福建省森林村庄”。

【自然保护地与野生动植物保护】 2022年，漳浦县开展互花米草除治攻坚行动，通过机械深翻挖根法和局部人工刈割等除治方式综合治理，全年除治互花米草269.94公顷，完成任务数的145.90%。加强自然保护地的监管，建立健全自然保护地长效管理制度；做好风景名胜区整合优化工作，完成《漳浦前亭—古雷海湾风景名胜区整合优化预案》编制。开展“湿地日”“爱鸟周”“宣传月”等宣传活动，全县设立17个监测点监测野生动物候鸟迁徙期间疫源疫病情况，出动疫情防控工作人员180人次、执法人员120人次，对各乡镇野生动物养殖场疫情监测防控及野生动物活动情况开展监测。

【森林资源监管】 2022年，漳浦县将全县森林资源划分成312个网格，配备100名森林土地资源保护协管员和100名生态护林员实行网格化管理；严格执行上级下达的林木采伐限额，切实加强伐区源头管控；开展打击破坏森林资源专项行动，从严从快查处林业行政案件。全年办理林业行政案件209起，向公安机关移送涉林业刑事案件19起。

【森林病虫害防治】 2022年，漳浦县以松材线虫病、桉树尺蠖等重大林业有害生物综合防控为重点，开展森林病虫害的监测、预报、检疫、防治工作。全年完成松林改造提升234.13公顷，挂设诱捕器100套，完成伐除清理松枯死木128株，完成率100%；以菌治虫完成329.13公顷。

【森林防火宣传】 2022年，漳浦县林业局采用多种方式开展森林防火宣传，制作防火宣传标语900条、发送防火宣传短信204万条，设立有线电视开机播放防火公益广告，出动防火宣传员1000余人次，出动防火宣传车400余辆次，制订森林防火警示标志标牌。

【重点项目建设用林保障】 2022年，漳浦县林业局争取定额指标支持，全面践行“妈妈式”服务理念，实行全过程帮扶服务。全县获批使用林地项目48个，涵盖联盛纸业配套腾飞路、朝阳水库复建道路、九龙江引水一期、城乡供水一体化水厂等重点建设项目，保障项目用林面积233.2公顷，其中永久用地项目34个149.07公顷，已使用的林地定额占漳州市林地定额的三分之一。

【林权制度改革】 2022年，漳浦县深化林权制度改革，推荐新型林业经营主体申报标准化建设项目。鼓励企业申报创建森林康养基地，探索构建乡村森林休闲养生产业发展新格局，漳州东南花都有限公司被命名为省级森林康养基地，漳浦泰源山庄为市级挂牌“森林人家”，漳浦海峡花卉集散中心产业示范园区被认定命名为国家林业产业示范园区。落实花卉新品种奖励等惠农惠企政策，全县奖励花卉新品种资金120万元。

【林长制体系】 2022年，漳浦县制定《漳浦县林长制提示交办督办警示制度（试行）》，推行林长巡查、督查、调研提示、督办制度；制定《漳浦县“党建+林长制”工作方案（试行）》，协同各林长制协作部门，建立党员联系村护林员的模式；创建“林长＋警长＋检察长＋法院院长”

协作机制，统筹公检法力量，推动形成保护发展森林资源强大合力，构建“党政同责、属地负责、部门协调、源头治理、全域覆盖”的长效机制；制定年度林长制考核细则，全面压实镇村两级林长保护发展森林资源工作责任。

（林海妹）

畜牧业

【概况】 2023年，漳浦县生猪存栏30.09万头，牛存栏0.75万头，山羊存栏1.8万只，活家禽存栏564.09万只；猪出栏51.13万头，牛出栏0.69万头，羊出栏1.68万只，活家禽出栏1778.6万只；猪肉产量4.04万吨，牛肉749.07吨，山羊肉247.57吨，禽肉2.59万吨，禽蛋1.43万吨，生牛奶136.8吨。

【生猪产能调控基地建设】 2022年，漳浦县加强生猪产能调控基地建设，建成1家国家级生猪调控基地和11家省级生猪调控基地，年末全县生猪存栏30.09万头，超额完成市政府下达生猪稳产保供生30万头任务；推广生猪楼房养殖技术、缝漏板+免冲洗养殖模式和“猪—沼—果（林、茶、菜）”等立体养殖技术，促进畜禽粪污资源化利用，2022年，全县畜禽粪污资源化利用率98%。

【新技术推广】 2022年，漳浦县引导鹿溪流域主河道两侧1000米及支流两侧500米范围内禽畜养殖，搬迁至适养区养殖。在绥安、赤土、南浦和石榴等流域乡镇，推广集约化智能化蛋鸡生态养殖技术和水禽无水面养殖技术，全县推广化集约化智能化蛋鸡养殖50万羽；举办12期畜禽粪污资源化利用技术培训班，受训200多人次。

【畜牧业产业结构调整】 2022年，漳浦县加大畜牧业结构调整力度，发展蛋鸡等特色畜禽产业，新改扩建设施蛋鸡场4家，新增蛋鸡存栏50万羽；发展草食动物，新增漳州拓兴农牧有限公司1家，肉牛养殖存栏700头。同时，发展光伏+蛋鸭养殖项目，现场开展技术指导，指导粪污资源化利用。

【第三次畜禽遗传资源普查】 2022年，漳浦县制定《漳浦县农业种质资源普查总体方案（2021—2023年）》，组织开展全国第三次畜禽遗传资源普查工作，建制村普查率100%，畜禽、蜂品种做到应查尽查。全县畜禽资源普查有12个畜种、31个品种，群体数量95761头，其中能繁母畜3866头，种公畜1141头，蜂资源已知5个品种，群体数量14445箱。参与全省优质地方品种普查工作，经遴选，县内尚未发现特征明显的地方特色品种。

【动物疫病强制免疫计划实施】 2022年，漳浦县制定《2022年漳浦县动物疫病强制免疫计划实施方案》，开展春秋两季重大动物疫病防控工作。3—5月和9—11月，以村为单位分区划片，3—4个村的防疫员组成1个专业队，逐村逐户拉网式免疫注射，累计出动977人次，发放村级动物防疫误工补贴61.21万元，完成免疫口蹄疫猪28.33万头、牛4.14万头、羊0.95万头；免疫禽流感家禽201.81万羽，羊小反刍兽疫0.95万头。漳浦县赵木兰养殖有限公司（种猪场）开展的动物疫病净化项目经福建省动物疫病预防控制中心验收合格。

【免疫效果监测】 2022年6—9月，漳浦县加强监测和流行病学调查。全年全县累计开展动物免疫抗体监测10292份，其中禽血样4350羽，高致病性禽流感H5免疫抗体合格数2700羽、合格率96.94%，高致病性禽流感H9免疫抗体合格数1050羽、合格率96.00%；牲畜血样5942头，O型口蹄疫免疫抗体合格数953头，合格率95.30%，A型口蹄疫免疫抗体合格数934头，合格率93.40%，小反刍兽疫免疫抗体合格率100%。

【“大清洗、大消毒”灭源专项行动】 2022年，漳浦县组织对全县养殖场户、屠宰场、无害化处理场等重点场所集中开展“大清洗、大消毒”灭源专项行动，下发各乡镇消毒剂累计3.2吨，消毒规模场数315家，消毒市场23家，消毒面积560万平方米。

【动物卫生监管】 2022年，漳浦县推进动物检疫申报点规范化建设，加强产地检疫和屠宰检疫，严格落实检疫申报、准调证明、屠宰环节官方兽医派驻、“两章两证”等制度，全年调入冻猪肉739.3吨；加强生猪调运监管，跨省调入种猪和猪苗6851头。查处1起畜禽养殖场未建立养殖档案的违法违规行为，罚没款3500元。

【畜禽产品安全监管】 2022年，漳浦县重点加强质量监测和执法抽检，加强饲料和饲料添加剂检查，开展养殖环节和屠宰环节“瘦肉精”检测，监测38场（户）、1个屠宰场，累计检测牲畜尿样1006份，“瘦肉精”检测结果均为阴性。

【病死畜禽无害化处理监管】 2022年，漳浦县组织对官浔镇、湖西畲族乡、前亭镇等畜禽养殖重点乡镇的养殖场和基层畜牧站工作人员进行病死猪无害化处理技术培训，累计培训212人次，发放宣传材料520份；部署无害化处理监督工作，完善病死猪无害化处理确认程序，落实每月不少于1次无害化处理情况核查。全年累计无害化处理病死猪37880头。

（漳浦县农业农村局）

海洋与渔业

【概况】 2022年，漳浦县水产养殖规模1.67万公顷，水产品产量27.42万吨，比上年增长1.44%，增长率排全市第二名；渔民人均纯收入35952元，增长3.36%。

【现代渔业】 2022年，漳浦县运用上级惠渔政策资金，实施海上设施升级改造，改造全塑胶渔排18030口，筏式吊养浮球253.33公顷；投入450万元实施顺鑫、扬方、顺益3家企业渔业结构调整项目，推进渔业产业结构升级；指导创建2家市级良种场（漳浦盐场锦兴水产、前亭水产良种）、申报1家省级合作社（庆阳河鲀）；拍摄《龟鳖特色产业》《“闽山闽水物华新”十年来海洋渔业事业进展》等纪录片，推介漳浦县渔业发展成果，打造海洋渔业工作新名片；开展基层水技体系改革建设，编制漳浦县基层水技体系改革建设实施方案，建设1个示范基地、培育1家科技社会化服务组织，特聘2名渔技员，辐射带动周边100多户养殖户，推广健康养殖模式。

【渔港建设】 2022年，漳浦县加快渔港项目建设，完成佛昙后社及旧镇白沙2个三级渔港的开工建设，年度投资额404.4万元，同时完成六鳌一级渔港竣工验收前的各项财审和初步验收。

【渔业安全生产监督】 2022年，漳浦县抓实做细渔业安全生产各项工作，防范遏制较大及以上渔船水上安全事故；组织船东、船长签订《漳浦县渔业船舶安全生产承诺书》，督促渔船船东、船长严格执行进出港报告、遵守航行作业规则、实施编组编队生产、海上自救互救等制度措施；开展“商渔共治 2022”行动，强化海上联合执法，严厉打击船舶不适航、脱检脱管、值班瞭望制度不落实、职务船员配备不齐、擅自拆卸关闭通导设备等违法违规行为。

【渔业违法行为查处】 2022年，漳浦县开渔后检查进出港渔船1835艘次，检查核对船员10635人次；开展防范商渔船碰撞、渔业生产安全整治三年行动巩固提升、“百日攻坚行动”、“亮剑”、“蓝剑”、涉渔“三无”船舶专项整治、伏季休渔监管等专项执法行动。全年出动渔政执法人员1921人次，开展海上执法巡查91次、航程2934海里、巡查检查渔港408个次，登临检查渔船659艘次，立案查处渔业行政执法案件15起。

【渔业安全宣传教育】 2022年，漳浦县开展“安全生产月”、《中华人民共和国安全生产法》宣传贯彻等宣传活动，下乡进村宣传22场次，进渔港、上渔船宣传659艘次，发放宣传单706份；

2022年10月10日，漳浦县在鹿溪、南溪放流鲢鱼、鳙鱼80万尾，黑脊倒刺鲃3万尾，河蚌20万粒。图为南溪放流现场

（漳浦县海洋渔业局 供图）

举办安全生产警示教育10场次，教育船东、船长、船员514人次；通过预警中心短信平台向渔船民发送预警信息、宣传信息56.55万条；通过网格化责任人利用微信群和朋友圈推送天气海况、法规政策等相关信息754条次。

【水产品质量安全】 2022年，漳浦县推进县辖区食用水产品“一品一码”系统平稳运行，完善源头赋码、入市验码、凭证销售的水产品安全信息可追溯体系。严格有序开展水产品质量安全抽检工作，配合农业农村部、省、市开展水产品质量安全抽检工作，抽检101批次，抽检产品合格率100%。

【生态资源修复】 2022年，漳浦县向上争取连片内陆池塘尾水底泥治理专项资金500万元，在官浔镇试点打造水产养殖尾水底泥治理样板示范区，绩效治理目标80公顷；牵线省水产研究所，参与“养殖尾水人工湿地处理技术研究与示范”项目，指导建设三丰、汇跃、小佛3家规模以上养殖主体尾水治理示范点，打造出池塘、高位池、工厂化3种不同类型的尾水处理模板并通过专家验收，在全市范围示范表率；落实资源修复，开展增殖放流活动，在鹿溪、南溪共放流鲢鱼、鳙鱼80万尾，黑脊倒刺鲃3万尾，河蚌20万粒，维护流域物种多样性。

（胡委鸿）

农业机械化

【概况】 2022年，漳浦县机耕面积19373公顷、机械灌溉14868公顷、机械植保9459公顷、机收面积12556.6公顷，主要农作物综合机械化率71.23%，水稻综合机械化率81.63%。漳浦县农业机械服务中心办理拖拉机联合收割机注册登记53台，拖拉机年度检验108台，驾驶证期满换证31本，驾驶证核发2本。

【重要农时机械化生产指导】 2022年，漳浦县以水稻生产为核心，围绕春耕、“双抢”（农村夏天抢收庄稼和抢和庄稼）、“三秋”（秋收、秋耕、秋种）等重点农时，加强组织管理和信息引导。组织农机技术人员深入各乡镇田间地头送政策、送技术、送服务、为农民解读政策法规，解决生产难题，推广新技术、新机具、新模式，并指导“农机手”保养调试和检修各类农机具。

【农业机械购置补贴政策落实】 2022年，漳浦县实施农业机械购置补贴385.37万元（其中中央补贴330.95万元、省级补贴54.42万元），补贴机具2798台，受益农户743户。漳浦县农业机械服务中心做好农业机械购置补贴宣传，通过《金浦报》、印发宣传单、张贴标语等形式公示购机信息，宣传农机购置补贴惠农政策。

【农业机械安全检查】 2022年，漳浦县开展农业机械安全检查隐患排查21次、出动农机人员65人次，检查、排查农机专业合作社3家，拖拉机97台次，其他农业机械7台次。

【农业机械安全宣传教育】 2022年，漳浦县农业机械服务中心采取张贴标语、悬挂横幅、宣传栏、分发资料、发送短信、微信等形式，开展农机安全知识宣传和警示教育，宣传普及《中华人民共和国安全生产法》《农业机械安全监督管理条例》《福建省农业机械管理条例》等法律法规，提高农机从业人员和农民的法律意识、安全意识。全年开展安全宣传43次，发放各类宣传材料650份，发送农机安全短信5458条，宣传挂图展板31幅。

（漳浦县农业农村局）

水利

【概况】 2022年，漳浦县完成《漳浦县水资源配置规划（2019—2035）》编制实施；清理整治水电站57座，经验收全部合格；发放库区移民直补资金595.62万元，惠及水库移民9927人；推进实施10个重大水利项目，完成投资52581.3万元；完成水利固定资产投资75873万元。

【水利项目建设】 2022年，漳浦县推进实施朝阳水库、鹿溪至赤湖引水、城乡供水一体化、安全生态水系、中小河流治理、库区移民创业园、水土流失综合治理等10个重大水利项目，完成投资52581.3万元，占年度计划的146.4%；完成水利固定资产投资75873万元，完成率271.9%。启动实施九龙江南引工程（试验段）和漳浦县鹿溪至赤湖引水工程，2个项目设计引水总长度28.4千米，概算总投资4.98亿元，2022年11月2日成功试通水。

【水资源管理】 2022年，漳浦县完成全县413家取水单位核查整改提升工作和106家取水单位名录库建设及用水数据填报审核工作；开展节水型社会达标建设，实施公共机构18家、水利行业7家、居民小区8家、企业8家，完成省水利厅下达任务，通过省级审核；完成《漳浦县水资源配置规划（2019—2035）》编制工作，通过漳浦县政府批准并实施；落实水资源费征收使用管理办法，征收水资源费265.14万元。

【河湖综合管理】 2022年，漳浦县1个国控断面、3个主要流域省控断面、4个小流域省控断面、8个小流域“以奖促治”断面水质全部达到年度考核要求，21个乡镇交界断面水质全部消除劣Ⅴ类；开展河湖“清四乱”整治行动，165个河湖“四乱”问题全部完成整改销号；60宗妨碍河道行洪突出问题全部整改完成并上网销号；严厉打击河道非法违法采砂行为，立案2起，作出行政处罚8.5万元。

【水库、水闸、山塘管理】 2022年，漳浦县开展汛前安检105处，完成问题整改125处；编制汛期防洪调度方案和防汛应急预案，开展易涝点、低洼地带人员转移避险演练，及时发布山洪灾害风险预警信息11期；逐一落实水库大坝安全责任人和防汛责任人以及堤防、水闸行政责任人、技术责任人、巡查责任人安全责任；实施62座公益性小型水库物业化管理；完成湖底水库常态化除险加固任务；完成水库安全鉴定审批14座、水

2022年12月11日，朝阳水库工程拦河坝坝基开挖 （许秋生 摄）

闸安全鉴定6座；推进17座小（1）型水库雨水情测报及安全监测设施建设任务；完成澎水、梁山等6座中型水库管理与保护范围划界工作，其中澎水水库完成立桩工作；完成鹿溪、南溪等6条主要河流河道管理范围划界审批工作。

【水土保持监管】 2022年，漳浦县利用“天地一体化”遥感监管手段，严肃查处一批违反水土保持法律法规行为，发出编补报水土保持方案通知3份，发出生产建设项目水土保持方案设施自主验收通知书25份，依法审批生产建设项目水土保持方案46个，依法征收水土保持补偿费633.62万元。

【农村供水保障】 2022年，漳浦县投入21646万元启动建设城乡供水一体化中部万安水厂（一期）工程、西北部片区（一期）工程、东部片区供水项目——石过陂水库引水工程及石榴、佛昙等9个农村饮水安全巩固提升工程，设计新增供（引）水规模10.7万吨/日，铺设管网120千米，受益26个村5万人。

【库区移民后期扶持】 2022年，漳浦县发放直补资金595.62万元，惠及水库移民9927人；推进重点项目库区移民创业园建设，一期项目主体工程全部完成并通过住建部门竣工验收。

【水电站清理整治】 2022年，漳浦县对全县57座水电站进行清理整治。12月30日经县水电站清理整治联合工作组组织对水电站整改情况进行核查验收：全县57座水电站（整改类电站29座、退出类28座）清理整治验收销号全部合格，在漳州市率先完成清理整治任务。

（杨雅燕）

漳浦台湾农民创业园

【概况】 2022年，漳浦台湾农民创业园（简称漳浦台创园）新增台资农业企业6家，项目6个，实际利用外资380万美元；引进台湾品种7个，技术4项，推广面积13.33公顷。截至2022年12月，漳浦台创园累计引进台资农业企业289家，创业就业台胞840人，实际利用台资3亿多美元，年创产值35亿元。台农台企引进和研发台湾农业优良品种3000多个，台湾先进种植养殖技术50多项，推广种植养殖面积2.87万公顷以上，占全县农业种植养殖面积的三分之一。漳浦台创园在农业农村部、国台办组织的全国29个台创园评比中获得第四名，其经验做法在《八闽快讯》上刊发。

【特色项目建设】 2022年，漳浦台创园推进做大特色兰花和做优特色农机等特色项目。

闽台蝴蝶兰产业园 2022年，闽台蝴蝶兰产业园有蝴蝶兰企业28家，建设有6560平方米蝴蝶兰研发展示推广中心和4000平方米的蝴蝶兰交易展示中心，全园年产蝴蝶兰种苗5000万株，年产值近2亿元。闽台蝴蝶兰产业园一期有9.4公顷土地已完成林业报批、农业农村局农业设施报备、自然资源局农业设施报备及入库，完成林木采伐许可证办理并委托196地质大队完成地块矿产资源勘探。2022年，闽台蝴蝶兰产业园龙头企业漳州钜宝生物科技股份有限公司14个蝴蝶兰新品种被农业农村部授予植物新品种授权。

闽台农业融合发展（农机）产业园 2022年，漳浦台创园闽台农业融合发展（农机）产业园有科盛机械有限公司、长禾农业机械有限公司、宜益农业机械有限公司、振旺机械有限公司、精钻机械有限公司、大政农业机械有限公司、陆雄机械有限公司、樵峰机械有限公司、国众智能农机有限公司、智锋冻品冷链科技有限公司、益创农机械有限公司等11家企业（其中2022年新引进智锋、益创2家），涉及果蔬筛选机、花生收获机、中耕机、喷雾机、割草机、搬运机和紫菜烘干机等农业机械。科盛产值1500万元、长禾产值480万元、宜益产值200万元；精钻、振旺于2022年上半年竣工投用。园区精准对接南方小型农机需求，建立研发中心和生产基地；农机展示推广中心主体项目已投入使用；用足用好省级产业园专项补助资金，支持台湾小型农机企业的发展，全年落实闽台融合发展产业园专项资金575万元，贴息资金354万元全部完成验收拨付。

【漳浦台湾农业合作交流】 2022年，漳浦台创园推动两岸交流活动开展，促进漳浦台湾农业融合发展，全年开展“两岸融合交流研讨”等交流活动6批次53人次；举办两岸新型农民培训班3期，学员200人，邀请台湾专家学者、专业技术人员授课指导。6月，组织园区兰花企业参加中国厦门国际花卉及花园园艺博览会；7月，参加第十四届海峡论坛，其中新百盛花卉负责人杨寒娟就兰花产业发展在海峡论坛上做典型发言，推动园区新百盛花卉科技有限公司与顶馨园艺有限公司现场签约，促进双方在农业技术、人才培训、市场营销等方面形成新的合作机制；9月，组织参加中国农民丰收节，促成园区与漳浦仲懋农业公司签订小番茄种植项目合作协议。

【惠台惠农政策落实】 2022年，漳浦台创园落深落细台农企业用电优惠、贷款贴息、项目补助等政策，全年为种植养殖台企办理电费优惠354万元；补助贷款贴息约170万元；补助特色现代农业资金550万元；提供农机产业补助专项资金450万元。

【台农台企金融服务】 2022年，漳浦台创园协调中国农业银行漳浦支行为园区内的台农台企实行以土地承包经营权和地上附属物作为抵押的创新服务；与厦门银行合作，实施对园区台商台农在台湾的征信互认，并且可以让台农在台湾的资产进行抵押，在大陆进行贷款，协调厦门银行以“接力贷”（园区企业贷款期限内每年只需偿还利息，无需一次性偿还本金后再续贷）的形式解决台农台企融资难问题；与漳浦农商银行签订助力乡村振兴战略合作协议，授信漳浦台创园6亿元，推出对台专项信贷产品“福台贷”，在贷款准入、贷款额度、贷款手续、贷款利率、协助贴息等方面为台胞台企开通专属“绿色通道”，协助台胞台企申领“金融信用证书”，提升对台金融服务质效。

【台农台企营销发展】 2022年，漳浦台创园优化营商环境，助力台农台企营销发展。开展线上培训，引导园区企业参与《农民日报》与快手三农联合推出的2022“快手农技人计划”，对农业相关科普知识教学类优质内容进行流量扶持，打造1000名快手农技人；开展带货直播，组织录制短视频、开展网络视频直播销售台湾地区特色的农产品，提高销售额。

【台青就业创业扶持】 2022年，漳浦台创园优化提升基地配套建设，在漳州天福茶业有限公司设立漳浦台创园台湾青年就业创业工作站，在福建宝旺莱生态农业公司设立台青就业创业试验田，配套台青办公室、台青示范岗；开展系列培训，结合海峡两岸新型农民交流培训基地开展短视频推广及网络直播培训，组织园区工作人员到台青企业开展惠台政策宣讲；开展系列交流活动，组织台丰山生态农业有限公司、杰腾生物科技有限公司负责人等10名在漳浦创业的台湾青年开展主题为“凝聚两岸青年力量，绘就漳浦乡村振兴新图景”的台湾青年乡村调研活动；开展台青定点结对帮扶，发挥特色优势，助力乡村振兴；开展“喜迎中秋”两岸农产品交流展示会和“浅浅海峡寄相思，共叙中秋明月情”台胞座谈会，通过经验分享、交流互动等方式，拓展就业、创业新思路。

（陈泽良）

（编辑：许建生）

工业

综述

【概况】 2022年，漳浦县规模以上工业企业293家，总产值306.83亿元，比上一年增长14.2%；规模以上工业增加值比上年增长13.7%；新增新上规模工业企业43家。全年完成签约项目134个，总投资323.6亿元；完成开工项目155个，完成竣工项目140个，完成工业投资额93.23亿元，比上年增长70%。全年实际利用外资（验资口径）5034万美元。

【招商引资】 2022年，漳浦县围绕重点发展的“2+3”产业项目，编制完成《漳浦县产业链招商地图》，按照食品、家居、清洁能源、纸业产业、精细化工等产业对地块进行分类，提升招商引资精准度。县主要领导外出招商15次，赴杭州、深圳、东莞、福州、厦门、温州、嘉兴等地招商考察，宣传《漳浦县惠企政策汇编》和介绍《漳浦县产业链招商地图》，并在深圳举行家居产业专场推介会、在上海举办2022年漳浦（上海）产业招商专题推介会。全年完成签约项目134个，完成市下达任务（22个）的609.1%；总投资323.6亿元，完成市下达任务（80亿元）的404.5%；全年实际利用外资（验资口径）5034万美元，完成率213.1%，居漳州市县域第一。

【项目建设】 2022年，漳浦县完成开工项目155个（含2021年签约未开工项目），完成竣工项目140个（含上年签约未竣工项目），完成投资93.23亿元（其中技改71.33亿元），比上年增长70%（其中技改增长70%）。

【服务企业】 2022年，漳浦县工业和信息化局（简称漳浦县工信局）组织漳浦县内符合条件的企业申报2022年第一批省级商务发展专项资金，有3家企业通过审批；组织4家企业申报企业到资奖励。帮助企业向上争取资金，为“伟伊化纤年产1200吨高性能包覆纱自动化生产线”“台玻年产19万吨超薄双玻光伏玻璃盖板项目”2个项目申报获得2022年第一批福建省工业和信息化发展专项转移支付资金企业技术改造项目完工投产专项奖励238.35万元；跟踪兑现香洲皮革、致易电子、天鸿制衣等3家市级企业技术中心奖励资金30万元。兑现各级各类奖补资金2440.33万元。

【行业监管】 2022年，漳浦县工信局履行行业监管职责，对电网事故限电序位、超供电能力限电序位、低频减载装置分配及低频减载装置备切等开展监督；严格电力执法，对违法矿山开采、环保违法行为、违建等行为实施停电。强化民爆物品销售企业安全生产隐患排查整治，落实每月一次和逢节假期前检查全覆盖检查机制，开展拉网式排查治理；督促民爆企业排查整改安全设施设备不完善、定量定员不符合规定、现场安全管理不规范等问题。对餐饮经营场所燃气安全进行排查，全年发放《安装可燃气体报警装置的告知书》2500多份，排查餐饮经营场所2827家，使用燃气2063家，燃气泄漏报警装置安装率100%。开展打击整治船舶非法建（改）造、打击非法采砂专项行动；严禁修造船企业开展或参与船舶非法建(改)造、偷(私)渡、海上非法交易等违法活动。开展县域成品油经营企业年度定期检查，全县59座加油站（国有31座，私营28座），均参加年检并合格。做好报废汽车回收企业验收换证工作，全县2家报废汽车回收企业均通过省级专家组验收。

【二轻集体工业】 2022年，漳浦县二轻集体工业联社制定有关集体经济的规章制度，监督管理下属集体企业，做好固定资产租赁、维护等工作，确保集体资产保值、增值；帮助企业举办集体福利事业，搞好劳动保险，保证集体经济的正当利益；协调调阅下属集体企业职工人事档案、核实确认职工身份。

【企业与企业家工作】 2022年，漳浦县企业与企业家联合会（简称漳浦县企联）组织开展一系列有益于企业发展的活动。到会员企业宣传惠企政策、招商引资、指导会员企业申报项目；协调20家会员企业的物流运输、企业用工等方面的难题，协助会员企业复工复产；组织召开4场企业家座谈会，协调解决企业反映的困难和问题。

（黄惠瑜 陈聪辉 漳浦县企联）

电力工业

【概况】 2022年，国家电网福建省电力有限公司漳浦县供电公司（简称国网漳浦县供电公司）全年售电量34.32亿千瓦时，比上一年增长3.25%，电网最高负荷64.5万千瓦，比上一年增长4.22%，未发生拉闸限电事件，未发生大面积停电事故，连续安全生产6426天，实现4个百日安全周期。公司低压调度QC（指质量控制）小组在省第43次质量管理小组经验交流大会上获“福建省2022年度质量管理小组成果二等奖”。

【电网建设】 2022年，国网漳浦县供电公司实施“电网建设攻坚年”活动，完成固定资产投资1.2亿元，比上一年增长9.9%。漳州核电送出线路工程和格林—锦湖线路工程漳浦地界塔基全部交地。竣工投产35千伏花都—南浦线路（租赁项目）、梅园110千伏输变电扩建工程（2号主变）、海园220千伏变电站110千伏送出工程、古雷华能热电联产北厂110千伏送出工程，新增变电容量5万千伏安。针对配电网网架薄弱、网架各项指标不高问题，开展电网诊断分析和中低压电网滚动规划工作，助力闽粤联网工程按时间节点完成线路投产运行。

【电网运维强化】 2022年，国网漳浦县供电公司完成110千伏山东Ⅰ路、花都支线等22处金具销钉补装，35千伏长霞线、长城线等输电线路老旧电缆头更换以及35千伏长霞Ⅱ线、长城线锈蚀拉线更换等工作；完成13条配网标准自动化馈线建设；完成7条单辐射线路、8条重过载线路、9条不满足“N-1”准则线路、3条大馈线、26条大分支改造；完成1个单电源大中型小区改造；完成37条高故障线路综合检修。输、变电故障分别比上一年度下降28.57%和100%；配网百公里故障次数比上一年度下降8.1%。户均停电时间8.32小时，比上一年度下降0.72%。强化安全生产管理，截至2022年12月31日，连续安全生产6426天，实现4个百日安全周期。

【电力市场管理】 2022年，国网漳浦县供电公司推进新型电力系统建设，完成10.12万户HPLC（指低压电力线高速载波通信）智能电能表改造；服务新能源发展，分布式光伏新增并网650户，累计并网2993户，累计结算光伏电量1.06亿千瓦时，保障清洁能源100%消纳；加强中压分布式电源并网接入方案审查管理，完成7家中压分布式电源项目接入电网消纳能力测算分析，2家具备群调群控功能中压分布式电源并网；完成电动汽车充电量175万千瓦时，比上一年增长350%，居漳州市第一位。

【电力服务】 2022年，国网漳浦县供电公司执行各类保供电任务，完成9项省公司三类及以上保供电任务；完成漳州圣杯屿元代海船水下考古发掘组工作保供电等12项属地重要保供电事项。批量改造破损表箱3253只，补装老旧小区表后二级漏保3.3万只，高故障表箱故障率压降53.28%；完成推广“电e金服”5959万元，助力企业降本增效；完成低压零散业扩接电1.25万户，高压业扩接电328户，新增接电容量42.62万千伏安。推行供电网格服务，完成322个社区（村委会）“双长融合”共建融合。

（国网福建漳浦县供电公司）

工业园区

【概况】 2022年，漳浦县加快工业园区建设，扩宽融资渠道，主要领导带队外出招商，加强各园区基础设施建设和生态建设，开展“百名干部挂百企”活动，为企业提供“妈妈式”服务。

【绥安工业区】 2022年，绥安工业区完成规模产值214亿元，税收收入5.1亿元，固定资产投资额10.35亿元，外资实际到资1.58亿元；新签约产业项目17个，总投资28亿元，其中，签约重大项目3.5个，新开工项目27个，竣工项目21个，当年签约当年落地项目10个。主要领导带队外出招商12次，组织参加项目集中签约、集中开竣工仪式4次。全年签约项目17个，总投资28亿元，落地项目10个，总投资13亿元。盘活闲置厂房面积30.54万平方米，盘活闲置用地面积22.73公顷。完成9宗项目用地挂牌出让，面积7.91公顷。实施基础设施建设项目55个，总投资约 3970万元。2022年列入市、县重点项目17个（其中市级6个、县级11个），总投资16.21亿元，年度计划投资11.96亿元。

（绥安工业区）

【赤湖工业园】 2022年，赤湖工业园实施固定资产投资项目11个，完成固定资产投资7.31亿元；实施重点项目7个，总投资235.27亿元，其中省级重点项目4个，总投资217.33亿元；实现规模工业产值33.6亿元；实现税收2.1亿元，比上一年增长113.7%，突破2亿元大关。联盛浆纸一体化项目累计完成投资约74亿元。

（赤湖工业园）

【万安工业园】 2022年，万安工业园完成固定资产投资4.7亿元，实际利用外资4000万元，引办万洋众创城、金顺鑫（漳州）智能包装新材料智慧产业园、惟盛光伏铝材支架系统、比逊河家居装饰品等10个项目，项目总投资79.83亿元。初步形成以金顺鑫（漳州）智能包装新材料智慧产业园项目为龙头的新材料产业集群和以大明光福光伏新能源智能制造产业园为龙头的新能源产业集群。比逊河家居装饰品生产项目开工建设，是2022年漳浦县首家“拿地即开工”的企业。开工建设6个基础配套设施项目。

（万安工业园）

【前亭工业园】 2022年，前亭工业园加大招商引资力度，签约化工项目6个，总投资39.16亿元；意向入驻企业7家，总投资31.03亿元。重新启动园区规划修编，初步总规划面积约733.33公顷。确定产业规划定位：化工新材料——特种聚酯、可降解塑料等；动力、储能电池材料——电解液（包括电解质、添加剂）等新材料；精细化学品产业链——聚氨酯弹性体、特种聚酯多元醇等；专用化学品——特种表面活性剂、环保型水处理剂、电子化学品等。完成部分“五通一平”基础设施配套建设，平整土地186.67公顷，建成6条区内主、次干道共计5.77千米，完成园区电力配套主线路架设及自来水管道铺设。

（张庆强）

（编辑：许建生）

对外贸易

【概况】 2022年，漳浦县实现进出口总额约66亿元，比上年增长7.6%；其中出口约50亿元，增长13.4%；进口约16亿元，减少7%。实际利用外资（验资口径）5034万美元。

【惠企外贸政策宣传】 2022年，漳浦县工信局到企业宣传省、市、针对疫情的外贸优惠政策，推动政策落地落实。1月，开展“单一窗口+出口信保”宣传，组织33家中小企业开展政策推介会活动，宣传出口信保优惠政策，全县有40多家企业投保；4月，与市工信局到企业调研外贸和电商工作，宣传相关惠企政策。

【进出口企业帮扶】 2022年，漳浦县协调解决外贸企业反馈的有关困难和诉求，实行“一业一策”“一企一策”帮扶。做好省级商务发展专项资金2022年第一批外贸专项申报工作，有18家企业参与申报，申报金额34.12万元。

【市场拓宽服务】 2022年，漳浦县组织企业参加闽货世界行、漳州味、广交会、进博会等境内外各类重点展销会，并以开发共建“一带一路”国家的市场为突破口，提升县内企业和产品的知名度和影响力，提高产品在国内外市场的占有率。

（黄惠瑜）

商业贸易

【概况】 2022年，漳浦县正式出台《漳浦县推进商贸流通业和夜间经济发展若干措施》，提高新增新上限上贸易企业奖励标准，兑现新增“四上”（规模以上工业企业、资质等级建筑业企业、限额以上批零住餐企业、国家重点服务业企业等四类规模以上企业的统称）奖励资金222万元；规范副食品基地管理，兑现生猪活体储备补助资金49.23万元（省级27.9万元，市级21.33万元）。全年实现社会消费品零售总额209.45亿元，比上年增长5.9%，其中，限额以上零售业商品销售额38.75亿元，增长23%。

【限上贸易企业培育】 2022年，漳浦县出台《漳浦县推进商贸流通业和夜间经济发展若干措施》，鼓励培育新增新上限上贸易企业，提高奖励标准。全年新增限额以上贸易企业54家，兑现新增四类规模以上企业奖励资金222万元。

【副食品基地管理】 2022年，漳浦县落实福建省商务厅、漳州市商务局对副食品调控基地企业省级和市级生猪活体储备的要求，做到储备生猪数量充足、结构合理、质量合规，确保应急时期能调得出、用得上，并及时上报相关产销信息；加强对县内省级城市副食品调控基地的产销指导，统筹做好猪肉、禽蛋、蔬菜等食用农产品市场供应工作，切实保障城乡居民“菜篮子”消费需求。

【生猪活体储备补助资金兑现】 2022年，漳浦县落实生猪活体储备资金补贴，兑现2021年度第一、第二次市级生猪活体储备补助资金21.33万元，惠及3家基地；兑现2020—2021年省级生猪活体储备补助资金27.9万元，惠及1家基地。

【城镇商圈体系提档升级】 2022年，漳浦县利用县城麦市街、府前街和江滨片区等夜间经济聚集区，打造夜宵街、美食街等夜间特色餐饮街区；以府前唐街花漾街区为基础，启动建设步行街，串联麦市街、新都城市广场、万新城市广场、永嘉天地城市广场等传统商贸街区，打造聚人气、汇财气的城市商圈。

【促消费活动】 2022年，漳浦县发动企业参与福建省、漳州市开展的促消费活动，有18家限额以上贸易企业、100多家商户参与“全闽乐购”“乐购漳州”等银联云闪付消费券活动；结合企业“汽车下乡”等展销，发动8家限额以上汽车企业参与漳州市开展的汽车促消费优惠活动，县内嘉瑞、丰润、五菱等企业汽车零售额显著增长。

【困难企业帮扶】 2022年，漳浦县工信局加强内贸行业运行监测和分析，跟踪帮扶企业，主动靠前服务；落实“千名干部挂千企”联系帮扶制度，推动商贸流通业发展；紧盯在库负增长企业，下沉企业调研，宣传惠企政策，帮助企业解决发展中存在的困难和问题，缩小负增长面和下降幅度。

（黄惠瑜）

供销贸易

【概况】 2022年，漳浦县供销系统商品购进总额47.03亿元，比上年增长37.1%；商品销售总额52.84亿元，增长29.8%；消费品零售额18.85亿元，增长51.5%；农业生产资料销售额4.93亿元，增长18.2%。实现利润总额30万元。

【“保供促销工程”建设】 2022年，漳浦县供销社推进“保供促销工程”建设。投入95万元升级改造南浦供销社原百货肥料门市，建成集日用消费品销售、农业生产资料供应、农副产品收购、快递物流等于一体的乡镇惠农综合服务中心，并投入使用；投入385万元改建原石榴供销社办公楼和周边门市为乡镇惠农综合服务中心。

【农民专业合作社发展】 2022年，漳浦县新发展农民专业合作社15家，即漳浦县山辉水产养殖专业合作社、漳浦县多邦农业专业合作社联合社、漳州古雷港经济开发区源沣水产养殖专业合作社、漳浦县蓝之韵水产养殖专业合作社、漳浦坤田蔬菜专业合作社、漳浦县永腾农业专业合作社、漳浦祥桂蔬菜专业合作社、漳浦县连春蔬菜专业合作社、漳州古雷港经济开发区利辉水产专业合作社、漳州古雷港经济开发区源泽蔬菜专业合作社、漳浦县碧玉农业专业合作社、漳浦云康蔬菜专业合作社、漳浦田坂农业专业合作社、漳浦县正瑞蔬菜专业合作社、漳浦农地鲜水果专业合作社。新增持股农民专业合作社8家。

【农村电子商务服务】 2022年，漳浦县供销社利用供销电商大楼，吸引电商企业入驻，发展农村电子商务。依托省供销社“一县一周”农产品展销展示活动和天福农优特产品展销中心平台，为农优特产品的收发、寄送提供快速通道，破解小单产品配送难题。全县有供销“中通快递”组建县域驿站14个，乡镇站点20个，村级代办点58个，每日运行下行件2.5万件、上行件1.5万件，实现电商快递到村到户。

【农资供应保障】 2022年，漳浦县供销社做好农资供应保障工作，落实化肥冬储任务，通过分析市场需求，确定冬储数量与品种，完成化肥冬储7400吨，超额完成400吨。

【"助力乡村振兴，农资科技下乡"主题活动开展】 2022年2月24日，漳浦县供销社到石榴镇温斗村开展"助力乡村振兴，农资科技下乡"主题活动，在现场介绍、推广使用有机肥料和农药新品，向困难农户发放化肥使用宣传手册以及送出复合肥、过磷酸钙、碳铵计66包3.3吨（价值6040元），惠及温斗村困难农户22户。

【"党建福农 村企共建'供'享美味"漳浦农特优产品展示展销会暨天福高速服务区分销点启动】 2022年7月23—24日，漳浦县供销社在天福高速服务区举办"党建福农 村企共建'供'享美味"漳浦农特优产品展示展销会暨天福高速服务区分销点启动仪式，集中展示展销漳浦县农特优产品以及宣传推介扶贫农产品，主要有乌石荔枝、红心火龙果、黄金百香果、石榴填鸭、东坂河鲀、铁皮石斛、漳浦肉圆、六鳌地瓜、赤土余甘等特色农产品，实现创收68740元。

（陈川宗）

2022年7月23—24日，漳浦县供销社在天福高速服务区举办"党建福农 村企共建'供'享美味"漳浦农特优产品展示展销会暨天福高速服务区分销点启动仪式

（漳浦县供销社 供图）

粮食与物资储备

【概况】 2022年，漳浦县粮食和物资储备局向上争取资金，获省级粮食安全专项资金补助100万元；投资410万元提升仓储条件；完成年度县级储备粮轮换和县级救灾物资采购；完成5家国有粮食企业整合并转。

【绿色仓储提升行动】 2022年，漳浦县粮食和物资储备局实施绿色仓储提升行动，投资410万元对旧镇粮食联合储备库（县库）进行气密性改造、粮库专用空调改造等项目升级，全年完成气密性改造6间，新增专用空调安装完成28台。

【储粮管理与轮换】 2022年，漳浦县粮食和物资储备局加强粮食和物资储备日常管理，每季度开展储粮安全和安全生产检查；按时按质完成年度县级储备粮轮换任务。

【国有粮企改革】 2022年，漳浦县完成国有粮食企业整合并转，将5家国有粮企整合到漳浦县储备粮管理有限公司，并将整合后的漳浦县储备粮管理有限公司成建制划转至县属国有企业福建龙睿投资有限公司，实现"一县一企""政企分开"。

（漳浦县粮食和物资储备局）

烟草专卖

【概况】 2022年，漳浦县烟草专卖局（分公司）实现税利5.13亿元。全年查获涉假案件17起，查获烟机1台（套），查获假烟2569.43件，比上一年下降

68.65%，查获烟丝 4.408 吨，下降 48.3%，总案值 3387.2 万元。

【烟草市场监管】 2022 年，漳浦县烟草专卖局（分公司）加强烟草市场监管，推进零售户经营信用体系建设，实现精准打击。全年查获市场案件 63 起，查处 5 万元以上真烟案件 29 起，取缔违法卖烟大户 5 户。加强电子烟监管，开展各类联合检查活动 3 次、进校园宣传活动 9 场。推进电子烟经营主体许可证申办工作，全年准予电子烟许可 4 份。

【烟草行政许可服务优化】 2022 年，漳浦县烟草专卖局（分公司）落实行业“互联网 + 政务服务”，优化营商环境，实现受理、咨询、普法、鉴别、发证、入网等“一站式服务”，完善行政审批窗口基础设施建设，推行网上办证、邮寄送达。按照“合理布局 + 总量控制”原则，依法严把申请关，全年新办零售许可证 148 份，不予许可 107 份，注销 80 份。

【数字营销】 2022 年，漳浦县烟草专卖局（分公司）通过数据驱动，精准定位目标培育品规，突出文化引领特色营销；加大产品宣传力度，通过产品直播、线上活动等形式，开展数字营销，建立“店铺 + 品牌 + 消费者”的数据关联。全年累计开展宴席营销178场，辐射消费者约4.3万人，开展品吸体验活动 11 场。探索集企业、零售户、消费者于一体的大数据平台，开展优质客户进阶培训。

【零售终端建设】 2022 年，漳浦县烟草专卖局（分公司）深化农网市场深耕工程，推进农网终端建设和卷烟非烟一体化运行，提升农网终端软实力，全年累计建设“海丝新晟”终端 9 户，其中 5 家核心终端、3 家合作终端、1 家达标终端。助力乡村环境改善，累计投入文明吸烟环境建设经费 29.67 万元，其中助力乡村环境改善投入 15.58 万元。

【客户服务提升】 2022 年，漳浦县烟草专卖局（分公司）主动融入乡村振兴大局，帮助客户提升经营能力，开展线上线下双线指导，开展弱势群体客户党员“1+1”、中小户“1+2”帮扶活动，通过“一店一策”“一人一方”的精准帮扶，提升客户经营能力。以“我与客户共成长”主题实践活动为出发点，组织“e 福通”客户培训，覆盖率 100%，直播 9 场次；开展 5 期的电子商务、短视频营销、直播带货等相关内容培训，参与客户 90 人次。

（刘志聪）

食盐监管

【概况】 2022 年，漳浦县开展食盐安全专项检查 415 次，出动执法人员 2359 人次，发现违规线索 349 件、涉嫌违规盐产品 30.78 吨，开具责令改正通知书 31 张，立案 3 起涉盐行政处罚案件，没收违规食盐 37 千克。加强合格碘盐宣传，开展主题为“智慧人生健康路 科学补碘第一步”的宣传活动。

【食盐安全专项检查】 2022 年，漳浦县盐务分公司（局）开展食盐安全专项检查。出动执法人员 2359 人次（415 次），发放法规宣传材料 5000 多份，发现违规线索 349 件，涉嫌违规盐产品 30.78 吨，现场开具责令改正通知书 31 张，立案 3 起涉盐行政处罚案件，没收违规食盐 37 千克，当场做出行政处罚 6 件。

【合格碘盐宣传】 2022 年，漳浦县盐务分公司（局）加强合格碘盐宣传，每周到各个乡镇的农贸市场、商超、社区等人口密集的场所进行宣传、品鉴，增强群众食盐安全意识。5 月 15 日，开展主题为“智慧人生健康路 科学补碘第一步”的食盐加碘消除碘缺乏病宣传活动；5 月 16 日，到六鳌镇新厝村开展预防碘缺乏病宣传活动；5 月 17 日，到古雷中学举行碘盐安全知识讲座。

（王鹰鹏）

（编辑：许建生）

城乡建设

综 述

【概况】 2022年，漳浦县投入资金18亿元，推进城建项目建设；加强村镇建设，推进乡镇污水治理、农村垃圾清扫保洁转运、既有裸房整治和历史建筑文化保护；加强县城区市容市貌、环境卫生、市政设施维护、“两违”管控和物业小区管理，规范占道经营、流动摊贩行为14120余起，清理私设路障734个，清运垃圾194549吨，发现各类违建行为362宗，其中有效制止122宗，拆除240宗，拆违面积约8600平方米；新增资质建筑企业11家，完成建筑业产值17.95亿元，比上年增长19%；完成房地产业固定资产投资28.67亿元；完成商品房销售面积60.24万平方米，房地产业从业人员工资总额1.7405亿元。办理公积金缴存7.12亿元，办理公积金提取1.11万笔4.49亿元，发放个人住房公积金贷款1154笔5.16亿元。

【施工许可和竣工备案】 2022年，漳浦县住建局窗口深化“放管服”营商环境改革，优化企业审批流程，在精简投资事项申报材料和前置条件的基础上，推行“承诺审批”+“桩基先行”，打通企业办理建筑许可过程中的痛点、难点、堵点，进一步压缩审批时限。对应“五级十五同”（省、市、县、乡、村五级政务事项名称、颗粒度、基本编码、实施编码规则、事项类型、设立依据、申请材料、办事流程、业务经办流程、事项办理深度、承诺时限、表单格式、审查要点、办理条件、收费项目等十五个方面全省范围规范统一）事项53个，全年办理10597件。其中，消防验收及验收备案28件，消防设计审查15件，施工许可证65件，竣工验收备案20件，商品房预售许可证及变更36件，新建商品房合同网签备案5712套，存量房转让合同网签1554套，房屋租赁备案4件，测绘变更备案及楼盘确认792件，协助不动产抵押权注销2089件，协助司法部门解封房屋5套，建筑起重机械使用登记190件，城镇污水排入排水管网许可证16件。

【保障性公租房配租】 2022年年末，漳浦县有保障性公租房974套，已配租855套，配租率87.78%。其中，惠民家园92套，已配租80套；益民家园162套，已配租149套；印石A区200套，已配租189套；印石B区520套，已配租437套。

城市建设

【概况】 2022年，漳浦县推进城市道路建设，实施8个建设改造项目，完成投资67230万元；

实施城市公园绿地建设，完成投资5000万元；加强保障性安居工程建设，完成投资14957万元；完成文庙西侧、碧桂园御江府停车场改造工程，投入资金200万元，增设200个公共停车位；投入资金800万元，实施漳浦县老旧小区综合整治，提升城市宜居水平。

【城市公园绿地建设】 2022年，漳浦县投入5000万元实施城市公园绿地建设，主要项目有“口袋公园”建设、立体绿化工程建设、文体中心室外配套及景观工程项目建设、县城中心公园（公园绿地）项目建设和绿道工程建设。

“口袋公园”建设　2022年，漳浦县投入400万元完成夏商十字路口、一中南大门、县政府南侧等地块种植香樟、凤凰木、非洲茉莉球、马尼拉草等植物，打造街道口袋公园，提升道路景观。

立体绿化工程建设　2022年，漳浦县投入120万元完成一中围墙、绥安中学围墙、县医院围墙等种植炮仗花等绿色植物，结合环境打造立体绿化，提升城市景观。

文体中心室外配套及景观工程项目建设　2022年，漳浦县实施文体中心室外配套及景观工程建设，项目总投入1亿元，项目内容包括假山景石、景墙、花架等硬质景观工程51072平方米；种植小叶榄仁、香樟、蓝花楹、凤凰木等绿化面积77280平方米；喷泉、瀑布等水体景观工程4100平方米，同时配套建设室外道路3千米以及相关配套管线、照明、监控系统等。2022年完成投入3000万元。

县城中心公园（公园绿地）项目建设　2022年，漳浦县实施县城中心公园（公园绿地）项目建设，项目总投入1386万元，项目规划用地面积17012.5平方米，主要建设园林景观、园林绿化、建筑工程及其他配套等工程。2022年完成投入600万元。

绿道建设工程　2022年，漳浦县投入800万元，完成10千米绿道工程建设。其中漳浦县教育园区绿道建设工程投入资金300万元，建设绿道5千米；天福医院、漳州科技学院绿道建设工程投入500万元，建设绿道5千米。

【城市道路建设】 2022年，漳浦县推进城市道路建设，主要项目有漳浦县得仙路（江滨景观路至龙湖大道）道路建设工程、漳浦县黄仓路（龙湖路至绥城路）道路建设工程、漳浦县金鹿南路（江滨景观路至龙湖大道）道路改造工程、龙泉路改造项目、漳浦鹿溪南岸片区一期道路建设工程、漳浦鹿溪北岸东段一期道路建设工程、漳浦县银河西路（龙湖大道至一中分校）改造工程、漳浦县赤湖工业园横六路等园区基础设施建设项目总承包（EPC）等，全年完成投入67230万元。

漳浦县得仙路（江滨景观路至龙湖大道）道路建设工程　本项目道路设计总长度457.452米，红线宽度24米。道路起点位于江滨景观路，沿途经过溪美西路岔口，终点位于得仙路。主要建设内容：路基、路面、桥涵工程、交通工程、给排水工程、电力管道、通信管道、照明、绿化等。项目计划总投入2200万元，2021年开工，2022年投入1750万元，于12月完成工程建设。

漳浦县黄仓路（龙湖路至绥城路）道路建设工程　道路设计起点与龙湖大道交叉，终点与绥城路交叉，实施长度339.78米。项目总投入1362万元，2022年完成投入1300万元。

漳浦县金鹿南路（江滨景观路至龙湖大道）道路改造工程　道路设计全长522米，道路规划红线宽32米。项目计划投入3000万元，2021年开始实施，2022年完成投入3030万元，已完成工程建设。

龙泉路改造项目　该项目道路设计总长度1400米，红线宽度32米。道路起点位于金浦大道，终点位于龙湖大道。主要建设内容：路基、路面、桥涵工程、交通工程、给排水工程、电力管道、通信管道、照明、绿化等。项目计划总投入1.2亿元，2022年开工，已投入6000万元。

漳浦鹿溪南岸片区一期道路建设工程　该工程包括鹿溪南岸

片区道路工程(滨江大道、金浦路、金鹿路、纬一路、印石路等14条)，项目计划总投入3亿元，2022年投入1亿元。

漳浦鹿溪北岸东段一期道路建设工程　该工程配套建设片区内10条市政道路（印石路、和康大道、后仓路、江滨景观路、道周路、黄仓路、西营路、江后路、石斋路和绥城路）延伸段。项目计划总投入5亿元，2022年投入1亿元。

漳浦县银河西路（龙湖大道至一中分校）改造工程　2022年，漳浦县投入150万元实施银河西路（龙湖大道至一中分校）改造工程，道路改造总长365.4米、宽6—12.68米，北起龙湖大道，向南延伸至一中分校东门。主要建设内容为破除水泥路面1927.63平方米，加铺沥青混凝土路面3107.84平方米，更换给水检查井盖4个、电力工井盖井座及井盖8套、新增泄水孔8个。

漳浦县赤湖工业园横六路等园区基础设施建设项目总承包　项目包含5条路城市主干路，总长约5.76千米，其中，横六路、腾飞北路、疏港路红线路宽40米，联盛北路、绿江路红线路宽32米。其中，新建雨水管道13.09千米、污水管道3.96千米、给水管道4.42千米、原水管道1.50千米，电力通信管道3.9千米。项目计划总投入31919万元，2022年投入35000万元。

【漳浦县文庙西侧、碧桂园御江府停车场改造工程】　2022年，漳浦县投入200万元完成文庙西侧、碧桂园御江府停车场改造工程，增设公共停车位200个。

【保障性安居工程建设】　2022年，漳浦县加强保障性安居工程建设，投入14957万元实施绥安片区棚户区改造建设项目、绥东花园安置房（C5-07地块）工程项目及危房改造项目。

漳浦县绥安片区棚户区改造建设项目　2022年，漳浦县开工建设绥安片区棚户区改造建设项目，项目规划总用地面积11784.41平方米(合1.18公顷)，总建筑面积41561平方米，其中计容建筑面积32228平方米，主要建设居民住宅楼、商业服务设施及小区配套设施。项目总投入20720.04万元，2022年完成投入1亿元。

漳浦绥东花园安置房（C5-07地块）工程　2022年，漳浦县开工建设绥东花园安置房（C5-07地块）工程项目，项目规划总用地面积7610.71平方米（合0.76公顷），总建筑面积20831.45平方米。其中计容总建筑面积14460.35平方米，主要建设居民住宅楼、商业服务设施及小区配套设施。项目总投入12038.81万元，2022年完成投入3000万元。

危房改造项目　2022年，漳浦县投入1957万元实施大南坂农场、白竹湖农场、万安农场、石古农场等4个农场垦区危房改造项目，完成危房改造53户，建设面积6043平方米。其中，大南坂农场垦区危房改造项目投入资金802万元，改造19户，建设面积1970平方米；白竹湖农场垦区危房改造项目投入375万元改造14户，建设面积1680平方米；万安农场垦区危房改造项目投入资金280万元，改造8户，建设面积880平方米；石古农场垦区危房改造项目投入500万元改造12户，建设面积1513平方米。

【城市宜居水平提升】　2022年，漳浦县持续提升城市宜居水平，投入800万元实施漳浦县老旧小区综合整治项目（包括管网、强落电、立面修复等），改造泰怡小区、金浦大道185号电信分局宿舍、金浦大道187号邮政宿舍片区3个小区，建筑7栋、建筑面积约2.83万平方米，惠及居民210户。

【城市风貌特色打造】　2022年，漳浦县着力打造城市风貌特色，投入40万元完成漳浦县九曲岭城市设计项目，九曲岭片区功能定位：以滨水生态居住为主，以旅游度假、休闲观光为辅的现代高品质居住社区，总规划用地面积（不含已建成九曲澜山小区地块）为71.77公顷。

（蔡泽昌）

村镇建设

【概况】 2022年，漳浦县推进乡镇污水治理，东南片区和西北片区完成铺设污水主干管230千米、接户管127千米。实施《漳浦县农村生活垃圾整治提升方案》，推进以镇域为单位的农村垃圾清扫保洁转运、公厕养护打捆打包市场化运作；完成8座垃圾中转站建设。启动农村“十四五”厕所革命工作，建设完成2座乡镇公厕、8座农村公厕。加强农村建房安全管理，做好既有裸房整治工作。开展历史文化保护工作，加强传统风貌建筑保护利用。

【乡镇污水治理】 2022年，漳浦县推进乡镇污水治理工作，加快实施东南片区和西北片区PPP污水项目，2个片区完成铺设污水主干管230千米、接户管127千米。其中东南片区佛昙镇、赤湖镇、深土镇、旧镇镇、六鳌镇等5个乡镇范围内的37个建制村的污水处理工程，已完成或开工建设污水处理厂（站）32座；西北片区马坪镇、湖西乡、赤岭乡、赤土乡、官浔镇、长桥镇、南浦乡、石榴镇、盘陀镇等9个乡镇范围内的27个建制村的污水处理工程已全部开工，部分竣工。

【农村垃圾治理】 2022年，漳浦县推进以镇域为单位的农村垃圾清扫保洁转运、公厕养护打捆打包市场化运作，已有11个乡镇实施市场化运作。建设完成六鳌镇、湖西畲族乡、前亭镇、石榴镇、赤岭畲族乡5座垃圾中转站，绥安镇、佛昙镇、赤湖镇、旧镇镇4座已完成选址设计，准备开工建设；开展2022年春节前全县域的人居环境大整治大提升活动。

2022年12月3日，漳浦县东南片区村镇污水处理PPP项目（蔡伊君 摄）

【农村“十四五”厕所革命项目建设】 2022年，漳浦县实施2021年度（乡镇公厕3座、农村公厕10座）、2022年度（乡镇公厕2座、农村公厕8座）建设任务。2021年的建设任务中，湖西畲族乡枋林村、后溪村、石榴镇车本村、赤土乡西洋村已竣工，石榴镇石榴村、六鳌镇龙美村已开工建设，其余7座在选址设计及招投标工作。

【农村建房安全管理】 2022年，漳浦县出台《漳浦县人民政府办公室关于加强农村限额以下公共建筑等四类建筑审批监管工作的通知》《关于强化农村自建房（三层及以下）施工关键节点和竣工验收到场巡查指导的通知》《漳浦县住房和城乡建设局等5个部门关于加强农村自建房纳管工作的通知》等文件加强农村建房安全管理。公布农房建筑立面图集及建设示范房，发布实施《漳浦县农房建筑立面图集》及政策解读，在万安农场古陂新村住宅小区建设1栋示范房。建设农村建房安全管理网格巡查系统平台，做好农村建房“两统筹、两统管”（县统筹、地统筹、乡统管、事统管）监管工作。成立农村建筑工匠分会，推进农村建筑工匠规范管理。

【既有裸房整治】 2022年，漳浦县按照2500栋既有裸房整治任务下达给各乡镇场，其中，乡村振兴整镇推进镇——石榴镇、赤湖镇各190栋，绥安镇、旧镇镇、六鳌镇、深土镇、官浔镇、湖西畲族乡各180栋，佛昙镇、前亭镇、长桥镇、盘陀镇各150栋，马坪镇、赤土乡各100栋，南浦乡、赤岭乡各80栋，漳浦盐场、南山农场分别为30栋、20栋。截至2022年12月31日，已开工整治4933栋，已完成4836栋，完成投入23256万元，开工率246.65%，完工率241.8%。2022年漳州市整治既有裸房工作漳浦县排名全市第三。

【历史建筑文化保护】 2022年，漳浦县开展第三批历史建筑测绘建档，完成第三批历史建筑测绘建档编制单位采购及测绘建档；开展历史建筑线索核查，全县复核调查1385处，其中，已认定公布为不可移动文物37处，已认定公布为历史建筑13处，推荐不可移动文物预备名录1处，推荐历史建筑预备名录6处，推荐传统风貌建筑预备名录32处，历史风貌区22处，一般建筑807处，建成年代不足50年的建筑210处，已全部改建、拆除或损毁的建筑189处，原普查资料信息遗漏、重复、错误，导致无法核查和归档68处；开展历史建筑甄别工作，推动50年以上历史建筑甄别工作，对盘陀镇、南浦乡、深土镇、前亭镇等乡镇拆迁地块民居、土楼、庙宇进行初步普查甄别。做好传统风貌建筑保护利用，石牛尾村、赵家城村、城内村保护规划修编已通过专家评审；完成六鳌镇鳌西村、深土镇山尾村、官浔镇红霞村保护规划编制批复；佛昙镇轧内村历史文化名村保护规划通过市级评审；将佛昙镇轧内村、湖西畲族乡城内村上线省级传统建筑租养平台；开展传统村落安全专项检查工作。

（蔡福祥）

市政建设

【概况】 2022年，漳浦县加强市政配套设施建设，投入639万元建设金浦大道配套改造工程——府前唐街人行天桥；投入121.35万元完成15个无障碍设施改造新建提升工程；投入1238万元完成供水管网铺设15978米；投入1570万元完成雨水管网铺设15721.7米。

【府前唐街人行天桥项目建设】 2022年，漳浦县投入639万元完成金浦大道配套改造工程——府前唐街人行天桥项目建设，建设钢结构天桥1座，主桥长36米、桥面宽4.2米，设置交通标志牌4个、桥名牌2个、全钢组合式隔离护栏26米、镀锌钢管栏杆176.88米等。

【无障碍设施改造提升】 2022年，漳浦县加大无障碍设施改造力度，投入121.35万元实施完成漳浦县黄道周公园、漳浦县客运站、漳浦县中医院、漳浦县妇幼保健院、漳浦县西湖公园南大门广场、漳浦县家同养护院、漳浦县政府门口停车场、漳浦县旧县衙门口、漳浦县文庙西侧、漳浦县湖滨小区、漳浦县金芳小区、漳浦县旧县衙等15个无障碍设施改造工程，对无障碍停车位、无障碍电梯、无障碍通道、无障碍出入口、低位服务设施、无障碍标志牌、无障碍游览图、无障碍设施位置图等进行改造提升。

【供水管网建设工程】 2022年，漳浦县推进供水管网建设，投入1238万元完成供水管网铺设15986米。其中，金鹿路供水管网1044米，鹿溪至赤湖供水管道13404米，绥安工业园旧工业东路、廷珍路及金霞中路给水管道930米，得仙路给水管道608米。

【雨水管网建设工程】 2022年，漳浦县实施雨水管网建设工程，投入1570万元完成雨水管网铺设15721.7米。其中，金鹿路雨水管网1092米，辕门居委会门前雨水管网351米，黄仓路雨水管网66米，横六路雨水管网13221米，湖滨东路雨水管网260米，得仙路雨水管网505.7米，老旧小区雨水管网226米。

【县城区九条道路及污水主干管清淤检测】 2022年，漳浦县投入400万元对县城区9条道路及污水主干管进行清淤检测，清淤检测长度49584米，检测污水井575座、雨水井575座、雨水进水口785座、检查井139座。

【污水主干管改造工程】 2022年，漳浦县推进绥东溪污水主干管改造工程，完成铺设污水主干管6.6千米，支管全部接入，实现通水运行。完成鹿溪北岸东段污水管网项目改造和龙泉路、仙阳路片区加压泵站及供水管道改造工程。

【县城区污水改造工程】 2022年，漳浦县加快县城区污水收集与水环境整治工程、鹿溪流域4条支流村庄污水整治工程、鹿溪南岸片区生活污水一体化处理站的实施建设，全面推进县城区源头雨污分流，持续开展绥东溪、南门溪内河综合整治，巩固提升县城区黑臭水体整治成效。

（漳浦县住建局）

市容管理与执法

【概况】 2022年，漳浦县城市管理局全年规范占道经营、流动摊贩行为14120多起，开具《责令整改通知书》1326份，发放“门前三包”宣传手册7000多份；清理私设路障734个，清理道路沿线占道堆放杂石、废弃物65车次；垃圾清运日产日清，清运垃圾194549吨；发现各类违建行为362宗；增设公益围挡广告14处总面积3460.21平方米，更换破损公益版面29处总面积4101.14平方米。

【市容市貌整治】 2022年，漳浦县结合创建国家卫生城市，强化城区主次干道、重点区域、主要路口市容市貌管理。漳浦县城市管理局全年累计发放“门前三包”宣传手册7000余份，规范占道经营、流动摊贩14120余起，开具《责令整改通知书》1326份，清理一店多招、破损店招及移动广告牌、广告灯箱、横幅条幅1000余件；强化早市及夜市整治，组织人员开展路面巡查，将麦市街夜市引导到永嘉天地小吃街、万新商业广场、便民市场等区域；开展市容环境联合整治，对东胜路、永福路、鼎元路、湖滨东路和农贸市场等开展市容环境综合整治行动，彻底消除占道经营、杂物乱堆积、乱设遮阳棚等市容顽疾；加强单车监管，累计开展共享单车专项整治69次，依法暂扣单车407辆，立案处罚14起，共处罚款12935元；对永嘉天地夜市街、花漾街区、江滨片区、府前街、美伦清华园等重要路段的店外经营、露天烧烤、油烟直排、噪声扰民等情况开展集中排查整治，全年联合整治32次，检查烧烤店、烧烤摊47家，发放《烧烤综合整治告知书》300余份，清退露天烧烤29家，取缔店外经营烧烤店12家，停业整顿6家。设立集中烧烤点，做好配套设施建设，对县城区烧烤经营门店、摊点进行全面排查、登记造册，引导烧烤摊主规范经营、定点经营。

【环境卫生监督检查】 2022年，漳浦县城市管理局强化日常监督检查，增设中型垃圾桶700个，小型垃圾桶50个；加强校园周边、无物业小区及停车场等重点区域保洁管理，全年清运杂草杂物2850车次，清洗垃圾桶、果皮箱约55800个次，洒水车喷水除尘6200余次；强化垃圾运输管理，垃圾清运日产日清，全年清运垃圾194549吨；治理露天焚烧垃圾等违法行为，全年整治露天焚烧160余起，出动巡查6000多人次。

【市场秩序规范】 2022年，漳浦县城市管理局增设市场基础设施，在绥安中心市场、鼎元路批发市场施划热熔标线，设置不锈钢停车位，规范市场内摩托车、三轮车停放秩序及周边店面经营秩序；开展县城区各农贸市场环境卫生保洁、消毒消杀及抽污工作，营造整洁卫生的市场环境；开展市场秩序整治，统一拆除农贸市场内违规设置的遮阳伞，清理泡沫箱等占道的杂物，引导摊户规范经营，全年拆除遮阳伞400余把，清理垃圾杂物600余车。

【市政设施维护】 2022年，漳

浦县城市管理局加强夜景路灯维护，24小时“白+黑”排查安全隐患，及时修复破损夜景路灯，保障亮灯率保持在98%以上；强化渣土车整治，加强路面执法巡查，严厉打击渣土车辆未密闭运输和“滴、洒、漏”等行为，全年立案处罚案件13起，处罚款1.3万元，责令教育施工单位清洗进出口路面76次，劝导渣土运输车辆做好车辆外观清洁、车辆密闭220余车次；推动建筑垃圾运输企业备案，向经过备案材料审核及现场车辆核验确认符合建筑垃圾运输要求的4家建筑垃圾运输企业发放《建筑垃圾运输企业备案清单》，实行建筑垃圾运输“持证上路”；对城区沿街店面门口、背街小巷擅自设置障碍物等行为及时进行清理，全年清理私设路障734个，清理道路沿线占道堆放杂石、废弃物65车次。

【新增“两违”管控】 2022年，漳浦县城市管理局加强日常巡查管控，按照“防违全天候、巡查无缝隙、责任全覆盖”的防违治违工作网络，实行分组分片区监管；对巡查中发现的违建行为进行制止。严厉打击违法建设，对新增违建采取“零容忍”态度，全年累计发现各类违建行为362宗，其中有效制止122宗，拆除240宗，拆违面积约8600平方米；加大住宅小区整治力度，创建15个无违建小区，整治3个老旧小区。

【户外广告管理】 2022年，漳浦县城市管理局加大公益广告设置更新维护力度，在14处空置裸露地块设置公益围挡广告，总面积3460.21平方米；对29处破损公益版面进行更换，总面积4101.14平方米。加强户外广告巡查，拆除5块存在安全隐患的高空广告牌，总面积858平方米；拆除破损、老化罗马旗220面（712.8平方米）。

【数字城管】 2022年，漳浦县城市管理局通过智慧城市运营平台将漳浦县主城区分为25个网格，通过划分网格责任区，实现网格管理责任制，建设“沟通快捷、分工明确、责任到位、反应快速、处置及时、运转高效”的城市管理系统，数字城管监督指挥中心通过监控视频捕捉各类违规情况，全年处理案件12983件。

（陈博扬）

建筑业

【概况】 2022年，漳浦县新增资质建筑企业11家，年末全县有施工总承包资质企业50家（其中一级企业1家，二级企业5家，三级企业44家），专业承包企业9家。开展质量安全动态双随机检查135个项目，发出责令整改通知书135份；全年完成建筑业产值17.95亿元，比上年增长19%。2022年5月，漳州市住建局公布2022年度建筑业（准）龙头企业名单，漳浦县的福建大佳建设有限公司为漳州市龙头企业，福建五一建设工程有限公司为漳州市准龙头企业。

【房建市政工程招投标管理】 2022年，漳浦县通过福建省省工程领域招投标在线监管平台备案的房建市政招投标项目52个，漳浦县住建局按照“大数据+专项整治”工作要求对52个项目进行疑似违规排查和“双随机、一公开”抽查检查，开展1次常规项目抽查，抽查常规项目2个，开展2次线索项目抽查，抽查线索项目3个，对4家串通投标的施工企业进行行政处罚。

【建筑市场行为监督管理】 2022年，漳浦县组织开展2次房建市政领域建筑市场行为暨根治欠薪工作专项检查，规范实名制制度、五项制度、七项台账，检查99个项目，发出20份整改通知单，涉及118条整改内容，均整改到位。做好劳务实名制平台管理，实施动态跟踪在建项目劳务实名制平台信息，在建项目82个，10项基本资料基本上传完整。对存在欠薪隐患的项目，协调建设单位先行拨付工程款支付农民工工资；协助漳浦县人社局立案受理并办结5起拖欠工资案件，为55名工人追发工资110.4万余元；通过协调等非立案方式解决28起拖欠农民工工资问题，为449名农民工追发工资566.69万元；将7起恶意欠薪案件按涉嫌拒不支付劳动报酬罪移送公安机关立案处理，涉及农民工263人，涉及金额558万余元。

【工程质量监督】 2022年，漳浦县在建受监工程项目149个，其中新报建项目质量安全监督工程74个，工程竣工验收监督项目42个。全年开展质量安全动态双随机检查135个项目，发出责令整改通知书135份，其中施工企业记分2022.73分，项目经理记分2022.73分，监理企业记分1363.6分，总监理工程师记分1363.6分。日常监督检查服务项目107个，发出责令整改通知书107份。

【建筑业专项检查】 2022年，漳浦县加强工程质量监管，开展扬尘专项检查、工程主体结构混凝土强度抽查、钢筋原材、钢筋接头监督抽测、预拌混凝土生产企业质量抽查和桩基检测监管等专项检查、抽查。

扬尘专项检查　2022年，漳浦县建设工程质量监督站按照“有围挡喷淋、有移动喷雾机、有洒水车、有洗车台、有道路硬化、裸土有覆盖”等要求，对所有在建工地开展扬尘整治常态化检查和突击巡查，全年发出整改通知书34份(其中责令停工整改1份)，约谈5起，立案处罚7起，罚款6万元；结合“双随机”动态监管检查记分办法，落实施工扬尘污染防控要求。

工程主体结构混凝土强度抽查　2022年，漳浦县建设工程质量监督站双随机回弹抽测98个工程，抽测构件数量351个，回弹不合格构件数41个，合格率88.32%；取芯验证的构件41个，满足设计要求35个，不满足设计要求6个（其中5个经全数鉴定已闭环处理），合格率85.37%。

钢筋原材、钢筋接头监督抽测　2022年，漳浦县建设工程质量监督站通过双随机检查对地基基础及主体结构使用的钢筋原材、钢筋接头进行监督抽测，抽测钢筋原材、钢筋接头数量180组（其中钢筋原材97组，机械连接件39组，焊接接头44组），179组符合要求（其中1组机械连接接头不合格），合格率99.44%。

预拌混凝土生产企业质量抽查　2022年，漳浦县建设工程质量监督站对全县10家预拌混凝土企业开展质量抽查30次，发出24份责令改正通知单。

桩基检测监管　2022年，漳浦县建设工程质量监督站对32个工程项目和8家桩基检测企业进行基桩检测跟踪管理和线上检查，对其中27个项目的单桩静载检测实验开展现场监督抽查。未发现虚假检测行为，但存在一些不规范做法和安全隐患，比如检测录像未将全部仪器录入、基准桩和压重平台设置距离偏近、水泥块吊装安全管理不到位等。对常见不规范检测做法和安全隐患，责令及时改正。

【工程质量投诉件处理】 2022年，漳浦县住建局受理“12345投诉平台”的房屋质量投诉218件，主要问题为楼板开裂、楼面屋面渗水、管道堵塞等问题，基本有效、及时化解投诉质量问题和纠纷，针对质量投诉问题类型，监督人员在日常工程质量监管中加强质量投诉问题的监督交底和监督抽查。

【住建安全生产管理】 2022年，漳浦县住建局组织开展“安全生产专项整治三年行动”“安全生产百日大会战”“安全生产大检查”“住建系统2022年第一、二、三季度防范重特大安全事故及消防安全大检查”“漳浦县房屋市政工程安全生产治理专项行动”“建筑起重机械安全专项检查”“危险性较大的分部分项工程安全专项整治”“建筑行业起重机械、特殊车辆安全专项整治行动”等安全生产工作。开展建筑起重机械安装、拆卸工程施工前现场核查特种作业证、技术交底、机械完整性、现场施工条件、作业人员管理人员实名制考勤。全年在建筑起重机械安装、拆卸工程施工前现场核查250台，其中安装122台，拆卸128台；开展全县建筑工程施工质量安全观摩2次，全县在建项目项目经理、安全员、项目总监等420人次参加。

（蔡泽昌）

房地产业

【概况】 2022年，漳浦县在建房建工程项目33个、建筑面积522.01万平方米；全年房地产业完成固定资产投资28.67亿元，完成商品房销售面积60.24万平方米；房地产业从业人员工资总额17405万元，比上年增长3.6%。2022年，漳浦县住建局办结行政许可事项9147件（行政审批45件、备案类9102件），其中，商品房预售许可证及变更45件，新建商品房合同网签备案6791套，存量商品房合同网签1791套，房屋租赁合同备案16件，测绘变更备案及楼盘确认504件。

【房地产市场运行】 2022年，漳浦县累计商品房销售面积60.24万平方米，商品住宅成交均价6559元/平方米，商铺成交均价7094元/平方米；房地产业从业人员工资总额17405万元，比上年增长3.6%。截至2022年12月底，全县尚有商品房建筑面积128.89万平方米，去化周期20月；商品住宅建筑面积103.96万平方米，去化周期21月；商业用房建筑面积15.6万平方米，去化周期29月。前亭厦禾·香山湾、福晟·钱隆首府等房地产项目陆续出现停工状态，存在逾期交房风险，漳浦县住建局及时启动应急机制，主动介入处置，推进项目实现复工。

【物业小区管理】 2022年，漳浦县城市管理局开展物业企业服务质量考评，结合住宅小区物业服务质量星级评定工作，对全县物业服务企业开展日常服务质量检查，检查出各种问题90余个，下发《责令改正通知书》61份，要求限期整改。强化消防通道整治，督促36个物业小区完成消防车道标识标线的画线工作，并对19个消防通道堵塞的物业小区发出整改通知书。强化小区安全隐患排查整改，要求物业服务企业对物业小区逐栋逐户开展房屋结构隐患排查、登记、归类、建档，督促落实隐患整改；组织物业小区开展安全应急演练，提高居民安全意识。督促企业提升服务，采取约谈、定期通报、立案处罚等方式，督促企业提升服务质量，全年累计约谈物业服务企业21家，对4家物业服务企业和25名项目负责人进行信用扣分处理，对1家物业服务企业涉嫌侵占业主公共收益问题线索立案调查。推进点题整治，加强物业服务企业侵占业主公共权益问题排查整治，排查物业小区58个，督促物业服务企业及时进行“福建省住宅小区公共收益公示管理系统”的申报工作。

【住房公积金管理】 2022年，漳浦县住房公积金实缴单位1269家，实缴职工3.6万人（其中新开户单位178家，新开户职工0.42万人），缴存额7.12亿元，受委托办理住房公积金缴存业务的银行7家；全年办理公积金提取1.11万笔，提取额4.49亿元；发放个人住房公积金贷款1154笔5.16亿元。2022年，漳州市住房公积金中心漳浦县管理部及时调整公积金缴存、提取和贷款政策，确保各项政策落地实施；推进“互联网+公积金”服务进程，37个住房公积金服务事项中有26个事项实现全流程网办（其中2022年新增10个全程网办事项），网办率达70.27%。提前完成住建部新增三项“跨省通办”服务事项，全年办理住房公积金“跨省通办”11个高频事项2279笔，实现让“数据多跑路、群众少跑路”。

（蔡泽昌、陈博扬、住房公积金漳浦管理部）

（编辑：许建生）

交 通

【概况】 2022年，漳浦县实施交通基础设施7个，完成投资2.16亿元；组织客车104辆、公交车55辆、出租车（含网约车）88辆参与春运；出动执法人员5933人次，检查车辆12141辆次，检查监督运输企业265家次，查处各类交通运输违章违法案件370件。

【交通项目建设】 2022年，漳浦县完成交通基础设施投资2.16亿元，主要项目有G324线漳浦城关过境段公路工程、沈海高速万安出入口工程、沈海高速漳浦互通及接线工程和3个农村公路建设工程以及青果桥危桥改造等工程。

G324线漳浦城关过境段公路工程　该工程起点位于绥安镇查岭村，终点位于盘陀镇和美村并设置平交口与G324相接，路线全长19964米。项目按一级公路标准建设，设计速度80千米/时，标准路基宽度33米，双向六车道，沥青混凝土路面，预算总投入约14.5亿元，其中，建安费约10.1亿元。项目分2个标段实施建设，A1标段（绥安镇查岭村至石榴镇梅林村），路段长9224米，预算投入约7.24亿元；A2标段（石榴镇梅林村至盘陀镇和美村），路段长10740米，预算投入约7.27亿元。2022年，该项目计划投入1亿元，实际完成投资1.38亿元。

沈海高速万安出入口工程　该工程位于赤土乡溪东村，万安工业园区东侧，连接沈海高速和X584，主线长度1.24千米，双向四车道，路基宽26米，设计速度100千米/时；匝道长度2395米，单向单车道，路基宽9米、双向两车道，路基宽16.5米，设计速度40千米/时；连接线长度905米，双向两车道，路基宽12米，设计速度40千米/时。项目总投入约2.58亿元。

沈海高速漳浦互通及接线工程　该工程起于深土镇深六线与沿海大通道交叉口处，南至六鳌镇翡翠路，呈南北走向，全长约12176米。按二级公路标准建设，设计速度80千米/时，双向四车道，路基宽15—20米，采用沥青混凝土路面，估算投入约1亿元。项目已确定施工及监理单位。

农村公路建设工程　2022年，漳浦县交通运输局计划完成新建改造农村公路29.6千米，年度计划完成投入3500万元，全年共完成农村公路建设71.17千米，累计完成投入7437万元，分别占年度计划的240.4%、212.5%。主要工程有：

佛昙漳东线至沿海大通道连接线公路工程　该项目全长4.467千米，起于Y401大院线佳禾纸品厂对面，终点与沿海大通道平交。全线均按设计速度60千米/时的二级公路标准建设，双向四车道，水泥混凝土路面，路基宽度23米。

湖西乡至沿海大通道连接线公路工程　该项目全长15.544千米，路线起于X531湖西畲族乡顶坛村附近，与S201线平交，终点位于沿海大通道（赤湖镇境内），路线长13.89千米。支线接沈海调整赵家堡出口，长度1.55千米。道路等级为二级公路，双向四车道，水泥混凝土路面，设计速度60千米/时；起点至K2+293路段路基宽度为18米，K2+293路段至终点路基宽度为23米。

漳浦县X585坂旧线（观音亭至象牙）公路改造工程　该项目为二级公路，双向四车道，设计速度40千米/时，路基宽17.5米，水泥混凝土路面，全长4.768千米，沿线结构物有90米桥梁1座，涵洞15道。

青果桥危桥改造工程　该工程年度计划完成投入274万元，于2022年9月完工，全年累计完成投入274万元，占年度计划的100%。

【农村公路养护管理】　2022年，漳浦县农村公路按照“县道县管、乡道乡管、村道村管”的责任体系，发挥县、乡、村三级路长和乡村道专管员作用，管好护好现有1521.3千米农村公路（县道206.6千米、乡道511.0千米、村道803.7千米）。

日常养护　严格落实养护巡查制度，按时填报养护日志、巡查记录，发现问题及时上报，2022年全县农村公路巡查12486人次，及时处置事件1544件。

农村公路养护工程和村道安保工程　2022年，投入1400万元完成路面修复2.8万平方米，投入205万元完成村道安保工程33.53千米。

【春运服务保障】　2022年，漳浦县做好2022年春运车辆技术状况和有关从业人员资质普查工作，严禁未按规定进行普查以及普查不合格的车辆投入春运工作。全县组织客车104辆（其中旅游客车74辆、客运班车30辆）、公交车55辆、出租车（含网约车）88辆参与春运。

【重点领域安全监管】　2022年，漳浦县交通运输局深入辖区企业，对涵盖危货、货运、客运、维修、驾培、寄递物流等多个行业领域进行全方位、全覆盖检查督查，落实上级有关开展安全生产隐患大排查大整治工作部署，对存在的问题整治清理，督促企业落实安全生产主体责任，加大车辆动态监控管理力度，及时处理监控中遇到的异常情况。

【客货邮融合发展】　2022年，漳浦县将旧镇综合客运站改造提升为旧镇客货邮运输服务站，实现客货邮融合，并开通旧镇客货邮运输服务站至旧镇镇28个建制村客货邮合作线路。

【交通运输行政许可办理】　2022年，漳浦县行政服务中心交通运输窗口全年发放车辆道路运输证1018张，道路运输车辆年审4347辆，道路运输人员从业资格证2466张，教学车辆证配发30张、变更2张，办理道路货物运输经营许可13家，道路危险货物运输经营许可2家，旅游客运企业运力投放经营许可1家，一、二、三级道路客运站核定2家，工程类项目审批27件。办理道路运输驾驶员高频服务事项“跨省通办”187件。

【交通运输行政执法】　2022年，漳浦县交通运输局交通执法大队出动执法人员5933人次，出动执法车辆1865辆次，检查车辆12141辆次，检查监督运输企业265家次。全年查处各类交通运输违章违法案件370件，处罚金额220.24万元，其中超限60件，处罚金额20.98万元；占用、挖掘公路、增设路口2件，处罚金额0.3万元；滴洒漏案件20件，处罚金额2.15万元；非法客运41件，处罚金额21.56万元；改装案件229件，处罚金额161.8万元；危货案件2件，处罚金额1万元；驾培案件4件，处罚金额0.95万元；未按规定对从业人员进行安全生产教育培训1件，处罚金额0.5万元；使用无道路运输证的车辆参加货运运输4件，处罚金额0.5万元；未取得道路货物运输经营许可，擅自从事道路货物运输经营7件，处罚金额10.5万元。

（谢康华）

公路养护管理

【概述】 漳州市公路事业发展中心漳浦公路分中心（简称漳浦公路分中心）做好国道94千米公路养护管理和漳浦县政府委托的143千米县、乡道及专用道路日常养护代养工作，全年完成公路养护经费支出3122.75万元。

【公路养护】 2022年，漳浦公路分中心遵循“预防为主，防治结合”的公路养护方针，各项养护工作有序进行。

预防性养护 对专养沥青混凝土路面的坑槽、裂缝及时进行修复、封闭，全年修复路面坑槽约498平方米、封闭裂缝长约12.56千米。

日常养护 每天对路面进行机械清扫保洁，及时清理污染路段，保证路面无垃圾，路肩无堆积物；每日使用“桥梁巡查”App对管养桥梁进行检查，每周对水沟涵洞进行安全排查，及时疏通排水设施。全年修复边沟155处/459.8延米、边沟盖板435片；投入13.4万元对漳浦大桥左幅伸缩缝、霞屿中桥、锦东大桥、埭厝中桥部分损坏的止水带进行修复及加铺自流平。

公路管养“四新”技术应用 优化养护突击队人员组合，利用现有养护机械设备，探索公路管养“四新”（新技术、新产品、新工艺、新材料）技术，推广应用沥青混凝土路面坑槽热再生修补技术，提高沥青路面的坑槽、沉陷等病害处置修补质量，延长公路使用寿命。

公路路域环境提升 提升公路路域环境，定期修剪遮挡视线及标志牌乔木，清除两侧枯死行道树，刷白道路两侧行道树9500棵；结合国道228线滨海风景道建设提升，新种植三叶爬山虎9289株、炮仗花18722株，补植矮化木麻黄405棵，补植绿化草皮1600平方米；在国道228线漳浦段中间绿化带种植三角梅等绿植。

【路产保护】 2022年，漳浦公路分中心强化路产保护，通过完善多部门业务协作机制、线上线下开展路产保护宣传、持续优化营商环境，构建路产保护新机制新方法。

完善多部门业务协作机制 通过联合上路巡查执法、路域环境整治等方式，做好路产管理保护工作，全年上路巡查186天，出动巡查车372辆次、巡查人员1004人次，发放宣传材料2170份；办理协议式管理案件7起，办理大件运输审查156件，配合许可案件审批1件，办理路产损坏赔偿案件9起，收取赔（补）偿费7.59万元；开展联合整治行动33次，参加人员354人次，纠正、制止各种公路违章行为64起，清理堆积物约11处（1130平方米），拆除违章506处（1833.2平方米）。

线上线下开展路产保护宣传 结合“路政宣传月”开展进社区、进企业、进校园等多形式普法宣传，利用网络、微信自媒体、沿线T形高立柱、横幅、LED显示屏等播放、刊登公路法律法规知识。

“主动走访”进企业，优化营商环境 做好大件运输联审意见办理工作、涉路施工许可前期协作事务，了解企业困难和群众需求的急难愁盼问题，主动送法上门。多次走访当地运输企业和涉路施工项目，围绕法律法规、公路行业领域利企便民政策进行宣传普法。

【交通运输安全生产】 2022年，漳浦公路分中心开展公路安全隐患排查治理，全年组织公路安全隐患督导检查64次，排查安全隐患65处，整改65处，严格落实隐患整改闭环管理；提升公路突发事件应急处置能力，及时修订完善专养公路桥梁管理突发事件应急预案、防汛防台风应急抢险等预案，组织开展边坡溜方阻塞公路应急演练活动，检验提升应急抢险队伍处突能力；强化消防安全管理，定期开展消防安全检查，及时更换消防器材；开展消防安全知识培训和消防应急演练2次。

（郭漳辉）

邮 政

【概况】 2022年，中国邮政集团公司福建省漳浦县分公司（简称漳浦邮政分公司）累计实现总收入 9063 万元，比上年增长 2.98%，收入规模居漳州市第二位，利润指标超额完成。

【代理金融业务】 2022 年，漳浦邮政分公司代理金融业务收入规模居漳州市第二位，全县 13 个邮储网点，点均收入 490 万元，居全市第一位。全县期末余额 350216 万元，点均余额突破 26940 万元，余额年增近 4 亿元，创 8 年来最高值。长期期缴实收保费、新增理财保有量、非货基金销量均创历史新高，超额完成净值型理财指标；新增代发工资户居全市第三位，新增开放式缴费平台有效户居全市第一位，小额辅贷放款完成率 148%，居全省第三位、全市第一位。

【寄递业务】 2022 年，漳浦邮政分公司寄递业务实现收入 1481.29 万元，业务毛利额居全市第二位。全年处理邮件 855.13 万件，其中进口邮件 697.16 万件，出口邮件 157.97 万件。收寄及时率均保持在 99% 以上，及时妥投率均高于全省达标水平。第二季度、第三季度获全市运营质量奖励。

【邮务业务】 2022 年，漳浦邮政分公司函件和集邮业务、报刊和分销业务均超额完成市公司下达的业务指标，报刊累计完成 2023 年度大收订流转额 2413 万元。其中函件业务实现收入 108 万元，完成率 100%；集邮业务实现收入 107 万元，完成率 107%；报刊业务实现收入 531.82 万元，完成率 101.3%，分销业务实现收入 277 万元，完成率 124%。

【网点建设】 2022 年，漳浦邮政分公司加强三级物流体系建设，全县设置湖西、旧镇、杜浔、长桥 4 个支局处理中心，辐射 17 个支局，通过设立 30 段汽车道段、5 段传统道段，优化投递网络；建设自提代投点 304 个，其中建制村 249 个全部设有自提代投点，完成率居全市第一位；启动乡镇共配中心建设，由原 20 个乡镇支局整合为 7 个乡镇共配中心，打破行政区划限制，重新优化布局，减少下行交接网点；通过农村投递车辆与原县乡邮路复用，承担部分营业网点上行邮件带运任务，减少每日县内转趟邮路运行里程达 356 千米。全年建设渠道优质站点 44 个，完成率 133%，居漳州市第一位。

【邮政惠农服务】 2022 年，漳浦邮政分公司在农村合作社全面走访对接基础上，推进邮政农产品销售、农产品寄递、融资 E、对公业务、代金业务五类、七项重点业务的推广，提升农村合作社服务覆盖率和邮政重点业务渗透率。全年走访合作社 267 家；发展邮生活会员 7103 户，完成率 101.5%；引荐融资 E 客户 57 户，贷款新增额 1438.26 万元，完成率 130.7%；邮快合作点数 225 个，完成率 87%，邮快合作邮件量 15 万件。与漳浦县交通运输局开展交邮合作，推动农村客货邮共享站场运力资源，共建运输服务网络，推进农村客运、货运、邮政快递融合发展。

【邮政普遍服务管理】 2022 年，漳浦邮政分公司同城、省内互寄普邮全程时限 12 项指标全面达标。给据邮件信息断点率为 0，远超“信息断点率保持在万分之 0.9 以内”的目标；建制村打卡率 99.98%，居全市第二位，信筒箱开箱及时率 98.87%；机要通信“万无一失”；重点党报当日见报率 100%。拓展“警医邮”便民服务网点至 7 家，受理 1929 笔。新增规范自提点 42 个，建设邮政综合便民服务站 258 个，成立汽车大户直投段，大户直投占比达 29%。

（漳浦邮政分公司）

通信

【电信漳浦分公司】 2022 年，中国电信股份有限公司漳浦分公司（简称电信漳浦分公司）完成业务收入 16605 万元，完成率 100.64%，比上年增长 10.47%。码号收入完成 12351 万元，增长

5.10%。天翼用户净增9832部，净增年同比60.92%；天翼出账份额30.44%。5G套餐用户净增28969部（新增42170部）；5G套餐出账用户渗透率（剔除行业应用）61.40%，居全市第五位；5G开关打开率93.17%；5G分流比28.37%。宽带净增完成9286部（累计新增16029部），月均离网率0.58%；宽带活跃率87.27%；公众宽带净增4501部（新增8848部），月均离网率0.48%。天翼看家净增3030部；全屋Wi-Fi新增15864部；月付型占比99.03%。

电信业务拓展 2022年，电信漳浦分公司健全政企客户走访全覆盖机制，前后签订工业5G边缘传输专网（全省首个）、校安监控、酒店团购、智慧乡村团购、精确5G和智家双提升等项目，政企年终绩效居全市第2位。全年完成产业数字化收入2553万元，完成年预算108.99%；全年DICT（智能分布式数字监控核心服务器）签约额1411万元，完成率62.45%。完成企业证件客户收入4254万元，完成年预算100.53%；完成政企双清单收入286万元，完成率31.00%。完成两线（组网专线和互联网专线）收入1024万元，完成率101.44%；安全专线净增23条，完成率73.60%；互联网价值用户净增8条，完成率46.27%；组网价值用户净增89条，完成率46.85%；集团政企5G终端净增数3785部，完成率75.63%。完成天翼云收入1463万元，完成率89.06%；完成云底座收入461万元，完成率104.23%；完成国企上云——高增长企业客户签约9万元，完成率13.21%；完成5G定制网1户，完成率100%；完成市域治理平台签约100万元，完成率145.38%；完成国企上云——高增长企业客户攻坚4户，完成率400%；完成校园云助手标杆学校打造9所，完成率300%。云电脑（政企版）完成816台，完成率100.6%；云主机完成985台，完成率277.50%。信息化中标市场份额19.38%，运营商份额39.28%；信息化项目中标签约6个，签约金额1297.39万元。

网络运营提升 2022年，电信漳浦分公司如期完成5G网络建设，建设开通87个室外站、26个室内分布系统，实现5G信号县城区域扩大连续覆盖，全县所有乡镇镇区、景区、主要建制村、海域等区域重点覆盖；完善光宽资源补点建设，完成开通469个OBD光端口资源，新增FTTH光端口5046个，累计达192659个光端口；完善光资源盲区盲点、新建小区覆盖建设，公司FTTH光资源覆盖率接近100%；年光端口资源利用率61.91%，完成市公司下达的光端口资源利用率60.61%指标；新增光端口利用率52.23%；扩容建设四期万兆光端口，总计扩容10G PON OLT业务端口1352个，10G PON OLT业务端口累计2584口，公司千兆光宽带网络能力覆盖全县所有建制村；完成智慧社区物业平台17个，数字乡村平台135个，签约赤岭畲族乡人民政府乡镇版平台，智慧社区与漳浦城管局签约标杆街道云业务。

节能减排增效 2022年，电信漳浦分公司加快低效设备退网，低效设备退网198台（其中，接入网专业退网43台，动力专业退网138台，传输专业退网1台，数据专业退网8台，无线专业退网8台），退网完成率101.02%；加强高能耗设备更新改造，更新改造城东局低压配电柜2架、退网变压器转三相电6台。

服务民生项目 2022年，电信漳浦分公司配合做好线路迁改。配合联盛浆纸（漳州）有限公司林浆纸一体化项目建设杆线迁移、朝阳水库库区通信杆线迁移、大南坂镇污水厂通信杆线迁移、前亭镇后蔡村新区光缆迁移、万安工业园启动区通信杆线迁移以及县城老旧小区改造、乡村振兴人居环境品质提升三线整治等工作。

（电信漳浦分公司）

【移动漳浦分公司】 2022年12月，中国移动通信集团福建有限公司漳浦分公司（简称移动漳浦分公司）客户数49.9万户，年净增用户数17318户，三家净增份额53%；移动宽带客户数14.3万户，三家份额48.6%，比上年提升0.8%；年净增移动宽带用户数1.84万户，净增份额55.3%，在漳浦县宽带市场占有率排名第一。

网络规模保持优势　2022年，移动漳浦分公司投资1.1亿元用于通信网络基础建设，全年新建宽带项目122个，覆盖全县180个建制村，新投产宽带端口2.41万个；全年新建4G基站、5G基站496个，至年底，移动漳浦分公司有4G基站2240个、5G基站651个，基站数在全县占比52.3%。

推进政府信息化项目发展　2022年，移动漳浦分公司将通信行业发展融入漳浦地方经济发展中，携手生态合作伙伴打造5G+农业、5G+工业园区、5G+海洋、5G+乡村振兴等项目，加快推进5G与产业振兴深度融合发展。全年政府信息化收入4750万元，签约智慧安防小区建设、海上防疫监控建设、动车站智能防疫检测系统、组织部智慧党建小程序、东厝村智慧农业建设等项目，签约金额超2000万元。推广平安乡村、党建云平台等应用，办理云广播99台，签约乡镇级“平安乡村”监控、村级“平安家园”监控；签约养殖场排污监控，辐射乡镇14个；签约85家单位公益短信发送，全年累计发送短信600万条。

（移动漳浦分公司）

【联通漳浦分公司】　2022年，中国联合网络通信有限公司漳浦县分公司（简称联通漳浦分公司）有手机用户13.8万户、宽带用户3.2万户、大客户专线用户506家；建设5G网络基站298个（含古雷港经济开发区），5G速度达1000兆/秒。实现数字乡村平台有效签约10个村、转化5个村，发展趸交用户310户，年净增移网用户4800户，净增宽带用户5000户。

高速宽带网络建设　2022年，联通漳浦分公司全面启动宽带光纤化改造工程，新增5G基站298个（含古雷港经济开发区），实现建制村和主要自然村的全覆盖，人口覆盖率98%，100%实现镇镇通；4G下行最高速度300兆/秒，上行最高速度150兆/秒，5G速度达1000兆/秒。

电信网络诈骗治理　2022年，联通漳浦分公司拒绝受理“抱团”入网、“抱团”补卡、频繁补卡等异常业务；严厉惩处违规行为，针对超限售卡、违规售卡及出现涉案涉诈号卡的渠道店，当日通报、当日关闭售卡权限并扣罚酬金；对情节严重的渠道终止合作，扣除保证金，并上报公安机关处理。针对电信网络诈骗团伙分散作案、诈骗手段更新迭代等新特征，建立反诈电子工作群，及时上报敏感型业务及疑似高危用户，提升反诈主观能动性；向客户面授防骗技巧和发案后的紧急补救措施。

（联通漳浦县分公司）

（编辑：许建生）

资源 环境保护

自然资源管理

【概况】 2022年，漳浦县建设“多规合一”平台，实现多部门多规成果共享和业务协同办理；开展矿产资源生态整治修复“百日行动”，完成复垦复绿面积825.34公顷，种植绿化苗木148.88万棵。漳浦县自然资源局受理并按时办结规划审批事项327宗；办理土地供应81宗，面积653.01公顷；受理各类不动产登记业务43519件，核发不动产权证书25570本、不动产登记证明17835张。

【国土空间总体规划编制】 2022年，漳浦县自然资源局完成“三区三线”划定并正式启用，推进国土空间总体规划编制工作。开展“招商一张图”建设和数据库整理工作，完成省自然资源厅入库工作。建设“多规合一”平台，实现自然资源、发改、环保、林业、水利等部门之间多规成果共享和业务协同办理。开展188个村庄规划编制，完成县域85个项目控制性详细规划编制及控规入库工作。完成佛昙镇轧内村历史文化名村保护规划、官浔镇红霞村和深土镇山尾村传统村落保护规划评审、审批。规范海域海岛规划编制，组织开展漳浦县国土空间总体规划（2020—2035年）海洋专题编制，完成漳浦县西赤屿海岛保护和利用规划，完成海域海岛年度统计海洋环境监测。

【规划审批】 2022年，漳浦县自然资源局受理并按时办结规划审批事项327宗。其中建设工程规划条件核实与土地核验核发30宗，建设项目用地预审与选址意

2022年，漳浦县完成官浔镇红霞村和深土镇山尾村传统村落保护规划评审、审批。图为第五批中国传统村落深土镇山尾村（洪锦城 摄）

见书核发30宗，建设工程规划许可证（含临时）核发119宗，采矿权延续登记1宗，临时用地审批2宗，采矿权抵押备案1宗，海域使用权设立的审核审批13宗，海域使用权预审1宗，国有土地使用权划拨审核41宗，建设用地规划许可证（含临时）核发17宗，建设工程规划许可证变更4宗，乡村建设规划许可证核发1宗，海域使用权续期的审核审批66宗，采矿权变更登记1宗。

【耕地保护】 2022年，漳浦县自然资源局严格落实年度耕地进出平衡要求，推进2021年度耕地流出问题摸排整改工作。完成自然资源部下发漳浦县1573个“非粮化”耕地流出图斑的摸排整改，面积122.91公顷；完成171宗违法用地的永久基本农田核定工作，全县制作30个二维码张贴于各乡镇基本农田保护区牌，制作360张村级示意图张贴于每个村委会公示牌。完成补充耕地任务40.26公顷，补充水田任务28公顷，建设占用耕地耕作层土壤剥离再利用面积完成31.33公顷。

【建设用地保障】 2022年，漳浦县自然资源局保障发展用地，办理土地供应81宗面积653.01公顷，其中工业用地33宗面积401.23公顷，出让金收入74839.4万元；商住用地3宗面积11.18公顷，出让金收入37350万元；协议出让3宗面积5.9公顷，出让金收入2807万元；划拨用地42宗面积234.7公顷。

【闲置土地处置】 2022年，漳浦县自然资源局完成2009—2018年批而未供土地处置144.43公顷（其中撤销批文13.03公顷），处置率26.17%；全面核实清理闲置土地，完成闲置土地处置30宗，面积82.92公顷，处置率35.07%。

【不动产登记】 2022年，漳浦县自然资源局不动产登记中心实施“外网申请内网审核”模式，不动产登记网上申请比例提升至99.96%。通过不动产登记“一窗办理”平台办理1159件。全年受理各类不动产登记业务43519件，核发不动产权证书25570本、不动产登记证明17835张。

【“交房（地）即交证”办理】 2022年，漳浦县自然资源局不动产登记中心推行“交房（地）即交证”工作方案，对于符合条件的国有建设用地和新建商品房可办理“交房（地）即交证”，完成捷茂房地产、腾川玉龙公司交房即交证和联盛浆纸交地即交证3个项目，合计颁发不动产权证书377本。

【自然资源执法监察】 2022年，漳浦县自然资源局加强执法监察，不定时利用无人机进行巡查录像，建立巡查工作档案。对巡查中发现和群众举报的非法开采行为，做到露头就打。加强部门与属地乡镇联合执法，不定期开展专项打击行动。全年处理各类自然资源违法案件61宗，其中土地违法案件21宗，矿产违法案件40宗；处理行政案件20件，其中行政诉讼案件7件，行政复议案件13件；收到各类信访举报件65件，办结65件，信访办结率100%。

【海域海岛管理】 2022年，漳浦县自然资源局组织开展141宗部级和省级图斑现场核查，督促8宗违法用海进行整改，已全部整改到位；推进围填海历史遗留问题处理，完成1宗已批未填项目用海验收，指导3宗未批已填项目开展补办用海手续前期工作；严格管控新增围填海和占用自然岸线活动，形成围填海严管严控高压态势，出动执法力量300余人次，专项巡查100余次，现场核查疑点疑区50余处，责令立即恢复海域原状3起；加强自然岸线监管，出动执法人员巡查自然岸线114人次；做好用海审批工作，完成79宗海域用海审批及项目用海监管工作，协助上级部门做好三峡海上风电场二期项目、将军澳码头工程、深土岈仔一级渔港等重大项目用海报批工作。推动漳浦县与自然资源部厦门海洋中心签订共建漳浦县海洋自然资源管理支撑体系。

【地质灾害防治】 2022年，漳浦县自然资源局开展地灾防治工作，在官浔中学举行2022年度地质灾害避险转移演练，提升部门联动、应急队伍的应急响应能力及受灾群众的防灾自救意识。全县有地质灾害隐患点15处，受威胁群众30户106人。在汛期来临前，配合乡镇政府向地灾点、高陡边坡点受威胁群众以及村委会等防灾一线人员发放明白卡200多份；汛期期间，累计出动1300多人次，落实地灾防范措施的地灾隐患点和高陡边坡点64个（地灾隐患点15个，高陡边坡49个）。

【环保督察反馈矿山问题整改】 2022年，漳浦县自然资源局落实环保督察反馈矿山问题整改工作，开展矿产资源生态整治修复“百日行动”，组织复垦复绿，实行乔、灌、草合理配置，通过见缝插绿和撒播草籽相结合，确保复绿成效。全年完成复垦复绿面积825.34公顷，种植绿化苗木148.875万棵，通过上级矿山整治验收并上报省级终验销号。

【违法图斑核查整改】 2022年，漳浦县自然资源局完成自然资源部土地卫片执法图斑纳入专项整改65宗，全部整改到位；完成“天地网”下发漳浦县疑似违法图斑1841宗核查，核查率100%，核查确认违法用地图斑420宗，整改420宗，整改率100%。省自然资源厅通过“天地网”系统下发漳浦县疑似顶风违建图斑495宗（2021年共18个批次484宗，2022年7个批次11宗），属新增农村乱占耕地建房问题图斑208宗（含14宗上海督察局下发清单），全部完成整改，以拆除方式处置的地块已完成复耕工作。

【地籍管理】 2022年，漳浦县自然资源局强化调查测绘基础建设，组织开展漳浦县2021年度国土变更调查工作，漳浦县下发核查图斑总数6682个（国家下发6296个，地方自增386个），通过自然资源部审查。

（漳浦县自然资源局）

生态环境保护

【概况】 2022年，漳浦县实施12项流域重点项目，后港大桥国控断面从劣Ⅴ类水质稳步提升至Ⅳ类，3个主要流域省控断面、4个小流域省控断面Ⅰ—Ⅲ类水质比例达100%，全面消除劣Ⅴ类水体；开展涉气企业排查整治，全县空气质量综合指数2.29，空气质量优良天数比例99.2%，PM10、PM2.5等6项污染物指标均优于国家二级标准；完成漳浦县乡镇生活污水治理专项债项目可研编制，推进村镇生活污水PPP项目建设，建成49座污水处理站，完成管道敷设543.93千米；清理海漂垃圾1266.09吨，实施330个入海排污口分类整治，全县近岸海域优良水质站位比100%、面积比100%。

【水环境综合治理】 2022年，漳浦县围绕国省控断面实施12项流域重点项目，提高城镇污水处理能力。实施官浔镇养殖尾水治理试点项目，规范养殖池塘底泥和养殖尾水治理；推动鹿溪、南溪流域涉及的127家持证畜禽养殖场完成视频监控，实现动态化监管；完成13个千人以下农村饮用水水源地划定工作。2022年，2个县级以上饮用水水源地、3个“千吨万人”饮用水水源地Ⅰ—Ⅲ类水质比例均为100%， 3个主要流域省控断面、4个小流域省控断面Ⅰ—Ⅲ类水质比例达100%，8个小流域“以奖促治”断面总体达标率100%，后港大桥国控断面从劣Ⅴ类水质稳步提升至Ⅳ类，全面消除劣Ⅴ类水体。

【大气污染治理】 2022年，漳州市漳浦生态环境局（简称漳浦生态环境局）开展涉气企业排查整治，督促7家企业落实整改，淘汰8台10蒸吨及以下燃煤锅炉，对30家加油站油气回收装置进行核查；严密巡查工地扬尘整治，督促24家施工单位落实整改；推进餐饮油烟治理，清退74家违规露天烧烤；整治黑烟车、排放超标车违法上路，抽测柴油货车26辆，查处2辆；严厉禁止露天焚烧垃圾、秸秆行为，对检查发现的50处违规焚烧行为立即督促落实整改。2022年，全县空气质量综合指数2.29，比上年下降6.5%；空气质量优良天数比例99.2%，优于省市下达的考核要求；PM10、PM2.5等6项污染物指标均优于国家二级标准。

【土壤污染风险防控】 2022年，漳浦生态环境局开展危废规范化考核，对4家经营单位、26家重点监管产废单位和10家其他产废单位进行评估，评估完成率100%；排查涉镉等重金属企业44家，督促12家问题企业完成整改；落实建设用地调查制度，督促57个涉及用途转换"一住两公"用地开展土壤污染状况调查及评审；推进村镇生活污水PPP项目建设，建成49座污水处理站，完成管道敷设543.93千米；完成漳浦县乡镇生活污水治理专项债项目可研编制，计划投资13.265亿元，覆盖村庄数134个，逐步补齐农村污水治理设施短板。对石榴镇南部片区等6条黑臭水体进行治理，项目已完成可研报告编制。

【海洋环境整治】 2022年，漳浦生态环境局制定海漂垃圾治理方案，与沿海乡镇（场）、漳州环境集团上下联动、相互配合，累计清理海漂垃圾1266.09吨，漳浦县近岸海域卫生环境已旧貌换新颜；编制入海排污口整治方案，实施330个入海排污口分类整治，漳浦县众诚、绿江、旧镇西区污水厂入海排污口100%达标。全县近岸海域优良水质站位比100%、面积比100%，比上年增加2个优良水质点位，整体指标全优，居漳州市第一。

【赤湖工业园突出生态环境问题整治】 2022年，漳浦生态环境局规范赤湖工业园企业分质分流及尾水排放管理，各片区污水处理厂尾水纳管收集至高位井统一排放，海上及陆域段管道敷设工程已完成60%。推进园区配套企业提标改造，漳州绿江污水处理有限公司出水稳定达标，五金园污水处理厂（众城）完成反硝化脱氮、高效除磷改造，新建五金园污水处理厂项目已完成招投标，扬绿热能有限公司已制定超低排放改造方案。提升园区环境风险防控水平，开展五金园区污水收集管网改造项目，编制《漳浦县赤湖工业园生产安全事故应急预案》，申请中央水污染防治专项资金327万元用于开展地下水环境状况调查评估项目。提升园区环境监管能力，园区25家重点排污单位全部完成在线监控设备比对验收及联网工作，由专人负责管理。严厉打击环境违法行为，园区26家问题企业全部完成整改，共立案处罚21起，涉嫌刑事犯罪移送1起。

【环保督察反馈件整改】 2022年，第一轮中央生态环境保护督察反馈72件信访交办件和2个个性问题已全部办结销号；第二轮生态环境保护督察反馈102件信访交办件已完成验收销号，石材加工企业污染问题已通过行业审查，矿山非法开采问题已完成整改销号公示，第三方监督评估组已出具同意上报验收意见；省生态环境保护例行督察反馈31件信访件已完成整改30件，验收销号19件。

【"六五"世界环境日宣传活动】 2022年6月2日，漳浦生态环境局联合县法院、县检察院到漳州滨海火山国家地质公园开展2022年"六五"世界环境日活动。现场为游客介绍《中华人民共和国噪声污染防治法》，讲解各项法规制度。利用无人机航拍和实地检查等形式，重点检查自然保护地是否存在违规采矿、采石、采砂等行为，排查和预防破坏自然保护地的违法违规行为。此次世界环境保护日宣传活动发放"六五"宣传折页200余份、《公民生态环境行为规范十条》100余份。

（胡东艺）

（编辑：许建生）

经济管理

规划与发展

【概况】 2022年，漳浦县发展和改革局（简称漳浦县发改局）拟定半年及全年国民经济和社会发展计划报告，总结阶段性的国民经济和社会发展情况。完成《漳浦县"十四五"能源专项规划》《漳浦整县屋顶分布式光伏开发试点项目规划报告》编制，建成分布式光伏611户，总装机容量为31259千瓦；全县在建重点项目110个，完成投资208.2亿元。

2022年，漳浦县经济运行持续稳定，各项主要经济指标基本实现预期目标。全年地区生产总值500.14亿元，比上年增长7.1%；服务业增加值242.56亿元，增长5.4%；固定资产投资累计完成166.5亿元，增长16.3%。

【重点项目管理】 2022年，漳浦县有在建重点项目110个，完成投资208.2亿元，占年度计划的119.7%。其中62个省市在建重点项目完成投资195.3亿元，占年度计划的119.6%；48个县重点项目（含1个市预备项目）完成投资12.9亿元，占年度计划的122%。联盛浆纸年产390万吨林浆纸一体化项目、巨信智能器材年生产智能家具620万套项目、漳浦明阳集团海洋装备制造产业项目一期、福建万辰生物科技股份有限公司年产53000吨金针菇工厂化生产和食用菌良种繁育及工艺开发建设项目等市级以上重点项目加快建设，天福医院一期竣工投入运营。

【能源产业规划】 2022年，漳浦县发改局牵头编制《漳浦县"十四五"能源专项规划》《漳浦整县屋顶分布式光伏开发试点项目规划报告》，起草《漳浦县电动汽车充电基础设施专项规划》《漳浦县产业规划》，做好能源产业规划。2022年，漳浦县建成分布式光伏611户，总装机容量31259千瓦；完成充电桩电站项目11个，总投资385万元，总功率3080千瓦；申报集中式光伏项目9个，规划装机容量1388兆瓦，总投资约67.33亿元，国昌茂100兆瓦渔光互补等6个总投资39.1亿元的光伏发电项目经省发展改革委公布为福建省2022年集中式光伏电站试点项目。

【项目审批服务】 2022年，漳浦县将11项行政审批事项下放到绥安工业开发区，部分实现"区内事区内办"目标；在全县17个乡镇布置"e政务"自助终端机28台，入驻高频政务服务事项105项；开展政务服务体验活动，由相关单位主要领导带头开展政务服务体验，重点对政务服务是否标准化、行政审批是否规范等方面进行体验；对漳浦县营商环境与信用建设中心（数字化建设服务中心）、重点项目服务中心和项目前期、代办、联审等机构进行整合和职能优化。

【项目资金争取】 2022年，漳

浦县发改局争取中央、省级预算内补助资金11个项目0.82亿元，获得地方政府专项债16个项目36.96亿元。申报漳浦县医院医疗设备购置等4个设备购置与更新改造贷款财政贴息项目通过国家发改委审核，总投资1.94亿元，资金需求1.65亿元；申报漳浦天福医院、健民医院和漳浦康复护理院医疗设备购置3个财政贴息备选储备项目。

【产业发展项目建设】 2022年，漳浦县发改局重点抓好“产业发展项目建设攻坚年”活动及“七比一看”竞赛的牵头协调，在漳州市对各县“七比一看”竞赛考核中漳浦县排名第二。漳浦县发改局牵头负责的“比项目攻坚”指标排名全市第一、“比争取资金”中的二级指标，预算内投资资金支付率排名全市第一，争取政策性贷款资金排名全市第一。

【保供稳价】 2022年1月27日至2月15日，漳浦县发改局执行为期20天的政府补贴农副产品平价销售方案，实施平价超市差价补贴总金额44981元。

（陈慧珊）

国有资产管理

【概况】 2022年，漳浦县建立健全国有企业管理机制，健全国有企业负责人激励约束机制，规范国有企业经营管理与投融资行为；深化国有企业改革，加速整合资源，打造2家AA级国有企业；加强行政事业单位资产管理，审核批复行政事业单位资产报废和调拨等处置事项41宗，涉及资产价值1845.58万元；落实国有房屋租金减免市场主体116个，减免金额152.04万元。

【国有企业管理制度健全】 2022年，漳浦县建立健全国有企业管理机制，出台《漳浦县县属重点国有企业负责人经营业绩考核办法》《漳浦县县属国有企业业投融资管理暂行办法》《县委管理国有企业负责人履职待遇和业务支出管理暂行办法》3项制度，健全国有企业负责人激励约束机制，规范国有企业经营管理与投融资行为。

【国有企业改革】 2022年，漳浦县打造2家AA级国有企业，培育形成新的具有核心竞争力的国有重点企业。以福建龙睿投资有限公司（简称龙睿公司）为母公司进行整合划转，组建建投集团、交投集团、资源运营集团、环境公司等四大子公司，龙睿公司再获主体信用等级AA，增获债项等级AAA。漳浦滨海新区经济发展有限公司更名漳浦金瑞投资有限公司，完成各园区公司、交投公司、路港公司、路兴公司以及各农场、水库财务数据摸底和现场审计工作，对万安农场、长桥农场、白竹湖农场等单位开展账务调整和资产评估工作，完成相关单位的询证等资料，已提交评级材料，并同步划转相关国有企业。

【国有企业经营和服务】 2022年，漳浦县盘活闲置低效资产，在确保合规合理及国有资产保值增值的基础上，鼓励国有企业深挖闲置资产潜力，落实产权管理，规范房产租赁管，完成国土大楼、广电大楼、邮储大楼公开拍卖，成交金额20150万元。落实国有房屋租金减免市场主体116个，减免金额152.04万元，其中小微企业16家，减免金额108.68万元，个体工商户100个，减免金额43.36万元。

【行政事业单位资产管理】 2022年，漳浦县财政局国有资产管理办公室审核批复行政事业单位资产报废和调拨等处置事项41宗，涉及资产价值1845.58万元（账面原值）；审核审批行政事业单位资产出租出借8宗，可增加租金收入240.98万元。对全县行政事业单位房地产信息进行更新补充，清查汇总闲置、低效资产28处。

【龙睿公司】 2022年，龙睿公司资产总额145亿元，比上年增长70.59%；年营业收入8.48亿元，增长20.8%；全年贸易额6.83亿元，增长568%；年利润总额6800

万元，上缴税金1561万元。成功发行漳州首单县城新型城镇化建设专项企业债券5亿元，成为漳州市第三个成功发行企业债的县区级国企，取得融资授信额度43.6亿元。被漳州市委市政府、漳浦县委县政府授予“2022年度突出经济贡献企业”称号。

2022年，龙睿公司承建项目31个，完成投资额7.7亿元。投入8.47亿元建设（代建）九龙江调水工程（试验段）、鹿溪至赤湖引水工程、赤湖一般固废填埋场及配套工程等重点项目。开展融资担保业务，推出“地理标志贷”“循环贷”“福村贷”等批量担保产品，为313家“三农”主体、小微企业提供融资担保，担保金额2.2亿元。接手运营管理花漾街区项目，打造漳浦首条步行街、夜间经济集聚区、特色文旅集市、创城示范街，项目于7月27日正式运营。健全投资、企管等部门，参与资源开发运营、产业、实业等领域的投资。

（林溪泉　白　梅　洪博初）

财政

【概况】　2022年，漳浦县一般公共预算总收入28.01亿元，同口径增长13.5%。其中地方一般公共预算收入20.76亿元，首次突破20亿元大关，同口径增长27.7%。全县一般公共预算支出52.53亿元，同口径增长44.32%。2022年，漳浦县各项民生支出42.7亿元，占一般公共预算的81.28%。

【财政资金统筹】　2022年，漳浦县向上争取专项转移支付资金12.38亿元，争取政府债券资金40.01亿元。盘活国有资产资源，处置赤湖工业园一般固废填埋场矿产资源收入1.87亿元，处置安置房收入0.89亿元，国有农场用地租金收入3.06亿元。

【财政助力企业发展】　2022年，漳浦县财政局支持企业融资担保，为漳浦县睿信融资担保有限公司2022年新增融资担保金额2.97亿元，累计融资担保金额3.54亿元；对受困市场主体进行金融支持，对困难企业信贷支持9.33亿元；开展普惠小微金融服务，新增对小微企业信贷支持36.2亿元，新增信用贷款16.7亿元；对基础设施建设和重大项目进行金融支持，全年对市级重大项目和基础设施建设贷款27.64亿元；全年退税减税降费及缓交税费5.53亿元。

【民生支出】　2022年，漳浦县各项民生支出42.7亿元，占一般公共预算的81.28%。社会保障和就业支出86213万元，用于困难群众补助、购买居家养老服务、农村幸福院质量提升、敬老院运营补助、农村区域性养老服务中心补助，拨付优抚对象补助资金3274万元，残疾人康复、残疾人家庭无障碍改造、残疾人居家托养等补助资金563万元。确保应急物资保障体系建设；卫生健康支出44296万元，基本公共卫生经费支出5022万元，基本药物制度补助1309万元，计划生育各项补助3050万元，城乡居民基本医疗保险补助8948万元，城乡医疗救助基金395万元。就业专项资金支出1463万元，失业保险基金支出2076万元。教育支出129428万元，用于学校校舍安全保障、生均公用经费、各类资助资金、中小学教师奖励性绩效工资、班主任补贴和基础绩效、乡村教师生活补助等。文化体育与传媒支出10442万元，支出276万元用于支持公益性戏剧演出、广场活动、公益电影放映、基层综合性文化服务中心示范点建设及文物点抢救性保护及文物保护安防系统建设，235万元用于开展全民健身活动和重大体育赛事经费补助。

【项目资金保障】　2022年，漳浦县拨付专项债券资金4.58亿元用于中心棚户区改造安置房项目、城区污水治理提质增效工程等建设项目；拨付城建项目工程款4.69亿元用于蓝理路、鹿溪北岸和南岸片区等项目建设及保障性住房回购和县城区房屋征收补偿等。投入1876万元用于解决老旧小区基础设施缺失、设施设备陈旧等问题。统筹3351万元主要用于镇村公厕新建改造、抗震农房改造、农村保洁员及农村生活垃圾治理奖励和垃圾及渗滤液运输处理等，推进农村人居环境整治。拨付项目资金2.89亿元用于G324漳浦城关过境段公路项目、沈海高速万安出入口工程建设；投入3516万元用于建设、管护、运营农村道路；统筹专项债券资金15.20亿元、乡村振兴试点示范资金3823万元，重点用于乡村基础设施、乡村产业振兴、乡村公共服务等项目建设；统筹3362万元用于支持巩固拓展脱贫攻坚成果同乡村振兴有效衔接；统筹8376万元用于高标准农田建设、种粮农民补贴和耕地地力保护等方面；统筹村级运转经费7218万元保障全县216个村、51个社区正常开展工作。投入本级环境保护资金9530万元，向上争取农村生活污水、黑臭水体治理及近海海域海漂垃圾治理等资金1682万元；推动九龙江流域（漳浦段）山水林田湖草沙一体化保护和修复工程项目，全年完成项目投资4802万元，完成投资总额的60%，向上争取资金2097万元，用于该流域治理和修复。

【财政管理】 2022年，漳浦县财政局严格地方政府债务限额管理，全县地方政府债务余额147.74亿元，严格控制在福建省财政厅核定的债务限额153.11亿元内；严格规范财政暂付性款项管理，全年消化暂付性款项5.66亿元，保障财政健康平衡运行。强化“双随机、一公开”事中事后监管，全年完成20个单位的监督检查。推动全县行政事业单位完成非税收入收缴电子化和财政电子票据管理改革，建立网上办事缴费机制，实现非税收缴“一网通办”模式，完成率达100%。完成财政投资评审项目336个，办理已完结项目送审总金额61.91亿元，审定金额59.1亿元，累计节约财政资金2.81亿元，核减率4.54%。

（陈芳芳 黄小婷）

税务

【概况】 2022年，漳浦县一般公共预算20.76亿元，其中税收收入11.74亿元，非税收收入9.02亿元。漳浦县税务局第一分局被评为省级青年文明号。

【增值税优惠政策落实】 2022年，漳浦县税务局落实增值税留抵退税政策，全年办理留抵退税申请481户次，退税金额22079.54万元；对小规模纳税人适用3%征收率的应税销售收入免征增值税8898户次，免征增值税税额3029.07万元；对提供公共交通运输服务的纳税人免征增值税37户次，实现免税收入1042.96万元，减免增值税22.74万元。

【小微企业所得税优惠政策落实】 2022年，漳浦县税务局落实小微企业所得税优惠政策，符合条件的小型微利企业9302户，盈利户1717户，盈利面18.46%，享受小微税收优惠政策1717户，受惠面100%，享受减免税额3680.36万元。2022年申报（2021年度）享受研发费用加计扣除的企业24家，全年享受研发费用加计扣除优惠14645.39万元。

【“六税两费”扩围减免】 2022年，漳浦县税务局做好“六税两费”扩围减免，全年减免城市维护建设税971.74万元，印花税346.51元，房产税766.77万元，城镇土地使用税555.46万元，资源税24.44万元，耕地占用税995.55万元。

【税收征管】 2022年，漳浦县税务局推行“三项制度”（行政执法公示、执法全过程记录、重大执法决定法治审核），规范公正文明执法，配合漳州市税务局拍摄《法治是最好的营商环境》宣传片；整合成立“税悦工作室”，健全工作机制，提升精细服务水平；创新打造“个人房产交易税金计算软件——税易知”，破解二手房产交易税金计算繁复的难题。做好土地增值税项目管征，全年土地增值税清算入库税收1.22亿元，国有土地使用

2022年4月24日，“税收优惠促发展 惠企利民向未来”——全国税收普法教育示范基地线上行活动在漳浦OTO税收主题公园顺利举行 （洪鸿娜 摄）

权出让收入9.61亿元。发挥财税工作联席会议机制作用，强化部门协作，深化数据共享应用机制；依托主题公园打造普法宣传生态圈，与县司法局、教育局、团县委、妇联联合开展形式多样的普法宣传活动，拓展税收共治格局。

【税收普法宣传】 2022年，漳浦县税务局利用全国税收普法教育示范基地——漳浦OTO税收主题公园开展以“税收优惠促发展 惠企利民向未来”为主题的第31个全国税收宣传月活动，通过线上访谈、线下游园的方式，围绕新的组合式税费支持政策开展多维度、立体式宣传；面对面沟通、点对点帮扶，走访5批次320户重点纳税人。

【纳税信用建设】 2022年，漳浦县税务局完善纳税信用建设，落实纳税信用修复机制，A、B级纳税人比例显著提高，占比超40%；依托税收主题公园打造诚信纳税宣传主阵地，为3家企业颁发诚信纳税企业推介证书；实施部门联动联合惩戒，协助外部门协查367户企业纳税诚信情况。

【纳税服务】 2022年，漳浦县税务局持续推进“12366”热线与办税厅“线厅联动 办问协同”机制，做好纳税人缴费人税费咨询，实现远程辅导办税，电话接听率98.51%，政策抽测正确率100%，均居漳州市第一；多层面开展走流程活动，邀请人大代表、政协委员、营商环境监督员、税务体验师亲临大厅现场办税、缴费，找准痛点难点堵点，及时解决问题。

（蔡燕美）

金融监管

【概况】 2022年，中国银行保险监督管理委员会漳州监管分局漳浦监管组（简称漳浦银保监管组）通过加强案件风险防控、法人机构监管和金融服务实体经济各项工作，维护辖区银行、保险业稳健运行。

【监管督导】 2022年，漳浦银保监管组做好金融服务实体经济各项工作，提升服务质量和效率。做好金融机构疫情防控物资保障；推动法人金融机构带头支持小微企业，支持农业企业供应链融资，因地制宜结合当地特色产业设计相应特色的贷款产品。开展督导检查，督促机构有效落实案件风险防控严管行动有关工作要求，对辖区内银行、保险业等金融机构开展安保安全评估。

【法人机构监管】 2022年，漳浦银保监管组配合漳州银保监分局对漳浦民生村镇银行开展公司治理专项检查，推动该行股权整改、优化经营管理机制、规范公司运作。

【金融生态维护】 2022年，漳浦县着力化解金融消费纠纷，开展消费者保护宣传、金融机构违规收费检查等活动，引导银行、保险机构开展消费者权益保护教育宣传、防范电信诈骗等活动，加大对银行保险机构合规经营、清廉金融教育普及力度。

（漳浦银保监管组）

审计

【概况】 2022年，漳浦县完成审计项目21个，审计查出主要问题金额2.37亿元，其中违规金额1.27亿元、管理不规范金额1.09亿元；非金额计量问题251个；出具审计报告和专项审计调查报告25篇。审计处理处罚金额1.29亿元，其中应上缴财政1.26亿元、应减少财政拨款或补贴47万元、应归还原渠道资金182万元；移送司法机关、纪检监察机关和有关部门处理事项1件，移送处理人员2人，移送处理金额4万元。通过审计为国家增收节支5144万元，其中上缴财政4945万元，减少财政拨款或补贴20万元，归还原渠道资金178万元；审计后挽回（避免）损失197万元，其中核减投资额47万元。审计提出建议72条，被采纳建议69条；推动被审计单位建立健全规章制度5项；提交审计信息40篇。

【政策落实跟踪审计】 2022年，漳浦县开展漳浦县2022年应对新冠疫情防控资金、物资及政策跟踪审计，重点对漳浦县财政局和漳浦县卫生健康局及各乡镇2022年度应对新冠疫情防控资金安排、使用以及防疫物资的采购、分配等情况进行审计，为疫情防控政策落地和财政资金安全提供审计监督保障。

【财政预算执行审计】 2022年，漳浦县重点实施对漳浦县财政局2021年度预算执行、决算草案及其他财政收支情况的审计，以三级联动的方式开展财政体制改革和地方财力保障审计调研、核查下发棚户区资产管理情况、核实土地出让收入未及时上缴和滞纳金未收缴问题，开展强化建设通道枢纽功能专项审计。重点对绥安工业区管委会、县交通局、县退役军人事务局、县发改局4个部门2021年度预算执行、决算草案及其他财政收支情况进行审计。

【重点民生资金和项目审计】 2022年，漳浦县开展农村人居环境整治相关政策及资金审计，查出违法违规及管理不规范问题金额5489.51万元，以审促改，保障农村人居环境整治相关政策和资金落实到位。开展农村污水设施建设项目专项审计调查，对全县130个农村污水设施建设及运行情况进行全面调查，揭示农村污水设施建而无用、建而不管等“晒太阳”问题，提出审计建议。开展教育事业费专项审计调查，就存在部分教育政策落实不到位、违规套领发放课后服务劳务费、拖欠部分工程款、部分校安工程建设缓慢等问题，提出审计建议。

【经济责任审计】 2022年，漳浦县完成漳浦县工信局、漳浦县委党校、前亭镇人民政府、赤土乡人民政府4家单位6人次经济责任审计以及湖西畲族乡人民政府1家单位2人次自然资源资产离任审计，查出违规金额1816万元，管理不规范金额1687万元，提出合理化建议22条。

【固定资产投资审计】 2022年，漳浦县规范政府投资建设项目管理，促进项目建设资金合理、高效运行，提高政府投资绩效。全年完成5个工程项目竣工决算审计，核减投资额47万元。

【国企财务收支审计】 2022年，漳浦县对国有企业龙睿公司2019年度至2021年度财务收支情况进行审计，发现集团内存在控制度不健全、资本结构规划管理不到位、未按规定收取代建管理费等问题，推动龙睿公司加强企业制度体系建设、完善法人治理结构、加强资产结构动态管理、强化风险意识和稳健经营理念，维护国有资产安全。

【审计整改落实】 2022年，漳浦县强化审计机关审计整改跟踪督促责任，健全完善审计整改跟踪检查工作机制，强化制度保障，构建审计整改长效机制；开展审计查出问题整改情况“回头看”

专项活动，针对2018年以来上级审计机关及县级各类审计查出的尚未整改到位的111个问题集中督促整改，采取“面对面+上门服务”督促，点对点“把脉问诊”指导，推进历年审计查出问题见底清零目标，推动审计整改工作落实到位。

（杨 雯）

统计与调查

【概况】 2022年，漳浦县依法开展人口抽样调查、新增入库等重点工作，组织统计业务培训27场，加强经济运行监测预警、分析研判。漳浦县统计局被漳州市委、市政府授予“漳州市第七次全国人口普查先进集体”称号。

【人口抽样调查】 2022年，漳浦县组织实施2022年人口抽样调查工作，做好业务培训、宣传动员、督促指导、质量验收等各阶段工作，完成12个乡镇29个村居131个调查小区的人口抽样调查任务，通过上级质量验收。

【新增入库】 2022年，漳浦县做好“四上”企业新增和固定资产投资项目入库等工作，做到应统尽统。全年新增新上“四上”企业142家（含外地迁入漳浦的建筑业企业3家），新入库项目309个（其中房地产项目6个）。

【统计服务】 2022年，漳浦县加强经济运行监测预警、分析研判，及时准确反映经济运行态势。漳浦县统计局向县委、县政府报送10篇经济运行情况报告、5篇预警分析和20篇专题分析；推进“请上来、送下去”统计服务机制，统计服务向基层延伸、向一线拓展，全方位为企业发展提供便捷、高效、优质的统计服务。

【统计生态环境营造】 2022年，漳浦县统计局加强统计法律法规宣传教育普及，通过专题学习、邀请专家专题授课辅导等提高领导干部统计法治意识；加强对统计调查对象、基层统计人员和社会公众统计法治意识宣传教育，推动基层统计人员学法知法守法。防范和惩治统计造假弄虚作假，落实统计督察整改和专项纠治工作，加大统计执法力度，严厉查处并通报曝光3起统计违法案件，通过以案释法、警示震慑，营造良好的统计生态环境。

【统计规范化建设】 2022年，漳浦县统计局推进企业统计规范化建设，坚持每月报表期过后随机抽取部分企业走访调研，督促企业规范台账和凭证的收集整理。全年组织开展企业规范化建设和新增准入现场业务指导500多家次，对40家企业开展规范化检查核验。

【统计业务培训】 2022年，漳浦县统计局开展统计业务培训，全年组织统计业务培训27场，培训内容涵盖各专业统计报表制度、“四上”企业（项目）新增准入业务、规范化建设和统计法律法规知识，参训人员1275人次。在漳州市统计局组织的2022年度县（市、区）统计业务工作综合考评中，漳浦县统计局排名全市第一。

（黄建新）

市场监督管理

【概况】 2022年，漳浦县新登记企业2215户、个体工商户10457户；办理食品经营许可2612户、食品生产许可52件、药品经营许可69件、医疗器械73件。截至2022年12月31日，全县实有各类市场主体86791户，其中企业15546户、农民专业合作社1035户、个体工商户70210户；全县有效发明专利216件，有效商标19589件。

【食品安全监管】 2022年，漳浦县开展食品安全监督抽检3214批次（其中不合格63批次），合格率98.04%；推进食品安全快速检测常态化，开展食品快检1018批次，其中食品快检车快检106批次；加强对多次抽检不合格和问题食品企业的监管。完成中高考等重要活动餐饮服务食品安全保障任务4次。开展食品安全“守底线、查隐患、保安全”专项行动，发现并处置风险隐患问题52个。开展农村食品安全、校园及周边食品安全、节日餐饮服务食品安全、集体用餐配送单位食品安全、食盐质量安全、食品生产环节“两超一非”（超范围、超限量使用食品添加剂，非法添加非食用物质）、猪肉市场、小作坊等专项整治，查办食品案件419起。

【“两品一械”安全监管】 2022年，漳浦县强化药品、医疗器械、化妆品安全风险排查，开展第二类精神药品、药品经营使用环节、风险程度较高的医疗器械产品、化妆品等专项整治，查处“两品一械”案件26起。开展药品抽检47批次、医疗器械5批次、化妆品5批次，抽检结果均合格。报告药品不良反应监测558例、医疗器械不良事件135例、化妆品不良反应69例。推进医疗器械唯一标识系统建设，引导县内2家试点单位开展工作，推进“三医联动”，搭建医疗器械追溯链条。

【特种设备安全监管】 2022年，漳浦县开展市场监管系统城镇燃气、大型游乐设施、电梯、压力管道、起重机械等重点领域特种设备隐患排查整治，开展“黑气瓶”整治巩固行动，排查并闭环整改隐患1139条，查处特种设备违法案件9起。规范特种设备使用登记管理，办理特种设备使用登记860台套，办理气瓶使用登记10078只，督促企业报废气瓶1549只。

【产品质量监管】 2022年，漳浦县开展食品相关产品获证企业大检查，工业产品在省、市局监督抽检中合格率为100%。推进小微企业质量管理提升行动，筛选上报4家企业参与质量提升；组织、发动、指导辖区企业参与漳州市政府质量奖评选，引导企业增强品牌意识和质量意识；开展计量器具强制检定，检定计量器具1967个（枪、台），其中加油机1128枪、压力表827个、电子秤12台。

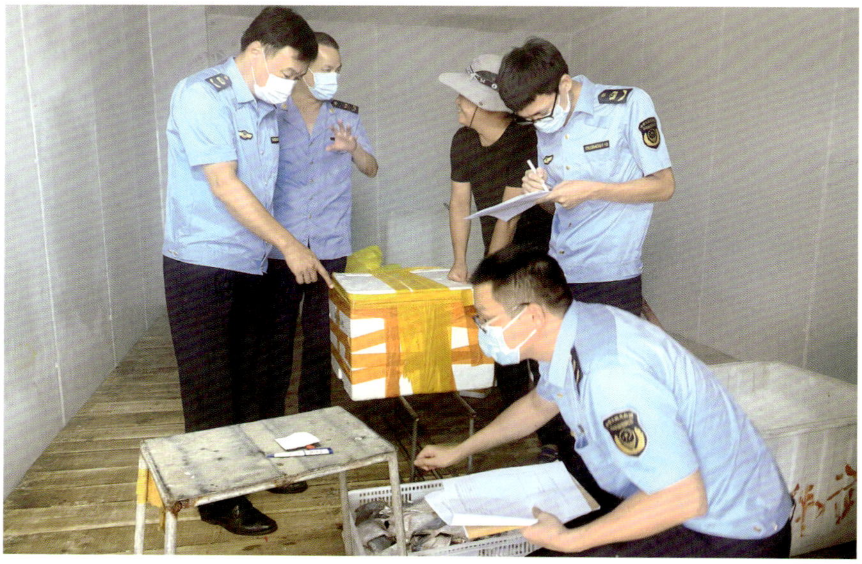

2022年8月17日，漳浦县市监局开展市场流通领域冷链食品经营和食品安全专项整治 （林晨超 摄）

【消费维权】 2022年，漳浦县“12315”服务平台接到各类咨询、申诉、举报案件3209件，其中全国互联网平台投诉举报件2114件，“12345”分流1055件，来信、移送函等40件。开展“3·15”进社区、进商超、进校园、进景区、进乡村活动，通过宣传提升经营者诚信意识和消费者维权意识。

【价格监管】 2022年，漳浦县开展涉企收费监督检查，依法查处不按规定明码标价、价格欺诈、不执行政府定价或政府指导价、收取不合理费用等违法行为。责令漳浦安然燃气有限公司退还多收气费5.15万元、漳浦发展水务有限公司退还多收费用64.86万元。强化教育收费监管，责令教育收费单位退还住宿费195.18万元、公办幼儿园退还伙食费234.67万元，督促9家教育收费单位规范不合理收费行为。

【点题整治】 2022年，漳浦县整治脏乱差店家入驻外卖平台问题，加大网络餐饮服务食品安全专项整治力度，规范线上线下经营行为，检查辖区内2家网络餐饮服务第三方平台，入网餐饮服务提供者1387家，检查发现并督促整改问题5个，处理群众投诉举报7件，查处无证从事小餐饮经营活动、未履行食品进货查验义务、抽检不合格等行为6起。整治校外培训机构不规范问题，加强校外培训机构广告发布行为监管，排查相关培训机构6户次，规范收费价格公示、合同使用6家，督促清理校外培训广告20个。

【市场秩序综合治理】 2022年，漳浦县开展民生领域案件查办“铁拳”行动，打击假冒伪劣等13类违法行为，查办相关案件43起。推进无证无照经营综合治理，查处无证无照案件4起，抄告相关部门69家次，移送案件线索1条。开展打击整治养老诈骗专项行动，查处涉老食品、保健品等领域相关案件6起。开展“6·18”年中大促、“双十一”等重要网购节点网络商品和服务信息专项监测，监测电子商务平台4家。加强反不正当竞争执法，查处不正当竞争案件5起。开展虚假违法广告整治，查处虚假违法广告案件8起。加强广告业帮扶培育，甄选引导配合度高、成长性好的广告企业申请加入规模以上广告统计单位，新增入库企业1家。

【企业诚信建设】 2022年，漳浦县组织市场主体年报公示，加快清理“僵尸企业”，2021年度企业年报率95.58%。做好联合惩戒、企业信用修复工作，列入经营异常名录企业771家，列入严重违法失信名单企业5家，移出异常名录企业146家，企业信用修复30家。开展跨部门联合抽查，检查企业53家；开展个体工商户、农民专业合作社、新设立企业、野生动植物、电子商务平台等市场监管领域的双随机抽查，检查企业1565家，检查结果通过国家企业信用信息公示系统进行公示。开展2020—2021年度“守合同重信用单位”公示活动，公示县级“守合同重信用单位”61家，推荐市级43家、省级21家。

【“不见面审批”服务标准化】 2022年，漳浦县市场监督管理局编制发布漳浦县第一批市场监管领域依申请“不见面审批”事项138项，在福建省率先出台“不见面审批”服务标准化举措，推进“不见面审批”服务标准化规范化便利化，“不见面审批”事项涵盖各类市场主体注册登记、食药许可、特种设备等多项业务。营业执照平均办理时长压缩在0.25天以内，食品生产经营许可证办理时长由原来承诺的10个工作日平均缩减为7个工作日内办结。

【国家级食品安全示范城市创建】 2022年，漳浦县推进创建国家级食品安全示范城市，推进治理“餐桌污染”，建设“食品放心工程”。“明厨亮灶”提档升级，指导创建省市“互联网+明厨亮灶”示范单位5家（省级2家、市级3家），全县实施“互联网+明厨亮灶”学校食堂300家、学校集体供餐配送单位2家。规范提升食品安全“一品一码”追溯体系建设，追溯平台已注册食品生产、食品流通、餐饮服务等企业753家，上传数据近754.4万条。创建漳州科技职业学院、福建省仁常食品有限公司2个漳浦县食品安全教育基地。

（杨怡琳）

（编辑：许建生）

综述

【概况】 2022年12月，漳浦县（含古雷港经济开发区）金融机构本外币各项存款余额511.9亿元，比上年增长17.88%；本外币各项贷款余额 619.46亿元，增长21.19%。银行机构不良贷款率0.39%。2022年，漳浦县有28家保险公司，辖区内保费收入7.95亿元，辖区内赔付支出2.72亿元。

【信贷工作】 2022年，中国人民银行漳浦县支行（简称人行漳浦支行）召开金融支持乡村振兴工作推进会，对接“一村一品”特色产业，丰富支农支小产品体系，支持漳浦县渔业养殖、花卉苗木、蔬菜、畜牧等优势特色产业发展。指导涉农金融机构支持深化“三农”金融服务、创建金融支持乡村振兴示范村，指导辖区金融机构细化信贷款产品、加大对普惠小微企业的金融支持力度，指导辖内涉农金融机构大幅提升免抵押、免担保的农户信用贷款可获得性，指导辖区银行机构通过提高担保倍数和降低担保费率等举措缓解涉农、小微企业等普惠领域主体融资担保难度。做好再贷款规范管理，至2022年12月，发放支农支小再贷款3.53亿元，再贷款余额3.53亿元。推进应收账款融资平台业务，拓宽企业融资渠道，至12月末，漳浦县辖区完成平台在线融资13.94亿元，居全市第二位。建立符合绿色融资条件企业的名单制管理，开辟授信管理和风险控制的绿色通道，简化审批流程，加大绿色信贷投放力度。加强窗口指导，运用约谈高管、纳入综合评价等措施，督促2家法人机构让利于民、让利于企。联合漳浦县金融办、县委台港澳办、台创园管委会开展“融惠闽台”专项行动。至12月末，辖内金融机构对台领域贷款余额95.01亿元，比年初增长34.73%，加权平均利率4.01%，低于全市加权平均利率83个基点，相关做法和成效被《农村金融时报》、新华社等媒体刊登报道，被中国人民银行福建省分行等7部门联合评为全省十大优秀项目。

【金融风险监测】 2022年，人行漳浦支行加强金融风险监测，健全地方法人银行机构风险监测、预警和早期纠正工作机制，履行维护金融稳定职责，向2家法人机构发出金融稳定风险提示2份。联合漳浦县公安局召开打击治理电信网络新型违法犯罪工作会议，组织约谈银行机构12家次，组织督导银行机构11家次，通过实施严格的账户风险防控措施、及时管控异常可疑交易账户、加强警银协作等措施，切断涉诈“资金链”。对滞留缅北等地涉诈高危人员进行账户管控，管控4951人次，涉及账户6794个。开展打击治理洗钱违法犯罪三年行动，强化涉税、涉毒、贪污贿赂、走私、非法集资洗钱、恐怖融资以及地下钱庄等重点风险领域的资金监测。

【支付结算管理】 2022年，人行漳浦支行开展支付手续费减费让利政策宣传，召开辖区银行业金融机构支付服务减费让利工作会议，开展对2家法人银行减费让利政策落实情况现场督查和银行间减费让利政策执行情况交叉暗访以及暗访督查。

【人民币流通和反假货币管理】 2022年，人行漳浦支行强化现金供应和流通。落实银行业金融机构人民币管理网格化监管服务制度，做好整治拒收人民币现金工作，妥善处置有关拒收人民币现金的投诉。

【国库资金管理】 2022年，人行漳浦支行深化“台商企业国库金融服务便利化示范园”建设，将台商企业纳税、退税等涉税事项进行梳理整合，建立财税库银协调机制，实施“一站式”办税服务。落实留抵退税政策，推动古雷港经济开发区管委会建立人民银行、财政、税务局增值税留抵退税三方工作机制，与县税务局、县财政局建立新组合式税费支持政策落实工作协调机制。至12月末，漳浦国库共办理增值税留抵退税业务574笔合计46.98亿元，约占全市的49%。

【征信管理】 2022年，人行漳浦支行加强征信数据质量量化考评，提升征信服务水平。建立“征信修复”治理乱象长效协作机制，辖区6家需治理的企业全部完成整改。引导辖区银行机构开通中国台湾地区信用报告查询权限，实现对台信用报告查询服务全覆盖。推动漳浦民生村镇银行于11月在全市率先完成个人征信二代系统切换测试、漳浦农商行布设个人信用报告自助查询机。

【金融消费者权益保护】 2022年，人行漳浦支行组织辖区银行业金融机构开展“3·15”金融消费者权益日、“普及金融知识，守住‘钱袋子’”、防范非法集资宣传以及金融知识普及宣传月等宣传活动。做好金融消保投诉和金融纠纷多元化解工作，维护金融消费者合法权益。全年处置金融消保投诉25件，化解金融纠纷279件，协议金额3944.09万元。

【外汇管理】 2022年，人行漳浦支行建立外汇绿色通道，确保疫情期间外汇业务畅通，促进台资企业资本项目管理便利化试点等政策落地实施。联合古雷港经济开发区商务局召开惠企外汇金融服务座谈会，引导企业外汇收支、结售汇业务回归本地办理，古雷港经济开发区3家重点石化企业贸易收支总额31.65亿美元，其中异地贸易收支总额6.49亿美元，占比下降至20.50%。组织召开中小微企业外汇套保首办拓户专项行动动员会，鼓励支持中小微企业办理套期保值业务规避汇率风险，至2022年12月末，拓展外汇衍生产品首办拓户业务22户，累计签约金额4100万美元、累计履约3225万美元。加强国际收支和结售汇统计核查，做好资本项目数据滞留处置工作，提高辖区外汇统计数据和申报质量。推动辖区国际直接投资企业年报完成率93.56%，对外直接投资企业完成率100%。实现行政许可网上申请登记零的突破，规范服务流程与评议制度。

（人行漳浦支行）

银行业

【概况】 2022年12月，漳浦县（含古雷港经济开发区）金融机构本外币各项存款余额511.9亿元，比上年增长17.88%，增速居全市各县第一位；本外币各项贷款余额619.46亿元，增长21.19%，增速居全市第三位。银行机构不良贷款率0.39%，居全市较低水平。

【中国工商银行股份有限公司漳浦支行】 2022年，中国工商银行股份有限公司漳浦支行（简称工商银行漳浦支行）本外币各项存款18.58亿元，贷款31.39亿元；中间业务收入1941万元；拨备前利润8291.54万元；代理保险101.33万元，代发工资5771户。2022年度获评工商银行漳州分行“存贷超千亿”公司贷款突出贡献集体、旺季贵金属营销先进集体及普惠金融先进集体。

以增存促增收　2022年，工商银行漳浦支行年度营销私人银行客户净增3户、商户净增231户；对公存款余额7.19亿元。

个人住房按揭贷款业务　2022年，工商银行漳浦支行实行“择优扶持”的原则，服务营销资金实力强、运营规范的房地产开发项目。2022年12月，工商银行漳浦支行个人按揭贷款贷款余额12.29亿元。

普惠业务　2022年，工行漳浦支行新落地普惠贷款70户，净增普惠贷款6556万元，超额完成市分行下达的普惠法人拓户任务，普惠法人拓户任务完成率位列市工行排名第一。

（工商银行漳浦支行）

【中国农业银行股份有限公司漳浦支行】　2022年12月，中国农业银行股份有限公司漳浦支行（简称农业银行漳浦支行）各项存款余额41.26亿元，比年初增加5.41亿元（剔除划转古雷支行因素），其中个人存款比年初增加4.94亿元，对公存款比年初增加4657万元；贷款余额39.59亿元，比年初增加4.47亿元（剔除划转古雷支行因素）。完成国际结算量16.65亿美元，完成年度计划数的132.16%，全市占比53.71%，完成率居全市第一；累计完成跨境人民币2.36亿元，比上年增长3276万元。实现营业收入1.66亿元、拨备前利润1.22亿元，拨备后利润1.07亿元，净利润8189万元。

普惠金融服务　2022年年末，农业银行漳浦支行普惠型小微企业贷款余额1.56亿元，比年初增加4520万元，增长38%，高于全行贷款增速29.7个百分点。普惠型小微企业贷款客户增加14户，增长19.4%。推进供应链金融服务，给予天福集团供应链融资授信1亿元，成功为3户天福集团上游供应商提供应收贷款融资，融资金额2313万元。

重点领域金融供给　2022年，农业银行漳浦支行聚焦农业科技创新、现代种业提升工程、农业机械装备制造等重点领域，加大贷款投放力度，2022年年末粮食安全领域贷款余额1373万元，比上年末增加818万元，增长147.6%；加大对绿色项目的信贷支持力度，加快绿色金融发展，年末实现绿色贷款总额1.63亿元，比年初增加6055万元；深化与省级及以上农业产业化龙头企业合作，服务省级及以上龙头企业16家贷款余额1.45亿元，服务覆盖率84.2%，授信覆盖率31.5%。

服务台农台企　截至2022年12月，农业银行漳浦支行给予台企授信34户，授信金额6.12亿元；用信16户，用信余额3.19亿元，比年初增加1.33亿元。全年为台企办理纾困贷款9户，金额5540万元；办理制造业台企专项贷款1户，金额830万元。

国际业务提速　2022年，农业银行漳浦支行外币日均存款增量244万美元，完成年度计划的162.67%，完成率全市第一位；完成国际结算量16.65亿美元，完成年度计划数的132.16%，完成率居全市第一位；累计完成跨境人民币结算2.36亿元，比上年增长3276万元，其中南顺针织跨境人民币结算量2.15亿元，是漳浦辖区跨境人民币年度结算量最多的客户。在全省12家重点提升行国际业务竞赛中，年度排名第一；连续四年被当地外管局评定为A类银行，得分在辖内14家金融机构中排名第一。

“惠农e贷”量质齐升　2022年，农业银行漳浦支行推进“惠农e贷”扩面增效。与旧镇镇白沙村签订“党建+金融+乡村振兴”共建协议，通过党组织结对共建，带动资源共享、活动共办、难题共解、发展共促。至2022年12月，全行“惠农e贷”余额7.8亿元，服务农户6732户。

信用卡业务营销　2022年，农业银行漳浦支行加强信用卡分期业务营销。截至2022年12月，全行实现信用卡分期金额2.22亿元，其中乐分易（0.79亿元）和账单分期（1.14亿元）金额均达7000万元以上。按日通报网点乐分易营销和外呼开展情况，推进分期业务常态化发展；强化与开发商、房地产中介、汽车经销商合作，扩大专项分期业务规模；加大信用卡发卡营销力度，信用卡新增激活客户2519户。“掌上银行”App月活跃客户净增5068户。

信贷风险管控　2022年，农业银行漳浦支行加强信贷风险管控。严格贷前、贷后管理，发现经营隐患及时发起预警，确保信贷资金安全运行；强化对网点不良管控工作考核，及时兑现考核奖罚，调动管控工作积极性；下发不良贷款诉讼提示函，防止不良贷款丧失诉讼时效，保证抵押物价值的完整性；加快不良贷款核销及司法处置，全年向法院申请不良贷款诉讼案件112件金额2719万元，收回已诉不良贷款本息285万元；强化已核销不良贷款（含信用卡）清收力度，实现现金清收497万元。2022年12月，全行不良贷款余额2309万元，不良占比0.56%。

（农业银行漳浦支行）

【中国银行股份有限公司漳浦支行】　2022年，中国银行股份有限公司漳浦支行（简称中国银行漳浦支行）本外币各项存款55.33亿元，时点比年初新增6.98亿元，总量占漳浦县四大行市场份额36.52%，比年初增长4.72%，居同业第一位；各项人民币贷款余额40.70亿元，比年初新增13亿元，资产质量整体良好可控。绩效考评连续4年在漳州市辖区内中国银行中排名第一。

实体经济服务　2022年12月，中国银行漳浦支行贷款投放总量较年初新增11.28亿元，其中民营企业新增贷款9.08亿元，占全漳州行11.68亿元的77.74%；成功获批一家民营医院设备更新贷款300万元，是漳州分行第一家获批项目；年普惠贷款新增投放9764万元。

支持乡村振兴　2022年，中国银行漳浦支行新增投放农村产业化龙头企业贷款5900万元。发展“税贷通宝”“外贸通宝”“流水贷”“接力通宝”“惠担贷”等金融创新产品，服务普惠型小微企业74家，在漳州市辖区内中国银行中排名第一，其中新增信用贷客户9户，新增投放561万元；新增惠担贷客户4户，新增投放650万元；续做“接力通宝”22户，贷款余额6397万元，通过免抵质押担保的方式提升对优质涉农企业的贷款支持，减轻企业转贷时的资金成本及压力。

（中国银行漳浦支行）

【中国建设银行股份有限公司漳浦支行】　2022年末，中国建设银行股份有限公司漳浦支行（简称建设银行漳浦支行）一般性存款余额36.32亿元，日均余额41.81亿元；贷款余额53.80亿元，日均余额49.07亿元，其中个人住房类贷款发放1275笔，发放金额5.27亿元，比年初新增1.82亿元，住房公积金贷款投放3亿元；实现本外币账面利润1.43亿元。

服务乡村振兴　2022年，建设银行漳浦支行依托“福建金服云”平台，以“纾困贷”“乡村振兴贷”为抓手，将政府补贴落实到小微企业，实现全市系统内首笔乡村振兴贷落地；通过线上、线下相结合，全年累计新增抵押快贷182笔；推进“善担贷”“厂房快贷”“商户云贷”等创新业务，利用大数据为乡村客群提供便捷灵活的信贷支持。

服务重点项目建设　2022年，建设银行漳浦支行优化信贷结构，服务在建重点项目。全年投放工程固贷3.89亿元，房地产开发贷款2.5亿元，市政道路工程项目0.32亿元；投放全国系统内首笔设备更新改造贷款，总额0.31亿元；支持绿色金融、民营企业和新型制造业等领域，累计投放PPP项目贷款2.23亿元，光伏项目绿色信贷0.49亿元。

（建设银行漳浦支行）

【中国农业发展银行漳浦县支行】　2022年，中国农业发展银行漳浦县支行（简称农发行漳浦县支行）累计投放各类贷款7.48亿元，比上年增长327%，净投放5.37亿元，年末贷款余额较年初增长72%。2022年12月，农发行漳浦县支行各项贷款余额突破10亿元大关，达到12.74亿元，其中涉农贷款余额12.74亿元；各项存款余额4.91亿元，存贷比259.47%。

重点项目服务　2022年，农发行漳浦县支行获批贷款金额18.97亿元，超过近3年总和。支持土地流转及规模化经营，累计审批农地项目贷款2笔，总金额16.7亿元，全年投放4.24亿元，其中支持漳浦县土地综合整治及农业规模提升一期工程进行高标准农田建设项目开发利用，实现新增耕地333.33公顷，涉及16个乡镇；支持漳浦县全域农场土地综合开发一期项目进行全域农场土地综合开发建设，综合开发农场土地3818.67公顷，改造涉及4个农场。支持普惠小微企业，投放普惠小微企业贷款650万元，综合运用减费降息等特殊政策累计减免各项收费约4.05万元。

聚焦服务民生　2022年，农发行漳浦县支行聚焦农村交通、水利、城乡一体化、改善农村人居环境等民生基础领域，累计投放2.66亿元，支持漳浦县城乡供水补短板项目、漳浦县公路建设改造PPP项目、万安生态工业园万福路、万钦路等市政道路及配套PPP项目、漳浦县府前唐街片区基础设施提升改造工程、漳浦县东南片区村镇污水处理PPP项目等。

（陈玲镕）

【中国邮政储蓄银行股份有限公司漳浦县支行】　2022年12月，中国邮政储蓄银行股份有限公司漳浦县支行（简称邮储银行漳浦县支行）各项本外币贷款余额27.39亿元，年度增长5.6%。各项本外币存款（含邮政代理）余额43.31亿元，年新增4.76亿元。全年清收不良贷款1849.59万元，收回金额居全市第三位，年末不良贷款率0.90%，较2021年末压降0.34%，压降幅度全市第一。

服务乡村振兴　2022年，邮储银行漳浦县支行建立"信用村—信用乡镇—信用市场"三级信用体系，由服务"小农户"向服务"大三农"升级，破解乡村融资难、担保难、农民获取金融服务难"三大难题"。全年创办信用村189个，累计创办信用乡镇5个，信用村305个。

绿色金融业务　2022年，邮储银行漳浦县支行简化极速贷办贷流程，推广移动展业数字金融服务方式，提高电子产品使用率，为村民提供开户、信息录入、授信放款等"一站式"金融服务。2022年12月，涉农贷款余额14.62亿元，支持农户5116户，其中绿色金融贷款结余2121.84万元。

企业融资纾困　2022年，邮储银行漳浦县支行坚持普惠金融，引导符合纾困政策条件的客户通过"金服云"平台申请贷款，帮助企业以较低的融资成本取得贷款。全年发放纾困企业贷款11笔4105万元，占所有企业贷款的10.63%，纾困投放利率为3.2%。

（邮储银行漳浦县支行）

【福建漳浦农村商业银行股份有限公司】　2022年12月，福建漳浦农村商业银行股份有限公司资产总额173.31亿元，各项存款余额145.56亿元，居全县各银行金融机构第一位；各项贷款余额100.16亿元，突破百亿大关。被授予漳州市"2022年度突出经济贡献企业（纳税1亿—5亿元）"称号、漳浦县"2022年度突出经济贡献企业（纳税1亿元以上）"称号，首次同时获得福建农信系统"经营管理十强""业务增长十佳"双项殊荣，在2022年度全省农信系统67家行社中绩效考核排名第一。

（福建漳浦农村商业银行股份有限公司）

【民生村镇银行】　2022年，漳浦民生村镇银行信贷服务客户3972户，主要投向水产养殖、果树种植、花卉苗木、农业设施抵押、钢质渔船等涉农行业及物流运输、批发零售、制造业渔业捕捞等农户、渔民、小微企业；年初正式推出房产抵押在银行内办理的便民服务，是漳浦县首家开通不动产登记延伸登记服务窗口的商业银行。2022年12月，各项存款余额11.35亿元，比年初增加1.28亿元，增长12.72%；各项贷款余额10.05亿元，比年初增加1.53亿元，增长18.02%。

（民生村镇银行）

【福建海峡银行漳浦支行】
2022年，福建海峡银行漳浦支

行支持漳浦县属国企福建龙睿投资有限公司首支县城新型城镇化建设专项企业债券（发债总金额15亿元，首期5亿元）成功发行；推动“人才贷”落地，2022年发放“人才贷”首笔信用贷款30万元。年末各项存款余额84573.78万元，比年初增加15331.20万元；各项本外币贷款余额为83300.43万元，比年初增加6391.96万元。

（福建海峡银行漳浦支行）

【漳州农商银行漳浦支行】 2022年12月，漳州农商银行漳浦支行各项存款余额54845万元；各项贷款余额78637万元，比年初增加21561万元，发放的贷款均用于支持漳浦当地农户、商户、企业，其中涉农贷款51837万元，中小微企业贷款余额12699万元。全年的纳税总额402万元。

（何奕航）

【厦门银行股份有限公司漳州漳浦支行】 2022年12月，厦门银行股份有限公司漳州漳浦支行本外币存款余额66802万元，其中实际公司存款37461万元，比年初增加9768万元；实际零售存款29342万元，比年初增加1884万元。本外币贷款余额82100万元，比年初增加11140万元，其中对公贷款38901万元，比年初增加9246万元；零售贷款43199万元，比年初增加1894万元。

（许丹莹）

保险业

【概况】 2022年，漳浦县有28家保险公司，其中财险有12家，寿险有15家，保险中介机构1家。辖区内保费收入7.95亿元，比上年增加890万元，其中财险公司保费收入3.14亿元，增加0.3亿元；寿险公司保费收入4.8亿元，减少0.21亿元。辖区内赔付支出2.72亿元，增加1030万元，其中财险公司赔付支出1.75亿元，增加400万元；寿险公司赔付支出0.97亿元，增加630万元。

【市场份额占比】 2022年，漳浦县28家保险公司（含营销服务部）中市场份额占比5%以上的保险公司有5家，合计占市场份额的66.96%。其中中国人寿保险股份有限公司漳州中心支公司漳浦营销服务部保费收入2.18亿元，占市场份额27.41%；中国人民财产保险股份有限公司漳浦支公司保费收入11972万元，占市场份额15.07%；中国平安人寿保险股份有限公司漳州中心支公司漳浦第一营销服务部保费收入7516万元，占市场份额9.46%；中国太平洋人寿保险股份有限公司漳浦支公司保费收入6635万元，占市场份额8.35%；中国平安产险漳浦支公司保费收入5300.25万元，占市场份额6.67%。

2022年度漳浦县保险公司经营情况一览表

表3

公司名称	经营情况
中国人寿保险股份有限公司漳州中心支公司漳浦营销服务部	2022年，中国人寿保险股份有限公司漳州中心支公司漳浦营销服务部实现保费收入2.18亿元，比2021年增长8.88%，占市场份额27.41%
中国人民财产保险股份有限公司漳浦支公司	2022年，中国人民财产保险股份有限公司漳浦支公司实现保费收入11972万元，占市场份额15.07%
中国太平洋人寿保险股份有限公司漳浦支公司	2022年，中国太平洋人寿保险股份有限公司漳浦支公司实现保费收入6635万元，占市场份额8.35%
中国平安人寿保险股份有限公司漳州中心支公司漳浦第一营销服务部	2022年，中国平安人寿保险股份有限公司漳州中心支公司漳浦第一营销服务部实现保费收入7516万元，占市场份额9.46%
中国平安产险漳浦支公司	2022年，中国平安产险漳浦支公司实现保费收入5300.25万元，比2020年增长44.58万元，占市场份额6.67%

续表 3

公司名称	经营情况
新华人寿保险股份有限公司漳浦支公司	2022 年，新华人寿保险股份有限公司漳浦支公司实现保费收入 2177 万元，比 2020 年下降 12.03%，占市场份额 2.74%
新华人寿保险股份有限公司旧镇支公司	2022 年，新华人寿保险股份有限公司旧镇支公司实现保费收入 1864 万元，比 2020 年下降 11.68%，占市场份额 2.35%
中国人寿财险保险股份有限公司漳州中心支公司漳浦营销部	2022 年，中国人寿财险保险股份有限公司漳州中心支公司漳浦营销部实现保费收入 2223 万元，占市场份额 2.8%
中国人民财产保险股份有限公司漳州市分公司古雷营销服务部	2022 年，中国人民财产保险股份有限公司漳州市分公司古雷营销服务部实现保费收入 2773 万元，比 2020 年增长 7.65%，占市场份额 3.49%
中国太平洋财产保险股份有限公司漳浦支公司	2022 年，中国太平洋财产保险股份有限公司漳浦支公司实现保费收入 2284 万元，占市场份额 2.87%
民生保险漳浦营销服务部	2022 年，民生保险漳浦营销服务部实现保费收入 2582.58 万元，占市场份额 3.25%
富德生命人寿保险股份有限公司漳浦营销服务部	2022 年，富德生命人寿保险股份有限公司漳浦营销服务部实现保费收入 1899.48 万元，比 2020 年下降 14.6%，占市场份额 2.39%
中国大地财产保险股份有限公司漳州中心支公司	2022 年，中国大地财产保险股份有限公司漳州中心支公司实现保费收入 1796 万元，占市场份额 2.26%
海峡金桥财产保险股份有限公司漳浦支公司	2022 年，海峡金桥财产保险股份有限公司漳浦支公司实现保费收入 1332 万元，比 2020 年增长 299.87 万元，占市场份额 1.68%
中华联合财产保险股份有限公司漳州中心支公司漳浦营销服务部	2022 年，中华联合财产保险股份有限公司漳州中心支公司漳浦营销服务部实现保费收入 1291.35 万元，占市场份额 1.63%
合众人寿保险股份有限公司漳州中心支公司漳浦营销服务部	2022 年，合众人寿保险股份有限公司漳州中心支公司漳浦营销服务部实现保费收入 884 万元，比 2020 年下降 23.7%，占市场份额 1.11%
华泰人寿保险股份有限公司漳浦支公司	2022 年，华泰人寿保险股份有限公司漳浦支公司实现保费收入 836 万元，占市场份额 1.05%
安邦财产保险股份有限公司漳州中心支公司漳浦营销服务部	2022 年，安邦财产保险股份有限公司漳州中心支公司漳浦营销服务部实现保费收入 681.91 万元，占市场份额 0.86%
阳光财产保险股份有限公司漳浦支公司	2022 年，阳光财产保险股份有限公司漳浦支公司实现保费收入 645.52 万元，占市场份额 0.81%
天安财产保险股份有限公司漳浦营销服务部	2022 年，天安财产保险股份有限公司漳浦营销服务部实现保费收入 600.07 万元，占市场份额 0.76%
太平人寿漳浦营销服务部	2022 年，太平人寿漳浦营销服务部实现保费收入 576.02 万元，占市场份额 0.72%
中国人民人寿保险股份有限公司漳浦支公司	2022 年，中国人民人寿保险股份有限公司漳浦支公司实现保费收入 506 万元，占市场份额 0.64%
华安财产保险股份有限公司漳浦营销部	2022 年，华安财产保险股份有限公司漳浦营销部实现保费收入 498.66 万元，占市场份额 0.63%
百年人寿保险股份有限公司漳浦支公司	2022 年，百年人寿保险股份有限公司漳浦支公司实现保费收入 418.73 万元，比 2020 年增长 1.56%，占市场份额 0.53%
泰康人寿漳浦服务部	2022 年，泰康人寿漳浦服务部实现收入 217.15 万元，占市场份额 0.27%
阳光人寿保险股份有限公司漳州中心支公司漳浦营销服务部	2022 年，阳光人寿保险股份有限公司漳州中心支公司漳浦营销服务部实现保费 135.8 万元，比 2020 年下降 53.27%，占市场份额 0.17%
英大泰和人寿保险股份有限公司漳州中心支公司漳浦营销服务部	2022 年，英大泰和人寿保险股份有限公司漳州中心支公司漳浦营销服务部实现保费收入 36.52 万元，占市场份额 0.05%

（漳浦银保监管组）

（编辑：许建生）

旅游业

综述

【概况】 2022年，漳浦县接待游客662.8万人次，比上年增长1.2%；旅游总收入80.67亿元，增长1.6%，云峰寨等景区设施持续完善，天福文化产业园获评省级气候康养福地，东南花都获评省级森林康养基地和休闲农业示范点，漳浦县中共闽粤边区特委红色革命教育基地入选第七批福建省爱国主义教育基地名单，官浔镇入选“2022年全域生态旅游小镇”。

【乡村旅游线路推广】 2022年，漳浦县文化体育和旅游局（简称漳浦县文体旅局）发挥乡村旅游典型引领带动作用，加大溪坂—后坑线、近院—东坂线、大埔—后垅线、攀龙—车本线等4条“串点连线成片”乡村旅游线路宣传推广力度，推动形成更多各具特色的乡村旅游典型。

【旅游公厕管护】 2022年，漳浦县文体旅局督促已建成投用的旅游厕所加强日常运营动态管理，在百度地图和高德地图上线，上线率100%；在全县各旅游厕所张贴“一厕一码”扫码牌。同时，健全管护机制，落实一长两员制度，日常卫生保洁到位，做到发现问题及时整改，确保厕所无异味、无污渍，垃圾及时清理。

旅游开发建设

【概况】 2022年，漳浦县加快在建文化旅游项目建设，云峰寨旅游景区项目建成投入使用。做好2022年福建省文旅经济发展大会筹备相关工作，推荐漳浦“五里三城”文化旅游项目、漳浦六鳌古城项目等作为大会重点招商项目。

【云峰寨旅游景区建成投入使用】 2022年，投资1500万元的漳浦云峰寨旅游景区项目建成投入使用，景区建设有停车场及接待中心、景区商用店铺、崖洞、无人茶馆、景区道路硬化、景区夜景亮化工程、南溪景区生态垂钓园、路边水沟硬化、许湛官旧址古民居修复、溪边竹文化研学基地与采摘园等。

红色旅游

【概况】 2022年，漳浦县挖掘红色旅游内涵，加大红色旅游项目招商引资力度，对接漳浦县石榴红色文化旅游区项目，对石榴镇车本村、山城村、龙岭村内古屋、古物、古树进行修缮保护；整合红三团革命历史陈列馆（绥安镇马坑村）、山城烽火革命历史陈列馆（石榴镇山城村）、闽南井冈山（石榴镇车本村）纳入花样漳州红色旅游精品线路“不忘初心”之旅，印制宣传画册，列入

2022年9月，漳浦县中共闽粤边区特委红色革命教育基地被命名为第七批福建省爱国主义教育基地　（林杜鸿 摄）

漳州市文化旅游宣传矩阵，通过网站、电视、报刊、微信、抖音等媒介宣传。

【漳浦县中共闽粤边区特委红色革命教育基地入选第七批福建省爱国主义教育基地名单】 2022年9月，漳浦县中共闽粤边区特委红色革命教育基地入选第七批福建省爱国主义教育基地名单。该基地是中共闽粤边特委旧址，位于漳浦县石榴镇车本村，处漳浦、平和、南靖三县交界处，先后成为红三团、中共漳州中心县委、中共靖和浦中心县委、中共闽粤边临时特委、中共闽粤边区特委、中共闽南特委机关驻地之一。

【车本村红色旅游项目合作协议签订】 2022年4月8日，漳浦县政府与漳州市旅游投资集团有限公司举行旅游项目签约仪式，双方共同签署《漳浦县旅游资源开发战略合作框架协议》及《漳浦县石榴镇车本红色旅游项目合作协议书》。6月6日，总投资5000万元的车本红色旅游项目开工。该项目致力于把车本村建成集研学基地、红军古道、革命食堂、红色营地、红色讲堂等于一体的红色文化创意体验旅游景区，推动红色旅游和乡村振兴融合发展。

旅游市场营销

【概况】 2022年，漳浦县文体旅局加大宣传力度，指导各旅游企业在元旦、春节、五一国际劳动节、端午节、国庆节等节假日及暑假期间，开展丰富多彩的旅游活动，推出优惠措施吸引游客，拉动旅游消费。

【旅游惠民措施】 2022年，漳浦县推出一系列旅游措施拉动消费。天福茶博物院在5月19日中国旅游日当天推出关注景区抖音号享门票优惠价20元/人，70岁老人或残疾人免票政策，天福石雕园当天推出老人60—69岁门票半价，70岁（含）以上免门票，劳动模范凭证件免门票政策。景区暑假对学生实行优惠政策，漳州滨海火山自然生态风景区、天福茶博物院、天福石雕园实行学生半价政策，六鳌翡翠湾景区实行漳浦县居民凭身份证免票政策。

【旅游推介】 2022年，漳浦县编制古郡金漳浦文旅（滨海文保乡村）线路列入“周末趣玩，每周一线”福建微旅游线路、漳州2.5天微旅游线路。拍摄漳浦乡村旅游宣传片《来漳浦，带您乡村旅游走透透，感受乡村振兴新面貌》在微信公众号、抖音等多平台宣传推广。参加由漳州市文旅局主办的“花样漳州 金秋文旅惠民消费节”漳州真好玩直播活动，推广漳浦文旅资源。

【“古郡金漳浦”文旅推介】 2022年“5·19”中国旅游日期间，漳浦县在福州工人文化宫开展“中国旅游日”国家艺术基金资助项目·廉洁文化题材——芗剧《一代相国蔡新》福州首演暨2022年“古郡金漳浦”文旅推介活动，通过首演播放古郡金漳浦文旅宣传片、漳浦文化旅游特色商品和美食展示、发放古郡金漳浦文旅宣传画册，展示漳浦丰富独特的旅游资源和巨大的文化旅游发展潜力。

2022年1月26日，县文体旅局工作人员在东南花都景区进行节假日日常检查 （朱悦辉 摄）

旅游市场管理

【概况】 2022年，漳浦县文体旅局加强监督检查，将创城工作与集中执法检查相结合。推进“监控平台”建设使用，接入24个文物点、6家网吧、2家电影院等32处场所。开展“静夜守护”城市夜间噪声污染综合整治，督促商家、业主自觉遵守噪声污染防治规定和经营时间规定。全年出动执法人员658人次、检查商家1598家次。

【日常监管】 2022年，漳浦县文体旅局指导全县A级旅游景区、星级旅游饭店进行申报、创建、评定等相关工作。对全县6家A级旅游景区服务质量等级标准进行年度复核检查。监督检查全县A级旅游景区、星级旅游饭店、旅行社服务质量，指导旅游服务质量提升。

【行政审批与年检复核】 2022年，漳浦县文体旅局做好行政审批及企业年检复核工作，新设立歌舞娱乐场所1家、延续7家、变更法人2家；新设立文艺表演团体1家、延续2家；新设立出版物零售4家、出版物零售互联网销售7家，注销3家；审批设立出版物临时零售点3家；互联网上网营业场所筹建1家；游泳池延续3家。

（漳浦县文体旅局）

（编辑：陈诗涵）

教育

综述

【概况】 2022年，漳浦县有各级各类学校460所，其中中小学校156所（中学32所、小学118所、九年一贯制学校4所、十二年一贯制学校2所）、幼儿园306所（公办幼儿园34所、民办幼儿园272所），职校、教师进修学校、开放大学、特殊教育学校各1所。在校生135945人，教职工10617人。漳浦县教育局获“福建省第七届中小学艺术节‘优秀组织奖’”，“漳州市抗击新冠肺炎疫情先进集体”等荣誉称号；漳浦县教育系统关心下一代工作委员会获“《福建五老说》栏目收看组织工作先进单位”“‘青少年党史学习月’主题教育先进单位”“‘新时代好少年·强国有我’主题活动先进单位”等荣誉称号。

【奖教基金发放】 2022年，漳浦县委县政府召开教师表彰大会，发放奖教基金386万元，表彰高中教育卓越贡献奖1个、小学优秀团队4个、中考优秀团队7个、高考优秀团队6个、高考卓越团队1个、先进个人112名、学科竞赛16人次。

【系列教育活动开展】 2022年，漳浦县在中小学广泛开展“扣好人生第一粒扣子”“请党放心，强国有我”“喜迎二十大 永远跟党走 奋进新征程”“学习新思想，做好接班人”“青少年党史学习月”等主题教育系列活动；在各学校开展“新时代好少年·强国有我”“我和我的家乡”“青少年党史学习月”系列活动。组织观看“全国新时代好少年·强国有我”读书活动线上成果展播114篇。组织开展2022年“全民禁毒宣传月”活动，有52118名学生参加全国青少年网络禁毒知识竞赛。加强未成年人思想道德建设，组织开展“我们的节日”“向国旗敬礼”等主题活动和社会实践教育体验活动。在全国“新时代好少年•强国有我”主题活动中，漳浦县教育系统关心下一代工作委员会被评为先进单位。

【校园文化体育活动】 2022年，漳浦县开展全县中小学生视力筛查公益行动和“漳浦县近视防控示范校”创建活动，配备漳浦县中小学幼儿园健康副校（园）长65名。1—4月，组织开展第四届“黄道周杯”漳浦县中小学师生书画展，参赛师生作品956件，最终评出获奖作品120件。4—6月，组织参加漳州市教育局主办的“强国有我 少年逐梦”2022年漳州市国寿小画家少儿绘画比赛，全县160名学生获奖。4—7月，组织遴选46名师生参加福建省教育厅、福建省语言文字工作委员会主办的“第四届中华经典诵写讲大赛”系列活动，有32名师生获奖。8—11月组织参加漳州市教育局主办的“第25届全国

2022年4月30日，漳浦一中开展“三个一”工程系列活动，图为学生社团活动——书法社学生作品展览　（漳浦县教育局 供图）

推广普通话宣传周”系列活动，有300名师生在“朗诵比赛、规范字书写大赛”中获奖。2022年1月，漳浦县教育局获得福建省第七届中小学生艺术节“优秀组织奖”；7月，漳浦县赤湖中心学校代表队获得2022年漳州市中小学生“阳光体育”联赛小学组全部四个组别团体第一名。

【关心下一代工作】 截至2022年12月31日，漳浦县建立各级关心下一代组织427个，参加关工委

2022年漳浦县教育事业基本情况（县辖）统计表

表4

	学校数（所）			班级数（个）			在校生（人）		
	合计	公办	民办	合计	公办	民办	合计	公办	民办
合计	460	186	274	3565	2739	826	135945	114297	21648
其中：基础教育	457	183	274	3565	2739	826	133349	111701	21648
一、学前教育	306	34	272	1109	501	608	31577	19934	11643
二、小学	118	118	—	1605	1568	37	62505	61091	1414
1. 完全小学	118	118	—	1527	1527	—	59474	59474	—
2. 九年一贯制学校	—	—	—	41	41	—	1617	1617	—
3. 十二年一贯制学校	—	—	—	37	—	37	1414	—	1414
三、初中	22	22	—	574	470	104	26540	21710	4830
1. 初级中学（独立）	18	18	—	251	251	—	11667	11667	—
2. 九年一贯制学校	4	4	—	21	21	—	727	727	—
3. 完全中学	—	—	—	198	198	—	9316	9316	—
4. 十二年一贯制学校	—	—	—	104	—	104	4830	—	4830
四、高中	10	8	2	248	171	77	12477	8716	3761
1. 完全中学	8	8	—	171	171	—	8716	8716	—
2. 十三年一贯制学校	2	—	2	77	—	77	3761	—	3761
五、特殊教育	1	1	—	29	29	—	599	599	—
1. 特殊教育学校	1	1	—	29	29	—	250	250	—
2. 小学随班就读	—	—	—	—	—	—	249	249	—
3. 初中随班就读	—	—	—	—	—	—	100	100	—
六、职业教育	1	1	—	—	—	—	2596	2596	—
七、电大	1	1	—	—	—	—	—	—	—
八、进修学校	1	1	—	—	—	—	—	—	—

注：教学点不计入学校数，其班级、学生、教职工及专任教师数合并到完全小学；小学、初中随班就读人数只计入特殊教育学生人数，不重复计入在校生数。

成员人数5188人，其中“五老”（老党员、老专家、老教师、老战士、老模范）参加关工委人数2021人，“六大员”（报告员、帮教员、家教员、科教员、志愿辅导员、文化市场督导员）队伍1562人。全年在青少年中开展中共二十大精神宣讲报告会56场，图片展116场，受教育青少年30多万人次；开展法治教育专题讲座68场，受教育青少年14.8万人次。开展关爱青少年活动，慰问孤儿、事实无人抚养人、贫困青少年；开展金秋助学活动，对特困新录取大学生发放金秋助学金，资助104名特困新录取大学生；开展助学奖学奖教活动帮扶青少年7500多人，资金510多万元；开展关爱留守儿童活动6场，资助困境儿童52人。

学前教育

【概况】 2022年，漳浦县有幼儿园306所（公办34所、民办272所），专任教师数1733人，教学班1109人，在园幼儿31577人，学前三年入园率99.25%，公办性质学位19934个（含政府购买学位10034个），占全县幼儿园学位总数比63.13%；普惠性幼儿园274所，新认定普惠性幼儿园3所，普惠性在园幼儿29862人，占全县在园幼儿比94.57%。

【示范性幼儿园创建】 2022年，漳浦县有省保教改革示范性幼儿园4所、省级示范性幼儿园3所、市级示范性幼儿园7所、县级示范性幼儿园42所，漳浦县万安中心幼儿园等4所幼儿园申报县级示范性幼儿园。全县在各级示范性幼儿园就读幼儿占48.84%，提前完成《漳州市“十四五”教育发展专项规划》中“2021—2025年期间各级示范性学前教育资源覆盖面扩大到45%以上”的任务。

【基础教育改革发展实验】 2022年，漳浦县围绕基础教育改革发展实验总目标，利用漳浦地方资源，推动“乡土课程”建设和“五育”均衡发展，6所基地园教师获省市县各类表彰9人次，有7篇论文在CN级教育期刊发表以及各级论文评选中获奖，1篇课例获漳州市一等奖，1个课题成果获漳州市教育教学成果二等奖，指导幼儿参加各级各类比赛获奖6人次。

义务教育

【概况】 2022年，漳浦县有小学118所（不含教学点6个），十二年一贯制小学部2所，九年一贯制小学部4所。全县小学专任教师2724人，教学班1605个，在校生62505人，秋季毕业生8013人，新生11657人，全县小学学龄儿童入学率、巩固率、毕业率均达100%。有初级中学22所（不含8所完中建制初中部和2所十二年一贯制初中部），其中独立初中校18所，九年一贯制初中部4所。全县初级中学专任教师2117人，教学班574个，在校生26540人。秋季毕业生8846人，新生8727人，初中三年学生巩固率99.57%。

【优质学校创建】 2022年，漳浦县有12所小学、1所中学通过省级义务教育管理标准化学校验收。至2022年12月，全县有117所学校（小学89所、初中28所）被评为福建省义务教育管理标准化学校，11所学校（小学6所、中学5所）被确认为福建省教改示范性建设学校。漳浦县象牙小学、岩山小学、顶坛民族小学、长春小学、墩柄小学、亭里小学6所学校申报首批“乡村温馨校园”。

【课后延时服务】 2022年，漳浦县有148所学校开展课后延时服务，其中初中30所，小学118所，惠及学生近10万人，学校利用课后服务的时间组织各类社团活动，培养学生兴趣爱好和个性特长，如石斋小学开展书法辅导、英语读写活动，实验小学分校开展阳光体育“有氧健身操”活动，实验小学开展剪纸、顺笛等非遗进校园活动，绥安中心学校开展舞龙舞狮、管乐、足球、科技手工等特色社团活动。

普通高中教育

【概况】 2022年，漳浦县有高级中学10所（其中漳浦龙成中学、漳浦立人学校等2所学校为十二年一贯制学校，漳浦第五中学、漳浦第六中学、漳浦县丹山中学保留高中建制，只招收初中生），专任教师数920人，教学班248个，在校生12477人，当年秋季毕业生3915人，招收新生4465人。

【高考本科上线率】 2022年高考，漳浦县本科上线率63.4%，其中本一上线624人。漳浦一中本科上线率98.02%，其中本一上线率62.21%，有4名学生被清华大学、北京大学录取。

【漳浦龙成中学被确认为“福建省三级达标高中”】 2022年12月22日，福建省教育厅公布省级达标高中晋级结果，漳浦龙成中学高中部已基本达到省三级达标高中办学标准，被确认为“福建省三级达标高中”。漳浦龙城中学高中部创办于2005年，截至2022年有班级29个，学生1421人，教师80人。2022年，漳浦龙成中学获评第二批省级“平安校园”。

职业教育

【概况】 2022年，漳浦县有职业技术学校1所——漳浦职业技术学校。在编教师121人，外聘教师20人，高级职称49人，双师型59人。2022年在校生2581人，秋季招收全日制新生967人，毕业生545人。2022年毕业生就业率95%，在高职单招中，被专科以上院校录取360人。

【技能比赛】 2022年，漳浦职业技术学校实行以匠师带匠徒的现代学徒制。学校林清桂技能大师工作室指导学生参加各级各类技能比赛，有23人次获奖，其中国家级比赛获奖2人次，省级比赛获奖6人次，市级比赛获奖15人次。2名学生在“一带一路”暨金砖国家技能发展与技术创新大赛“工业机器人数字孪生技术应用技能竞赛”国赛中获得二等奖。

【校企合作办学】 2022年，漳浦职业技术学校与福建“致易电子”科技有限公司、漳浦“敏捷动漫”塑胶精品有限公司等多家企业联合办学。2022年12月，漳浦职业技术学校与漳州古雷文化教育投资有限公司初步达成共建合作意向。

高等教育

【概况】 2022年，漳浦县有高等学校1所——漳州科技职业学院，是2007年创办的一所非营利性职业院校，位于漳州市漳浦县盘陀镇，占地面积73.33公顷，校舍面积24万平方米，在校生近1.4万人。下设7个二级学院：茶与食品科技学院、商学院、医学院、教育与旅游学院、融媒体学院、艺术设计与建筑学院、通识教育学院。2022年，漳州科技职业学院获得漳州市“5A级平安校园”称号，“中华茶艺”课程入选国家在线精品课程行列。

【技能竞赛】 2022年，漳州科技职业学院派出42支队伍参加福建省职业院校技能大赛29个项目竞赛，获得互联网+国际贸易综

2022年9月29日，漳州科技职业学院全景图

（漳州科技职业学院 供图）

合技能赛项等4个一等奖、电子商务技能赛项等7个二等奖、创新创业赛项等11个三等奖。参加各级行业组织的竞赛获得12个特等奖、14个一等奖、40个二等奖、59个三等奖。

【校企合作】 2022年，漳州科技职业学院与盛军教授团队产学研合作签订合作协议，与福建天宏创世科技有限公司、漳州爱果冻信息科技有限公司签订校企合作协议，深化产教融合，加大合作力度，共同打造校企命运共同体。漳州科技职业学院商学院与六鳌镇地标产品签订公益直播助农协议、地标产品产业融合发展项目。

特殊教育

【概况】 2022年，漳浦县有特殊教育学校1所——漳浦县特殊教育学校，有教职员工36人，临聘后勤人员23人，学生250名（在校生156名，送教上门学生94名）。毕业生20人，新生34人。8月，漳浦县特殊教育学校团支部荣获“漳浦县五四红旗团（总）支部”称号；9月，漳浦县特殊教育学校被福建省教育厅认定为第二批省级“平安校园”。

【文体赛事佳绩】 2022年，漳浦县特殊教育学校短视频作品《心向阳光 最美教师李丽娇》在“我心向党 携手前行”福建省首届残疾人事业公益短视频征集活动中获一等奖、最佳制作奖、十佳人气奖等荣誉；5月，2名教师在漳浦县防震减灾科普讲解大赛上获成人组第一名；10月，1名教师在漳浦县“喜迎二十大 奋进新征程”演讲比赛中获三等奖；11月，2名学生参加2022年全国残疾人云竞赛1分钟仰卧起坐项目竞赛分别获“青年智力组二等奖”。

【社会关爱】 2022年，漳浦县社会各界爱心组织、爱心企业、爱心人士关心关爱漳浦县特殊教育学校，为特教师生献爱心。漳浦县特殊教育学校全年接收牛奶52件、糕点面包28箱、医用口罩4000只、医用酒精160瓶、医用酒精消毒液喷雾装50瓶、全国助残日礼品150份、书包等文具146份、食堂餐椅36套及其他爱心物品。

成人教育

【概况】 2022年，漳浦县有成人继续教育学校1所——漳浦开放大学，有在编教师29人，学历教育涵盖理工、经济、艺术、医学等类别，开设本、专科专业18个，在籍学生1565人。9月，漳浦开放大学被福建省开放大学授予“全省电大办学体系先进单位”“全省电大系统招生工作先进集体”称号。

【开放大学学历教育】 2022年，漳浦开放大学春、秋两季招收开放教育本、专科学生662名，培养本、专科毕业生561名；拓展专业设置，服务乡村振兴战略，开设家庭农场经营管理及农村区域发展等2个学历教育专业，招生56人；承担农民工“求学圆梦行动”“一村一名大学生”“退役士兵职业教育”等社会公益学历教育，招生202名。

【社区教育】 2022年，漳浦县社区教育主要依托漳浦社区学院和漳浦县老年开放（互联网）大学开展服务工作，全年开展社区教育和老年人教育培训750多人次，涵盖摄影、书法、绘画、剪纸、智能手机运用等项目。在福建省老年学员书画比赛和摄影比赛中，有7人次获奖。

教育管理

【概况】 2022年，漳浦县教育局加强教育管理，提升教育管理能力和水平。优化教资队伍建设，提升教师专业能力，组织教师参加各级各类培训9600人次；改善办学条件，实施学校建设项目11个，采购信息化教学设备2000多万元；疫情期间，实施分级分类精准防控，有序开展线下线上教学；强化安防建设，与各学校签订《2022年漳浦县学校综治安全目标管理责任书》，严格执行“一把手负责制”，全年无重大责任事故发生；深化“双减”工作，科学精准发放助学金。

【师资队伍建设】 2022年，漳浦县公开招聘紧缺学科新任教师229人，遴选农村教师到县城学校任教48人，农村学校间教师调动48人，调整支教教师34人，选派教师新疆支教1人，宁夏支教2人。遴选市级骨干教师71人。全年有1名教师获评漳州市优秀教学人才，1名教师获评优秀乡村教学人才，1名教师入选教育部乡村优秀青年教师培养奖励计划。截至2022年12月31日，漳浦县有县级名师工作室36个，省级学科带头人14人、市级研究型名师22人、市级学科带头人247人、市级骨干教师560人、县级骨干教师1000余人。

【教师教学能力培育】 2022年，漳浦县教师进修学校全年邀请省、市名优教师到漳浦县送教32场104人次，组织全县名优教师送教送培97场299人次。举办“二十大专题培训”“校长（园长）、书记综合能力提升研修班”“德育骨干教师能力提升培训”和“思政课教师教学技能培训”等30项县级培训。2022年，漳浦县教师进修学校有12人次在市级以上教育教学优秀成果评选、教学竞赛等活动中获奖。

【办学条件改善】 2022年，漳浦县投入资金312.73万元对34所中小学校294间晚自修教室采光照明进行改造，投入2000多万元购置一批教育信息化及教学仪器设施设备。漳浦县教育局争取到各类政策性资金29838万元（中央、省级补助资金1307万元，中职教育专项债券6000万元，学前教育专项债券13831万元，一般债券8700万元）。实施学校建设项目11个，总建筑面积64335平方米，建成后可提供学位5405个。

【校园安全建设】 2022年，漳浦县教育局召开安全管理专题会议12次，开展消防安全检查4次，检查学校443所；开展校车安全检查2次，检查学校85所；开展食品安全检查2次，检查学校443所。2022年，漳浦县学校组织开展应急逃生演练2000余场，参与师生12.80万余人。全县配备学校专职保安员435人（其中县派专职保安员212人），实现中小学专职保安员配备率、学校封闭化管理率、一键式紧急报警和视频监控系统达标率、学校“护学岗”配备率4个100%目标。组织学校开展学校体育设施、校舍、高层建筑、消防、交通及接送学生车辆等安全隐患排查和治理工作，排查隐患86处，全部完成整改。

【助学纾困】 2022年，漳浦县发放国家助学金342.07万元，惠及学生4165人次，其中发放高中家庭经济困难学生助学金100.08万元，惠及学生831人次；发放少数民族助学金89.44万元，惠及学生1616人次；发放学前教育助学金135.35万元，惠及学生1546人次；发放中职教育助学金17.2万元，惠及学生172人次。2022年，漳浦县拨发公用经费9792万元，发放义务教育阶段寄宿生及贫困寄午餐生营养改善计划资金及生活补助598.86万元，惠及学生13965人次；免除普通高中家庭经济困难学生学费37.04万元，惠及学生463人次。

【“双减”工作】 2022年，漳浦县深化“双减”工作，推进学校教育教学改革，聚焦高效课堂、提高作业水平、提升课后服务水平、规范校外培训机构培训行为，实现减负增效提质的目的。组织开展学科作业设计评选活动，评出一等奖131名，二等奖143名、三等奖202名，进一步提升作业管理水平。4—5月，漳浦县教育局从“防范培训机构压减后反弹、核实机构运行状况、核查培训收费监管、督查培训行为规范、检查数据信息填报和监督风险防范”六项重点内容对辖区内的校外培训机构开展全面排查，巡查校外培训机构42家，核查从业人员54人，核定材料32份。

（周惠星、蔡耀法）

（编辑：陈诗涵）

科技

综述

【概况】 2022年，漳浦县完成规模以上企业研发投入6.67亿元，新增规上企业43家、总数达293家，新增产值亿元以上企业25家；申报国家级高新技术企业17家，为历年之最。漳浦县工业和信息化局向上争取科技项目资金1896.29万元，其中县级财政下拨经费711.75万元，省级科技项目立项5项，完成1个项目验收。

【科技平台载体建设】 2022年，漳浦县培育众创空间、省级新型研发机构等科技平台载体建设，推动福建美一食品公司、漳州天康检测有限公司申报2022年省级新型研发机构，动员浦台园众创空间申报2022年市级优秀示范众创空间。

【科技人才项目申报】 2022年，漳浦县推动漳州舜洋食品有限公司林炳义申报2022年市级“双创之星”；推动福建美一食品有限公司陈来荫、漳州舜洋食品有限公司林跃林、漳浦天鸿制衣有限公司戴雄飞申报2022年市级“首席科技官”，林跃林、戴雄飞获评2022年度市级“首席科技官”。

【科技特派员制度实施】 2022年，漳浦县完善科技特派员制度，成立漳浦县科技特派员服务中心，各乡镇场工作站加挂服务中心，各村选派一名科技特派员联络员；选派150名省、市、县级科技特派员，挂钩帮扶189个建制村和10家企业，组织实施漳州市2022年为民办实事工程；组织申报2022年度省级科技特派员后补助项目4个、星火项目5个、对外合作项目2个、区域发展项目1个、STS项目1个，其中“金凤丸用于多囊卵巢综合征的药效作用机理及质控体系研究”的区域发展项目、“台湾蝴蝶兰种质资源与病毒防控技术的创新应用研究”和“金针菇瓶装工厂化专用品种选育及产业应用配套技术研究与示范”的对外合作项目、“海洋鱼糜制品精深加工关键技术研究与应用”的科技特派员后补助项目获得福建省科技厅立项；组织省、市、县三级科技特派员参加“科技赋能食用菌、助力乡村振兴”线上培训；组织申报、推荐福建省“最美科技特派员”、福建省科技特派员工作优秀案例、漳州市“最美女科技特派员”。

（黄惠瑜）

科研与创新

【概况】 2022年，漳浦县有17家企业申报国家高新技术企业，36企业家通过科技型中小企业评定；推荐11个省级科技计划项目与高校科研院合作；下拨科技特派员工作经费127.6万元。

【高新技术企业申报】 2022年，漳浦县加强国家高新技术企业培育库建设，推动企业申报国家高新技术企业，全年申报国家级高新技术企业17家；动员企业申报科技型中小企业，36家企业通过科技型中小企业评定。动员科技型企业申报2022年创新创业大赛，鑫艺隆新材料科技等7家企业注册登记。

【科研项目合作】 2022年，漳浦县工信局协助企业与各大院校、科研单位进行对接，建立校企合作关系，提升企业研发创新能力。全年推荐申报省级科技计划项目12个，其中有11个与高校科研院所签订项目合作。

【企业科技创新奖励补助】 2022年，漳浦县加大科技创新支持力度，宣传发动企业申报科技小巨人领军企业，有6家企业申请认定，香洲皮革、桂宏工业等7家企业获得科技创新券补助。2022年，漳浦县兑现同溢堂药业有限公司等34家企业2020年度企业研发经费补助资金930.2万元；兑现福建福船一帆新能源装备制造有限公司、漳州伟伊化纤有限公司等企业“促进科技创新发展八条措施”“首席科技官”补助、市级科技特派员专项资金、省级科技计划项目（对外合作项目）补助资金1099.08万元。

（黄惠瑜）

知识产权保护

【概况】 2022年，漳浦县有专利授权574件，其中发明专利33件，实用新型专利380件，外观设计专利161件；商标申请3252件，注册2869件。有效发明专利216件，有效商标19589件，每万人口高价值发明专利拥有量0.88件。2家企业通过国家知识产权优势企业认定。

【知识产权运用】 2022年，漳浦县推进地理标志标准建设，指导开展地理标志申请、团标制定、转让、续展等相关工作，“六鳌紫菜”完成团体标准制定、授权许可备案，“深土紫菜”完成团体标准制定，“石榴填鸭”提交地标申报，“深土花菜”“旧镇大蚝”完成续展。帮扶4家企业知识产权质押融资，授信金额4500万元。

【知识产权政策宣传】 2022年，漳浦县开展“4·26”知识产权宣传周等集中宣传活动，广泛宣传普及知识产权保护相关政策法规，推动知识产权服务进基层、进企业、进校园。指导专利及商标工作，宣传《中华人民共和国专利法》、《中华人民共和国商标法》、《知识产权保护矩阵构建指南》及专利开放许可制度，宣传普及知识产权保护矩阵理念，引导企业字号与商标同步注册。

【知识产权维护】 2022年，漳浦县参与省、市、县三级专利侵权纠纷协同处置体系构建，开展4个批次的非正常专利申请核查整改，全年核查非正常专利申请

2022年4月26日，漳浦剪纸协会在漳浦文庙日星斋探讨和创作知识产权保护主题作品 （漳浦县融媒体中心 供图）

175件，申请人主动撤回申请162件。开展知识产权“铁拳”行动，对侵权假冒多发的重点领域和区域，进行知识产权飞地交叉执法检查，查处知识产权案件137件，其中专利案件81件，商标案件56件。畅通专利纠纷受理渠道，在全县建立11个知识产权纠纷调解室。

（杨怡琳）

气象科技

【概况】 2022年，漳浦县及时发布灾害性天气预警信号，全年发布灾害性天气气象专题服务122期、气象短信264万条和预警信号533条，开展气象防灾减灾、气象科普宣传活动，增强社会公众科学素质和科学生活理念，提高气象防灾应变能力。

【气象服务】 2022年，漳浦县气象局组建4个气象服务微信群，为县、乡、村三级干部、种植养殖大户、媒体记者、危化企业、防灾减灾部门发布气象预报信息；完成向森林防灭火、减灾委员会、高考中考3个政府决策专业服务群发布4次暴雨、4次台风过程的气象预报服务；做好节假日以及中考、高考等50期重要活动的气象服务；做好水稻、青枣、蔬菜、铁皮石斛农业气象服务专题。

【人工增雨】 2022年，漳浦县开展火箭人工增雨作业3次，发射火箭弹16枚；开展烟炉作业22次，烟条90条；开展人工影响天气作业事故应急演练2次。

【气象科普宣传】 2022年，漳浦县推进防灾减灾宣传“五进”工作，多形式开展气象防灾减灾科普知识宣传活动。5月22日，开展防震减灾科普讲解大赛；10月13日，开展以“地震科普 携手同行”为主题的第33个国际减灾日宣传活动；10月19日，在漳浦县第三中学开展气象科普宣传活动；10月26日，多单位联合开展科普宣传进企业活动，在漳浦台创园开展气象科普知识讲座；10月27日，在漳浦县实验小学分校举办以“大手牵小手 科普向未来”为主题的校园科普宣讲活动。

【防雷安全监管】 2022年，漳浦县气象局联合有关部门对全县涉氨制冷企业、易燃易爆场所进行防雷安全监管，巡查存储危化品企业81家、加油站59家、民爆仓库6家、烟花爆竹仓库3家、危化品仓储仓库7处、液化气仓库4家、加气站2家；防雷装置竣工验收1件。

【气象科普基地建设】 2022年，漳浦县气象局与漳浦县实验小学分校签订气象科普宣传共建协议，联合完成校园气象科普基地的建设和升级完善。组织漳浦县实验小学分校参加中国气象学会第七届校园气象科学展评活动，参加中国气象学会2022年小e气象知识竞赛并获得集体三等奖。漳浦县实验小学分校阳光城校园气象站被命名为第八批全国气象科普教育基地（示范校园气象站），漳浦县实验小学分校被认定为首批福建省气象科普基地。

【气象现代化建设】 2022年，漳浦县被列入福建省高质量气象现代化建设先行试点县，漳浦县气象现代化建设项目“乡镇气象防灾减灾信息服务系统”在全县18个乡镇场推广应用，“漳浦县对台农业气象服务系统”终端向全县11家台农企业推广安装，实现对台农企业智能精准、分类推送的“直通式”气象服务转型发展。全年新增2个烟炉作业点和4个火箭弹人工增雨作业基地，升级改造3个烟炉智能化人影系统建设，采购1套牵引式人工增雨发射装置。2022年，漳浦县天福文化产业园获批气候康养福地，石榴镇青枣获得福建省首个水果类农产品气候品质特优认证。

（毛建波）

地震测报

【概况】 2022年，漳浦县发生有感地震3次：4月8日漳浦县

2022年10月13日，漳浦县开展以“地震科普 携手同行”为主题的第33个国际减灾日宣传活动　　（漳浦县地震办 供图）

海域发生2.7级地震，漳浦县部分乡镇有震感；6月24日漳浦县海域发生2.3级地震，漳浦县部分乡镇有震感；11月2日漳浦县中北部地区发生2.2级地震，漳浦县部分乡镇有震感。

【地震监测预报】 2022年，漳浦县加强地震监测台站（点）管理；制定《2022年度漳浦县震情监视跟踪和应急准备工作实施方案》；做好地震监测台站（点）建设协调服务；配合省市地震局做好漳浦县西赤屿岛礁地震台建设协调工作。全年地震预警发布终端在线率80%以上。

【防震减灾科普】 2022年，漳浦县开展防震减灾“六进”宣传，举办以“减轻灾害风险 守护美好家园”为主题的防震减灾科普讲解大赛；开展“地震科普 携手同行”主题活动；选送12人参加漳州市中小学生防震减灾书画作品征集大赛并取得优异成绩。组织全县80多名“三网一员”进行专题业务培训，指导开展农村房屋建筑调查和抗震设防信息采集录入工作，累计完成600多栋房屋设施抗震设防信息采集，采集数据量居全市第一。

【地震应急避难场所督查】 2022年，漳浦县对全县25处地震应急避难场所运行维护情况进行专项督查，针对日常维护记录、指向标识、应急物资储备和资金使用等抓好整改落实，对“单”销“号”，确保地震应急避难场所正常运行。

（陈 茜）

（编辑：陈诗涵）

文化

公共文化

【概况】 2022年，漳浦县有艺术表演团体1个，演（映）出134场次，总流通4.7万人次；公共图书馆1个，总藏量24.97万册，总流通18.65万人次；博物馆1个，总流通1.12万人次；文化馆1个，总流通1万人次；文化站19个，总藏量10.81万册（件），总流通19.79万人次。

【文化市场综合执法】 2022年，漳浦县组织对全县文化市场开展综合执法检查。重点清查各中小学校周边文化市场销售传播非法有害出版物行为；以“正道2022”“新风2022”集中行动为平台，深化5个集中行动和8个专项整治行动，打击各类涉黄涉非出版传播活动；加强网吧日常监控，严厉查处网吧接纳未成年人进入营业场所。全年责令下架各类违法内容文化产品2项，办结通过信息网络销售出版物未备案案件3起，办理娱乐场所超时经营案件6件，办理新闻出版案件3件，处罚款3000元，约谈相关企业21家次。

【文化监管服务平台建设】 2022年，漳浦县投入150万元开展漳浦文化监管服务平台项目建设，对11家歌舞娱乐场所的点播系统安装控制器，对15处国保、省保单位监控进行联网建设，对16处县保单位监控进行联网建设，进行执法指挥中心大屏建设，对7处旅游景点的全景拍摄和31件文物作品进行3D建模。

【文旅产业融合】 2022年，漳浦县深化文旅产业融合发展，利用文化遗产资源，将漳浦文庙、千年旧县衙、蔡新府第、高东溪祠等文物资源串点成线、推动形成“府前文化一条街”，助力花漾美食街等夜经济发展，彰显城市文化“新活力”；发挥净凉阁文化广场的惠民优势，将漳浦剪纸、竹马戏、芗剧、犇艺等活态非遗展示与文物展览相融合，激活县城中心的文化旅游项目。

（漳浦县文体旅局）

群众文化

【概况】 2022年，漳浦县围绕“福”文化、人民的非遗人民共享、“喜迎二十大”等主题，举办线上文化活动31场、线下展览及各类活动20场。开展戏曲公益性演出50场；组织电影队开展免费电影放映活动，完成农村公益电影放映3657场，西湖公园广场公益电影放映160天（320场）。

【“福”文化主题系列活动】 2022年，漳浦县围绕“福文化”主题开展系列活动。1月15日，举办“福星高照 福佑中华”漳浦县庆元宵灯谜大会，1月18—21日，开展送“福”送春联文化惠民活动，组织书法家们走进深土镇锦东村，六鳌镇店下村、营里村，县城旧县衙，佛昙轧内村等地为当地群众义写春联。1月1日至2月15日，“艺术之乡·福虎迎春”2022年漳浦剪纸作品展线上展出，1月30日至2月10日，“书写国学经典·传承闽南文化”2022年漳浦县福虎贺春少儿书法作品分4期线上展出。

【非物质文化遗产日活动】 2022年6月11日，漳浦县文化馆、漳浦县妇联、漳浦县剪纸协会在漳浦文庙举办“人民的非遗 人民共享”漳浦剪纸体验活动课，现场的群众在学习体验非遗技艺中感受中华传统文化的魅力。同日，漳浦县文化馆线上展出“崇德尚廉 清正廉洁”漳浦县剪纸精品。

【“喜迎二十大 歌颂金漳浦”广场演唱会】 2022年9月3日，“喜迎二十大 歌颂金漳浦”暨二〇二二年迎中秋广场演唱会在西湖公园南大门举行。漳浦各界的艺术家们为漳浦市民献上一场美轮美奂的文化盛宴。整场晚会以歌曲、舞蹈、乐器演奏、曲艺等文艺形式歌唱祖国，赞美漳浦，讴歌人民的美好生活，描绘出一幅漳浦未来发展的宏伟蓝图。

【海原·漳浦文化艺术作品交流展】 2022年7月15日，“闽宁协作漳海情”海原·漳浦文化艺术作品交流展在海原县非遗文化传承基地开幕，展览为期2天，展出书画、剪纸、刺绣、摄影等各类艺术作品180幅，展现两地不同的地域特色和民俗风情以及闽宁协作以来在劳务输出、招商引资、文化交流等方面取得的显著成效。

2022年7月1日，“喜迎二十大 你我共传承”漳浦县非遗公益传承剪纸技艺培训班学员成果展举行　（漳浦县文化馆 供图）

【剪纸作品交流】 2022年10月10日，由漳州市文旅局、阜阳市文旅体局主办的2022年“福建漳州·安徽阜阳”两市剪纸作品交流展在界首市文化活动中心展出。展览为期10天，共展出福建漳浦剪纸作品25幅、阜阳剪纸作品54幅。

（漳浦县文体旅局）

非物质文化遗产保护

【概况】 2022年，漳浦县有县级以上非遗项目62项，其中国家级1项、省级4项、市级14项、县级43项；县级以上代表性传承人91人，其中国家级1人，省级7人，市级19人，县级64人。

【非遗代表性项目申报】 2022年，漳浦县组织开展第九批市级非物质文化遗产代表性项目申报工作，2022年12月28日，漳浦县的闽南竹编工艺、益安宁丸制作技艺、金凤丸制作技艺、老菜脯传统制作技艺、闽南功夫茶习俗等非遗项目被列入漳州市第九批市级非物质文化遗产代表性项目名录。

【非遗传承人培养】 2022年，漳浦县组织全县非遗管理人员和非遗传承人参加2022年度漳州市非遗管理保护人员暨代表性项目保护单位负责人（传承人）培训班；组织全县非遗传承人116人次参加漳浦县非遗传承人职业道德培训。

【大车鼓、闽南红砖瓦制作技艺入选第七批省级非物质文化遗产代表性项目】 2022年1月29日，福建省人民政府公布第七批省级非物质文化遗产代表性项目名录，漳浦县大车鼓、闽南红砖瓦制作技艺入选其中。

漳浦大车鼓 是流行于闽南地区的民间小戏，有1300多年的历史。佛昙镇东坂村的车鼓舞，动作以“跳”“转”为主，音乐伴以打击乐，由鼓点做指挥，配上舞蹈的画面，时而雄壮，时而风趣。最具代表性的表演剧目是《昭君出塞》。漳浦大车鼓技艺传入台湾，与台湾宜兰采茶山歌、锦歌等融合贯通后衍生了新的戏曲剧种——歌仔戏。

闽南红砖瓦制作技艺 历史悠久，可追溯到16世纪70年代。制作工序包括练土、制坯、晾干、入窑、烧窑、出窑等。产品主要用于古建筑保护修缮或重建，以及具有闽南特色的市政工程等。

（漳浦县文体旅局）

文物保护

【概况】 2022年，漳浦县文物点总数969处985点，其中全国重点文物保护单位5处7点，省级文物保护单位14处，县级文物保护单位123处137点。漳浦县完成69处各级文物保护单位保护碑的树立，初步完成132处县级文物保护单位及绥安镇、湖西乡一般不可移动文物点定线落图工作。

【文物修缮】 2022年，漳浦县完成总投资635.5万元的全国重点文物保护单位蓝廷珍府第修缮工程、总投入191万元的完璧楼修缮工程、总投入44.56万元的全国重点文物保护单位赵家堡官厅右次座五落修缮工程、总投资27.2万元的赵家堡官厅左护厝修缮工程。截至2022年年底，以上工程均已通过初步竣工验收工作。

【文物安防】 2022年，漳浦县推动总投资556.1万元的漳浦文庙大成殿、锦江楼、蓝廷珍府第、赵家堡—诒安堡4处全国重点文物保护单位安防工程建设。对现有33处文保监控平台进行提升。

（漳浦县文体旅局）

博物馆管理

【概况】 2022年，漳浦县开放博物馆及下设的文庙史迹馆、历史名人馆、黄道周讲学处、蔡新府第4个场馆，全年接待参观11150人次，接待参观团队60场次。

【临时展览举办】 2022年，漳浦县博物馆办好各项临时展览。1月，举办“福虎贺春少儿书法作品展”。2月，举办“出水瓷器展”。5月18日博物馆日，承办纪念中国工农红军闽南独立第三团成立九十周年《古郡漳浦红色履迹山水画长卷》展，馆藏紫砂壶等相关展。10月，开展“传承红色持廉守正”漳浦喜迎二十大红色文化主题年画藏品展、漳浦廉洁文化书法作品展。

【博物馆宣传教育】 2022年，漳浦县博物馆重视青少年的宣传教育，开展共建活动，在绥安中心学校、实验小学、实验小学中华校区等中小学、社会机构开展“古韵漳浦文物古迹进校园”系列社教活动。在漳浦县博物馆公众号推出馆藏文物云展专栏，介绍馆藏文物。

【馆藏文物建档完善】 2022年，漳浦县博物馆对馆藏文物档案持续归档，整理馆藏文物名录、完善藏品卡、对部分捐赠的紫砂壶及一般馆藏文物进行高清拍照，使馆藏档案规范齐全。对漳浦县实验幼儿园移交的56件可移动文物、漳浦县刑侦大队移交的311件海捞瓷进行造册入库，详细对各件文物进行测量、称重、登记，使移交文物档案信息得以完善。启动二级以上可移动文物记录档案编制工作；配合做好全省文物展览工作，馆藏文物奏乐图瓷板画入选“声声慢 心弦动——福建古代音乐文物展”，5月15日至9月15日在福建省博物院展出。

（漳浦县文体旅局）

图书管理

【概况】 2022年，漳浦县图书馆办理读者证1000多张，总分馆流通约22万人次，总分馆图书外借量约18.5万册次。截至2022年12月，办证读者9400人。漳浦县图书馆微信公众号全年发布437篇推文。

【图书宣传】 2022年，漳浦县图书馆举办各类活动、展览、讲座82场，其中线下活动4场（展览2场，主题活动2场）；线上主题活动、展览、讲座78场。活动的内容和主题涉及“好书推荐”“世界读书日”“廉洁文化”“绘本故事课堂”“春节主题”、诗词、猜灯谜、学党史、中共二十大等。春节期间，开展春节主题活动15场，形式包含展览、讲座、答题等，参加活动读者超5400人次；“4·23”世界读书日，举办9场不同主题的读者活动，包含国学经典作品展、读名著题闯关活动、古诗词竞答、茅盾文学奖知识竞答、绘本阅读、历史知识竞赛、诗词闯关、诵读比赛，近1200人次参加活动。

【智慧图书馆建设】 2022年，漳浦县图书馆基本建成智慧图书馆，实现数字化阅读、大数据统计分析、智慧化用电管理、智慧消防监控、自助借还及办证管理、智能客服服务、VR智能导览、智慧馆藏查询等功能，数字资源挂靠在手机移动图书馆软件和漳浦县图书馆微信公众号端的“云悦读”栏目，包含电子书、公开课、视频、听书，可看可听。

2022年1月，漳浦县图书馆举办典籍里的中国年展览。图为1月27日漳浦县图书馆一楼大厅展览 （漳浦县图书馆 供图）

【基层公共文化资源配置优化】 2022年，漳浦县图书馆打造福建省老区“红色书屋”项目，完善乡村图书馆分馆自助借还系统，推进分馆建设，已建成“东坂分馆”“南浦分馆”“边防大队分馆”“新汉博分馆”“马坪分馆”“武警中队分馆”“港头村流通点”7个分馆。

（漳浦县文体旅局）

文化创作演出

【概况】 2022年，漳浦县探索创新工作机制，推进文化创作，加大文艺精品创作力度，创作体现地方特色、反映时代风貌的优秀作品。竹马戏（芗剧）传承保护中心推出方言小品《疫情防控守好规矩》、芗剧表演唱《生命至上 人民至上》，普及防疫知识，鼓舞抗疫斗志；新编竹马戏小品《唐二带妻逛金浦》、方言小品《扶企》、音乐快板《乡村振兴政策好》等节目，在全县各乡镇、各村社开展宣传；采风竹马戏音乐《八音》，拍摄、整理曲谱，规范整理竹马戏剧本10套。

【芗剧《一代相国蔡新》守正创新唱清廉】 2022年，漳浦县竹马戏（芗剧）传承保护中心精心创排芗剧《一代相国蔡新》，在福州、漳州、漳浦等地展演。该剧先后入选国家艺术基金2020年度大型舞台剧和作品资助项目、第28届福建省戏剧会演剧本征文一等奖、福建省舞台艺术精品工程2022年度重点剧目。通过蔡新纠正乾隆时期“议罪银”弊政、整肃官场风气、减轻百姓负担等历史事件，展现蔡新在国家兴衰、人民苦难的大是大非问题面前生死不避、敢于担当的高尚人格以及清正廉洁、敢于跟不正之风进行斗争的精神品质。

【非遗竹马戏·芗剧进校园】 2022年，漳浦县竹马戏（芗剧）传承保护中心开展“非遗竹马戏·芗剧进校园”活动44场，先后走进漳浦第一中学、艾迪尔幼儿园、六鳌中心幼儿园、旧镇中心幼儿园、江滨幼儿园等10所中小学及幼儿园，参与1.1万人次。

【竹马戏挖掘】 2022年，漳浦县竹马戏（芗剧）传承保护中心到竹马戏发源地漳浦六鳌、东山铜陵采风竹马戏音乐《八音》，并拍摄、整理曲谱，规范整理竹马戏剧本10套，坚持推陈出新，以竹马戏的形式开展疫情防控宣传等活动。

【竹马戏传习基地建设】 2022年8月2日，漳浦县竹马戏（芗剧）传承保护中心与福建师范大学音乐学院签署战略合作框架协议，举行“福建师范大学‘闽台地方戏曲’漳浦县竹马戏传习基地”与“福建师范大学音乐学院竹马戏音乐实践基地”授牌仪式，联合开展芗剧、竹马戏剧目音乐创作与表演、人才培养、平台建设等多领域的探索与合作。

（漳浦县文体旅局）

2022年9月26日，漳浦县竹马戏（芗剧）传承保护中心到前亭中心学校开展非遗竹马戏·芗剧进校园活动　（前亭镇党政办 供图）

融媒体

【概况】 2022年，漳浦县融媒体中心在市级以上媒体上稿7087篇（幅、条），其中央级257篇（幅、条），省级2502篇（幅、条），市级4328篇（幅、条）。漳浦融媒微信公众号发布3240篇文章，漳浦县融媒体中心抖音号发布作品325条。“金漳浦”APP开通30多个便民窗口。漳浦县融媒体中心获评“全省优秀县级融媒体中心30强”“福建日报社年度优秀融媒体中心报道组”“福建省广播影视集团全省供稿工作十强县级台”等。

【专题专栏开辟】 2022年，漳浦县融媒体中心围绕党的二十大、纪念红军入漳90周年、乡村振兴、“七比一看”、创城等工作，组织“台、网、报、微、端”各平台在丰富原有特色专题专栏的基础上，开辟“县领导最新动态”“金浦快讯”“奋进新征程 建功新时代”“创城在行动”“闽山闽水物华新”等专题专栏43个。全年在各平台发布“奋进新征程 建功新时代”相关报道341篇（幅、条）；发布“创城在行动”“平安漳浦你我同行”相关报道981篇（幅、条）；发布“闽山闽水物华新·非凡十年”相关报道94篇（幅、条），该系列报道获评“福建省2022年学习宣传贯彻中共

2022 年 8 月 13 日，漳浦广播电台主持人录制乡村振兴广播剧

（林华 摄）

二十大精神广电媒体融合传播项目”；发布中共二十大宣传相关文章 316 篇；刊发疫情防控宣传相关报道 1600 余篇（幅、条）；发布乡村振兴相关报道 664 篇（幅、条）。

【广播电视】 2022 年，漳浦广播电视台“漳浦新闻”开辟“喜迎二十大”“学习二十大 奋进新征程”“学习宣传贯彻党的二十大精神”等栏目，播出中共二十大宣传相关报道 112 条；漳浦广播电视台综合频道每天播出中共二十大主题公益广告及标语共计 408 条次，漳浦广播电视台黄金时段滚动播出乡村振兴公益广告共计 730 条次、创城公益广告累计 1095 条次。拍摄制作《志愿服务让漳浦更文明》《文明出行 我来上分》等公益宣传短片、公益广告 10 多个。2022 年，微广播剧《大埔村的故事》获全省“村村福 · 振兴的力量”微广播评审优秀剧本奖，《台籍“科特派”助农发展显“特效”》获中国广播电视大奖提名奖，广播剧《江山》获评中国广播剧研究会专家评析精品展播特别推荐作品，获福建省广播电视艺术奖一等奖，《浴火重生》获评中国广播剧研究会专家评析精品展播重点推荐作品，《我的乡村我振兴——茶山姑娘让茶油演绎新的魅力》被评为全国百台节目共创活动优秀作品，《老鼠娶亲》入选国家广电总局动画片扶持项目。

【金浦报社】 2022 年，漳浦县金浦报社全年刊 49 期。利用重要版面开辟“评论”专栏，选刊有针对性的央媒时评文章，传播新文化、新观点、新发展理念；开辟“红色历史”专版，持续刊出漳浦革命史，将革命老区的“红色基因”再次“植入”人心，8 月，开辟“闽山闽水物华新 · 我这十年”、“闽山闽水物华新 · 非凡十年” 和“漳浦新视点 · 喜迎二十大”中共二十大专栏专题，先后刊出典型人物通讯以及全县县情综合报道。跟踪报道疫情防控工作，刊登相关自我防疫常识，刊出相关新闻、专版 32 条（版）。设置“共创文明城”专栏及公益广告，刊登创城新闻、海报，为全县创城营造氛围。

（漳浦县融媒体中心）

（编辑：陈诗涵）

体 育

综 述

【概况】 2022年，漳浦县坚持体育工作普及与提高相结合，推动全民健身与全民健康的深度融合。支持漳浦县少年儿童业余体育学校创建“高水平体育后备人才基地”，促进全民健身活动的开展和推动公共体育设施建设，完成漳浦县智慧公园项目的建设。

【体育社团】 2022年，漳浦县文体旅局完成体育社团2021年度工作报告书审查工作。9月23日，漳浦县太极拳协会召开第二届换届选举大会，会议选出漳浦县太极拳协会会长；12月22日，漳浦县老年人体育协会第四届会员代表大会在县会议中心召开，会议选出漳浦县老年人体育协会第四届理事会会长。截至2022年12月底，全县有体育协会10家，会员3万多人。

【体育后备人才基地申报】 2022年，漳浦县少年儿童业余体育学校申报“国家重点高水平体育后备人才基地（2021—2024）”，已通过福建省体育局的初评和实地复评等程序。

【体育彩票】 2022年，漳浦县体育彩票总销量1.27亿元，其中即开型彩票销售1012万元，总销量比上年增长3%。常规站点138家，第三方渠道站点23家。2022年退机站点数10家。

群众体育

【概况】 2022年，漳浦县文体旅局组织指导开展县级及以上群众体育赛事16场。组织参加省、市举办的赛事活动2场，有20名运动员参与；6人代表漳州市参加福建省第十七届运动会群众部

2022年3月4日，漳浦县首届庆三八女神节“飞烨杯”羽毛球赛开赛。图为比赛现场
（漳浦县文体旅局 供图）

健身气功比赛获得团体三等奖。

【首届三八妇女节“飞烨杯”羽毛球赛】 2022年3月4日，漳浦县羽毛球协会在漳浦县少年儿童业余体育学校举办首届庆三八妇女节“飞烨杯”羽毛球赛。比赛分为女双、混双的混合团体赛，采用小组循环赛的方式，以累积总分决出小组名次，取团体前四名给予颁奖。

【首届“棋友资助杯”象棋擂台赛】 2022年2月15日，漳浦县象棋协会在西湖公园举办漳浦县首届“棋友资助杯”元宵节象棋擂台赛。比赛面向漳浦不同年龄段的象棋爱好者，赛制分为“1对11”挑战赛和擂台赛。最终颁发最佳守擂奖、过关优胜奖、优秀奖、最佳新秀奖4个奖项。

竞技体育

【概况】 2022年，漳浦县有46名运动员参加福建省第十七届运动会，获得6枚金牌、2枚银牌、4枚铜牌。2022年1月，漳浦县文体旅局被省体育局授予“参加第三十二届东京奥运会突出贡献奖”荣誉称号。

【省运会创佳绩】 2022年，漳浦县派出46名运动员参加福建省第十七届运动会青少年部体校组比赛，获得6枚金牌、2枚银牌、4枚铜牌。其中徐子滢获武术套路比赛女子丙组规定拳+长拳第一名，林达源获拳击比赛男子甲组52公斤第一名，陈馨怡获拳击比赛女子甲组57公斤第一名，王朝川获摔跤比赛男子甲组50公斤第一名，卓函玉获划艇比赛女子乙组单人划艇1000米第二名，林添有获拳击男子甲组57公斤第三名，林毓豪获皮艇男子乙组双人皮艇1000米第三名，李明凯获皮艇男子乙组双人皮艇1000米第三名，卢锦煌获赛艇比赛男子甲组公开级单人双桨4000米团体第三名，赵艺鸿获田径男子甲组异程接力第一名、男子甲组4×400米接力第一名、男子甲组400米第二名。

体育设施建设

【概况】 2022年，漳浦县文体旅局推进全民健身工程建设，完成2021年福建省委、省政府为民办实事项目——漳浦县智慧公园项目的建设，完善全县体育设施配套，满足群众健身需要。

【漳浦县智慧公园建设完成】 2022年，漳浦县完成漳浦县智慧体育公园项目建设，该项目位于漳浦县文体中心西北侧，核心区占地面积5000平方米，总投资320万元，建设有笼式网球运动场、笼式足球运动场、笼式篮球运动场、笼式门球运动场、气排球运动场、羽毛球运动场、轮滑运动场、地掷球运动场、乒乓球场等9项运动项目场地，以及智能健身路径20条、智慧健身步道1条、国民体质测试设备1套、健身驿站1套。

【群众体育设施建设】 2022年，漳浦县文体旅局做好体育设施建设，投入近60万元购置一批体育健身器材，在全县各乡镇、村（社区）的35个全民健身点添置和更新。

（漳浦县文体旅局）

（编辑：陈诗涵）

卫生健康

卫生事业

【概况】 2022年，漳浦县有医疗卫生机构498个，其中医院11个，社区卫生服务中心2个，卫生院17个，村卫生室410个，诊所、医务室、护理站54个，妇幼保健院1个，疾病预防控制中心1个，卫生监督所1个，其他卫生机构1个。全县有卫生技术人员4043人，医疗床位3463张。各类医院诊疗996262人次，门急诊991444人次，入院55467人，出院55578人，病床周转数23.5次。

2022年，漳浦县卫生健康局（简称漳浦县卫健局）被市委、市政府授予漳州市抗击新冠肺炎疫情集体称号；漳浦县医院被省卫生健康委授予公立医院高质量发展省级试点单位称号；旧镇中心卫生院、佛昙中心卫生院通过全国“社区医院”创建验收；绥安社区卫生服务中心和官浔中心卫生院入选2022年度“优质服务基层行”活动达到推荐标准机构名单。

【医疗体制改革】 2022年，漳浦县落实县级公立医院绩效考核要求，对漳浦县医院党委书记、院长、总会计师和漳浦县中医院党支部书记、院长进行2021年度绩效考核，对考核结果进行通报并兑现年薪。严格控制医药费用不合理增长，县级公立医院药占比（不含中药饮片）下降到25.40%；药品耗材收入占比下降到33.66%；卫生材料收入占比8.26%；检查化验收入占比下降到25.81%，完成福建省、漳州市下达的指标任务。推进紧密型医疗卫生共同体建设，漳浦县总院下派基层医疗机构医生26人，基层医疗机构到总院进修医生12人，六大中心为基层医疗机构出具诊断41.45万人次。全县医疗服务收入占比和县域就诊率均列全市第一。

【公立医院医疗服务保障】 2022年，漳浦县加快推进漳浦县人民医院综合能力提升项目，在胸痛中心、卒中中心和创伤中心的基础上，组建危重症孕产妇救治中心、儿童和新生儿救治中心、呼吸中心，完善急救网络，建设实时高效智能平台，实现患者信息院前院内共享。加强县级公立医院临床重点专科建设，截至2022年12月，漳浦县医院有骨科、妇产科2个省级重点专科和心血管内科、泌尿外科、病理科3个市级重点专科。

【医疗信息化建设】 2022年，漳浦县完善预约诊疗平台功能，县级医院通过微官网、公众号为患者提供门诊预约挂号服务，推出收费挂号窗口联网、开展诊间结算、移动支付等便民措施，缩短患者来院就诊等待时间。实施全市二级以上医疗机构检验检查结果互认和医学影像结果互认，医学检验细项数216.26万例，医学影像数 2.73 万例，避免重复检查、检验。

【人口家庭发展】 2022 年，漳浦县出生 15295 人，出生率 16.17‰，比上年减少 4946 人，政策内出生 13778 人，政策符合率 90.08%，出生人口性别比为 113.62（女＝100），比上年提高 1.92%。对全面两孩政策调整前的独生子女家庭和农村计划生育双女家庭，实行现行各项奖励扶助制度和优惠政策，对农村奖励扶助 3094 人，城镇奖励扶助 1191 人，国家特扶 325 人，市级特扶 96 人，独女贡献奖 1170 人，特困二（独）女大学生全程式助学 57 人，二女绝育户奖励 20883 人，农村二女绝育户、独女户的新农合补助 34498 人，县级扩大计生特殊家庭慰问 82 户。

【爱国卫生运动】 2022 年，漳浦县组织开展除“四害”（苍蝇、蚊子、老鼠、蟑螂）专业消杀活动，开展以“文明健康 绿色环保”为主题的第 34 个爱国卫生月和第 28 个全国肿瘤防治宣传活动，结合新冠疫情常态化防控工作，引导群众践行文明健康绿色环保，癌症防治早早行动的健康生活方式，通过设置咨询平台、发放宣传材料、摆设宣传展板、悬挂横幅等形式，进行爱国卫生运动 70 周年宣传。活动现场为群众提供健康生活等相关信息咨询、健康体检、免费量血压、测血糖等，向群众分发爱国卫生月相关宣传材料。

2022 年 4 月 28 日，漳浦县在江滨花园小区开展以“文明健康 绿色环保”为主题的第 34 个爱国卫生月和第 28 个全国肿瘤防治宣传活动。图为活动现场 （漳浦县卫健局 供图）

【卫生监督】 2022 年，漳浦县对全县中小学和幼儿园的饮用水进行专项卫生监督检查，检查中小学 38 家、幼儿园 22 家，下达卫生监督意见书 1 份。开展公共场所量化分级管理和公共场所卫生检查等常规工作，检查公共场所经营单位 608 家，下达卫生监督意见书 20 份。加强生活饮用水的监督检查，每季度对全县 17 家集中式供水单位监督检查 1 次；开展二次供水专项监督检查，建档各类二次供水单位 30 家，下达卫生监督意见书 4 份。对辖区内的各类医疗机构依法执业情况开展监督检查，检查 583 家次，下发监督意见书 9 份；对各级医疗机构医疗废物开展专项监督检查，检查公立医院（含卫生院）、民营医院、卫生室（诊所）等 177 家，对发现的问题下达卫生监督意见书，责令整改 10 家，警告 4 家。开展消毒产品专项整治，检查卫生所（室）、药店、鼻炎馆等 25 家，抽查抗抑菌剂 43 种，未发现可疑问题产品，现场下发 4 份卫生监督意见书；对辖区内 2 家抗抑菌剂膏剂类的生产企业开展专项监督检查；针对漳浦县“赵家堡”纸巾存在外包装标识问题，下达监督意见书责令整改；对 1 家消毒服务机构的资质、依法执业、产品采购情况进行监督检查。每季度对辖区内 2 家餐具消毒服务单位进行日常监督检查并抽检，抽检结果全部合格。完成“双随机”监督任务 103 家，监督完成率100%，完结率100%，有监督对象1238家，监督检查1238家，监督覆盖率为100%。开展放射诊疗单位专项监督检查，组织放射工作人员专场考试。

【卫生项目建设】 2022年，漳浦县卫健系统建设项目9个，完成年度投资1.66亿元，其中湖西卫生院功能完善项目建成投用；漳浦县医院、漳浦县中医院综合诊治能力提升项目和深土卫生院续建项目基本完成；漳浦县第二医院功能完善项目全面开工；官浔中心卫生院、前亭卫生院、石榴卫生院等项目前期工作基本完成。

【卫技人才队伍建设】 2022年，漳浦县招聘编内卫技人才44人、2022届选优生1人、高级职称卫技人员4人、编外人员150人；推进高层次人才引进工作，签约E类柔性引进卫技人才5人，建立专家工作室1个，截至2022年12月，全县有名医工作室16个。

【医养结合工作】 2022年，漳浦县做好健民医院、锐光医院、和康医院3家民营医院医养结合工作监督指导。开展打击整治养老诈骗专项行动工作，完成138家养老机构的排查整治，未发现养老诈骗行为。发动各医疗卫生机构开展创建老年友善医疗机构活动，有22家医疗机构通过福建省卫健委审批，占应创建老年友善医疗机构数的80%以上。完成162个符合条件的失能老年人的申请、评估和服务工作。开展老年人健康宣传周、全国“敬老月”活动，10月13日，漳浦县卫健局联合赤湖中心卫生院在赤湖镇前湖村幸福院开展2022年全国“敬老月”活动，200多名60周岁及以上老年人参加体检。

（黄顺元）

疾病防控

【概况】 截至2022年12月31日，漳浦县食品等相关行业从业人员预防性健康体检人数19982人，其中食品从业人员13234人，其他公共场所服务751人，公共场所从业人员5703人，涉水产品生产99人，化妆品行业151人，从事消毒产品30人，其他人员14人；艾滋病咨询人数704人。漳浦县疾病预防控制中心（简称漳浦县疾控中心）做好基层医疗卫生机构基本公共卫生服务项目的季度督导工作，对全县17个乡镇开展4次季度督导。宣传传染病防治知识及健康科普知识，全年发放各类宣传材料5.95万份。开展主题宣传活动14场，发放宣传材料4350余份，各类宣传品2220个，展出展板50个，接受健康教育人群1460人。

【传染病防治】 2022年，漳浦县辖区医疗机构疫情网络直报上报传染病报告卡片病历8930例，及时报告8930例，及时报告率100%，及时审核卡片数8930例，及时审核率100%，有效证件号完整率100%，重卡率0。完成传染病疫情月分析报告12期，上年度分析1份。

【疾病监测】 2022年，漳浦县根据各季节疾病发生态势，开展各类疾病监测。外环境以及食品核酸检测7697份，新冠消毒效果监测3家。完成赤土乡、旧镇镇、长桥镇监测点的鼠疫监测，捕鼠206头，采集血清206份，采集鼠肝脾148份，经检验结果均为阴性。加强霍乱监测，2022年4月1日开始开展肠道门诊，全县收集肠道标本539份，海产品478份，检验结果均为阴性；外环境水210份，检验结果均为阴性。按省市下达的监测任务指标按月如期进行人感染高致病性禽流感监测。疑似麻疹风疹病例报告13例。上报AFP（急性迟缓性麻痹）监测病例2例。完成手足口病病例咽拭子、肛拭子61份，实验室确诊病例58例。在盘陀、石榴、旧镇、赤土、佛昙、湖西、深土、南浦、长桥、官浔、大南坂、赤湖等乡镇开展蚊媒布雷图指数监测，布雷图指数分别为36、23、47、43、26、6、7、6、14、5、19、4。截至2022年12月31日，漳浦县报告食源性疾病1195例；漳浦县辖区内累计报告HIV

感染者和病人213例；漳浦县结防机构登记报告活动性肺结核病人231例，其中病原学阳性患者149例，病原学阳性率69.3%。

【疾病控制】 2022年，漳浦县做好相应传染病控制，脊灰、白喉、麻疹、流脑、新生儿破伤风无病例报告，百日咳26例，发病率40.80/10万。手足口病网络直报发病942例（重症0例，无死亡病例），实验室确诊病例27例。布鲁氏菌病发病4例，已完成流行病学个案调查。调查处置传染病突发公共卫生事件（未分级）1起，为学校流感疫情。

【免疫规划实施】 截至2022年12月31日，漳浦县乙肝、百白破、流脑A群、乙脑、甲肝、白破、流脑A+C接种率均达90%以上；麻腮风第一剂接种率94.54%，麻腮风第二剂、脊灰疫苗接种率均达95%以上。漳浦县加强疑似预防接种异常反应（AEFI）监测，发现AEFI监测病例22例，发现后48小时内报告率≥100%；需要调查的AEFI在报告后48小时内调查率≥100%；无死亡、严重残疾、群体性AEFI；乡镇覆盖率94.44%，其中竹屿盐场全年无监测病例上报。

【地方病、慢性病防控管理】 2022年，漳浦县开展对地方病、慢性病的预防与控制管理。

碘缺乏病监测 开展8—10周岁的非寄宿学生甲状腺检查200人，尿碘和盐碘监测各200份；开展孕妇尿碘、盐碘监测各100份。

地氟常规监测 对石榴镇象牙村圩中自然村、佛昙镇洞野村2个饮水型地氟病区村进行病情监测和水氟检测，2个病区村改水工程所采集末梢水样水氟含量均合格，检查2个村8—12周岁儿童82人，检出氟斑牙患者8例，氟斑牙检出率为2.44%，氟斑牙指数为0.061，其中可疑病例6例，极轻度2例。

严重精神障碍患者管理 全县系统报表统计在册严重精神障碍患者3010人，在册管理曾经三级以上患者504人，应当住院155名患者均全部收治住院。漳浦县卫生健康局每个季度对疑似三级患者进行入户评级，全年排查疑似患者437人，确定历史最高等级三级5人，发放宣传用品3236份、免费药品60盒。

死因监测 截至2022年12月31日，漳浦县新增报告3929例死亡病例，男性2278例，女性1651例，其中县级医疗机构报告73例死亡病例。

血防工作 2022年，漳浦县被确定为血吸虫病Ⅲ类监测县，需开展钉螺调查的任务量为历史累计有螺面积（193.87万平方米）的1/6。漳浦县疾控中心复查马坪镇（京野村、林埭村、湖山村）、官浔镇（锦江村、红霞村、溪坂村、西北村、下炉村）31.98万平方米，均未发现钉螺。主要针对来自和往返血吸虫病流行区的人员，重点是外来从事农作物种植与收割、水产养殖、水上捕捞以及工程建设等流动人群，采用血清学方法进行血吸虫病筛查，总计200人，均未发现异常。

【疟疾工作】 2022年，漳浦县在全县范围内对临床初诊为疟疾、疑似疟疾、不明原因发热，以及来往于疟疾流行区的发热病人，及时开展血检疟原虫工作，2022年采集血片70片，监测结果均阴性。

【慢病管理】 2022年，漳浦县老年人健康管理人数62254人，健康管理率77.33%（健康管理率72%）；老年人中医药健康管理数59030人，中医药健康管理率73.33%（中医药健康管理率70%）；高血压管理数45258（管理任务数42500人），高血压规范管理数39079人，规范管理率86.35%（规范管理任务数75%），末次血压控制达标数36172人，血压控制率78.92%（血压控制率50%）；糖尿病管理数16396人（管理任务数13600人），糖尿病规范管理数14017人，规范管理率85.49%（规范管理率75%），末次血糖控制达标数14702人，血糖控制率89.67%（血糖控制率50%）。

【卫生监测】 2021年，漳浦县开展饮用水卫生监测，采集市政供水水样70份、农村饮用水水样162份；每月对县城区域进行饮用水卫生监测，采集水样91份。开展消毒效果卫生监测，对全县5家医院开展消毒效果监测；5月6日，对漳浦县集中医学观察点的空气消毒效果和物表消毒效果进行预防性消毒效果评价；11月15日，对2个疫点的空气消毒效果和指示菌消毒效果进行终末消毒效果评价；12月6日，对漳浦县集中医学观察点进行预防性消毒和终末消毒效果评价。

【公共场所健康危害因素监测】 2022年，漳浦县对3所公共场所的游泳池开展2轮的卫生监测，对11所公共场所进行卫生监测，对14家学校开展教室环境监测和水质监测，对19家游泳池开展水质监测，对5家农村集中式供水点开展水质监测。

（漳浦县疾控中心）

县级医疗机构

【漳浦县人民医院】 2022年，漳浦县人民医院（简称漳浦县医院）完成门诊60.01万人次，住院3.03万人次，总收入4.49亿元，比上年度增加6756万元，增长17.69%，其中医疗收入3.64亿元，增加852.65万元，增长2.4%。2022年4月，福建省卫健委同意漳浦县医院增加核定床位数300张，医院核定床位数由原来的500张扩增至800张。

2022年，漳浦县医院推进智慧医疗、智慧服务、智慧管理的“三位一体”智慧医院建设，优化医保电子结算凭证和院内电子健康卡的使用流程，完善诊间结算功能，完成医院血糖管理中心信息化建设、医院智能审方管理系统。全年开展13项新技术新项目，其中“宫颈上皮内瘤变相关的宫颈和阴道微生物组合及其应用”新技术已申请国家专利并授权成果转化。三级医院临床服务能力基本标准达到95%，推荐标准达到78.55%，符合三级医院评价要求。

2022年，漳浦县医院贯彻落实“千名医师万人次下基层”对口支援，选派15名中级及以上职称医师，分别到10家受援单位进行多种形式的对口支援。全年在全县各卫生院举行专题学术讲座16次、病例讨论22次、教学查房29次、业务培训98次，送医上门服务31次，接诊病人7451人次，接受医共体单位来院进修学习人员8名。

2022年，漳浦县医院获评“国家PCCM科规范化建设三级医院达标单位”。被国家卫健委确定为首批纳入“千县工程”县医院综合能力提升工作县医院，被福建省卫生健康委员会确定为公立医院高质量发展省级示范单位，被福建省卫生健康委员会、福建省教育厅认定为福建医科大学教学医院。

（漳浦县医院）

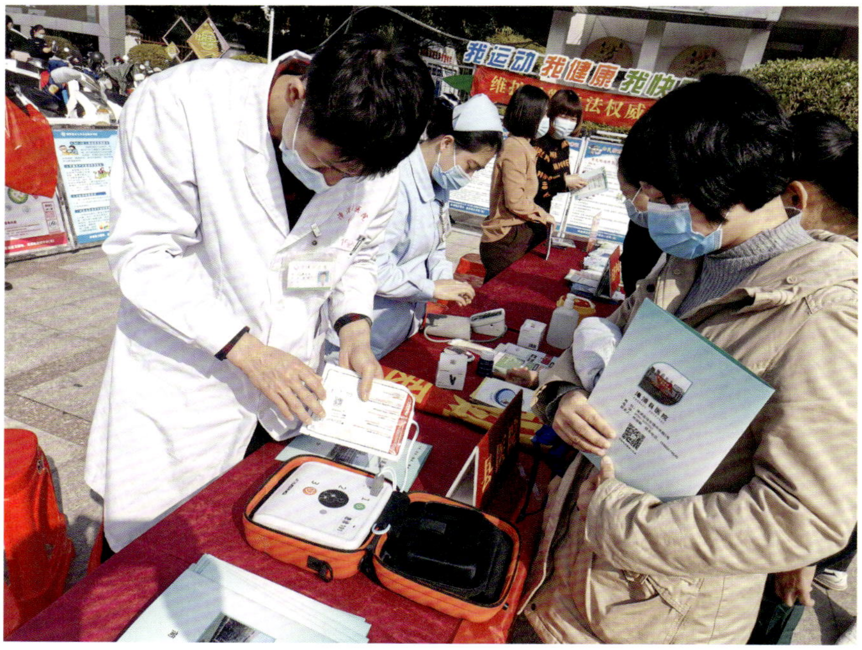

2022年1月10日，漳浦县20多家“110”联动单位在西湖公园南大门广场开展以“人民至上 110勇毅护航新征程”为主题的社会服务联动宣传日活动。图为漳浦县医院医生在现场普及自动除颤仪（AED）的操作方法

（漳浦县医院 供图）

【漳浦县中医医院】 2022年，漳浦县中医医院（简称漳浦县中医院）门诊22.96万人次，出院10188人次，手术7106台，药品耗材占比38.81%，药占比（不含中药饮片）21.33%，平均住院天数7.58天，病床使用率79.21%，病床周转37.73次，总收入14753万元，医疗收入13920万元，医务性收入比例37.57%。2022年3月9日，漳浦县中医院被漳州市卫健委认定为三级中医院。

2022年，漳浦县中医院新增14个临床路径病种，临床路径管理率为63.95%。有名医工作室8个，邀请省级名中医到院坐诊70余次，年门诊量约2200人次，每周有1至2名省级名中医来院坐诊。

2022年，漳浦县中医院派遣8名医生深入乡镇卫生院开展“千名医师万人次下基层”对口支援活动，服务基层群众近400人次。组织义诊、中医药文化宣传讲座6场，组织下乡帮扶业务讲座13场。

2022年，漳浦县中医院在福建省196家公立医院出院患者满意度排名第16名，三级医院排名第2，漳州市31家二级以上公立医院满意度调查排名第4。7月，荣获PCCM科规范化建设项目二级优秀单位称号。

（漳浦县中医院）

【漳浦县妇幼保健院】 2022年，漳浦县应管理常住孕、产妇数3986人，活产数3988人，通过福建省基卫系统统计，全县早孕建册人数3662人，早孕建册率93%，产后访视人数3752人，产后访视率95%。2022年漳浦县转诊孕产妇61人，危重症6人，出院后随访，情况良好。育龄妇女死亡93人，无孕产妇死亡。漳浦县妇幼保健院举办2期妇幼公共卫生项目培训、高危儿专项培训及乡医培训2场。

2022年，漳浦县妇幼保健院发放增补叶酸预防神经管缺陷3834人，完成率132.21%，新增应服用人数3980人，目标人群叶酸服用率96.33%。免费产前筛查诊断1905人，完成率105.83%，完成自费产前筛查1574人。地中海贫血防控1035对，完成率94.10%，筛查夫妇中检出2对同型地贫携带，女方非孕期。农村“两癌”筛查，检查HPV5500人，乳腺检查5500人。孕产期接受艾梅乙检测妇女4507人，检测率100%，其中孕早期接受检测人数4396人，检测率97.54%。随访2021年乙肝感染孕产妇所生儿童，乙肝二对半检测率84.72%，HBsAg（乙型肝炎表面抗原）阳性率2.15%。先天性心脏病筛查2407人，阳性16人。婚检男性797人，女性806人。

（漳浦县妇幼保健院）

（编辑：林雪芬）

社会民生

居民收入消费

【概况】 2022年，漳浦县城乡居民人均可支配收入36117元，比上年增长9.2%；城乡居民人均消费支出23976元，增长8.7%。

【城镇居民生活收入与消费支出】 2022年，漳浦县城镇居民人均可支配收入47661元，比上年增长8.3%；城镇居民人均生活消费支出31317元，增长8.1%。

【农村居民生活收入与消费支出】 2022年，漳浦县农村居民人均可支配收入28499元，比上年增长10.4%；农村居民人均生活消费支出19328元，增长9.1%。

社会保障

【概况】 2022年，漳浦县发放城镇职工基本养老保险金6.7亿元，发放城乡居民社会养老保险金2.43亿元，发放工伤保险费4493.24万元，发放失业金486.71万元。城乡居民医保基金支出24811.8万元，职工医保基金支出7258.6万元。

【社会保险】 2022年，漳浦县机关事业单位社会保险参保人数13467人，退休参保人数5644人，每月发放养老待遇2900万元；城镇企业职工养老保险参保人数13.52万人，按时足额为2.23万名养老人员发放养老待遇，月发放金额5585万元；城乡居民社会养老保险参保人数42.36万人，按时足额为13.5万名养老人员发放养老待遇，月发放额2025万元；失业保险参保人数5.81万人，领取失业金及失业补助金3628人次，累计发放失业金及补助金486.71万元；工伤保险参保人数11.02万人，收入3537.57万元，支出4493.24万元；实际参加城乡居民医保55.60万人，职工医疗保险参保8.05万人；城乡居民医保基金支出24811.8万元，职工医保基金支出7258.6万元。落实被征地农民参保政策，2022年纳入被征地农民社会养老保障2.88万人，其中发放被征地农民社会养老保障金人数0.76万人，累计发放金额2676.34万元。

【养老服务】 2022年，漳浦县投入300万元提升佛昙镇、盘陀镇、六鳌镇3所敬老院为区域性养老服务中心；投入60万元在绥安镇绥西社区、南浦乡后坑村、六鳌镇店下村、前亭镇大社村建设长者食堂；投入49.8万元提升长桥镇青果村等6家农村幸福院为五星级农村幸福院；投入177万元提升59所农村幸福院为三星级幸福院；投入1200万元扶持天福养生村建设，新增备案优质康养项目“东南花都居家社区养老服务照料中心”床位20张、天福伍心康养中心床位100张、和康医院颐养中心床位100张。

（漳浦县人社局、漳浦医保局、民政局）

劳动与就业

【概况】 2022年，漳浦县城镇新增就业4490人，失业再就业1504人，就业困难人员实现就业332人。

【就业服务】 2022年，漳浦县依托“人工+机器人”就业服务平台，24小时不间断提供在线就业创业服务，帮助求职者与用人单位实现人岗匹配、精准对接。平台全年总服务36353人次，其中企业用工服务1032人次，就业服务1299人次。举办16场线上线下人力资源招聘暨就业创业政策宣传活动，310家企业携2334个岗位入场招聘，现场接受意向求职者5000多人。

【惠企政策落实】 2022年，漳浦县加大就业创业惠企政策宣传力度，优化办事程序，做好各类补贴的申报和发放，全年发放失业稳岗补贴等各类就业创业补助资金2253万元，受惠企业1312家，惠及职工37919人。对企业招用低保对象、残疾人、农村计生对象等人员按照政策给予社会保险补贴，发挥公益性岗位托底安置就业困难人员，全年安置就业困难对象284人，兑现岗位补贴308.63万元。

【职业技能提升培训】 2022年，漳浦县组织开展项目制免费培训17班次，参训人数1140人，发放培训补贴金额67.3万元；发放项目制培训生活补贴7.8万元、补贴人数156人。发放职业培训见证补贴57.87万元，惠及群众546人。指导11家企业举办岗位技能提升班（互联网+培训）17期，参训人数925人，发放补贴金额83.62万元。开展失业保险技能提升补贴174人，发放补贴金额21.32万元。

【劳动关系监管】 2022年，漳浦县加强劳动保障监察执法。向漳浦县规模以上企业和大中型企业宣传劳动关系相关法律法规，多形式多渠道宣传《保障农民工工资支付条例》。2022年，漳浦县劳动监察大队通过欠薪线索反映平台接收并办结欠薪线索案件350多件；立案受理并办结5起拖欠工资案件，为55名工人追发工资110.4万余元；通过协调等非立案方式解决28起拖欠农民工工资问题，为449名农民工追发工资566.69万元；将7起恶意欠薪案件按涉嫌拒不支付劳动报酬罪移送公安机关立案处理，涉及农民工263名，涉及金额558万余元，并依法对外进行社会公布。

（漳浦县人社局）

民政事务

【概况】 2022年，漳浦县新增城乡低保、城乡特困人员989人，发放城乡低保、特困供养、残疾人两项补贴及临时救助等资金1.3亿元，惠及48.92万人次。新成立登记社会组织14家、变更15家、注销14家；民办非企业和社会团体各类登记50件，老年人优待证1095件。做好村级组织换届选举收尾工作，完成剩余10个村村务监督委员会主任选举。

【救助管理】 2022年，漳浦县民政局开展“寒冬送温暖”“夏季送炎凉”专项活动，出动车辆22辆次、工作人员68人次，救治精神障碍患者19人，救助流浪乞讨人员22人次，寻亲成功4人次，其中3名流浪对象由于3个月内无法查明身份信息，已办理落户手续并纳入特困供养。

【兜底保障】 2022年，漳浦县每月按照相关资金配套比例，发放城乡低保15.84万人次，发放资金6284.49万元；发放城乡特困供养1.66万人次，发放资金2316.3万元；发放残疾人两项补贴31.07万人次，发放资金3661.16万元；开展临时救助3545人次，发放资金721.98万元。

【儿童福利】 2022年，漳浦县为

30名孤儿发放生活保障金52.36万元。实施“福蕾行动计划”，投入98万元做好农村留守儿童困境儿童关爱保护购买服务。截至2022年12月，全县摸排出事实无人抚养儿童293名，均已录入全国儿童福利信息系统，发放基本生活补贴375.73万元。2022年，漳浦县民政局入户走访慰问264名困境儿童、孤儿、事实无人抚养儿童，发放慰问金21.12万元。全县摸底确认8名孤儿全日制在校大学生，发放孤儿助学金8万元。做好孤儿及事实无人抚养儿童临时价格补贴发放工作，发放临时价格补贴20790元。

【婚姻登记】 2022年，漳浦县民政局办理国内公民结婚登记3782对，离婚登记申请2060件，离婚登记1103件，补发婚姻登记833件，办理涉外、华侨、港澳台婚姻登记7对。做好2月14日、5月20日等特殊日期结婚登记，推广集体颁证，树文明新风，提倡婚事简办工作。完善中华人民共和国成立以来现存婚姻电子档案录入工作。

【殡葬工作】 2022年，漳浦县火化遗体5263具，遗体火化率100%。推进公益性生命公园建设，试点建设县级公益性生命公司1个、乡镇级公益性生命公司1个、村级公益性生命公司2个。漳浦县殡仪馆新馆于2022年12月3日正式投入使用，殡殓服务能力5000具/年。

2022年2月22日，漳浦县新登记结婚的新人们在新落成的婚姻颁证室中举行结婚宣誓仪式 （漳浦县行政服务中心 供图）

【老区建设】 2022年，漳浦县民政局实施“阳光1+1”牵手计划，签约挂钩帮扶的14个社会组织和老区村，累计召开座谈会38场，调研38次，生成项目11个，基础设施建设投入576万元，公益捐款捐物3.84万元，技能培训1场，受惠人数2.46万人。

2022年5月，漳浦县老区建设与乡村振兴促进会（简称漳浦县老促会）揭牌成立。2022年，漳浦县老促会到老区村开展教育现状、农业产业等专题调查研究。对革命旧址进行保护，向上争取优惠政策和项目、资金支持，组织编纂出版《红色漳浦》。全年举办8期农民实用技术培训班，参训365人次；推荐5人参与福建最美（优秀）乡土专家评选，2人被评为“福建最美（优秀）乡土专家”。资助151名老区学子；向全县革命老区村发放科华老区育才奖学金17万元，发放黄仲咸奖学金6.9万元，发放苏区大学新生红苗助学金6万元，发放纾困助学慰问金1.72万元。

【边界管理】 2022年，漳浦县民政局强化界线界桩管理的法规宣传，设立广告宣传牌宣传行政区域界线管理的政策法规。管理好勘界及界线界桩联检成果资料，对接农垦改革土地确权，提供界线参考资料。开展界线联检、界线巡查和平安边界创建。

（漳浦县民政局、翁永祥）

民族宗教事务

【概况】 2022年，漳浦县民族与宗教事务局深化民族团结进步创建，促进各民族交往交流交融；提高宗教事务治理能力和水平，突出宗教中国化。赤岭畲族乡入选福建省首批“铸牢中华民族共同体意识”乡村振兴特色文创示范乡选点。

【民族事务】 2022年，漳浦县健全民族团结进步工作机制，加强民族团结进步示范区、示范单位建设。3月，开展“铸牢中华民族共同体意识主题月”系列活动，推动铸牢中华民族共同体意识教育进校园、进乡村、进社区、进网络、进培训、进法规。用好用活中央少数民族发展资金和省市少数民族补助款，形成一批具有民族特色、地区特点的产业品牌。推进民族乡村社会事业水平提升，推动少数民族特色村寨升级建设，提升民族乡村振兴示范村（点）建设培育工作，发挥典型引领示范作用。

【宗教事务】 2022年，漳浦县采取多种形式在宗教界人士中开展爱国主义、社会主义、集体主义教育。5月15日，“慈悲喜舍济世利民”第七届禅之声佛教中国化论坛在漳浦县法泉寺举行；6月24日，漳浦县召开全县宗教团体负责人工作会议，动员部署在全县宗教界开展崇俭戒奢教育活动。加强宗教领域“安全工程”建设，开展宗教活动场所房屋结构安全、消防安全专项治理三年行动和安全生产（消防安全）隐患大排查大整治工作，完成宗教活动场所消防安全标准化达标创建工作，做好宗教活动安全、治安安全、文物安全等工作。

（漳浦县民族与宗教事务局）

精神文明建设

【概况】 2022年，漳浦县组织开展“全闽共舞、喜迎二十大”等群众性庆祝活动，在中小学开展“童心向党”教育实践活动，“讲文明树新风”等公益广告广泛刊播展示。发挥新时代文明实践和精神文明创建联系群众、服务群众的工作优势，开展“我为群众办实事”实践活动。聘任首批“新时代道德模范宣讲师”8人，绥安镇麦市街被命名为第四批省级诚信经营示范街区。

【社会主义核心价值观践行培育】 2022年，漳浦县发挥先进典型在文明培育中的引领示范作用，开展全国、全省、全市道德模范推荐评选，2人获评第七届全市道德模范；拍摄宣传片，开展道德模范学习宣传、礼遇帮扶活动，培育和树立“中国好人”“福建好人”“新时代好少年”全县学雷锋志愿服务“五个最美”先进典型、星级志愿者等先进典型。截至2022年12月，漳浦县有1人获第七届全国道德模范提名奖，1人获第五届福建省道德模范称号，4人获漳州市道德模范称号，4人入选“中国好人榜”，11人入选“福建好人榜”，2人获评漳州市“新时代好少年”。

【新时代文明实践】 2022年，漳浦县发挥试点乡镇的示范引领作用，深入拓展新时代文明实践中心、所、站规范化建设，全县建成县级新时代文明实践中心1个、乡镇新时代文明实践所18个、村居（社区）建成新时代文明实践站266个，基本实现全县文明实践所站全覆盖。新时代文明实践中心统筹协调879支志愿服务队以及多个社会爱心团队，通过文明实践中心线上平台精准对接群众需求，开展宣讲和志愿服务280余场；举办疫情防控、科技科普等各项为民办实事志愿活动30场，惠及群众70多万人。“两个中心”融合创新开设文明实践访谈栏目，开展6期文明实践主题分享。

【省级文明县城创建】 2022年，漳浦县通过微信、网站、视频号、抖音号、户外宣传栏、LED屏幕等方式开展文明传播。依托新时代文明实践中心（所、站），在全县组织开展“文明出行、有你有我”“共建第七届省级文明县城，共享金漳浦幸福美好家园”文明行为示范月等系列活动。开展创城专项整治，加强农贸市场、背街小巷、老旧小区、城乡接合部等重点点位整治；提高路面见警率和交通违法违规处置频率，加强校园周边车辆乱停乱放整治；定期做好市政设施管护更新、

2022年9月9日，漳浦县在漳浦县新时代文明实践中心举行“师遇中秋 感恩有你”中秋节庆祝活动　（漳浦县委文明办 供图）

公厕监管巡查、标识标线划定、公园设施维护，开展县城区校园周边市容秩序整治、燃气安全排查整治、共享单车乱停放专项整治，开展县城区禁燃烟花爆竹专项整治；推进公民健身场地建设，加大社区小区文明建设和居民创城宣传教育力度，落实新时代文明实践所（站）规范化建设，开展志愿服务活动；加强对“五小”行业、商贸超市的巡查监管，倡导“文明出行、清静你我”。建立健全市容市貌整治、交通秩序整治、农贸市场秩序整治等长效机制；组织开展35场集中督查行动、发出督查通报35份，坚持每天动态督查、做好反馈落实。

【文明村镇创建】 2022年，漳浦县围绕全面实施乡村振兴，开展文明村镇创建，推进城乡共建，深化移风易俗，全县县级以上文明乡镇占比超过94%，县级以上文明村占比54.2%，有全国文明村1个，省级“文明乡风联系点”2个。

【文明单位创建】 2022年，漳浦县聚焦对社会风气影响较大的行业领域，深化新风正气福建“名片”工作，提炼报送福建“名片”典型案例，全年收到4个重点行业福建“名片”典型案例。

【志愿服务】 2022年，漳浦县常态化开展乡村振兴、环境整治、文明交通劝导、无偿献血、义诊、义剪进村、心理辅导、关爱孤寡老人、法治宣传、平安志愿巡防、学雷锋活动等志愿服务活动。截至2022年12月31日，漳浦县注册志愿者13.34万人，实名认证13.34万人；志愿队伍842个，其中法人组织数2个。组建288支巾帼志愿者服务队，网上注册登记队伍数288支，队伍注册率100%。发起志愿服务项目累计5077个，服务时长有记录累计122.15万小时。

【未成年人思想道德建设】 2022年，漳浦县发挥学校、家庭、社会在未成年人思想道德建设中的互补作用。组织开展“平安校园”建设活动；实施“建设工程”“净化工程”“监察工程”，集中清理整顿校园周边环境；组织广大青少年到未成年人思想道德建设示范基地开展主题活动；落实公益性文化设施开放政策，加大各类博物馆、图书馆、科技馆、文化馆、少年宫、爱国主义教育基地向未成年人免费、优惠开放力度，鼓励支持社会力量兴办未成年人活动场所；开展“书香社区”“书香校园”“书香家庭”读书创建活动，确立漳浦第一中学等9所学校为漳浦县未成年人道德实践活动联系点；把农村留守儿童问题纳入新农村建设任务，做好孤残、流浪儿童救助；开展“关爱女童，奉献真情，救助万名贫困失学女童”活动，救助贫困儿童5人。

（漳浦县委宣传部）

（编辑：林雪芬）

绥安镇

【概况】　绥安镇位于县境中部偏西，东隔罗辉山、东罗山与赤土乡交界，西与石榴镇接壤，西南与大南坂镇相连，南与旧镇镇毗连，北与长桥镇连接。镇域面积128平方千米，其中耕地面积720公顷，林地面积5750.73公顷。是漳浦县政府所在地，是全县的政治、经济、文化、商贸、信息和物流中心。下辖绥东、绥西、绥南、绥北、南门、石斋、道周、油车、东街、南街、北街、城西、朝阳、城北、新埔、威惠、华府、河尾18个社区及鹿溪、炉尾、黄仓、麦埔、草埔、下梧、顶下草、大埔、英山、后港、溪南、京里、马坑、寨窑、查岭、楼脚、后潭、罗山、下店19个建制村。2022年，绥安镇完成固定资产投资3.9亿元，规模工业总产值2.9亿元，财税收入8.6亿元，限额以上社会消费品零售总额9.3亿元。年末户籍人口36586户、131788人。

【项目建设】　2022年，绥安镇签约项目32个，签约投资额20亿元。新建工业厂房6万平方米，新增规模以上工业企业1家，限额以上贸易业企业32家。完成金鹿南路、得仙路等断头路和漳浦职业技术学校新校区建设用地征迁，启动G324漳浦城关过境段公路工程、X535（石佛线）梅北至马坑段公路工程用地征迁，处置完成42.07公顷批而未供和17.53公顷闲置土地。

【基础设施建设】　2022年，绥安镇投入60万元提升社区卫生服务中心基础医疗质量和公共卫生应急处置能力。配合做好金芳楼、书香门第、财经委宿舍楼等6个老旧小区改造，完成99处二次供水设施普查建档和97处无障碍设施品质提升。投入1500万元启动建设绥东社区老人活动中心，投入40万元建设绥西社区长者食堂和提升麦埔、后港、京里3个农村幸福院。

【社会事业】　2022年，绥安镇投入20万元用于提高各中小学校办学环境；投入200余万元开展困难群众、弱势群体、脱贫对象和优抚对象帮扶救助。建设完善20个新时代文明实践站，完成50栋历史建筑线索核查工作。

【安全稳定】　2022年，绥安镇开展安全生产隐患排查整治，排查整改隐患283处，完成1798栋经营性自建房排查，投入50万元完善防汛防台风抗旱应急物资储备。

【生态文明建设】　2022年，绥安镇整治、清理农村生活垃圾、农业生产废弃物6万吨、沟渠近30千米，拆除危旧房屋45座，整治裸房276栋，新建改建农村户厕、公厕5座，实现农村公厕“一长双员”管理全覆盖，发掘获评

2022年，绥安镇完成后港村46.67公顷高标准农田建设。图为2022年4月25日绥安镇后港村高标准农田　　（绥安镇党政办 供图）

省级（市级、县级）美丽庭院77户。推进污染防治，落实河（湖）长制，利用专项债资金加快推进投资8000万元的鹿溪流域绥安段（割后溪、黄仓溪）水环境整治项目开工建设，投入约300万元实施鹿溪流域河道清淤、拦水坝建设和水库维护等工程，推进黄仓溪（下游段）堤防及护岸工程建设，实现3个一体化污水处理站高效运转，鹿溪后港大桥国控断面、割后溪棕口桥省控断面水质均达到Ⅲ类；严守耕地保护红线，遏制耕地“非农化”“非粮化”，完成303宗土地卫片图斑整改。

【乡村振兴】　2022年，绥安镇获批乡村振兴改造提升专项债项目资金61760万元，投入8000万元实施鹿溪流域绥安段（割后溪、黄仓溪）水环境整治一期工程，启动总投资1.75亿元的水环境整治二期项目。完成14个建制村村庄规划编制，认定县级农业优新品种推广示范片8处8个品种，完成后港村46.67公顷高标准农田建设和3.33公顷“园改耕”项目选址。18个村村集体经济收入达到10万元以上，其中4个村超50万元；麦埔村入股漳浦农商银行330万股，入股资金近1000万元，成为县域首家村级入股单位。麦埔村、英山村获评福建省第二批省级乡村治理示范村。

（黄景楠）

旧镇镇

【概况】　旧镇镇位于漳浦中部，东接深土镇，北与赤土乡接壤，西北是绥安镇，西南为霞美镇，东南为浮头湾。总面积104平方千米，辖旧城、城外、后埭、梅宅、梅竹、甘林、林美、玉厝、石桥、秦溪、郭厝、苑上、山兜、浯江、后垅、东厝、上蔡、寨内、山仔、潭仔头、岩埭、下示、埔尾、桥头、白沙、狮头、西埔、西示28个建制村，1个居委会和2个镇办场。“旧镇白鳗”“旧镇大蚝”“乌石荔枝”均获得国家地理标志认证，旧镇镇是福建省最大的无污染白鳗养殖基地。2022年，旧镇镇完成固定资产投资3.79亿元，规模工业总产值1.16亿元，财税收入3020万元，限额以上社会消费品零售总额2.9亿元。年末户籍人口19696户、80045人。

【项目建设】　2022年，旧镇镇解决吉猛物流产业园、粮食联合储备库二期和丰瑞园蔬菜加工项目等重点项目征迁问题，新征（租）项目用地约72公顷。省级重点项目吉猛物流产业园已进入项目一期征迁扫尾和二期前期征地工作准备阶段，粮食联合储备库二期工程已进入开工建设阶段。5月，到浙江开展招商活动，与杭州吉华高分子材料股份有限公司签约总投资11.58亿元的2个项目；对接厦门当巨集团，引进总投资10亿元的文旅项目——丹山国际越野文化基地。

【基础设施建设】　2022年，旧镇镇投入280多万元，改造山兜村深水坑至东行自然村道路改建工程、埔尾村山边至沿海大通道连接线道路改建工程、埔尾村至旧深线道路改建工程3个公路路段，总长 4658 米；投入 252.24 万元完成旧镇白沙三级渔港提升改造和整治维护项目；推进浯江溪河道整治工程，整治长度 4 千米，已全部完工；完成后垅村 172.8 千瓦分布式光伏发电项目工程、垃圾分类亭项目工程、前后厝环境整治及水质提升项目工程并通过验收。

【社会事业】 2022 年，旧镇镇开展城乡居民医疗保险、养老保险缴费工作，完成 2023 年度医保缴费 66120 人，完成 2022 年度养老保险缴费 17786 人，录入劳动年龄内就业人数 21022 人，办理养老待遇领取资格认证 12865 人，60 周岁养老待遇 1021 人；完善特殊群体保障，办理退役军人优待证 1220 人，新增低保户 66 户、89 人，低保边缘家庭 68 户、112 人，共计低保户 950 户、1336 人，临时救助 500 人；完善教育设施，漳浦县狮头幼儿园、旧镇第二中心幼儿园、漳浦县第三实验小学落成开班。

【生态文明建设】 2022 年，旧镇镇推进人居环境整治，为沿漳东线上的苑上村等 6 个村提供垃圾清运服务，累计清运建筑垃圾、农药废弃物等 13768 吨，清理养殖粪污 308 吨，清理海河塘沟渠 3 千米。开展流域水质污染源摸排治理，镇、村两级河长共巡河约 320 次，清理河道 17.5 千米，镇河长办整改相关通报问题 63 宗，完成鹿溪 23 户渔排退养，整改验收 17 宗牛蛙养殖点。桥头村农村污水处理项目主厂房区已建成。完成图斑整改 134 宗、整改面积 7.06 公顷，整治“两违”面积 6.85 万平方米，裸房 258 栋。总投入 374.57 万元推进鹿溪支流溪沙埔溪小流域水土流失综合治理，治理总面积 500 公顷。

【乡村振兴】 2022 年，旧镇镇推进打造东厝猪肚菌、桥头虾干、白沙白鳗等系列品牌建设。推进高标准农田改造，打造县级及以上农业专业合作示范社及示范场 8 家，“桥头虾干”获评市级“一村一品”；投入 1019 万元在东厝村、后垅村实施 14 个省级试点村示范建设项目。推广高优果树栽培嫁接技术、农优产品带货直播、新兴产业孵化、技术帮扶、生产培训等活动；东厝村猪肚菌产业、后垅村大棚蔬菜种植基地带动农民增收。开展“三资”“四清”活动，全镇 28 个村收回、盘活滩涂、林地等资源 36 宗 1083.47 公顷，增加村财收入 3388 万元。建成省级美丽庭院 12 户、市级美丽庭院 12 户、县级美丽庭院 60 户，创建市级绿色家庭 2 户，县级最美家庭 4 户。

【漳浦县首个村级乡村振兴人才驿站——旧镇镇东厝分站成立】 2022 年 4 月 20 日，漳浦县首个村级乡村振兴人才驿站在旧镇镇东厝村揭牌成立。站内设有人才政策宣传区、项目开发洽谈室、人才培训室、人才孵化室等公共服务区，优特产展示厅、电商工作室、猪肚菌种植示范基地、物流区等功能区，为培养农村人才、农民创业就业、孵化交流提供平台。

【校地共建暨跨村联动启动仪式在旧镇镇后垅村举行】 2022 年 10 月 27 日，闽南师范大学党委组织部和漳浦县委组织部在旧镇镇后垅村举行校地共建暨跨村联动启动仪式。启动仪式上，双方为旧镇镇后垅村试点“新时代农村基层党建研究基地”揭牌，并互致共建协议书。

【乌石林氏家风馆建成投用】 2022 年 11 月，位于旧镇镇后垅村的乌石林氏家风馆建成投用。家风馆占地约 300 平方米，投入资金 35 万元。馆内布置有源远流长、兴学重教、清廉刚正、守望赓续、忠爱探花、孝廉传家、非凡十年七大板块。对深入挖掘乌石林氏的优秀家风家训和孝廉忠义故事，加强廉洁文化教育具有重要意义。

（林惠玲）

六鳌镇

【概况】 六鳌镇位于漳浦县境东南的六鳌半岛，东北部与深土镇接壤，东南面临台湾海峡，西面临旧镇港、浮头湾海域。全镇总面积26.4平方千米、海岸线长38千米。有国家AAAA级旅游景区翡翠湾和国家AAA级旅游景区龙美湾，有中国独一无二的海蚀地貌奇异景观抽象画廊，是福建省最大的乡镇级地瓜、紫菜养殖基地。辖龙美、新厝、大澳、山门、东门、鳌东、鳌西、下寮、店下、营里等10个建制村。2022年，六鳌镇完成固定资产投资6.04亿元，规模工业总产值30.39亿元，财税收入1.01亿元，限额以上社会消费品零售总额6300万元。年末户籍人口7374户、28466人。

【项目建设】 2022年，六鳌镇坚持发展工业，完成漳浦六鳌陆上集控中心项目2226.9平方米主体建设，总投资60亿元海上风电场二期项目正式开工，总投资30亿元中船漳州漳浦海上风电装备制造基地项目、总投资5亿元远景漳浦智能风机研发制造项目等一批新能源项目落地。

【基础设施建设】 2022年，六鳌镇改善基础设施，推进东门、山门、龙美、店下等村约1000米排水沟项目建设，推进营里、大澳、下寮等约3000米农村道路硬化工程，完成总投入115万元鳌西幸福院、店下长者食堂建设，推进总投入168.5万元新厝村污水处理站建设，完成深六线镇区街道白改黑工程项目规划。

【社会事业】 2022年，六鳌镇建立和完善扶贫长效机制，2022年中央财政衔接推进乡村振兴补助资金共41.9万元，累计补助全镇103户脱贫户发展种植、养殖产业。

【生态文明建设】 2022年，六鳌镇治理海漂垃圾，累计出动打捞人员3万人次，打捞海漂垃圾178.5吨，清理岸上垃圾73.8吨；督导各村做好尾水底泥直排管控，加强入户技术培训指导，加快水产养殖尾水、底泥沉淀池、氧化塘、布设水生植物等设施设备建设；整治“两违”建筑面积3.68万多平方米，完成整改核实图斑46宗；完成营里村11.33公顷盐碱化土地治理，排查整治耕地“非农化”，按照一户一册建立台账并完善拆除方案，拆除非法乱占耕地建房10栋，建筑面积25991平方米。

【乡村振兴】 2022年，六鳌镇完成266.67公顷高标准农田建设，投资250万元完成13排塑胶渔排改造。围绕六鳌地瓜和六鳌紫菜两大产业，打造福建省乡镇级最大的地瓜、紫菜特色农产品种养殖基地，形成产后商品化处理全覆盖、建立七大薯仓、开展食品加工、传统营销与电商营销相结合的全产业链格局。投入600多万元对省级乡村振兴试点村店下村的基础设施进行提升，开展庙南路路面硬化项目等工程。发展全域旅游，龙美湾、翡翠湾两大景区投入约1000万元完成研学基地、橘若风车城堡周边景观绿化提升、配电房、停车场等配套设施建设；围绕“旅游+党建+文化”思路，丰富党建内涵和特色，完善六鳌古城相关基础设施建设。

【特色产业】 2022年，六鳌镇拥有地瓜种植户4500多户，加工厂12家，合作社16家，家庭农场10家，电商企业30余家，全镇约有70%的人口从事地瓜相关产业，六鳌镇已发展成为福建省乡镇级最大的地瓜种植基地，全年地瓜产量已超6万吨。

（林少鹏）

深土镇

【概况】 深土镇位于县境东南部，东与赤湖镇接壤，西以浯江溪为界与旧镇镇相邻，南接漳浦盐场、六鳌镇，北与湖西畲族乡、赤土乡毗邻，东南面为将军澳海域。镇域面积70.1平方千米，海岸线长8.4千米，耕地面积2011.33公顷，下辖墩柄、大肖、东吴、南境、近院、塘头、深土、埭头、大店、塔底、锦东、示埔、车敖、庵下吴、东庵、山尾、山边、埭厝、东坪等19个建制村。2022年，深土镇完成固定资产投资78900万元，规模工业总产值134757.5万元，财税收入1138.4

万元，限额以上社会消费品零售总额10885.9万元。年末户籍人口14821户、59352人。

【项目建设】 2022年，深土镇推进重点项目建设，全年签约项目13个；新增零售额500万元以上社零企业7家（韵岩茶叶、长迈贸易、佰韵园茶叶、闽广贸易、珑阳贸易、顺利来电器、俊芳鑫贸易）、批发销售额2000万元以上社零企业1家（金风新能源）；推行“妈妈式”服务模式，新增固定资产投资项目14个，完成投资7.89亿元；推进净空环境整改项目征迁，征收土地63.07公顷、完成率74%，迁移坟墓256座、完成率84.5%；打造龙头企业，指导新华东、美卡拉、金晟、洋浦等一批规模较大且具有一定影响力的企业，构筑农产品加工龙头企业群。

【基础设施建设】 2022年，深土镇投入近177万元开展农村道路建设项目，完成锦东村、车敖村、近院村1790米水泥路建设，完成东庵村东银至埭头村400米道路拓宽建设；投入20万元建设2022年农村饮水工程维修项目，铺设锦东村饮水主要管道，完善自来水厂沉淀设施，保障群众饮水安全；加强水利设施建设，实施总投入800万元的国家级农业节水灌溉工程项目，改善和恢复灌溉面积1033.33公顷；完成南境村、山尾村2个党群活动服务中心建设。

【社会事业】 2022年，深土镇完成深土卫生院住院楼2期卫生院主楼建设，PCR实验室（基因扩增实验室）完成验收并投入使用；成立全镇及各村教育发展基金会，建立奖学奖教机制，形成尊师重教的良好社会风气；新增农村低保25户40人，特困（五保）2户2人；发放临时救助资金41.28万元，救助困难家庭、困难对象189人；推进农村幸福院项目建设，新增南境村、大肖村农村幸福园等项目2个。

【生态文明建设】 2022年，深土镇科学规划建设下水管网，投入近30万元开展实施“水清”工程，开展一公里范围内畜禽养殖污染治理，全面关停牛蛙养殖场；推进农村生活污水处理项目，完成接户管51.6千米，5座污水处理站建成并试运行；建立入海排污口“查、测、溯、治、管”等工作规范体系，投入5万元聘请第三方完成入海排污整治方案；严守耕地红线，整改“两违”土地面积5.5公顷，完成率107.8%；完成2022年土地卫片整改集中攻坚五项行动，整改率100%；完成裸房整治200栋，完成率111.1%。

【乡村振兴】 2022年，深土镇整合锦江楼、皮定均将军陵园、西丹古堡等文化旅游资源，打造集生态旅游和文化旅游于一体的深土旅游品牌；完善农村“三资”制度整改拖欠租金21宗、收回33.9万元，整改被侵占集体资产资源23宗、收回10公顷，整改问题工程项目2宗、涉及金额227.5万元，清理债权4宗、收回235.07万元；做好防灾减灾工作，投入25万元建设防汛工程及购买防汛应急物资；以“碧水丹山”小城镇综合体项目建设为中心，捆绑镇区周围5个村1000公顷土地以及丹山、西丹官厅、锦江土楼文化遗产景点，打造区域枢纽点和经贸旅游中心，完成项目进度70%；改善农村人居环境，配备19个村142人的村容村貌管理员队伍，服务新型农村建设；推进农村厕所革命，争取资金建成9座水冲式公厕，并设保洁员专门管理，无害化户厕普及率100%；推动省级乡村振兴实绩突出村锦东村、省级乡村振兴示范村近院村建设。

【深土镇新时代文明实践所、便民服务中心、福农驿站揭牌】 2022年10月1日，深土镇举办新时代文明实践所、便民服务中心、福农驿站揭牌仪式。2022年，深土镇投入约40万元完善便民服务中心，将新时代文明实践所、福农驿站相结合，项目占地面积达500平方米，优化便民服务、志愿服务等功能。

【南境村及山尾村党群服务中心投入使用】 2022年10月1日，

2022年10月1日，深土镇举办新时代文明实践所、便民服务中心、福农驿站揭牌仪式。图为深土镇便民服务中心　（深土镇党政办 供图）

深土镇举行南境村和山尾村党群服务中心揭牌仪式。2022年，深土镇投入430多万元建成南境村、山尾村党群服务中心，打造集学习教育、党员服务、休闲娱乐、共享办公于一体的服务大平台。其中山尾村党群服务中心占地面积1000平方米、建筑面积870平方米，南境村党群服务中心占地面积1333平方米、建筑面积1000平方米。

（陈志彬）

赤湖镇

【概况】　赤湖镇位于漳浦县境东部沿海，东临台湾海峡，西与湖西畲族乡毗邻，南与深土镇交界，北与佛昙镇接壤。镇域面积89.3平方千米，海岸线长18.2千米，耕地面积2333.33公顷。辖北桥、西城、东城、前张、后湖、前湖、西潘、半石、亭里、月示、南峰、保安、山油13个建制村和1个居委会。2022年，赤湖镇完成规模工业总产值36.97亿元，固定资产投资50.88亿元，限额以上社会消费品零售额1.31亿元，税收收入超1.3亿元。年末户籍人口16054户、62473人。

【项目建设】　2022年，赤湖镇招商引进歪仔饭店、鑫华冠软包装膜项目、醉妃贸易公司3个项目，总投资5.04亿元。加强项目土地要素保障，保障联盛纸业年产390万吨林浆纸一体化项目、明阳智慧能源集团股份公司高端海洋装备智能制造产业园项目等重点项目顺利开工投建，完成联盛配套项目征地面积349.2公顷、鹿溪至赤湖引水工程项目总征地面积12.86公顷、220千伏锦联线项目全线征迁工作，启动腾飞路征地工作。

【基础设施建设】　2022年，赤湖镇投入160万元完成大安水库、小安水库、井内水库引水主干渠修复共计5千米，架设引水支管，恢复水库径流。

【社会事业】　2022年，赤湖镇改善办学条件，完成达志中学校园规划改造。落实各项惠民保障政策，开发公益性岗位12个，发放低保人员生活保障459.38万元、特困生活补助132万元、临时救助金68.86万元、残疾人“两项补贴”314.59万元，事实无人抚养儿童生活补助44.66万元。为214户建档立卡脱贫户和295户防止返贫监测户落实镇村干部挂钩帮扶；打击治理电信网络诈骗和非法出入境，2022年滞留缅北核减96人、东南亚核减8人，滞留缅北涉诈高危人员通报14人，逼投劝返8人。推进排查化解矛盾，接待来访11件，处理“12345”平台交办件523件，福建省信访平台交办件15件，成功调处266起信访问题。

【乡村振兴】　2022年，赤湖镇实施壮大村集体经济举措，开展“三资”清理活动，整治长期占用村集体资产资源、侵犯广大群众合法权益问题，完成“13个村集体经济收入均超10万元、5个村集体经济收入超50万元”目标；实施高标准农田提升工程266.67公顷，涵盖后湖、前张2个建制村，提高粮食综合生产能力；向上争取并获批5.6亿元专项债资金。

【生态文明建设】 2022年，赤湖镇抓好突出生态环境问题整改销号，完成耕地“非农化”图斑54宗、耕地“非粮化”图斑73宗的整改，矿山、洗沙场复绿补植面积9.03公顷，排查非法占用林地3起，面积9058平方米；落实河长制，开展河道、沟渠清漂行动，打捞各类垃圾和漂浮物约7吨；推进村级污水处理站建设，建成投用村级污水处理站4座，前张村污水处理站完成主体建设同步进行设备安装。整治人居环境，投入2000多万元完成农村道路清扫保洁和垃圾收集、环卫设施完善等一体化服务采购，清理农村生活垃圾18912吨，清理村内水塘43口，清理村内沟渠28.6千米，清理村内淤泥112吨，清理畜禽养殖粪污等农业生产废弃物72.1吨，发动农民群众投工投劳712人次，清理残垣断壁65处，清理乱贴乱画314处。完成10个村庄国土空间规划，创建美丽庭院62户、美丽乡村微景观13处，推动前湖村江塘环境提升、亭里村网格化等项目加快建设。

【特色产业】 2022年，赤湖镇集中区域板块发展大葱产业，种植优质大葱1266.67公顷，涉及13个建制村，年总产量7.2万吨，总产值1.15亿元。引进优良品种，筛选“天光一本”“幸福1号”等5个大葱优良品种引进，建立3个新品种试验示范基地，实现机械化移栽技术全覆盖，组建大葱产业现代化科技服务平台；配备冷链物流车，提高大葱储运保鲜和调蓄能力，实现产品常年均衡供给和错峰上市。培育19家大葱加工企业形成区域品牌，依托电子商务、农超对接，大葱产品出口韩国、日本等地。

（郑祖鑫）

佛昙镇

【概况】 佛昙镇位于漳浦县境东北部沿海，东临台湾海峡，西邻湖西畲族乡，西北毗邻马坪镇，东北与前亭镇接壤，南接赤湖镇。陆域面积80.35平方千米，耕地1994.13公顷，山坡地236.24公顷，海滩涂面积20.14平方千米，海岸线长9.7千米。下辖园东、石埕、岸头、石门、下坑、先锋、下苏、吟兜、港头、新安、人坪、后社、白石、后许、轧内、整美、东坂、洞野、花林、岱嵩20个建制村和1个居委会、1个镇办场。是闽南著名的侨乡，也是厦门港南岸漳浦片区的重要组成部分。2022年，佛昙镇完成固定资产投资37225万元，规模工业总产值58369万元，财税收入3800万元，限额以上社会消费品零售总额19659万元。年末户籍人口18590户、63385人。

【项目建设】 2022年，佛昙镇盘活丰盛食品、鸿群电器、万国石材、欣工苑人防旧厂房4家、建筑面积10.98万平方米，引进立安新材料、宏裕电子、金瀚食品、鑫卓五金、涛林纸业工业项目5个，总投资1.8亿元。

【社会事业】 2022年，佛昙镇完成鉴湖小学附属幼儿园主体建设，新安小学教学楼进入装修阶段，漳浦二中体育馆已完成主体建设装修，漳浦二中教学楼B幢项目建设已完成主体第四层浇筑；推动漳浦第二医院新建项目建设，争取省级项目资金100万元，建成佛昙镇区域性养老中心，总占地面积1000平方米，提供床位80个。

【安全稳定】 2022年，佛昙镇落实滞留缅北及东南亚八国重点人员劝返工作，核减滞留缅北涉诈高危人员3人；开展安全隐患排查12次，整改安全隐患118处、拆除遮阳篷1656顶、拆除“三无”船舶5艘。

【乡村振兴】 2022年，佛昙镇立足本土资源，利用“河鲀之乡”品牌效应，结合万亩虾池、万亩水产育苗两大养殖基地，打造农文旅综合体；实施农村集体“三资”清理，清理问题127宗，完成整改116宗，收回资金278万元，收回土地92.3公顷。20个村集体经济收入全部突破10万元；争取乡村振兴提升改造项目

2022年11月，佛昙镇东坂村被农业农村部评为第十二批全国“一村一品”示范村。图为2022年12月30日东坂村航拍图

（佛昙镇党政办 供图）

专项债资金，投入4.2亿元推进21条道路提升改造、10处人居环境提升改造、2处排水管道改造、整美岱嵩外立面提升整治以及联港大桥等建设项目，14个村近6万人受益。

【生态文明建设】 2022年，佛昙镇坚持保护生态，严厉打击违法采矿行为，销号省、市、县通报突出生态环境问题19件，整改受污染耕地114.11公顷，整改生猪养殖户13家，新建养殖尾水及底泥沉淀池17个，清退海域超规划养殖面积11.86公顷；强化两违管控及图斑整治，推进裸房整治，处置卫片图斑70宗，处置面积3.37公顷，完成率100%，整治“两违”面积7.14万平方米，完成率102%。

【佛昙镇东坂村获评全国“一村一品”示范村】 2022年，佛昙镇东坂村获评第十二批全国“一村一品”示范村，为漳州市唯一上榜示范村。东坂村依托良好的地理、气候、水源等条件，大力发展河鲀产业，有河鲀生态立体养殖基地超1067公顷，水产养殖类注册商标4个，河鲀产业经营主体50家，养殖户1010户，从事河鲀养殖及相关产业的从业人员6000余人，全产业链年产值高达3.85亿元。村民通过“与鱼虾贝混养”的河鲀养殖模式，形成良好生态链，使河鲀体重增长快、肉质好，提高鱼虾贝的存活率、生长率，增加养殖系统的生态效益、经济效益。

（庄艺红）

前亭镇

【概况】 前亭镇位于漳浦县境东北部沿海，东邻龙海区隆教畲族乡，东南临台湾海峡，西接马坪镇，北邻龙海区港尾镇，有国家AAAA级旅游景区——漳州滨海火山国家地质公园。镇域面积74.5平方千米，海岸线长18千米，耕地面积2574.85公顷，水域面积1624.48公顷。辖大社、圩仔、庄厝、桥仔头、江口、后蔡、崎沙、田中央、过港、洛运、刘下、顶埕、文山13个建制村和白竹湖、和坑、古山3个社区。2022年，前亭镇完成固定资产投资2.11亿元，规模工业总产值32.2亿元，工业投资1.47亿元，限额以上社会消费品零售总额1亿元。年末户籍人口10891户，37027人。

【项目建设】 2022年，前亭镇加大招商引资力度，引进荣尚烟酒贸易项目、鑫贺茶业贸易项目、国嘉防火门生产项目3个项目，总投资3.7亿元；位于前亭镇过港村的坤基年产有机肥5万吨建设项目工程于3月竣工，项目总投资约3650万元，总用地面积13763.5平方米，总建筑面积7678.74平方米，主要服务周边乡镇养殖场畜禽粪污收集、储运和资源化利用，年处理畜禽粪污约15万吨，综合利用率95%；规划建设前亭新材料数字产业园，总规划面积约333.33公顷，完成前期征地拆迁、规划设计。

【基础设施建设】 2022年，前亭镇投入1485万元改造漳州滨海火山地质公园旅游连接线，12月开工建设；投入1638万元提升改造后蔡村基础设施，包含村容村貌提升改造、垦区内进排水沟配套、社内道路水泥硬化（省级改造项目）、道路照明工程及绿化工程等项目；投入约4700万元的污水处理厂项目和一区北侧挡水坝项目，12月完成招投标、施工队入驻；投入150万元对前亭水产养殖场110.53公顷虾池的道路、电力等基础设施进行改造；拆除导线1500米，铺设导线1800米。

【社会事业】 2022年，前亭镇慰问困难特殊群体1100多人次，发放慰问金及慰问品，价值合计47.4万元，发放2022年省级财政衔接推进乡村振兴补助资金19.1万元，发放“雨露计划”补助资金3.75万元。前亭中心学校迁建项目主体工程竣工。

【综合治理】 2022年，前亭镇办结“12345”平台投诉件479件，化解治重化积信访件11件，劝返滞留缅北人员10人，核减滞留东南亚8个国家人员8人，劝返滞留缅北涉诈高危人员1人，电信诈骗案件比上年下降65%；开展安全生产专项整治三年行动，排查整改安全隐患449个，其中燃气隐患106个、消防隐患140个、道路隐患30个、景区和非景区景点安全隐患57个、工贸企业安全生产隐患116个。

【生态文明建设】 2022年，前亭镇推进生态文明建设，整治石材企业污染，集中区外个体加工企业原有8家，其中配备大切机的3家全部拆除退出，其余5家复工复产加工场按要求整改，均达到排放标准；集中区内有石板材加工企业3家，全部通过整改验收。推进黑臭水体治理，整治完成崎沙1条黑臭水体，开工建设洛运、过港2个建制村黑臭水体治理项目，大社、圩仔2个建制村黑臭水体治理项目完成立项批复。原有12家畜禽污染养殖场，已整改4家，8家陆续在退养。

【乡村振兴】 2022年，前亭镇投入530万元打造后蔡村省级乡村振兴示范点，投入956.8万元实施7个村398.67公顷高标准农田改造项目，投入350万元用于全镇环境卫生整治外包工作，发放“门前三包”责任书和人居环境整治倡议书4万份，悬挂宣传横幅90余条，裸房整治154栋。

【“海岸110”打造】 2022年，前亭镇投入300万元打造前亭“海岸110”，配置沙滩摩托2辆、增设监控探头、安全警示牌35个、广播喇叭6套、救援救生圈40个。2022年，前亭镇劝导游客1573人次，排查安全隐患59个，整改率100%。打击海上偷私渡和走私违法行为，确保海上偷私渡和走私案件“零发生”，强化海边应急救援保障，挽回经济损失约500万元。

【前亭中心学校迁建项目主体工程竣工】 2022年1月，前亭中心学校迁建项目主体工程竣工。该项目于2020年10月1日开工建设，将“漳浦县大社小学”和“前亭中心小学”合并为新的“漳浦县前亭中心学校”，迁建选址在大社村和圩仔村交界处。漳浦县前亭中心学校新校区规划用地31415.8平方米，总建筑面积6775平方米，总投资约2500万元。

（方宗耀）

马坪镇

【概况】 马坪镇位于漳浦县境东北部，东与前亭镇接壤，西与赤岭畲族乡为邻，南与佛昙镇毗连，北与龙海区白水镇交界。镇域面积52.64平方千米。下辖后康、马圩、仙都、林埭、文安、京野6个建制村和1个镇办农场（湖山农场）。2022年，马坪镇完成固定资产投资5843万元，规模工业总产值6706万元，限额以上社会消费品零售总额789万元。年末户籍人口5777户、19181人。

【项目建设】 2022年，马坪镇促成龙通电子建设项目和工特机械智能生产项目2个新签约飞地项目落地。培育规模以上企业，

2022年，马坪镇投入1454.14万元建设佛昙溪安全生态水系。图为2022年7月15日佛昙溪安全生态水系一角 （马坪镇党政办 供图）

新增规模以上工业企业1家——漳浦腾丽达木业有限公司，年产值3141万元。

【基础设施建设】 2022年，马坪镇投入3635万元实施西北片区村镇污水处理PPP项目，建设处理规模为400立方米/天和350立方米/天的2座污水处理站；投入1454.14万元建设佛昙溪安全生态水系，提升河道水质；投入1320万元实施县道516东佛线改建工程，对道路进行白改黑提升；投入25万元用于陈仓岭古栈道修复提升；投入19万元治理加固林埭村高陡边坡，消除2处隐患；完成16处基电力塔基征地。

【社会事业】 2022年，马坪镇投入120万元改造翻新马坪中小学塑胶跑道、修缮外墙及改造马坪中心幼儿园卫生间，为新考录3个博士生、6个硕士生、56名本科生及20名优秀教育工作者发放奖学奖教金8.5万元，与漳州市陈晓菊名师工作室开展送教送培共建活动。投入104万元实施"十三五"农村人口饮水安全巩固提升二期工程，保障群众饮水安全。落实各项救助政策，新增残疾人"两项补贴"对象28人次、新增低保对象22户28人，发放困难群众临时救助资金67人次16.65万元，新增事实无人抚养孤儿4人。拨付2022年度中央财政衔接推进乡村振兴补助资金21.2万元，补助脱贫户44户、141人，拨付7.2万元安置存在住房安全隐患的困难户4户。健全退役军人信息采集，完成退役军人建档立卡。

【安全生产】 2022年，马坪镇开展安全生产大检查29次，排查整治隐患39处，督促26家餐饮店安装使用燃气泄漏报警装置，投入28万元购置小型消防车及设备，提高突发事件应急能力。

【生态文明建设】 2022年，马坪镇开展农村人居环境整治行动，累计清理农村垃圾、畜禽养殖粪污及淤泥等3862吨，清理水塘14口、沟渠18千米，强化水环境污染巡查，针对辖区范围内河道"四乱"、农业种植污染、畜禽及牛蛙养殖污染等现象，累计整治养猪场5家、养鸭场3家，安装生猪养殖排污口监控设备39处，完成水产养殖底泥尾水污染整治23.33公顷。核查整改土地卫片违法图斑32宗，处置"两违"案件23宗31586平方米。

【乡村振兴】 2022年，马坪镇实施林埭村乡村振兴项目建设，发展乡村旅游，投入230万元实施樱花休闲观光园项目建设，铺设透水石步道700米，建设仿木石护栏1.2千米；投入168万元实施村基础设施完善提升项目建设（传统村落改造提升）。完成173.33公顷高标准农田建设，帮扶农业新型主体，申报市级农业产业化龙头企业1家、县级农民专业合作社1家，县级家庭农场1家。开展农村集体"三资"专项整治行动，累计清查资产、资源等281项，形成问题清单20项并完成整改。

【马坪镇仙都村（杨梅）被评为省级"一村一品"专业合作村】 2022年11月23日，福建省农业农村厅公布179个省级“一村一品”专业村名单，马坪镇仙都村（杨梅）名列其中。仙都村位于马坪镇东北部，为马坪镇第二大村，总面积1305.7公顷，耕地200.2公顷，山地面积1000公顷，种有杨梅果树366.67公顷，年产值2000万元。仙都杨梅源自龙海区白水镇，已发展30多年，品种较多，主要有“早梅”“中梅”“珍珠梅”“白梅”“东魁”等，有“特阳”杨梅泡酒品牌。村内有果蔬保鲜库3家企业对果蔬进行保鲜加工。

（黄彦荣）

官浔镇

【概况】　官浔镇位于漳浦县境北部，南邻长桥镇及赤岭畲族乡，东接赤岭畲族乡，北与龙海区东泗乡隔南溪相望，西与龙海区程溪镇交界。镇域面积77.11平方千米，下辖溪坂、西北、赵厝、锦江、红霞、下炉、康庄、春建、省炉9个建制村和1个居委会。是中国花木之乡、闽南的芗剧之乡，也是历届国家级盛会——海峡两岸农博会·花博会举办地东南花都花博园的所在地。2022年，官浔镇规模工业产值3291.7万元，财政总收入4836.72万元，规模以上工业总产值8158.7万元，社会固定资产投资26170万元，限额以上社会消费品零售总额12653.2万元，完成特色产业花卉苗木产值约24亿元。年末户籍人口6729户、23465人。2022年12月1日，官浔镇被福建省文化和旅游厅评为“福建省全域生态旅游小镇”。

【项目建设】　2022年，官浔镇完成福建天然气管网二期工程LNG联络线征租地工程；推进官浔卫生院迁建完善功能项目建设，完善功能项目可行性研究报告暨初步设计暨概算，于2022年12月22日经县发改局批复立项，项目概算总投资3031万元。

【基础设施建设】　2022年，官浔镇完善基础设施建设，推进总投入5856万元的官浔镇镇区道路提升改造工程前期工作；推进总投入2416万元的漳浦县九龙江南溪（康庄段）堤防及护岸工程建设。完成投入5000万元漳浦县西北片区村镇污水处理PPP项目并试运行。

【社会事业】　2022年，官浔镇推进扶贫开发成果巩固与乡村振兴工作衔接，入户走访946人次，排查返贫疑似对象113人次，为18户脱贫户发放小额信贷资金42.25万元，为28户脱贫户发放补助资金13.8万元，为9名脱贫户子女发放雨露计划补助2.7万元。

【安全稳定】　2022年，官浔镇开展各类安全检查工作22次，出动检查人员104人次，排查整改安全隐患点52处；依托何德煌市级金牌人民调解工作室，排查调解矛盾纠纷76件、调处率100%；打击非法出入境行为，摸排滞留缅北、东南亚各国人员21人，已核减11人，存量10人。

【生态文明建设】　2022年，官浔镇完成漳浦县九龙江南溪（溪坂—康庄段）安全生态水系建设工程规划；推进总投入8719万元漳浦县南溪水环境综合整治工程，推进总投入500万元虾池养殖尾水底泥治理工程；完成省级粮食产能区退林退果还耕15.84公顷，完成26宗土地卫片图斑整改。加强“两违”治理，出动执法车辆320辆次、人员650余人次，处置“两违”案件27宗，累计拆除两违面积3.21万平方米、虾池3030平方米。充实河道专管员队伍，完善智慧河长监控平台，对入河排污口、养殖场等重点场所进行全天候监控；实施总投入1.5亿元的生活污水治理PPP项目、水环境综合整治项目、虾池养殖尾水治理试点项目、南溪堤防护岸项目、生态水系三期等多种类型项目，改善南溪水质；对接闽江学院共建水生态综合治理技术示范基地，提升巩固水质，省考断面西岭大桥及小南溪口水质均值稳定在Ⅲ类。

【乡村振兴】　2022年，官浔镇推进总投入1615万元溪坂村乡村振兴提升改造项目（一期），包括：

紫兴中路及周边支路雨污水分流改造提升，总长1.6千米，新建农民休闲口袋公园3处，总面积5800平方米，配套建设雨棚1800平方米、人行步道改造提升2100平方米，村庄巷道硬化长2500米，宽3米；机耕道路提升改造长3.2千米，宽5米；投入252.8万元建设锦江村、赵厝村等4个村高标准农田105.33公顷，建设江田间道3453米，配套排水渠；投入280万元建设官浔镇2022年高标准农田建设整区域推进示范项目133.33公顷，主要建设西北村等3个村高标准农田，提升改造机耕路，配套排水渠，水渠挡土墙等工程；积极谋划申报5.14亿元乡村振兴专项债资金，开展乡村振兴改造提升项目15个。

【农业产业】 2022年，官浔镇申请耕地地力补贴资金，涉及农户3443户，耕地面积487.73公顷。开展动物防疫5次、接种49.2万针次；农产品送检样品36份，下乡抽检200份，农残和兽残检测556份。开展农产品“一品一码”监管，确保农产品安全可溯。设立离行式自助银行，漳浦农商行官浔支行助力官浔镇苗木花卉种植户758户，授信金额20018万元，用信余额15032万元。清理集体资产资源804宗，清理债权债务471笔，核查经济合同212份，清理工程项目9个，发出问题清单79份，完成问题清单整改72份。推动村级集体经济发展壮大，9个建制村集体经济收入全部达10万元，其中2个村达50万元以上；打造6.67公顷秋冬种玉米绿色高质高效生产示范片，率先试种全省新品种玉米，平均亩产1250千克，产值5000元，亩纯利2800元。

（邱宝荣）

长桥镇

【概况】 长桥镇位于漳浦县境北部，东与赤岭畲族乡、湖西畲族乡交界，西与中西林场接壤，南与绥安镇相连，东南与赤土乡连接，西南与石榴镇交界，北与官浔镇为邻，西北与龙海区程溪镇交界。镇域面积127平方千米，林地面积9333.33公顷，耕地面积866.67公顷。辖割后、溪内、甘棠、青果、长桥、春光、潭阳、东升、友爱9个建制村和长峰、店前2个社区。2022年，长桥镇新增规模以上企业9家，完成规模工业总产值86.09亿元；完成固定资产投资7.23亿元；完成财税收入8528万元，限额以上社会消费品零售总额10554万元。年末户籍人口4796户、17948人。

【项目建设】 2022年，长桥镇签约招商引进投资1000万元的妙菁生物科技有限公司蝴蝶兰培育项目、投资4000万元的八扇堂年加工6万立方米装饰板项目、投资1150万元的寒暑驿居餐饮服务项目、投资1120万元的琪洋餐饮服务项目等4个项目。新签约榕忠工贸胶合板建设项目等6个产业项目，总投资1.73亿元；华林森工贸胶合板项目等21个项目开工，总投资7.12亿元，已完工20个；新增固投入库福建万辰生物科技有限公司金针菇工厂化生产和食用菌良种繁育及工艺开发建设项目等18个项目，总投资7.62亿元，占年度任务的225.44%；完成漳浦县康复护理院项目等市县重点项目投资8.05亿元，占年度任务的108%；总投资超8亿元的漳浦县易利得羽蛋鸡养殖项目等4个项目申报市县重点项目。

【基础设施建设】 2022年，长桥镇东升村投入436万元改造基础设施，其中县道513扩宽建设工程约1.2千米，安装太阳能路灯180盏，九桥下县道至青潭场产业道路危桥改造，改造提升文化广场及文化演出场所周边环境约240平方米；青果村投入104万元，改造村内路灯280盏，长甘线青果路段路面破碎修复工程6千米、溪道清淤及堤岸整治1000米；友爱村完成资金投入88万元，含乡村文明实践站建设工程、村内道路提升、县道513（长桥镇友爱村李志艺园艺场至黄国周园艺场）道路提升改造、排洪渠整治提升；长桥村投入38万元实施“红军前哨所”修缮与环境整治项目，已竣工；甘棠村投入25.9万元新建村道水泥路道路硬化（石兜自然村525县道路口至狮山及后壁埔段），已竣工；溪内村投入24.9万元实施产仔至中墘道路硬化工程，已竣工；店前社区投入13.2万元建设公厕，已竣工；长峰社区投入16.4万元建设公厕，已竣工。

【社会事业】 2022年，长桥镇巩固脱贫成果，协助10人申请脱贫人口小额信贷，完成率114.29%，实施“雨露计划”，补助3人1.2万元，中央财政产业补助资金31户次11.7万元，对216户脱贫户信息进行动态更新；照顾特殊群体人员，为218人办理城乡居民养老保险待遇申领，将370人纳入最低生活保障，发放低保金约161万元，向51人发放农村五保金68万元，向3名孤儿发放供养金3.24万元，向63名因病困难群众发放补助金15.45万元。城乡居民基本养老保险完成率86.89%、城镇居民医疗保险完成率97.5%。

【安全生产】 2022年，长桥镇开展房屋安全排查工作，全覆盖排查房屋523栋、其中经营性自建房屋282栋，采集房屋安全信息270栋，整治重大隐患房屋53栋，核查历史建筑52栋，督促整治裸房151栋；开展安全生产检查活动12场次，检查各类企业、商户116家，排查整治问题96处，督促商家安装燃气报警器80个。

【生态文明建设】 2022年，长桥镇落实耕地保护政策，整改土地违法卫片图斑311宗，面积31.58公顷，除“非粮化”图斑，其他各类存量图斑整改率100%；开展水质提升工作，打击企业污染、畜禽、牛蛙养殖污染行为，禽畜养殖退养17宗，牛蛙取缔整改3宗。开展涉水工业企业整治专项行动，开展联合检查20余次，督促12家涉水企业完成升级改造；在南溪流域建设11处跌水堰，对3处重要支流进行底泥清淤，实施1处水生植物人工浮岛工程，在浯江溪流域建设10处截流设施。对接九龙江流域（漳浦段）山水林田湖草沙一体化保护和修复工程及南溪流域黑臭水体项目，均完成施工招标。配合做好漳浦县西北片区村镇污水处理工程项目（PPP），建成主支管网17.62千米，接户管11.68千米，4座污水处理设施进入试运行阶段。

【乡村振兴】 2022年，长桥镇实施“美丽乡村”建设，推进“百路千村”环境整治、国道两侧绿化景观改造提升、镇区街道环境综合整治等项目。启动综合整治项目，总投入近1000万元，拆除违章搭盖、整治摆摊设点、取缔占道经营、统一店牌店招、协调“三线”下地、实施“白改黑”工程；推进基础设施配套建设，完成许厝桥、春光桥、潭阳桥及附属配套设施建设，新建潭阳、青果、春光等6个村级组织活动场所，初步建成泗州岩文化公园。

（黄建林　王钰婷）

石榴镇

【概况】 石榴镇位于漳浦县境西北部，东邻绥安镇，南邻盘陀镇、大南坂镇，北与南浦乡、中西林场接壤，西与平和县南胜镇、五寨乡交界。镇域面积206平方千米，耕地面积3000公顷，山地1.39公顷。辖石榴、下车、长兴、梅东、梅西、梅北、田寮、东山、玳瑁、温斗、芳林、崎溪、象牙、胜利、攀龙、龙岭、山城、车本18个建制村和石古、下林、顶厝3个社区以及石古农场（场部）。是闽南革命老区乡镇，也是漳浦县西北部农业大镇。2022年，石榴镇完成固定资产投资2.21亿元，规模工业总产值14.08亿元，财税收入2185万元，限额以上社会消费品零售总额2152.9万元。年末户籍人口13456户、50251人。

【项目建设】 2022年，石榴镇车本村红色旅游项目开工，该项目首期投资5000万元。2022年，石榴镇引进博松服装织造有限公司项目，该项目总投资2.8亿元，入驻石榴镇梅西服装产业园区，已完成供地与初步规划和设计。

【基础设施建设】 2022年，石榴镇投入5519万元建设石佛线（梅北至马坑段）道路拓宽改造工程；完成石榴卫生院改扩建工程、石榴镇中心学校迁建和象牙幼儿园新建工程征迁；完成“十四五”农村饮水安全巩固提升一期工程竣工验收；投入1800万元对镇区主要道路进行“白改黑”提升改造；投入4000万元建设石榴村至东山村（石东线）道路提升改造工程，全长6.8千米（含1.2千米通往石古农场填鸭养殖小区）。

【生态文明建设】 2022年，石榴镇全面推行河长制，推进流域两侧畜禽、水产、牛蛙养殖、河道“四乱”污染整治，实现流域断面水质稳定达标；投入近100万元对辖区内流域进行清洁管护治理，投入1061万元建设鹿溪支流石榴镇安后段堤防及护岸工程；推进梅东村污水处理项目和石榴村生活污水处理站管网配套建设。打造人居环境整治示范村梅北村，开展农村人居环境整治行动，拆除主干道两侧铁棚8万平方米，拆除闲置猪舍1.2万平方米、旧厕所212处、危旧房269栋，整治裸房100栋，安装镇区街道4.1千米两侧店面招牌，修缮特色民居面积5177平方米。改善人居环境，改造提升垃圾中转站1座。

【社会事业】 2022年，石榴镇巩固拓展脱贫攻坚成果，落实防止返贫动态监测和帮扶机制，对3户6人脱贫不稳定重点对象和5户18人存在返贫致贫风险脱贫户制定帮扶措施；投入中央专项帮扶资金67.9万元支持脱贫户发展产业；投入省级专项帮扶资金20万元推进龙岭村游客集散服务中心及产销驿站项目。

【乡村振兴】 2022年，石榴镇乡村振兴整镇推进项目一期工程完成招投标，该项目投资6.8亿元，包含23个子项目，已建成石榴镇乡村振兴展示馆、石榴泉大道沿线生态修复2个项目，在建项目7个，另有8个项目正在推进报批工作；市级乡村示范线“攀龙车本线”建设项目涉及攀龙至车本4个村，11个示范建设项目，总投资940万元，已竣工项目3个，分别是攀龙村田园综合体出口道路两侧绿化改造提升工程、车本村红色旅游大道提升工程、山城村党群服务中心及配套设施建设项目。

【石榴镇镇区口袋公园建成】 2022年4月，石榴镇镇区口袋公园完工，该公园于2022年3月开工建设，总投资100万元，建设面积3600平方米。石榴镇依托申内溪镇区段生态护岸项目，建设长达1.25千米的护岸、堤顶休闲步道，整合镇区街角“口袋绿地”和荒杂地等空间，修建农民广场、休闲凉亭，增设健身器材和娱乐设施、补种开花乔木和植被，建成综合性袖珍公园。

【首届石榴填鸭文化节成功举办】 2022年12月22日，以“弘扬石榴填鸭文化 全力助推乡村振兴”为主题的首届石榴填鸭文化节在石榴镇镇区口袋公园开幕。文化节期间，举行填鸭王评选、填鸭美食品鉴及文艺会演等活动。石榴填鸭是漳浦县的传统美食，选用公番鸭填喂，经白开水煮熟后，

2022年6月29日，石榴镇乡村振兴展示馆建成开馆。图为展示馆内景
（石榴镇党政办 供图）

用盐和五香粉混合后涂抹在鸭身，既保留了鸭子的原汁原味，又中和了肥腻感，肉质肥嫩，吃后满口留香。填鸭肝是填鸭的精华所在，可达500克以上，其口感细腻软嫩，当地称作“粉肝”。石榴填鸭曾获评福建名小吃、漳州名小吃、漳州市首届美食文化节“十佳人气美食”。石榴填鸭作为石榴镇的特色产业，年出栏量约150万羽，年产值近10亿元。2022年3月27日，石榴填鸭产业协会成立，有45家会员单位。

【石榴镇乡村振兴展示馆建成开馆】 2022年6月29日，石榴镇乡村振兴展示馆建成开馆。展示馆位于石榴镇攀龙村，占地面积约200平方米，总投资近219万元，以乡村振兴为主题，设置石榴镇情村情、旅游规划、产业发展、党建特色等板块，从产业兴旺、生态宜居、乡风文明、治理有效、生活富裕等方面对石榴镇乡村振兴整镇推进工作进行解读，展现石榴镇乡村事业发展的新局新貌。

（许颖程）

盘陀镇

【概况】 盘陀镇位于漳浦县境西南部，东邻大南坂镇，南隔梁山山脉与沙西镇、霞美镇交界，西与云霄县接壤，北连石榴镇。镇域面积116平方千米，宜林山地7733公顷，林地6266.67公顷，耕地面积1466.67公顷。辖官陂、东林、产山、西厝、仓里、通坑、上洞、割埔、盘陀、和美、蒲野11个建制村和盘陀居委会。盘陀镇有国家AAAA级旅游景区——天福茶博物院，全球第一所茶专业高校——漳州科技职业学院，同时配套天福医院、天福养生文化村等医养产业。2022年，盘陀镇完成固定资产投资6.28亿元，规模工业产值37.26亿元，财税收入1.08亿元，限额以上社会消费品零售总额2.14亿元。年末户籍人口7275户、29787人。2022年8月，盘陀镇荣获2020—2021年度福建省劳动关系和谐乡镇称号；2022年10月，蒲野村荣获第二批省级乡村治理示范村称号。

【项目建设】 2022年，盘陀镇总投资7.5亿元的天福医院项目，一期建设完成并投入使用，二期处于建设阶段；总投资2.5亿元的天福养老项目，完成基本设施建设。完成国道外甩涉及50.33公顷土地征迁任务，房屋等构筑物征迁工作进入扫尾；完成东林—海园、闽粤联网、漳州核电等省级重点项目征迁工作。

【基础设施建设】 2022年，盘陀镇新建改造农村公路6143米；投入100万元用于敬老院——区域性养老项目建设，完善配套40个床位；投入1280万元建设盘陀溪生态水系项目，该项目建设范围囊括割埔村、盘陀村、官陂村、蒲野村、上洞村等盘陀镇主要人口聚集村，项目建设总长11.18千米。

【社会事业】 2022年，盘陀镇投入401万元保障低保、五保等困难群体，投入27.2万元实施紧急救助122人；对21名三级以上严重精神障碍患者实施“以奖代补”看护政策，救助“两癌”困难妇女2人；发放2022年度中央财政衔接推进乡村振兴补助资金共69户27.6万元，“雨露计划”补助学生6人1.8万元，跟踪公益性岗位16个，其中脱贫户6人、低保户3人；投入397万元在仓里村建成第二中心幼儿园并投入使用，通过“春蕾助学”帮助贫困学生重返校园，引导乡贤在盘陀中学设立“陈参义教学基金”。开展“巾帼志愿服务活动”10场、“文明实践活动”4次、“美丽庭院”评比活动4次。

【安全稳定】 2022年，盘陀镇开展安全生产整治三年行动，对辖区内企业、人员密集场所开展检查30余次，排查整改安全隐患34处，拆除各种遮阳伞（篷）1200多件（套），调处各类矛盾纠纷186起。

【生态文明建设】 2022年，盘陀镇加大对农业面源污染整治力度，整治牛蛙、生猪、鸡鸭鹅等养殖污染问题，完善盘陀污水管网建设，实施近10公顷梁山水库桉树商品林改造，遏制耕地“非农化”、防止“非粮化”，做好440公顷耕地保护，土地卫片集中攻坚整改任务完成原地复耕6580平方米。开展河道治理，实施盘陀溪及其支流生态水系建设，投入69万元用于上洞村、蒲野村等村河道清淤，落实河长制联动协调制度，严控污水直排、非法采砂；投入600多万元，用于镇区及各建制村环境卫生清扫保洁、垃圾清运、绿化管用服务项目。

【乡村振兴】 2022年，盘陀镇有天福台湾小镇建设项目（市政类）、村道及危桥改造工程（交通类）、农业融合发展项目（水利类）等3个乡村振兴专项债项目，合计专项债金额约2.3亿元。实施220公顷高标准基本农田建设，完成土地整改项目3公顷。推动农业品种优质化发展，优化本土优新品种，完成种业新品种8个；探索推广“新型经营主体+农民合作社+农户”“龙头企业+基地+农户”等组织方式，培育县级以上农业龙头企业、农民合作社、家庭农场6家。依托天福文化产业园、茶文化底蕴及天然温泉资源等优势，打造“茶旅康养融合”发展格局，2022年12月天福文化产业园获评第二批省级气候康养福地，全年15万多人次到天福茶博物院和漳州科技职业学院研学旅行。投入88万元建设温泉房车营地，有500多辆车到温泉房车营地露营，服务超1000人次。

【天福医院正式开业】 2022年2月15日，天福医院正式开业。天福医院占地面积20公顷，建筑面积11万平方米，规划床位900张，开设20多个临床科室，是非营利性三级综合医院、福建省重点民生建设项目。

（蔡雅玲）

大南坂镇

【概况】 大南坂镇位于漳浦县境西南区域，距县城中心6千米，国道324线、厦深铁路贯穿全境。镇域面积60平方千米，耕地面积578公顷，林地面积513.45公顷。辖区内有廉政教育基地蔡新故居、清泉岩景区。辖新民村1个建制村和小南坂、大畲、金刚山、腊山、青年山、农一、下楼、刺塘后、梧陂、芳埔、坑内、上埔、瓷窑13个社区居委会。2022年，大南坂镇（含大南坂工业园）完成固定资产投资5.7亿元，规模工业产值48.17亿元，限额以上社会消费品零售总额3.42亿元。年末户籍人口3836户、13631人。

【项目建设】 2022年，大南坂镇签约项目12个，其中宏泰大厦、下楼溪安全生态水系建设和福建速派餐饮管理有限公司年加工320万份方便食品3个项目已开工投产；新增工业投资4亿元，新增技改投资2200万元，新开工投产项目数6家；有社零企业漳州嘉瑞工贸有限公司、城南加油城等13家，新增漳州市龙盈餐饮有限公司1家。

【基础设施建设】 2022年，大南坂镇开展流域水质提升工程，率先在下楼社区、瓷窑社区进行农村生活污水管道改造，总投入约1900万元。启动国道324线外甩项目及港城大道延伸段项目征迁工作，涉及下楼社区、瓷窑社区、新民村土地29.33公顷。投入19万元硬化小南坂新村至幼儿园道路0.8千米；投入24万元硬化青年山社区道路1.12千米；投入40万元建设蓝厝畲族作业区通经下阮村道路硬化和挡土墙新建工程1.89千米；投入110万元完成下后线（C140）涵洞改建工程，建设箱涵式涵洞，跨度18.8米，宽度11.08米；投入40万元建设腊山社区幸福院；投入10万元建设蓝厝畲族作业区畲族文化公园文化12个宣传栏。

【社会事业】 2022年，大南坂镇推进医保缴费工作，有7504名群众参保缴费；完善优化便民服务窗口，完成办件4308件，群众满意率达100%。关注特殊困难群体，救助困难群众50人次，发放救助金额10.6万元，全镇有低保户190户、239人，发放补助金额138万元。

【安全稳定】 2022 年，大南坂镇每月 2 次对农贸市场等人流密集场所消杀处理。对人群密集场所组织安全生产检查 31 次，发现整改一般隐患 45 处。

【生态文明建设】 2022 年，大南坂镇投入 45 万元开展下楼溪底泥清淤、小南坂氧化塘处置，完成工业园污水处理站项目征地 1.8 公顷；投入机械、人力 4000 余工时，清理陈年垃圾 4500 余吨，转运垃圾 5362 吨，清理村内水塘 108 口，清理村内淤泥 77 吨，发动农民群众投工投劳 1320 人次，开展进村入户宣传教育 1630 人次。投入 60 万元开展下楼社区新村环境整治，投入 75 万元清运全镇生活垃圾，做到“日产日清”。推进“两违”整治工作，处置违建面积 31553 平方米，违法占地面积 49786 平方米，拆除腾出土地面积 49726 平方米。

【乡村振兴】 2022 年，大南坂镇统筹推进乡村振兴，总计约 5.2 亿元的乡村振兴专项债申报项目通过县级审核。实施乡村人才实用技术培训计划，重点开展种植管理、病虫害防治和农产品加工等实用技术培训，完成农村就业技能培训 400 人次。投入 160 万元建设闽粤边红军重整抗日武装历史展览馆和帝师文化休闲场所，下楼社区乡村振兴连点成线，带动周边农家乐、休闲茶庄等商业经济发展。

2022 年 8 月 27 日，漳浦县上埔小学举行新校落成揭牌仪式

（郑家欣 摄）

【大南坂镇上埔小学新校区落成揭牌投用】 2022 年 8 月 25 日，大南坂镇上埔小学新校区揭牌投用。上埔小学新校区位于上埔村，项目用地 1.2 公顷，建筑面积 2500 平方米，可容纳 250 个学位。

（范松枝）

古雷镇

【概况】 古雷镇位于漳浦县境南部的古雷半岛，三面临海，南临台湾海峡，西临东山湾海域，与东山县隔海相望，北与杜浔镇相连。土地面积 40 平方千米，海岸线长 48 千米。辖新港城第一至第十七社区居民委员会等 17 个社区居委会、3 个委托代管村（2022 年 3 月，杜浔镇院边村、林前村、后姚村 3 个村成建制委托古雷镇代管）。以新港城区域经济为主导，产业分布于商贸、餐饮、服务业。2022 年，古雷镇完成固定资产投资 1.48 亿元，限额以上社会消费品零售总额 2714.2 万元。年末户籍人口 9878 户、46686 人。

【项目建设】 2022 年，古雷镇推进项目用地要素保障，完成中沙古雷乙烯、桐昆、二水厂、海顺德催化剂、古雷山南路、古雷气体应急集中处置中心等 6 个项目征迁扫尾清零工作，完成项目用地二次清表 369.73 公顷，项目用地报批 158.95 公顷；完成金福路与范阳环城路连接线、古雷交通枢纽站、纵七路（前埔段）、古雷港中学等项目征地 281 户 14.26 公顷，完成智慧体育公园二期、5.4 公顷安商一体化地块、古雷开发区行政服务中心地块及滨溪路一期等项目扫尾

2022年6月，总投资420.7亿元的中沙古雷乙烯项目落地古雷港开发区。图为2022年10月20日项目建设用地现场航拍图
（古雷镇党政办 供图）

及清表工作。

【基础设施建设】 2022年，古雷镇完善基础设施建设，古雷开发区第三实验幼儿园竣工并投入使用；古雷港中学完成选址及初步勘探。完成古雷新港城综合农贸市场主体工程、室外道路、给排水、电气、暖通等项目，室外工程及二次装修等基本完成；建成新港城智慧体育公园一期，已投入使用；改造提升新港城金福路，对两侧人行道及广场破损地面进行维修；在新港城主干道两侧及广场增设停车位300个。

【社会事业】 2022年，古雷镇推进劳动力转移就业，举办大型招聘会1场，发布招聘信息15次，引导转移就业402人，解决“零就业”家庭52户；发放农村低保、城镇低保、特困人员供养金、困难群众临时救助金、残疾人补助、事实无人抚养儿童补助等564.8万元；落实搬迁补助政策，年满60周岁以上搬迁老人每月领取搬迁生产生活补助800元。

【安全稳定】 2022年，古雷镇排查化解矛盾纠纷17起，处理各类信访案件43宗、“12345”政务热线工单737宗、古雷民声平台963宗；开展反诈宣传引导，制作横幅90条，发放宣传单7万多份。开展安全隐患排查整治，排查整改燃气安全隐患69处，维修更换故障电梯502部；加强码头、船舶安全管理，开展杏仔渔港“清港行动”、增设汕尾停靠点进出人流监控系统，强化进入园区车辆审批管理，加大道路交通纠违力度，查处交通违法1324起，拆除非法加装遮阳伞9277把。

【生态文明建设】 2022年，古雷镇对接中央生态环境保护督察第一轮、第二轮及福建省环保督察反馈问题、信访件整改工作，涉及古雷镇11个环保问题整改到位并通过验收；整治新港城范围内夜间噪声扰民问题，重点整治露天大排档、烧烤摊、酒吧等场所夜间经营噪声，涉噪信访投诉按期办结率100%。推进牛蛙养殖整治，加大巡查整治力度。完成裸房整治18户4900平方米，“两违”治理18宗12105平方米。

【新港城智慧体育公园一期建成投用】 2022年1月28日，古雷镇新港城智慧体育公园一期建设投用。该项目于2021年12月开工建设，2022年1月竣工投用。公园一期占地2.65公顷，总投资400多万元，主要打造活力运动主题空间，布置足球、乒乓球、健身器材、儿童娱乐等运动项目，是集运动健身、休闲娱乐于一体的多功能运动主题公园。

【古雷第三实验幼儿园投入使用】 2022年8月，古雷第三实验幼儿园开始招生开学。古雷第三实验幼儿园于2021年5月开工建设，2022年8月竣工投用，幼儿园用地面积7739.48平方米，总建筑面积5805.70平方米，总投资2300万元，办学规模18个教学班，可容纳540名幼儿。幼儿园建设教学综合楼及其附属工程，同时配备多功能室、建构室、阅读室、美术室等功能用房。

（洪火木）

杜浔镇

【概况】 杜浔镇位于梁山山脉南麓。东与霞美镇、下蔡国有防护林场相连，西与沙西镇接壤，南与古雷镇、杜浔盐场毗邻，东南临浮头湾，镇境北部是梁山山脉及其余脉诸丘陵山地，隔梁山山脉与大南坂镇交界。辖区面积106.95平方千米，辖文卿、范阳、正阳、后因、徐坎、路边、过洋、近城、路打、林苍、城里、湖里、北坂13个建制村（2022年3月，杜浔镇将林前村、后姚村、院边村3个村成建制委托古雷镇管理）和1个居委会。2022年，杜浔镇完成财政收入2249.9万元，规模以上工业总产值8589.3万元，固定资产投资6721万元，限额以上消费品零售额1943.2万元。年末户籍人口18099户、72716人。

【项目要素保障】 2022年，杜浔镇紧抓项目征迁，推进古雷化工园北部片区一期北坂村及周边地块征迁，完成土地征收153.33公顷，推动桐昆、华能热电、海园11万伏等8个项目完成签约，提供项目要素保障。

【基础设施建设】 2022年，杜浔镇推进各项基础设施建设，推动杜浔第二中心幼儿园顺利开园，新增学位420个；推动漳州一中古雷分校扩建，计划投资3.53亿元，扩建校舍总建筑面积78829.38平方米；投入2300万元完成省道漳东线杜浔镇区段剩余800米道路改造，投入360余万元实施青阳院连接线及徐坎、后因、过洋等多个村庄道路硬化亮化工程。

【社会事业】 2022年，杜浔镇持续推进为民办实事，投入100万元用于改善辖区各中小学文体硬件设施，漳州一中古雷分校本科上线人数92人，再创新高；强化特殊群体救助，批复办理低保申请37户71人、五保7人，发放城乡居民临时救助234人35.6万元。古雷港区医院委托漳州市医院管理并挂牌漳州市医院古雷分院。

【安全生产】 2022年，杜浔镇实施安全生产专项整治，开展安全隐患排查62次，发现整改隐患181处，整治高陡边坡点1处，拆除电动车遮阳棚近6000顶。

【生态文明建设】 2022年，杜浔镇开展河湖“清四乱”专项整治行动，投入近300万元对田墩溪、徐坎溪等河流进行清理整治，整治河道旁牛蛙养殖场79户6.2公顷；投入100万元整治人居环境，完成202栋裸房整治、清运农村生活垃圾近1万吨；落实耕地保护政策，开展土地卫片图斑整治28次，清理乱占耕地建房及各类违法图斑170宗6.87公顷，除治互花米草12.53公顷，投入1100万元开展文卿村、徐坎村、过洋村农村生活污水管网建设，推动杜浔溪范阳、下林2个小流域水环境监测断面水质稳定达标。

【乡村振兴】 2022年，杜浔镇投入超900万元完成路打村、后因村、路边村高标准农田建设，文卿河生态补水工程，田墩溪支流挡水陂及河道清淤等一系列农业补短板项目；投入近800万元打造徐坎—过洋—林苍乡村振兴“串点连线成片”线路；培育市级龙头企业1家（漳州冠玲生态农业开发有限公司）、农村经济合作社2家（漳浦县实济花卉专业合作社、漳浦县翔丰果蔬专业合作社）、家庭农场3家（叮咚家庭农场、漳州古雷港经济开发区新吉家庭农场、漳州古雷港经济开发区景丰家庭农场）。

（蔡永鑫）

霞美镇

【概况】 霞美镇位于漳浦县境南部沿海，东临旧镇港、浮头湾海域，西与杜浔镇接壤，南与下蔡国有防护林场毗邻，北与旧镇镇交界。全镇陆域总面积83.5平方千米，海岸线13.2千米，有山地2761.8公顷，耕地 2055公顷，林地3452.7公顷，森林覆盖率38.88%，浅海养殖海域 5300多公顷。辖霞美、中社、刘坂、山前、过田、眉田、运头、巷内、五社、黄埔、白石、董门、溪仔、北江、后辽、山岭、塔岭、前梧、下蔡19个建制村和1个居委会。2022年，霞美镇完成固定资产投资2081.4万元，规模工业总产值12525.7万元，财税收入680万元，限额以上社会消费品零售总额1806万元。年末户籍人口15841户、67003人（含下蔡林场）。

【项目建设】 2022年，霞美镇启动“粮储基地”项目，完成征地4.53公顷，启动一期10公顷土地整理项目；推进区级红色革命教育基地——虎硿岩二期项目设计工作。

【基础设施建设】 2022年，霞美镇投入335万元完成董门、黄埔、巷内3个建制村排污系统建设，推进漳东线2.16千米排污管道铺设；新建改造农村公路1.93千米，推进巷内村危桥改造，建设1.17千米虎硿岩道路路基；启动镇区主干道白改黑项目。投入50万元完成区级廉政教育基地——刘霖故居改造提升，霞美第二中心幼儿园建成并投入使用，完成后辽小学及附属幼儿园项目征地并同步完成项目报批，启动霞美中心学校新校区建设筹资选址。

【社会事业】 2022年，霞美镇帮助脱贫户购买人身意外险758人次，理赔20余万元；新增27户、29人享受低保政策，发放困难群众临时救助金17.6万元；提供公益性服务岗位27个；实施“雨露计划”和“金秋助学”，投入8.7万元资助学生37名。

【综合治理】 2022年，霞美镇落实信访工作责任制和重点案件包案制度，处理信访事项41件，化解矛盾纠纷82件，收到“12345”便民服务平台投诉件361件，调处率与回复率100%。推进滞留缅北人员劝返工作，公安部通报霞美镇滞留缅北人员20人，劝返17人。开展安全生产检查整治11次，开具整改清单26份，整治交通安全隐患18处，拆除修缮重大安全隐患房屋7栋；组建常态化海上巡逻队，对全镇2000余艘船舶造册登记、挂牌管理，完善4个海钓平台运行管理机制。升级应急力量，吸纳退役军人成立霞美镇退役军人志愿服务队，开展3次业务培训，举行2场应急演练。

【生态文明建设】 2022年，霞美镇开展人居环境整治，清理陈年垃圾8000吨，清运牡蛎壳1万吨；落实河、林、田长制，辖区内5条水系均保持农用灌溉标准。取缔牛蛙复养17户约5000平方米，实现牛蛙非法养殖清零，清退畜禽类散养1.33公顷，河道两侧鸡鸭鹅养殖场退养去功能化5家约2400羽，清除鲍鱼超规划养殖7户、810口，清理海漂垃圾2800余吨。整治各类图斑8.66公顷、除治互花米草180.85公顷。

【乡村振兴】 2022年，霞美镇发展特色产业，建设鲍鱼、牡蛎、贝类、水果、蔬菜5大特色品种养殖基地，培育1家市级以上农业新型经营主体，孵化2家限上商贸企业，扶持5家农民合作社与家庭农场，上报7个农业优新品种示范片。完成五社村等13个村的村庄规划编制，投入700万元推进黄埔村乡村振兴二期和董门村乡村振兴三期项目，重点建设路线管网、活动场所等；组建北江村乡村振兴促进会、董门村美丽乡村建设促进会，推进北江村乡村振兴试点工作。

【北江村荣获2022年度福建省乡村振兴实绩突出村称号】 2022年12月19日，霞美镇北江村荣获2022年度福建省乡村振兴实绩突出村称号。北江村位于霞美镇东南部，东邻浮头湾海域，南界下蔡村，西与后寮交界，北与董门村相邻，总面积344.16公顷，其中耕地167.1公顷，林地18.17公顷，设有21个村民小组，全村1436户、5566人。水产养殖设施建设用地29.54公顷，主要产业以水产养殖和育苗培育为

2022年9月，霞美第二中心幼儿园正式启动办学。图为2022年9月2日幼儿园全貌　　（霞美镇党政办 供图）

主，形成以鲍鱼为主，牡蛎、扇贝为辅的养殖产业。

【霞美第二中心幼儿园正式启动办学】　2022年9月，霞美第二中心幼儿园正式启动办学。该园位于霞美镇白石村，学校占地面积10612.39平方米，办学规模18个教学班，可提供540个学位。

（陈跃强）

沙西镇

【概况】　沙西镇位于漳浦县境西南沿海，北部为梁山余脉山地，隔梁山山脉与盘陀镇交界，东与杜浔镇交界，西隔梁山莲花峰与云霄县东厦镇交界，南临东山湾海域。镇域面积76.5平方千米，海岸线长22.5千米，有耕地面积1300多公顷、山地面积4000多公顷、森林面积4800公顷、浅海滩涂2000多公顷。辖沙西、河墘、枋林、蓬山、院前、庄前、屿头、下寨、涂楼、高山、高林、庵兜、白衣、北旗14个建制村。2022年，沙西镇社会生产总值17.6亿元，财税收入695万元，限额以上社会消费品零售总额1.7亿元，农民人均可支配收入2.93万元。年末户籍人口12529户、50553人。2022年12月12日，沙西镇被评为福建省卫生镇（乡）。

【项目用地征迁】　2022年，沙西镇累计签约土地696户112公顷、坟墓52座、房屋6宗；推进固废场进场道路扩建项目、古雷化工园北部片区（庄前片区）、古雷疏港高速支线、漳州核电500千伏线路工程、220千伏线路工程等5个项目用地征迁。

【基础设施建设】　2022年，沙西镇利用国债资金和上级补助资金3200多万元实施漳东线及两侧道路提升改造工程、沙西镇乡村振兴“串点连线成片”项目等18个项目建设。完成省道201连接线、沙西第二中心幼儿园、沙西卫生院扩建工程（门诊综合楼扩建项目）扫尾项目3个。完成道路白改黑9.03千米（其中省道漳东线完成6.3千米、其他辅路2.73千米）。投入2400多万元完成29个村级民生项目建设，不断完善基础设施。

【社会事业】　2022年，沙西镇保障特殊群体生活，纳入低保家庭584户、903人，纳入特困供养家庭187户、190人，实施临时救助155人，发放临时救助资金24.11万元。

【安全稳定】　2022年，沙西镇调处矛盾纠纷115起，办理“12345”平台诉求件340件次；打击治理新型电信网络诈骗，劝返5名滞留缅北人员，开展安全生产专项整治三年行动，排查整改一般安全隐患390个，拆除电动车非法加装遮阳篷4500多顶，排查经营性自建房344栋，排查整改一般隐患3栋，为46家饭店安装燃气泄漏报警装置。

【生态文明建设】　2022年，沙西镇开展人居环境整治，出动7235人次、清理垃圾9436吨，拆除违章搭盖铁棚和广告牌197处7356平方米；投入146万元整治北旗村、屿头村2处农村黑臭水体；投入475万元建设庄前村、河墘村、北旗村3个农村污水处理项目；投入110万元完成沙西溪（院前村段）河道疏浚1.93千米；推进互花米草除治工作，除治面积47.25公顷，完成率100%；加大"两违"管控力度，组织拆违5场次，整治拆除违建40宗，处置面积38406平方米。解决群众合理住房需求，完成4批次139户农村建房审批。推进土地卫片图斑整治，完成漳江湾特大桥临时用地复垦和围填海历史遗留问题图斑整改。新建农村公厕2座，整治裸房203栋。培育和创建省级美丽庭院9户、市级美丽庭院17户、区级美丽庭院52户。

【乡村振兴】 2022年，沙西镇完成粮食播种面积610公顷，播种面积任务完成率105%，粮食产量4368吨；发放耕地地力保护和种粮补贴资金147万余元。

（戴辉煌）

南浦乡

【概况】 南浦乡位于漳浦县境西北部，是四面环山的盆地，北接龙海区程溪镇，南隔中西林场接石榴镇，东接长桥割后至国道324线，西跨中西林场与平和县文峰镇连接。乡域面积54.02平方千米。辖马苑、后坑、兴巷、龙桥、大坪、南浦、美林、中西、掷石等9个建制村。2022年，南浦乡完成固定资产投资14615万元，规模工业总产值6.82亿元，财税收入1142万元，限额以上社会消费品零售总额2976.3万元。年末户籍人口3937户、14453人（含中西林场）。

【项目建设】 2022年，南浦乡推进朝阳水库工程建设，2022年投资1.15亿元，工程总投资4.65亿元（包含征迁、报批、工程建设等）；完成枢纽工程配套的弃渣场等施工临时用地用林审批39.33公顷、移民安置小区安置房用林审批6.61公顷、库区农村道路复建工程用林审批155.56公顷、移民安置小区安置房用地审批13.45公顷、导流等先行工程临时用地延续用林审批13.45公顷。完成导截流范围143.9米高程以下涉及征地129户30公顷、房屋临时过渡安置25户99人、征收2座水电站。启动征迁工作，完成签约89户25公顷，分别占总户数、总面积的68.99%、83.46%。

【基础设施建设】 2022年，南浦乡投入15万元修复水毁道路及增加道路交通安全设施；投入9万多元安装浮水桥防汛安全护栏，投入26万多元建设道路中间护栏。

【社会事业】 2022年，南浦乡基本养老保险缴费人数3527人，缴费率84.68%。城乡居民医保参保人数11709人，缴费率97.59%。对困难家庭开展全面摸排，新增办理低保12人，特困3人，实施临时救助77人，纳入低保边缘户30人。

【安全稳定】 2022年，南浦乡加大道路交通安全整治力度，对辖区内所有道路交通、桥梁、店招店牌、户外广告、立柱广告进行排查，排查出一般隐患2处，已全部整改。在龙桥村渡槽两侧视线差的区域安装支路哨兵5套；在4个建制村安装4台微型消防站。

【生态文明建设】 2022年，南浦乡开展"老旧危房集中拆除"行动，拆除老旧危房37栋。对破损、违规广告招牌和"牛皮癣"小广告进行统一排查，拆除违规破损广告牌20多块。完成两违整治3.08万平方米。实施南溪（南浦段）小流域综合治理项目、农村生活污水治理项目建设和农业面源、畜禽养殖、淡水养殖污染整治专项行动，通过建设2级沉淀池、安装监控等方式加强尾水底泥治理监管，全乡172户水产养殖户完成治理154户，治理完成率89.53%。拆除退养生猪养殖场47户近2200头、养鸭场33户近6.2万羽，累计开展巡河2000多人次，整治河道"四乱"问题100多处，省控断面——南溪何寮上游断面水质稳定达到Ⅲ类。开展农村爱国卫生运动，累计出动246人次，清运生活、建筑等各类垃圾14吨。

【乡村振兴】 2022年，南浦乡以“一溪四园”为蓝本，在上半区发展以体验式耕作为主的观光农业，在下半区发展以“祖师公文化园”为中心的朝圣经济，在中部镇区发展以绿色餐饮、古镇休闲为主的商贸经济。重点打造后坑村乡村振兴点，后坑村自筹资金38万元实施游乐项目提升工程，建设手吊环桥、水上漂、曲折桥等；自筹资金40万元建设后坑村水上乐园提升工程，建设长26米、宽20米斜坡滑梯组合；自筹资金108万元改造后坑村农家乐饭店项目。利用乡村振兴专项资金30万元，建成后坑村旅游公厕；利用乡村振兴专项资金88.63万元完成后坑村乡村振兴基础设施一期建设。

【特色产业】 2022年，南浦乡绿竹笋种植面积约483.95公顷，平均亩产2吨、价值约8000元。全乡约有2600户农民从事绿竹笋种植，占人口80%以上，绿竹笋产业人均收入6300元。南浦绿竹笋外形酷似马蹄，口感鲜嫩，炖、煮、炒皆可，口味清爽、营养丰富。南浦乡人民以绿竹笋为原材料做成各种菜肴，其中包含笋丝绿竹笋、油葱绿竹笋、竹笋焖五花肉、绿笋排骨汤等，是南浦乡的特色美食。绿竹笋产业已成为南浦乡优势特色农业产业中的第一大农业主导产业。

【云峰寨景区建设】 云峰寨景区位于南浦乡后坑村，占地11.33公顷，规划面积33.33公顷，主要有寨顶庙、天正点将台、彩虹滑道、萌宠乐园等观光娱乐项目，并配套竹海人家餐厅、水上酒吧、特色民宿等生活娱乐项目。至2022年12月，云峰寨景区接待游客达20多万人次，营收达800多万元。

（陈怡昕）

赤土乡

【概况】 赤土乡位于漳浦县境中部，东隔灶山山脉与湖西畲族乡交界，西与绥安镇相连，南与旧镇镇接壤，北与长桥镇及湖西畲族乡连接。赤土乡盛产余甘，享有“余甘之乡”的美誉，乡域面积122.1平方千米（含万安农场30平方千米）。辖浯源、赤土、埔阳、下坂、下宫、西洋、水头、万安、溪东、前坂、下埔畲族村11个建制村和景新、古陂、龙安、万祥4个社区。2022年，赤土乡完成固定资产投资1.94亿元，规模工业总产值1.14亿元，财税收入1910万元，限额以上社会消费品零售总额1.3亿元。年末户籍人口7407户、27476人。

【项目建设】 2022年，赤土乡实施“乡域发展”和“万安建设”战略，推进重点项目建设。启动沈海高速万安出入口项目前期工作，项目用地15.13公顷征迁任务完成摸底；推进九龙江南引工程，完成征租地15.4公顷，完成进度70%。完成万洋众创城、金顺鑫项目征迁任务；启动桐昆纺织项目房屋征迁安置工作前期工作；圣元环保发电厂灰渣处理系统项目落地投建，计划用地6.67公顷、投资4000万元。

【基础设施建设】 2022年，赤土乡投入约200万元完成8个村（社区）9.4千米道路硬化及照明工程等“一事一议”农村公益事业建设财政奖补项目；投入380万元建设2.5千米赤浯村道线；投入20万元在中心镇区四车道道路建设500多米中央隔离带，五套尖路哨兵智能预警设备及8处农村公路安全隐患整治。漳浦县城乡一体化工程中部万安自来水厂项目完成场站征地工作，一期管网配套工程总长6千米，征租地7.27公顷，同步推进管网铺设与征租地工作。

【社会事业】 2022年，赤土乡推进文化建设，发放入户宣传册1000余份，张贴横幅48条，投放露天广告展板2块，播放宣传视频28条，LED屏滚动播放宣传标语163条。开展全民健身，以村（社区）为单位组建15支广场舞队伍。依托新时代文明实践站所推动移风易俗，为各村（社区）发放红白理事会制度牌30块。发挥奖学奖教基金会作用，累计颁发奖教奖学基金42万元，获奖师生200多人；全年评选表彰优秀教师64人、阳光女孩10人。推进乡村振兴补助资金落实，中央财政衔接补助建档立卡户113户，重点支持产业发展，完成小额信贷25户。

【生态文明建设】 2022年，赤土乡加快矿山生态恢复，实施18个矿点复绿植树7.2万株，完成矿山修补复绿面积333.34公顷，拆除违章乱搭盖7000多平方米。治理整治水环境，累计治理违规养殖点36处，退养各类畜禽10万多羽，清理辖区内河道主干流9.4千米，整治河道“四乱”问题100余处，打击3起牛蛙复养，问责相关责任人7人，断面水质稳定在Ⅳ类。实施农村生活环境保洁市场化运作，清理农村垃圾4252吨，清理村内沟渠10千米，张贴宣传标语130条。

【乡村振兴】 2022年，赤土乡投入1200万元完成省级乡村振兴示范村溪东村的高标准农田改造、环境提升、产业升级、民生公益等20余项基础工程；发展生态农业、智慧农业等新兴业态，推进前坂、埔阳、下坂、万安等建制村约333.33公顷高标准农田改造；推进农村集体“三资”“四清”专项整治，梳理整改问题54宗，增加村财收入37.61万元。溪东村、下宫村、浯源村、赤土村、水头村和古陂社区总投资2.5亿元的政府专项债项目完成可行性研究报告，推进与漳浦县农商行合作，力促总投资约4000万元的村村参与的扶持发展壮大村集体经济项目进入可研编制和规划设计阶段。

（谢文婷）

湖西畲族乡

【概况】 湖西畲族乡位于漳浦县境中东部，是四面环山的小盆地，东邻佛昙镇，西接赤土乡，南与赤湖镇接壤，北与赤岭畲族乡交界。乡域面积80.8平方千米，全乡有耕地1400公顷，山地4600公顷。辖城内、顶坛、丰卿、枋林、岭脚、赵家城、苏溪、后溪、山后、后洞10个建制村，其中少数民族村5个（顶坛、丰卿、山后、苏溪、后洞），畲族人口9000多人，是全省19个少数民族乡之一，也是漳浦县重点侨乡。2022年，湖西畲族乡完成固定资产投资31240万元，规模以上企业完成产值6.2亿元，限额以上社会消费品零售总额2737.2万元。年末户籍人口7456户、27576人。

【项目建设】 2022年，湖西畲族乡做好项目保障，完成九龙江南引工程湖西段项目征地13.26公顷；完成联盛纸浆一体化项目征地13.06公顷，其中固废填埋场征地8.33公顷、电力线路走廊征迁和道路连接线征地4.73公顷；完成锦湖—格林双回220千伏线路工程21处塔基用地征迁；推进六鳌D区风电场10处塔基用地征迁；解决遗留16年的原博诚工贸公司0.3公顷批而未供土地问题，并引进总投资3.3亿元的华煜城汽车配件产业园项目承接该地块，该项目被列入市级重点项目；华煜城汽车配件产业园、国森木方加工、骏达木业、车城分布式光伏、精锴厂区道路建设、车城新建厂房、居民屋顶分布式光伏等10个项目开工建设。

【基础设施建设】 2022年，湖西畲族乡以“五里三城”为主线，投资2200万元完善旅游基础设施配套，完成工程总进度90%。规划多项旅游配套设施项目，形成蓝廷珍府第、闽台高优百果生态园、千亩梅园、靖和浦二区党支部旧址、朝天马峰旅游山庄诒安堡及赵家堡的“五里三城+”全域旅游路线；投入191万元建设卿莲引水渠道；投入141万元改建顶坛村小径水库至顶洲场道路；投入180万元实施城内村及镇区环境整治及基础设施配套工程，投入80万元实施库区路灯亮化工程。

【社会事业】 2022年，湖西畲族乡协调推进乡卫生院综合楼二次装修进度，已竣工扫尾；投入370万元用于顶坛民族小学综合楼建设；成立教育发展促进会，筹措资金450多万元，2022年嘉奖博士研究生1人、硕士研究生19人、第一批次录取本科生47人、中考成绩优异学生1人和漳浦民族华侨中学、湖西民族中心学校等学校2所，颁发荣誉证书68本、发放第一批奖金34.48万元。

【生态文明建设】 2022年，湖西畲族乡落实河长制，开展流域水环境综合治理和水生植物景观治理，投入20万元清理河道淤泥、浮萍、水葫芦；开展农村人居环境整治，投入220万元清理农村生活垃圾5300吨，清理建筑垃圾620吨，清理畜禽养殖粪污等废弃物46吨，清理大物件临时堆放点200吨，整治拆除旱厕556座，发动农民群众投工投劳7500人次；创建美丽庭院50户，其中新创市级美丽庭院16户，县级美丽庭院12户；开展“两违”整治，整治“两违”建筑35870平方米，对全乡237栋经营性自建房屋进行安全隐患排查，整治裸房190栋。

【乡村振兴】 2022年，湖西畲族乡完成高标准农田建设160公顷，实现粮食种植面积943.73公顷，产量6444吨。退果退林还耕30公顷，大棚房轮作水稻9.07公顷，发放耕地补贴936.39公顷计130.62万元，2022年实际种粮农民一次性补贴872.93公顷计43.65万元。推进现代农业发展，形成顶坛百果园、珍珠芭乐、岭脚蛋鸡、丰卿鲜切花、山后火龙果、后溪凤梨等“一村一品”产业格局，推广漳州市农业主推优新品种8种。打造农业品牌，枋林村入选福建第二批省级乡村治理示范村，岭脚村（蛋鸡）入选2022年度市级“一村一品”专业村，漳浦县禾佳农牧发展有限公司入选漳州市农业产业化市级龙头企业；推进“三资”整治，对各村集体资产进行核查清理，整理问题清单85条，并完成整改83条，收回并重新发包资产资源40宗，追回、收缴租金17万余元。

（肖荣武）

赤岭畲族乡

【概况】 赤岭畲族乡位于漳浦县东北部，东邻马坪镇，西与长桥镇相接，东南与南山华侨茶果场毗邻，南与湖西畲族乡接壤，东北与龙海区白水镇交界。乡域面积101.04平方千米，耕地面积800公顷，山地面积7200公顷。辖杨美、油坑、赤岭、前园、石椅、土塔、山平、大行、石坑9个建制村和玳瑁山社区。赤岭畲族乡是闽台蓝氏畲族的祖籍地，畲族人口占总人口数的94.6%，是漳州市少数民族人口最聚居的山区少数民族乡，也是福建省畲族人口比例最高的民族乡。2022年，赤岭畲族乡完成固定资产投资1.44亿元，比上年增长31.2%，规模工业总产值1.51亿元，财税收入453万元，限额以上社会消费品零售总额2202万元。年末户籍人口4516户、16011人（含南山华侨茶果场）。2022年5月，赤岭畲族乡入选全省首批“铸牢中华民族共同体意识”乡村振兴示范乡；10月，赤岭畲族乡杨美村被福建省农业农村厅公布为第二批省级乡村治理示范村；12月，赤岭畲族乡杨美村被福建省绿化委员会、福建省林业局公布为“福建省森林村庄”。

【项目建设】 2022年，赤岭畲族乡投入1200万元建设赤湖溪赤岭山平—大行段安全生态水系项目，完成勘探设计；投入450万元建设南溪流域石坑段山水林田湖草沙一体化保护项目，已开工建设。

【基础设施建设】 2022年，赤岭畲族乡投入63万元完成降坑水库、下芬水库、顶坑径水库、下建安水库和塔坑水库5座小（2）型水库安全鉴定和降坑水库应急除险加固；投入40万元实施赤岭溪镇区段美化提升工程，安装路灯100盏。投入700万元建设赤岭畲族乡便民服务中心和赤岭村、前园村党群服务中心，其中赤岭畲族乡便民服务中心已投入使用，建筑面积200平方米，设有服务窗口6个。

【社会事业】 2022年，赤岭畲

族乡成立教育发展促进会，募集资金220多万元，建立奖学奖教金机制；投入300万元实施镇区人居环境改造提升项目，拆除沿街商铺违章搭盖8500平方米。加大返贫监测帮扶力度，跟踪127户、376人建档立卡脱贫户收入变化和“两不愁三保障”巩固情况，定期走访入户。支持55户脱贫户发展特色产业，发放帮扶资金14.9万元，资助困难学生就学8户，发放小额贷款22.87万元。

【生态文明建设】 2022年，赤岭畲族乡累计投入230万元开展人居环境整治，出动310人次清理、清运农村生活垃圾1750吨，创建美丽庭院69户。整治耕地非农化非粮化，抓好土地卫片违法图斑整改，处置违法面积3.4万平方米，完成21宗；推动“园改耕”补充耕地项目，通过现场踏勘论证确定“园改耕首期示范片”4.4公顷，已进入设计阶段；实施前园村0.82公顷旧村复垦项目，已完成土地平整。巩固矿山治理成果，投入14万元购置巡逻执法用车1辆，对非法采矿点、违法卫片图斑、石板材加工企业开展常态化巡查。投入70万元在各主要路口安装监控系统，提升技防水平。落实“河长制”，加大赤湖溪和南溪整治力度，整治禽类养殖场9个，整改率100%，推进持证养猪场监控安装，防止粪污偷排漏排。

【乡村振兴】 2022年，赤岭畲族乡发展特色产业，投入300万元建设石椅村晚熟荔枝示范园、蓝理文化园、种玉堂停车场和赤岭畲族乡数字云平台；开展农民实用技术培训，晚熟荔枝、新品橘柚、畲乡油茶等产业初具规模，其中晚熟荔枝种植1333.33公顷（无核荔枝266.67公顷），年产值2000多万元。发展村集体经济，盘活村级资源，9个村集体经济收入均达10万元以上，其中赤岭村收入70.23万元。投入220万元实施省级乡村振兴试点村——大行村耀德堂、瑞德堂周边环境整治。投入700多万元建设总面积206.67公顷的赤岭—杨美片和山平—石椅片高标准农田、建设玳瑁山社区生产道路以及改造杨美村安全饮用水项目。

2022年，南山华侨茶果场重点发展晚熟优质荔枝品种“南山双肩玉荷包”推广种植。图为2022年7月16日“南山双肩玉荷包”荔枝成熟挂满枝头 （南山华侨茶果场 供图）

【漳州市荔枝优新品种高接换种现场推进会在赤岭畲族乡召开】 2022年8月31日，漳州市荔枝优新品种高接换种现场推进会在赤岭畲族乡召开。赤岭畲族乡位于北纬24°、东经117°，属亚热带润湿性季风气候，土壤适合荔枝的生长发育需求，地势海拔较高、积温较低，春季气温回升慢、夏季积温低，符合晚熟荔枝晚开花、推迟成熟的条件。传统荔枝自然成熟期在7月上旬，晚熟荔枝成熟期则在7月下旬以后，其成熟期比其他地区迟10—20天，可延迟到8月上中旬采收。晚熟荔枝是赤岭畲族乡农产品主力品牌，有着晚熟、质优、醮核、无霜冻、口感佳等特点，全乡种植晚熟荔枝1333.33公顷，单果重20—25克，醮核率80%以上，种植效益比普通荔枝高出数倍。

（蓝长裕）

南山华侨茶果场

【概况】 南山华侨茶果场位于漳浦县境东北部，东与马坪镇毗邻，西与湖西、赤岭畲族乡交界，南与前亭镇和坑社区接壤，北与赤岭畲族乡相连，辖区面积7.05平方千米。辖石步溪、南山东区、南山西区3个作业区，场部驻地石步溪村。2022年，南山华侨茶果场年末总户数420户、人口1397人，包括来自印度尼西亚、新加坡、越南等国家的归侨侨眷932人，本地少数民族465人。

【基础设施建设】 2022年，南山华侨茶果场投入60多万元，将南山旧小学加固修缮变更为老人活动中心；安装石步溪到枋林村村道两侧照明路灯10盏；投入12万元维修加固丰收水库渠道、溢洪道，保障溢洪道在汛期安全运行和农业生产。

【社会事业】 2022年，南山华侨茶果场申请临时救助款14440元，发放残疾人补贴600元、民政帮扶资金10400元、少数民族补助金2400元。

【社会治理】 2022年，南山华侨茶果场开展打击制售假烟、非法集资、电信诈骗等违法犯罪活动，组织干部进村入户宣传12次，发放宣传手册约1000份，上山巡查2次；开展交通安全整治，每月组织人员上路劝导2次。

【名优荔枝种植】 2022年，南山华侨茶果场按“一场一品”发展思路，引导群众对果树进行高接换种、改良，重点发展晚熟优质荔枝品种“南山双肩玉荷包”推广种植，已种投产果园约133.33公顷。全年名优荔枝年产量约750吨，产值收入750万元。引进具丰产、价优、晚熟的高优荔枝仙进奉、冰荔、东坡荔、A4无核等品种，全场种植优质品种荔枝400多公顷，已初步建成名优荔枝示范基地。

（张燕丽）

地方国营福建省漳浦盐场

【概况】 地方国营福建省漳浦盐场（简称漳浦盐场）位于漳浦县境东南沿海，东、北和深土镇接壤，西隔浯江溪与旧镇镇毗邻，南临旧镇港海域，为福建省第三大国有盐场，全场面积26平方千米，其中盐田面积 6.7平方千米。盐场辖8个生产工区，设50个生产班组，管辖竹屿、雄厝2个建制村，为政企合一单位。年末户籍人口2537户、9089人。2022年，漳浦盐场武装部荣获市级征兵工作先进单位称号。

【盐业生产】 2022年，漳浦盐场生产工区全年产盐39331吨，销盐44995吨，实现销售收入2293.2万元，完成税收219万元。

【工区项目建设】 2022年，漳浦盐场启动政府专项债项目4个。开工建设总投资385万元的生产区道路及停车场工程；启动计划总投资981万元竹雄线道路提升改造工程；启动计划总投资3817万元的污水管网提升改造工程，项目进入招投标阶段；启动计划总投资6798万元生产区运输道路基础设施提升改造工程，项目进入招投标阶段。

【基础设施建设】 2022年，漳浦盐场投入150万元用于盐田技改、滩场维修、电力改造、道路桥梁改造、排洪沟清淤等生产配套设施维护完善，其中蒸发池和调节池维修面积365.24公顷。投入390万元建设盐场“十四五”农村饮水安全巩固提升一期工程。

【社会事业】 2022年，漳浦盐场发放低保金77万多元，特困供养金27万多元，申请临时救助款15.78万元，发放残疾人补贴近50万元，发放高龄老人待遇12.03万元，发放扶残助学补助金0.2万元，发放残疾人就业创业扶助资金0.6万元。落实“两不愁三保障”工作，建档立卡脱贫户基本生活、教育、医疗、住房、饮水等保障和兜底政策实现100%

覆盖。发放中央财政衔接推进乡村振兴补助资金8.5万元。城乡居民养老保险参保率83.8%，城乡居民医疗保险参保率94.9%。投入22万元建设锦屿学校小学部教研室、围墙。开展漳浦盐场场村连编规划设计，办理海洋用海续期证书33宗。

【安全稳定】 2022年，漳浦盐场办理“12345”政务平台处理件34件，办结率100%，完成“治重化积”案件3件，办结调解案件53件，办结率100%。完成40宗土地登记、测量、发证工作，调解因权属地界认证纠纷案件6宗，完成3306栋房屋排查录入信息平台，整治裸房20户，发放20户农房抗震改造资金20万元。开展农贸市场整治行动，规范场农贸市场经营管理。开展20多次安全生产大检查，下发整改通知书35次，整改各类安全隐患12处，设置各类安全警示标志21处，制作安全生产宣传专栏4版，悬挂安全标语横幅26条，发放安全宣传材料500份，组织消防应急培训和防汛应急演练。

【生态文明建设】 2022年，漳浦盐场投入100万元清除垃圾杂草、清理沟道淤堵、打捞海漂物。除治辖区内互花米草100公顷。启动总投入91.5万元的漳浦盐场环境卫生清扫保洁、垃圾清运、绿化管养服务项目；竹屿居委会投入10万元、雄厝村投入60多万元处理卫生薄弱环节，美化人居环境。处置完成土地卫片图斑案件38起。

【工区试点改革】 2022年，漳浦盐场继续推进第五、七、八工区盐业生产试点，以集体承包、自主生产的方式推行试点改革。

【漳浦盐场中心幼儿园投入使用】 2022年9月，漳浦盐场中心幼儿园开园办班。该园于2021年8月开工建设，投入1287万元，占地面积4782.98平方米，建设3层教学综合大楼1幢，规划9个教学班。

（张静媛）

福建省漳浦中西国有林场

【概况】 福建省漳浦中西国有林场（简称中西国有林场）位于漳浦县西北部，东与长桥镇、绥安镇相连，西南与石榴镇相邻，西与平和县文峰镇交界，北与龙海区程溪镇接壤。2022年，中西国有林场下设顶巷、火烧埔、内堀、大坪、割后、仙洞、玳瑁山等7个管护站，场部设在南浦乡顶巷村。林场总经营面积5018.6公顷（含扩大林地），其中生态区2925公顷，商品区2093.6公顷。森林覆盖率90.84%，乔木林树种以松木、杉木、木荷和桉树为主。

【营林造林】 2022年，中西国有林场全年完成森林抚育1085.47公顷，其中松林改造提升择伐抚育完成92.56公顷。完成造林面积151.2公顷，其中松林皆伐改造提升63.87公顷；松林改造提升生态林林班以卷荚相思、火力楠为主要营造树种，其余部分为桉树。

【林业营销】 2022年，中西国有林场坚持木材产销公开招投标制度，完成审批82.53公顷，出材14581立方米。组织有效木材招投标8次，中标总金额628.39万元。

【林木良种基地建设】 2022年，中西国有林场推进林木良种基地建设。完成抚育管理381.93公顷，其中种子园作业面积168.6公顷，种质资源库作业面积112公顷；母树林作业面积64公顷；试验林作业面积37.33公顷。受相思采种小年影响，采收马占相思种子5千克，直干大叶相思6千克。完善林木良种基地附属工程建设，维修道路6.01千米，新建林道0.8千米。

【森林防火与保护】 2022年，中西国有林场开展春季森林防火宣传活动，分批分片到管护站所在村社走访宣传，通过悬挂标语、分发材料进行宣传。开展林场防火安全大检查，采用责任清单化管理，到管护站排查隐患并及时处置。开展常态化巡逻检查，林场27个网格责任片区执行24小时值班值守制度，做好监督管理。配齐配足防火物资储备库并定期检修，及时更换损坏器具。组织工作人员参加无人机操作培训，提高防火应急处理能力。

【漳浦县生态环境损害赔偿补植复绿基地成立】 2022年5月22日，漳浦县生态损害赔偿补植复绿基地共建签约仪式在中西林场举行，该基地由漳州市漳浦生态环境局、漳浦中西国有林场共同成立，以“绿水青山就是金山银山”的生态文明理念，推进漳浦县生态环境损害赔偿制度改革，拓展生态损害赔偿模式。

【中西林场成立漳浦县绿碳司法保护实践基地】 2022年12月8日，漳浦县人民法院与漳浦中西国有林场在中西林场举行绿碳司法保护实践基地签约揭牌仪式。漳浦法院与漳浦中西林场签订《绿碳司法保护实践基地共建协议书》并召开共建座谈会。该实践基地通过搭建绿碳司法保护巡回审判、生态文明建设普法宣传、补植复绿等活动平台，推动绿碳司法保护各项机制落到实处，是漳浦法院、中西林场对完善环境司法保护体系、格局和机制的探索，是绿碳实践基地和实施林长制的结合。

（郑志渊）

下蔡国有防护林场

【概况】 下蔡国有防护林场（简称下蔡林场）位于漳浦县境东南部沿海沙滩地带，东隔浮头湾与六鳌半岛相望，南与莱屿列岛等6个小岛一水之隔，西南与古雷半岛相连，西与杜浔镇交界，东北与霞美镇接壤。林场总经营面积4.67平方千米，海岸线长7.5千米，沙滩地全部造林，林木总蓄积量27634立方米，主要树种为木麻黄、湿地松。2022年，下蔡林场总收入225.12万元，其中财政拨款收入16.44万元，租金和利息收入208.68万元；经营总支出804.32万元，其中管理费用支出583.79万元，营林投资支出80.25万元，在建工程支出113.51万元，其他支出26.77万元。

【营林生产】 2022年，下蔡林场推进美丽林场建设，开展营造林绿化活动，完成林区空地及收回林地并补植木麻黄和相思树6.27公顷；加大森林抚育力度，苗木追肥52.67公顷，化学除草8.4公顷，修剪幼树侧枝1.27公顷；开展经营区落界工作，形成能较为准确反映林场权属和经营现状的基本图和数据库。

【林场安全生产管护】 2022年，下蔡林场加强林场安全生产建设。开展森林防火宣传，发送手机短信8万条，悬挂横幅标语100多条，固定宣传牌20个，防溺水警示牌30个。严控野外用火，落实网格化、标准化和精细化工作要求，使用“防火码”，在重点时段禁止一切野外用火；利用森林防火预警监控平台对全场林地、森林防火实施精准监控，全年排除火险隐患26起，治安协查2起；联合霞美镇前梧村、下蔡村开展森林防火应急演练，提高场村协同防火联防联控机制及应急能力。

【林长制落实】 2022年，下蔡林场建立林长制+网格化管理机制。林场共分为四大块，每块都有具体责任人、挂钩人员、挂钩科室、挂钩领导，形成林有人护、火有人防、责有人担的护林防火责任网格管理体系；收回违建及侵占林地3.93公顷（含收回沿海基干林带养殖违建池塘0.93公顷），复绿2.93公顷。

【场村共建】 2022年，下蔡林场利用林场森林资源优势，结合林场游步道，投入9万元与霞美镇下蔡村共建党建文化主题公园；投入10万元与霞美镇前梧村共建党员活动中心；投入2万元与霞美镇下蔡村共建防火宣传设施。

（林毅伟）

（编辑：陈造琴 陈厦屏）

2022年主要机构及负责人

中共漳浦县委员会

县委书记、副书记、常委

书　记：黄键鹏
副书记：吴丁顺
常　委：戴文利
杨艺明
许建毅
张建华
蓝主保
冯建辉
陈石金
方云柏
刘文杰（挂职）

中共漳浦县委系列单位

办公室

主　任：方晓明
副主任：刘友钦
黄进春

组织部

部　长：许建毅
副部长：林志强（分管日常工作）
陈耀胜
杨福山
杨晓娟（女）
巡察专员：
陈锦辉
许昭婧（女）
林德鹏

宣传部

部　长：戴文利
副部长：杨水寿（分管日常工作）
黄炳坤
张晓龙

统战部

部　长：杨艺明
副部长：陈世杰（分管日常工作）
张清华
杨昆仲
吕坤新

政法委员会

书　记：蓝主保
副书记：朱艺辉（分管日常工作）
吴国豪
蔡义林

机构编制委员会办公室

主　任：林为国
副主任：黄世哲

县直机关党工委

书　记：许建毅
常务副书记：戴贵盛
副书记：卢全胜
王炳建
纪委书记：李庆川

老干部局

局　长：杨福山
副局长：刘哲勇

融媒体中心

主　任：杨立宏
副主任：曾惠龙
刘思考

陈丽萍（女）

台港澳工作办公室

主　任：陈志勇（沙西）
副主任：张小娟（女）

党史和地方志研究室

主　任：陈俊雄
副主任：蓝晓君（女）
洪天德

档案馆

馆　长：王朱林
副馆长：林桂荣（女）

党校（行政学校）

校　长：许建毅
常务副校长：蔡立芬（女）
副校长：陈艺红（女）
柳小黑

县委巡察办公室

主　任：王秀茗（女）
副主任：柯生杭
黄茶花（女）
正科长级巡察专员：
陈晓宏
赵杰铭
林跃辉
吴志强
张少珍（女）

县委巡察组

组　长：张达永
陈国库
陈　琳（女）
陈锦华
副组长：李致远
蓝　兰（女）
陈志禹

漳浦县人大常委会

县十八届人大常委会

主任、副主任
主　任：刘达文
副主任：王予军
吴水跃
何北贡
王赐义

人大常委会工作机构

办公室

主　任：何时昕

信访办公室

主　任：黄金聪

人事代表工作委员会

主　任：陈亚兰（女）
副主任：刘如洁（女）

监察和司法工作委员会

主　任：林忠来

财政经济委员会

主　任：吴秀莲（女）

教育科学文化卫生委员会

主　任：邱广生
副主任：王秋月（女）

农村经济工作委员会

主　任：蔡荣辉

华侨台胞民族宗教委员会

主　任：陈志勇（深土）

城乡建设环境资源保护委员会

主　任：郑福安

第十八届人民代表大会专门委员会

法制委员会

主任委员：王予军（兼）
副主任委员：林忠来（兼）
卢合智

财政经济委员会

主任委员：王赐义（兼）
副主任委员：吴秀莲（女，兼）
黄东辉

社会建设委员会

主任委员：吴水跃（兼）
副主任委员：邱广生（兼）
何俊明

监察和司法委员会

主任委员：王予军（兼）
副主任委员：林忠来（兼）
卢合智（兼）

漳浦县人民政府

县长、副县长

县　长：吴丁顺
常务副县长：冯建辉
副县长：陈石金
卢秀云（女）
林　晖
苏诚斌
连少鹏

洪和庭
曾小明
许坤煌
黄松周
林福泉
王龙平（挂职）
陈志元

县政府系列单位

政府办公室

主　任：蓝周全
副主任：王万主
刘镇洁
王为民
温晓喧（兼）

信访局

局　长：温晓喧
副局长：李顺福

县行政服务中心

主　任：林秋德
副主任：林耀文
李　芸（女）

发展和改革局

局　长：许志明
副局长：邱王锦
林庆永

工业和信息化局

局　长：林建国
副局长：陈春阳
涂惠宗
许志强

教育局

局　长：卢辉达
副局长：林绍东
陈志伟

公安局

局　长：苏诚斌
政　委：钟富天
副局长：陈北河
林长盛
张文芳
陈坤山
黄瑞文

民政局

局　长：许九德
副局长：林朝波
黄宽辉

司法局

局　长：黄艺军
副局长：陈胜湖
陈龙春

财政局

局　长：黄文元
副局长：陈云清
蔡明辉

人力资源和社会保障局

局　长：陈湘海
副局长：蔡联合
吴明坚

自然资源局

局　长：林龙喜
副局长：陈顺庆
王基旺
林福建

住房和城乡建设局

局　长：洪艺明
副局长：胡茂辉
洪旺枞

城市管理局

局　长：王志勇
副局长：邱来武
曾志元

交通运输局

局　长：许志刚
副局长：管建亮
洪　燕（女）

水利局

局　长：陈森辉
副局长：蓝和阳
刘伟长

林业局

局　长：陈建才
副局长：黄维跃
陈建榴

农业农村局

局　长：陈　斌
副局长：林志盛
田海平（挂职）
林建伟
李惠明

海洋与渔业局

局　长：柯文伟

副局长：刘建德
林武强

市场监督管理局

局　长：王瑞东
副局长：蔡海东
詹富强
魏其荣

卫生健康局

局　长：王志伟
副局长：黄旺寿
吴志阳

审计局

局　长：叶达国
副局长：郑少生
黄婷华（女）

统计局

局　长：陈洁秋
副局长：林跃民
陈维通

文化体育和旅游局

局　长：黄毅卿（女）
副局长：陈向东
张华东

应急管理局

局　长：王建峰
副局长：魏海泉
游瑞元

退役军人事务局

局　长：黄乙滨
副局长：朱冬龙
洪宗华
孙志华（兼）

二轻工业联社

主　任：陈志勇（长桥）
副主任：陈宝玉（女）

供销合作联社

主　任：陈裕斌
副主任：戴江艺
黄建兴
黄雪娟（女）

地震办公室

主　任：陈熊武
副主任：徐慧卿（女）

园区

绥安工业区工作委员会

主　任：杨海峰
副主任：许志远
陈培强
陈海田
吴少甫
欧汉洋

台湾农民创业园管委会

主　任：陈顺泉
副主任：林汉辉

万安生态产业园

副主任：陈艺新
杨智远
杨汉全

赤湖工业园

主　任：柯建龙
副主任：陈永发
朱辉龙

政协漳浦县委员会

主席、副主席

主　席：林兆波
副主席：涂平辉
郑世然
张少榕（女）
蓝小红（女）

办公室

主　任：赵卫强

文化文史和学习委员会

主　任：陈叶纯（女）

提案委员会

主　任：何亚万

法制与社会事务委员会

主　任：林志鹏

台港澳侨联络委员会

主　任：王杰秀（女）
副主任：陈一华

经济委员会

主　任：邱志华

教科卫体委员会

主　任：邱长土

民族与宗教委员会

主　任：何越仲

农业和农村委员会

主　任：陈俊武

副主任：蓝雅贞（女）

委员工作室

主　任：蓝建进

纪检 监察

县纪律检查委员会书记、副书记、常委

书　记：方云柏

副书记：林锦泉

程伟平

常　委：陈汉章

吴志强

张少珍（女）

王秀茗（女）

县监察委员会

主　任：方云柏

副主任：林锦泉（兼）

程伟平（兼）

委　员：陈汉章

吴志强

陈志东

县纪委工作机构

办公室

主　任：王文彬

组织部

部　长：张舒娴（女）

宣传部

部　长：林舒音（女）

党风政风监督室

主　任：陈长裕

信访室

主　任：陈志华（女）

案件监督管理室

主　任：刘瑞锋

第一纪检监察室

主　任：林永强

第二纪检监察室

主　任：陈巧超

第三纪检监察室

主　任：王　宁

第四纪检监察室

主　任：陈智强

第五纪检监察室

主　任：黄志鹏

第六纪检监察室

主　任：陈志刚

第七纪检监察室

主　任：黄文宝

案件审理室

主　任：陈振华

干部监督室

主　任：陈琳贵

驻县委办纪检监察组

组　长：陈坤谋

常务副组长：陈启孟

驻县委组织部纪检监察组

组　长：陈再荣

常务副组长：刘剑锋

驻县委宣传部纪检监察组

组　长：黄丙章

常务副组长：吴清蓉（女）

驻县委统战部纪检监察组

组　长：洪立学

常务副组长：吴凌云（女）

驻县委政法委纪检监察组

组　长：王电辉

常务副组长：吴秋红（女）

驻县人大常委会机关纪检监察组

组　长：林进三

常务副组长：郑贵德

驻县政协机关纪检监察组

组　长：陈长兴

常务副组长：杨明艺

驻县政府办纪检监察组

组　长：陈艺伟

常务副组长：翁国安

驻县发展和改革局纪检监察组

组　长：林纯伟

驻县工业和信息化局纪检监察组

组　长：洪栋梁

驻县卫生健康局纪检监察组

组　长：林加成

常务副组长：吴耀坤

驻县教育局纪检监察组

组　长：王超英（女）

驻县自然资源局纪检监察组

组　长：杨永华

常务副组长：张碧志

驻县住房和城乡建设局纪检监察组

组　长： 涂秋生

常务副组长：林少荣

驻县农业农村局纪检监察组

组　长：陈健东

驻县市场监督管理局纪检监察组

组　长：陈志民

常务副组长：黄光明

驻公安局纪检监察组

组　长：张国宝

常务副组长：张志强

群众团体

总工会

主　席：杨艺明（兼）

常务副主席：吴海洲

副主席：高亚益（兼）

　　薛志强（兼）

　　郑　琼（女）

　　蔡剑义

共青团漳浦县委员会

书　记：卢大玮

副书记：刘智阳（挂职）

　　吴纯冠（女）

　　涂凌腾

　　林燕坤（兼职）

　　郭恩典（兼职）

妇女联合会

主　席：何惠珠（女）

副主席：陈秀菊（女，兼职）

　　何丽娜（女，挂职）

　　黄华丽（女，兼职）

　　胡晓君（女）

　　陈晓琼（女）

文学艺术界联合会

主　席：柯云东

副主席：陈建新

工商业联合会

常务副主席：吕坤新

专职副主席、秘书长：郑建华

归国华侨联合会

主　席：戴艺文

台湾同胞联谊会

会　长：张　群（女）

残疾人联合会

理 事 长：蓝振祥

副理事长：郑元顺

　　叶冠文

关心下一代工作委员会

主　任：陈求良

副主任：林耀雄

　　何建河

　　陈仁俊

老区建设与乡村振兴会促进会

会　长：戴全成

科学技术协会

主　席：林振华

副主席：蓝小裕

计划生育协会

常务副会长：吴逢日

副会长：柯美华（女）

　　李文峰（兼职）

社会科学界联合会

主　席：林杜鸿

企业与企业家联合会

会　长：陈少华

第一副会长：魏建真

常务副会长：林建国（兼）

副会长：洪照宏

　　王荣元

　　赵碧惠（女）

　　黄多佑

红十字会

会　长：卢秀云（女，兼）

常务副会长：蓝武艺

副会长：王文超

　　郑小园

法院 检察院

人民法院

院　长：邱小斌
副院长：杨毅波
　　　　林伟文
　　　　姚国明
驻院纪检监察组组长：黄海南

人民检察院

检 察 长：欧阳伟
副检察长：陈永强　王惠明
驻院纪检监察组组长：徐国平

省、市驻县机构

漳浦县税务局

局　长：黄原发
副局长：林贵明
　　　　陈天海
　　　　林钦煌
　　　　陈庆林

漳浦医疗保障局

局　长：陈琪斌
副局长：胡志军

气象局

局　长：陈登辉
副局长：杨珂玲（女）

盐务局

局　长：林惠强
副局长：王鹰鹏

国家统计局漳浦调查队

队　长：方文忠
副队长：林水金

烟草专卖局（烟草公司）

局长、经理：张族云
副经理：郭勇强

住房公积金漳浦管理部

主　任：王为国

漳浦公路分中心（公路局）

主　任：卢建辉
副主任：林树盛
　　　　方耀宗
　　　　陈秋伟
　　　　郑和友

生态环境保护局

局　长：杨旺有
副局长：陈捍南
　　　　尤芳艺
　　　　彭展科

邮政漳浦分公司

总经理：陈武跃
副总经理：黄俊鹏
　　　　　洪炳盛

电信漳浦分公司

总经理：沈火权
副总经理：陈绍山

国网福建省电力有限公司漳浦县供电公司

总经理：张世达
副总经理：余佳榕
　　　　　魏树荣
　　　　　严伟斌
　　　　　黄绿盈

中国移动通信集团福建有限公司漳浦分公司

副总经理：蔡友文
　　　　　陈启源

中国联通有限公司漳浦县分公司

总经理：许耿锋
副总经理：周铭强
　　　　　卜　洋

金　融

漳浦银保监组

组　长：李仕坤

人民银行漳浦县支行

行　长：陈汉伟
副行长：郑文贵
　　　　林建南

中国银行漳浦支行

行　长：陈金伟
副行长：何红慧（女）
　　　　杨新政

中国工商银行漳浦支行

行　长：李全君
副行长：林志君
　　　　叶民贵
　　　　吴素芬（女）

农业银行漳浦县支行

行　长：黄镇平
副行长：王建东
　　　　叶丹武

孟　凯

建设银行漳浦县支行

行　长：宁淑梅（女）

副行长：王国建

周明钰（女）

福建漳浦农村商业银行股份有限公司

董事长：刘金和

行　长：陈金印

副行长：郭恩典

许永信

中国邮政储蓄银行漳浦县支行

行　长：黄瑞力

副行长：蔡文城

蓝玉云（女）

中国农业发展银行漳浦县支行

行　长：文　欣

副行长：陈玉春（女）

王毅斌

漳浦民生村镇银行股份有限公司

董事长兼行长：黄智建

副行长：许达成

乡镇场

绥安镇党委、人大、政府负责人

党委书记：王永盛

人大主席：王志永

人大副主席：蔡江雄

党委副书记、镇长：

蔡燕斌（女）

党委副书记：林水林

纪委书记：林介光

组织委员：王小波

宣传委员：许建有

统战委员：王典林

政法委员：林水林（兼）

党委委员：卢惠琛（女）

张朝渊

副镇长：陈显斌

林晓毅

李继伟

（挂职，派出所所长）

陈文豪

旧镇镇党委、人大、政府负责人

党委书记：黄进源

人大主席：陈瑞武

党委副书记、镇长：张汉斌

党委副书记：许志远（挂职）

邱炳成

纪委书记：陈燕梅（女）

组织委员：蔡俊强

宣传委员：林达辉

统战委员：戴新辉

政法委员：邱炳成（兼）

党委委员：戴来昇

陈尧光

副镇长：沈志荣

（挂职，派出所所长）

蓝　婕（女）

潘东芬（女）

蓝育发

六鳌镇党委、人大、政府负责人

党委书记：陈智海

人大主席：黄进民

党委副书记、镇长：张长贵

党委副书记：洪清江

纪委书记：郑开捷

组织委员：陈智渊

宣传委员：林立金

统战委员：刘志杰

政法委员：洪清江（兼）

党委委员：陈颖臻（女）

蔡建平

副镇长：陈伟燕

（挂职，派出所所长）

林明月（女）

陈鹏飞

深土镇党委、人大、政府负责人

党委书记：蔡泉江

人大主席：戴智渊

党委副书记、镇长：蔡海利

党委副书记：林智贤

纪委书记：陈嘉伟

组织委员：戴湘瑜（女）

宣传委员：陈奕雄

统战委员：林庆丰

政法委员：林智贤（兼）

党委委员：林天龙

黄阿建

副镇长：陈智慧

郑睿群（女）

陈建智

（挂职，派出所所长）

赤湖镇党委、人大、政府负责人

党委书记：高聪伟

人大主席：林志阳

党委副书记、镇长：刘秋玲（女）

党委副书记：戴伟泉

纪委书记：蓝　赟

组织委员：杨维勇

宣传委员：黄永康

统战委员：陈志惠
政法委员：戴伟泉（兼）
党委委员：蔡　伟（援宁）
　　　　　郑燕平
副镇长：杨静霖
　　　　庄巧丽（女）
　　　　陈坚仔（女）
　　　　王煌辉
　　　　（挂职，派出所所长）

佛昙镇党委、人大、政府负责人

党委书记：陈永国
人大主席：陈江山
党委副书记、镇长：吴锦州
党委副书记：陈志斌
纪委书记：欧阳文兴
组织委员：李道洪
宣传委员：蔡秋金
统战委员：林锦辉
政法委员：陈志斌（兼）
党委委员：林文辉
　　　　　陈志斌
　　　　　陈道林
副镇长：林艺苑（女）
　　　　王柳莹（女）
　　　　方艺斌
　　　　（挂职，派出所所长）
　　　　林斐渊

前亭镇党委、人大、政府负责人

党委书记：洪立新
人大主席：林凯恒
党委副书记、镇长：林乙平
党委副书记：王榕鑫
纪委书记：杨炳坤
组织委员：洪文虎
宣传委员：林春亮
统战委员：王　芳（女）
政法委员：王榕鑫（兼）
党委委员：陈安华
　　　　　陈和生
副镇长：郑振良
　　　　（挂职，派出所所长）
　　　　林　晔
　　　　张卓群（女）

马坪镇党委、人大、政府负责人

党委书记：蔡森梅（女）
党委副书记、镇长：林晓斌
党委副书记：唐品涛
纪委书记：李志雄
组织委员：许　晖（女）
宣传委员：杨伟涛
统战委员：兰文艺
政法委员：唐品涛（兼）
党委委员：任飞宇
　　　　　李添民
副镇长：陈贵梅（女）
　　　　陈伟强
　　　　（挂职，派出所所长）

官浔镇党委、人大、政府负责人

党委书记：戴厝魁
人大主席：李团寿
党委副书记、镇长：林天兴
党委副书记：戴特鹏
纪委书记：黄志国
组织委员：翁源海
宣传委员：陈晓琳（女）
统战委员：李琪哲
政法委员：戴特鹏（兼）
党委委员：方献瑞
　　　　　王妙芬（女）
副镇长：陈晓琳（女，兼）
　　　　陈江云
　　　　（挂职，派出所所长）
　　　　郑顺章

长桥镇党委、人大、政府负责人

党委书记：陈志民
人大主席：陈晓武
党委副书记、镇长：蔡炳煌
党委副书记：林艺明
纪委书记：陈文林
组织委员：林广斌
宣传委员：林跃聪
统战委员：张　莉（女）
政法委员：林艺明（兼）
党委委员：杨顺良
　　　　　李　闳
副镇长：查培明
　　　　陈艺辉
　　　　（挂职，派出所所长）
　　　　谢幼华（女）

石榴镇党委、人大、政府负责人

党委书记：黄俊斌
人大主席：王哲源
党委副书记、镇长：蔡睿迺
党委副书记：谢志民
纪委书记：林锦华
组织委员：蓝伟彬
宣传委员：林希超
统战委员：赵哲锋
政法委员：谢志民（兼）
党委委员：洪　正
　　　　　蔡雨来
副镇长：林玉兰（女）
　　　　蔡梅钦（女）
　　　　石建湘
　　　　（挂职，派出所所长）

刘骐炜（挂职 2 年）

盘陀镇党委、人大、政府负责人

党委书记：杨　媛（女）
人大主席：杨瑞峰
党委副书记、镇长：何朝政
党委副书记：林晓军
纪委书记：刘玲玲（女）
组织委员：林思渊
宣传委员：陈许凤（女）
统战委员：杨正寅
政法委员：林晓军（兼）
党委委员：林剑军
　　　　陈文来
副镇长：林鸿鑫
　　　　胡　欣（女）
　　　　赵志平
　　　　（挂职，派出所所长）

大南坂镇党委、人大、政府负责人

党委书记：戴鹏毅
人大主席：蔡志毅
党委副书记、镇长：柯志伟
党委副书记：林开通
纪委书记：林征明
组织委员：王丽坚（女）
宣传委员：刘秋明
政法委员：林开通（兼）
统战委员：陈华东
党委委员：陈志勇（赤湖）
副镇长：陈炎辉
　　　　林志贤
　　　　（挂职，派出所所长）
　　　　陈华东（兼）

古雷镇党委、人大、政府负责人

党委书记：魏国华
人大主席：蓝智煌
党委副书记、镇长：邱远章
纪委书记：黄晓云
组织委员：黄铜印
统战委员：黄建生
党委委员：林汉强
党委秘书：邱智强
副镇长：陈兆彬
　　　　（挂职，北坂边防所长）
　　　　黄桂锋
　　　　黄建生（兼）
　　　　洪捷书

杜浔镇党委、人大、政府负责人

党委书记：王荷明
人大主席：王洪德
党委副书记、镇长：林伟杰
党委副书记：胡艺发
　　　　　　邱其益（挂职）
纪委书记：张坤火
组织委员：林立维
宣传委员：陈钰婷（女）
党委委员：郑旭彬
党委秘书：林进书
副镇长：林进书（兼）
　　　　洪玉美（女）
　　　　薛安顺

沙西镇党委、人大、政府负责人

党委书记：李相武
人大主席：王连城
党委副书记、镇长：陈志坤
党委副书记：林志文
　　　　　　王振中（挂职）
纪委书记：洪跃明
组织委员：林加金
宣传委员：翁惠玲（女）
统战委员：吴瑞宏（女）
政法委员：林志文（兼）
党委委员：张跃民
党委秘书：林育鹏
副镇长：林育鹏（兼）
　　　　林伟贤
　　　　陈洪福
　　　　（挂职，派出所所长）
　　　　汤宝鑫（挂职）

霞美镇党委、人大、政府负责人

党委书记：蔡小彬
人大主席：郑秋强
党委副书记、镇长：陈艺龙
党委副书记：邱宏毅
　　　　　　黄攀辉（挂职）
组织委员：林勇华（女）
宣传委员：戴玉琬（女）
统战委员：林凯毅
政法委员：邱宏毅（兼）
党委委员：陈义新
党委秘书：洪国太
副镇长：林凯毅（兼）
　　　　郑进展
　　　　（挂职，派出所所长）

南浦乡党委、人大、政府负责人

党委书记：郑志平
人大主席：卢海堤
党委副书记、乡长：林中华
党委副书记：何景铭
纪委书记：胡雅静（女）
组织委员：王玉玲（女）
宣传委员：林毅钦
统战委员：高明华
政法委员：何景铭（兼）
党委委员：郑荣明

张金兰（女）
副乡长：高明华（兼）
刘文勇
涂明城
（挂职，派出所所长）

赤土乡党委、人大、政府负责人

党委书记：林海坤
人大主席：陈耀兴
党委副书记、乡长：陈伟滨
党委副书记：蓝志勇
纪委书记：李锦章
组织委员：石琼城
宣传委员：谢宝竹
统战委员：陈建洪
政法委员：蓝志勇（兼）
党委委员：陈剑锋
陈纯美（援宁）
副乡长：朱杨辛
周毅婕（女）
王春展
（挂职，派出所所长）

湖西畲族乡党委、人大、政府负责人

党委书记：郑乾元
人大主席：卢进才
党委副书记、乡长：蓝进强
党委副书记：蓝玉红（女）
纪委书记：庄志杰
组织委员：蓝滨瑜（女）
宣传委员：柯雪龙
统战委员：赵俊俏（女）
政法委员：蓝玉红（女，兼）
党委委员：刘耀圣
陈宇鸿
副乡长：黄秦贵
（挂职，派出所所长）
黄思婷（女）

赤岭畲族乡党委、人大、政府负责人

党委书记：杨跃进
人大主席：李向阳
党委副书记、乡长：蓝志清
党委副书记：蓝智锋
纪委书记：许智鸣
组织委员：陈　涛
统战委员：蓝长和
政法委员：蓝智锋（兼）
党委委员：洪俊云
黄国荣
副乡长：蔡明彦
李坤伟
（挂职，派出所所长）
陈　涛

南山茶果场党支部、场负责人

书记、场长：林子豪
副场长：冯道东
谢晋安

中西林场党委、场负责人

书记、场长：叶龙太
副场长：陈建有
郑惠山
戴志民
赵伟民

漳浦盐场党委、场负责人

书　记：蔡尧盛
副书记：薛艺伟

下蔡林场党支部、场负责人

书记、场长：杨育杰
副场长：陈锦祥
林毅伟

（注：1.本名录收录的机构不含下属事业单位；2.除县委、人大、政府、政协、纪检监察及乡镇场外，本名录收录各机构2022年12月31日在职正、副职领导人；3.单位排名不分先后。）

2022 年副高级以上专业技术职务人员名表

表 5

姓名	工作单位	任职资格	资格确认时间
林珠爱	漳浦县实验小学	高级教师	2022 年 5 月 29 日
陈淑慧	漳浦县实验小学	高级教师	2022 年 5 月 29 日
陈　丹	漳浦县实验小学	高级教师	2022 年 5 月 29 日
杨丽贤	漳浦县实验小学	高级教师	2022 年 5 月 29 日
方艺玲	漳浦县实验小学	高级教师	2022 年 5 月 29 日
何小虾	漳浦县绥安中心学校	高级教师	2022 年 5 月 29 日
何春林	漳浦县绥安中心学校	高级教师	2022 年 5 月 29 日
薛丽香	漳浦县绥安中心学校	高级教师	2022 年 5 月 29 日
黄素华	漳浦县绥安中心学校	高级教师	2022 年 5 月 29 日
陈兴珠	漳浦县石斋小学	高级教师	2022 年 5 月 29 日
陈慧玲	漳浦县实验幼儿园	高级教师	2022 年 5 月 29 日
黄毅莹	漳浦县第二实验幼儿园	高级教师	2022 年 5 月 29 日
吴爱如	漳浦县江滨幼儿园	高级教师	2022 年 5 月 29 日
许新荣	漳浦县城关中心幼儿园	高级教师	2022 年 5 月 29 日
何达志	漳浦县官浔中心学校	高级教师	2022 年 5 月 29 日
何燕华	漳浦县官浔中心学校	高级教师	2022 年 5 月 29 日
魏文强	漳浦县深土中心学校	高级教师	2022 年 5 月 29 日
蓝德山	漳浦县湖西民族中心学校	高级教师	2022 年 5 月 29 日
何丽燕	漳浦县大南坂学校	高级教师	2022 年 5 月 29 日
蓝共寿	漳浦县赤岭民族中心学校	高级教师	2022 年 5 月 29 日
陈绍武	漳浦县赤土中心学校	高级教师	2022 年 5 月 29 日
林盛德	漳浦县赤土中心学校	高级教师	2022 年 5 月 29 日
陈金铭	漳浦县盘陀中心学校	高级教师	2022 年 5 月 29 日
涂锦文	漳浦县盘陀中心学校	高级教师	2022 年 5 月 29 日
潘幼珍	漳浦县盘陀中心学校	高级教师	2022 年 5 月 29 日
黄伟智	漳浦县马坪中心学校	高级教师	2022 年 5 月 29 日
陈小华	漳浦县佛昙中心学校	高级教师	2022 年 5 月 29 日
杨月惠	漳浦县佛昙中心学校	高级教师	2022 年 5 月 29 日
杨丽聪	漳浦县佛昙中心学校	高级教师	2022 年 5 月 29 日
黄光河	漳浦县佛昙中心学校	高级教师	2022 年 5 月 29 日
郭镇南	漳浦县石榴中心学校	高级教师	2022 年 5 月 29 日
薛志芸	漳浦县万安学校	高级教师	2022 年 5 月 29 日
胡英珍	漳浦县旧镇中心学校	高级教师	2022 年 5 月 29 日
陈文水	漳浦县旧镇中心学校	高级教师	2022 年 5 月 29 日
陈银桦	漳浦县旧镇中心学校	高级教师	2022 年 5 月 29 日
林湧泽	漳浦县旧镇中心学校	高级教师	2022 年 5 月 29 日

续表 5

姓名	工作单位	任职资格	资格确认时间
陈自强	漳浦县旧镇中心学校	高级教师	2022 年 5 月 29 日
杨雅鸿	漳浦县实验小学	高级教师	2022 年 5 月 29 日
陈妙香	漳浦县石榴中心学校	高级教师	2022 年 5 月 29 日
李嘉元	漳浦县深土中学	高级教师	2022 年 8 月 20 日
林忠坚	漳浦县深土中学	高级教师	2022 年 8 月 20 日
陈建辉	漳浦县深土中学	高级教师	2022 年 8 月 20 日
林豆花	漳浦县深土中学	高级教师	2022 年 8 月 20 日
陈贵阳	漳浦县万安学校	高级教师	2022 年 8 月 20 日
戴惠琛	漳浦县第二中学	高级教师	2022 年 8 月 20 日
陈敏凤	漳浦县特殊教育学校	高级教师	2022 年 8 月 20 日
薛瑞真	漳浦县第五中学	高级教师	2022 年 8 月 20 日
徐月秀	漳浦立人学校	高级教师	2022 年 8 月 20 日
林少云	漳浦县马坪中学	高级教师	2022 年 8 月 20 日
吴文如	漳浦县妇幼保健院	主任医师	2022 年 12 月 18 日
张坤团	漳浦县疾病预防控制中心	主任医师	2022 年 12 月 18 日
蓝献贵	漳浦县第二医院	主任医师	2022 年 12 月 18 日
林四仁	漳浦县医院	主任医师	2022 年 12 月 18 日
黄小明	漳浦县医院	主任医师	2022 年 12 月 18 日
陈志勇	漳浦县医院	主任医师	2022 年 12 月 18 日
刘衍波	漳浦县医院	主任医师	2022 年 12 月 18 日
陈志强	漳浦县医院	主任医师	2022 年 12 月 18 日
陈艺军	漳浦县中医院	主任医师	2022 年 12 月 18 日
黄文胜	漳浦县文化馆	副研究馆员	2022 年 12 月 18 日
林清桂	福建省漳浦职业技术学校	高级工程师	2022 年 12 月 18 日
甘林泉	漳浦县官浔中心卫生院	副主任医师	2022 年 12 月 25 日
陈裕梅	漳浦县官浔中心卫生院	副主任医师	2022 年 12 月 25 日
林丽香	漳浦县盘陀卫生院	副主任护师	2022 年 12 月 25 日
蓝文泰	漳浦县前亭卫生院	副主任医师	2022 年 12 月 25 日
薛文龙	漳浦县石榴卫生院	副主任医师	2022 年 12 月 25 日
陈阿芳	漳浦县石榴卫生院	副主任护师	2022 年 12 月 25 日
柯舒芸	漳浦县医院	副主任技师	2022 年 12 月 25 日
林志瑜	漳浦县医院	副主任医师	2022 年 12 月 25 日
陈一鹏	漳浦县医院	副主任医师	2022 年 12 月 25 日
林艺霞	漳浦县医院	副主任医师	2022 年 12 月 25 日
邱志浩	漳浦县医院	副主任医师	2022 年 12 月 25 日
郑孟城	漳浦县医院	副主任医师	2022 年 12 月 25 日
蔡艺芳	漳浦县医院	副主任护师	2022 年 12 月 25 日
陈碧贤	漳浦县医院	副主任护师	2022 年 12 月 25 日

续表 5

姓名	工作单位	任职资格	资格确认时间
蓝琦琼	漳浦县医院	副主任护师	2022 年 12 月 25 日
林淑环	漳浦县医院	副主任护师	2022 年 12 月 25 日
王艺恋	漳浦县医院	副主任护师	2022 年 12 月 25 日
郑素琴	漳浦县医院	副主任护师	2022 年 12 月 25 日
郑惠珠	漳浦县医院	副主任医师	2022 年 12 月 25 日
黄卫君	漳浦县湖西卫生院	副主任护师	2022 年 12 月 25 日
陈德强	漳浦县中医院	副主任医师	2022 年 12 月 25 日
陈艺津	漳浦县中医院	副主任医师	2022 年 12 月 25 日
蔡玉容	漳浦县中医院	副主任医师	2022 年 12 月 25 日
何彩惠	漳浦县中医院	副主任护师	2022 年 12 月 25 日
杨雪玉	漳浦县中医院	副主任护师	2022 年 12 月 25 日
林秀娟	漳浦县中医院	副主任护师	2022 年 12 月 25 日
谢雪蓉	漳浦县中医院	副主任护师	2022 年 12 月 25 日
黄丽钦	漳浦县旧镇中心卫生院	副主任护师	2022 年 12 月 25 日
陈梅珠	漳浦县妇幼保健院	副主任医师	2022 年 12 月 25 日
郑春梅	漳浦县妇幼保健院	副主任医师	2022 年 12 月 25 日
王晓玲	漳浦县妇幼保健院	副主任医师	2022 年 12 月 25 日
王秋蓉	漳浦县妇幼保健院	副主任护师	2022 年 12 月 25 日
杨璋明	漳浦县六鳌卫生院	副主任医师	2022 年 12 月 25 日
蔡春芬	漳浦县疾病预防控制中心	副主任技师	2022 年 12 月 25 日
陈丽香	漳浦县第二医院	副主任护师	2022 年 12 月 25 日
林飞鹏	漳浦县赤湖中心卫生院	副主任医师	2022 年 12 月 25 日
赵志贤	漳浦县旧镇中心卫生院	副主任医师	2022 年 12 月 25 日
黄玉华	漳浦县湖西卫生院	副主任护师	2022 年 12 月 25 日
洪海东	漳浦县旧镇中心卫生院	副主任技师	2022 年 12 月 25 日

2022 年获省部级及以上表彰的个人名表

表 6

获奖姓名	工作单位	获奖名称	颁奖单位	颁奖时间
何幼珍	漳浦团县委	全国优秀共青团干部	共青团中央	2022 年 4 月
陈作斌	漳浦县公安局	全国公安机关成绩突出个人	公安部、中华全国总工会	2022 年 5 月
郑亚生	漳浦县佛昙中心卫生院	全国“优秀乡镇卫生院院长”	中国农村卫生协会	2022 年 6 月
黄乙滨	漳浦县退役军人事务局	福建省“爱国拥军模范”先进个人	福建省委、省政府、省军区	2022 年 7 月
黄翠萍	漳州科技职业学院	中国红十字会会员之星	中国红十字会总会	2022 年 11 月

2022年获市厅级表彰的个人名表

表7

获奖姓名	工作单位	获奖名称	颁奖单位	颁奖时间
康泓鹏	漳浦县公安局	“清水蓝天”生态环境保护专项执法行动表现突出先进个人	福建省公安厅、福建省环保厅	2022年3月
洪杨芳	漳浦县教师进修学校	福建省“最美基层妇联执委”	福建省妇联	2022年4月
陆伟大	漳浦县总工会	2022年福建省五一劳动奖章	福建省总工会	2022年5月
何惠珠	漳浦县妇联	福建省妇联系统先进工作者	福建省人力资源和社会保障厅、福建省妇联	2022年7月
林　昕	漳浦县医院	福建省“最美医师”	中共福建省委宣传部、福建省卫生健康委员会、福建省总工会	2022年8月
胡艺发	杜浔镇人民政府	福建省第七次全国人口普查突出贡献个人	福建省统计局、福建省第七次全国人口普查领导小组办公室	2022年8月
林镇城	漳浦县深土镇	抗击新冠肺炎疫情表现突出个人	中共漳州市委、漳州市人民政府	2022年9月
林芳艺	漳浦县公安局	抗击新冠肺炎疫情表现突出个人	中共漳州市委、漳州市人民政府	2022年9月
黄景胜	漳浦县公安局	抗击新冠肺炎疫情表现突出个人	中共漳州市委、漳州市人民政府	2022年9月
刘秋玲	漳浦县赤湖镇	抗击新冠肺炎疫情表现突出个人	中共漳州市委、漳州市人民政府	2022年9月
林哲境	杜浔镇人民政府	抗击新冠肺炎疫情表现突出个人	中共漳州市委、漳州市人民政府	2022年9月
王煌辉	漳浦县公安局	个人二等功	福建省公安厅	2022年9月
张小丽	漳浦县公安局	全省公安监管部门抗击疫情成绩突出个人	福建省公安厅	2022年9月
陈章雄	漳浦县公安局	全省公安监管部门抗击疫情成绩突出个人	福建省公安厅	2022年9月
林伟鹏	漳浦县公安局	全省公安监管部门抗击疫情成绩突出个人	福建省公安厅	2022年9月
陈奇山	漳浦县公安局	全省公安监管部门抗击疫情成绩突出个人	福建省公安厅	2022年9月
蓝绿野	漳浦县公安局	全省公安监管部门抗击疫情成绩突出个人	福建省公安厅	2022年9月
魏海辉	漳浦县公安局	全省公安监管部门抗击疫情成绩突出个人	福建省公安厅	2022年9月
陈小和	漳浦县公安局	全省公安监管部门抗击疫情成绩突出个人	福建省公安厅	2022年9月
商语平	漳浦县公安局	全省公安监管部门抗击疫情成绩突出个人	福建省公安厅	2022年9月
朱达辉	漳浦县公安局	全省公安监管部门抗击疫情成绩突出个人	福建省公安厅	2022年9月

续表 7

获奖姓名	工作单位	获奖名称	颁奖单位	颁奖时间
胡立新	漳浦县公安局	全省公安监管部门抗击疫情成绩突出个人	福建省公安厅	2022 年 9 月
林艺伟	漳浦县公安局	全省公安监管部门抗击疫情成绩突出个人	福建省公安厅	2022 年 9 月
陈色华	漳浦县公安局	全省公安监管部门抗击疫情成绩突出个人	福建省公安厅	2022 年 9 月
蔡伟超	漳浦县公安局	全省公安机关夏季治安打击整治“百日行动”成绩突出个人	福建省公安厅	2022 年 9 月
陈水泽	漳浦县公安局	全省公安机关夏季治安打击整治“百日行动”成绩突出个人	福建省公安厅	2022 年 9 月
方　翔	漳浦县公安局	全省公安机关夏季治安打击整治“百日行动”成绩突出个人	福建省公安厅	2022 年 9 月
郑伟平	漳浦县公安局	全省公安机关夏季治安打击整治“百日行动”成绩突出个人	福建省公安厅	2022 年 9 月
陈祺鹏	漳浦县公安局	全省公安机关夏季治安打击整治“百日行动”成绩突出个人	福建省公安厅	2022 年 9 月
林曼娜	漳浦县人民检察院	优秀办案检察官	福建省人民检察院	2022 年 10 月
陈毅峰	漳浦县人民检察院	优秀办案检察官	福建省人民检察院	2022 年 10 月
林曼娜	漳浦县人民检察院	优秀公诉人	福建省人民检察院	2022 年 11 月
林淑苹	漳浦县六鳌镇	全省优秀基层妇联主席	福建省妇联	2022 年 11 月
林伟强	漳浦县公安局	党的二十大安保维稳成绩突出个人	福建省公安厅	2022 年 12 月

2022 年获省部级及以上表彰的单位名表

表 8

获奖单位	获奖名称	颁奖单位	颁奖时间
漳浦县人民检察院	2021 年度全国检察机关优秀短视频创作单位	检察日报社	2022 年 1 月
国家漳浦海峡花卉集散中心产业示范园区	第二批认定命名国家林业产业示范园区	国家林业和草原局	2022 年 2 月
漳浦县	福建省双拥模范县	福建省委、省政府、省军区	2022 年 7 月
漳浦县佛昙镇东坂村（河豚）	第十二批全国“一村一品”示范村	农业农村部	2022 年 11 月

2022年获市厅级表彰的单位名表

表9

获奖单位	获奖名称	颁奖单位	颁奖时间
国家税务总局漳浦县税务局第一税务分局	省级青年文明号	共青团福建省委	2022年2月
漳浦县旧镇中心卫生院	2021年优质服务基层行服务优质机构	福建省卫生健康委员会	2022年2月
漳浦县人民检察院	“土地执法查处领域行政非诉执行监督”专项活动优秀案件（漳浦县自然资源局申请执行张开展退还土地、拆除建筑物和其他设施决定检察监督案）	福建省人民检察院	2022年3月
福建舜洋食品有限公司包装车间	福建省工人先锋号	福建省总工会	2022年5月
漳浦县赤岭畲族乡	全省首批“铸牢中华民族共同体意识”乡村振兴示范乡	福建省民族宗教厅	2022年5月
漳浦县融媒体中心	《中国第20金！漳浦籍卢云秀斩获奥运会女子帆板RS:X级项目金牌》获福建新闻奖（电视消息类）三等奖	福建省新闻工作者协会	2022年6月
漳浦县融媒体中心	《论新闻访谈情境与记者提问立足点之关联性》获福建新闻奖（新闻论文类）三等奖	福建省新闻工作者协会	2022年6月
漳浦县融媒体中心	《江山——陈嘉庚与中国共产党》获2021年度福建省广播电视艺术奖广播文艺节目一等奖	福建省文学艺术界联合会、福建省电视艺术家协会	2022年6月
漳浦县融媒体中心	《献给李焕英们》获2021年度福建省广播电视艺术奖广播文艺节目三等奖	福建省文学艺术界联合会、福建省电视艺术家协会	2022年6月
漳浦县融媒体中心	《煎石记》获2021年度福建省广播电视艺术奖广播文艺节目三等奖	福建省文学艺术界联合会、福建省电视艺术家协会	2022年6月
漳浦县融媒体中心	《生态湖西 魅力畲乡》2021年度福建省广播电视艺术奖（播音与主持）三等奖	福建省文学艺术界联合会、福建省电视艺术家协会	2022年6月
漳浦县融媒体中心	2021年度全省供稿工作十强县级台	福建省广播影视集团	2022年6月
漳浦县医院	公立医院高质量发展省级试点医院名单	福建省卫生健康委员会	2022年6月
漳浦县绥安镇人民政府	福建省第七次全国人口普查突出贡献集体	福建省统计局、福建省第七次全国人口普查领导小组办公室	2022年7月
漳浦县佛昙镇东坂村民委员会	福建省第七次全国人口普查突出贡献集体	福建省统计局、福建省第七次全国人口普查领导小组办公室	2022年7月
漳浦县融媒体中心	2021年度优秀融媒体中心	福建日报社	2022年8月
漳浦县杜浔镇林苍村民委员会	漳州市第七次全国人口普查先进集体	中共漳州市委、漳州市人民政府	2022年8月
漳浦县盘陀镇人民政府	2020—2021年度福建省劳动关系和谐乡镇	福建省人力资源和社会保障厅	2022年8月
东南花都（漳州东南花都有限公司）	2022年福建省休闲农业示范点	福建省农业农村厅	2022年9月

续表 9

获奖单位	获奖名称	颁奖单位	颁奖时间
漳浦县教育局	抗击新冠肺炎疫情表现突出集体	中共漳州市委、漳州市人民政府	2022 年 9 月
漳浦县公安局	抗击新冠肺炎疫情表现突出集体	中共漳州市委、漳州市人民政府	2022 年 9 月
绥安镇人民政府	抗击新冠肺炎疫情表现突出集体	中共漳州市委、漳州市人民政府	2022 年 9 月
官浔镇人民政府	抗击新冠肺炎疫情表现突出集体	中共漳州市委、漳州市人民政府	2022 年 9 月
杜浔镇人民政府	抗击新冠肺炎疫情表现突出集体	中共漳州市委、漳州市人民政府	2022 年 9 月
漳浦县看守所	集体二等功	福建省公安厅	2022 年 9 月
绥安派出所	集体二等功	福建省公安厅	2022 年 9 月
漳浦县佛昙中心卫生院	2022 年社区医院建设	福建省卫生健康委员会	2022 年 9 月
漳浦县旧镇中心卫生院	2022 年社区医院建设	福建省卫生健康委员会	2022 年 9 月
漳浦县石榴镇	福建省第二批省级乡村治理示范乡镇	福建省农业农村厅	2022 年 10 月
漳浦县绥安镇英山村	福建省第二批省级乡村治理示范村	福建省农业农村厅	2022 年 10 月
漳浦县绥安镇麦埔村	福建省第二批省级乡村治理示范村	福建省农业农村厅	2022 年 10 月
漳浦县旧镇镇东厝村	福建省第二批省级乡村治理示范村	福建省农业农村厅	2022 年 10 月
漳浦县旧镇镇后垅村	福建省第二批省级乡村治理示范村	福建省农业农村厅	2022 年 10 月
漳浦县佛昙镇后许村	福建省第二批省级乡村治理示范村	福建省农业农村厅	2022 年 10 月
漳浦县佛昙镇下苏村	福建省第二批省级乡村治理示范村	福建省农业农村厅	2022 年 10 月
漳浦县前亭镇过港村	福建省第二批省级乡村治理示范村	福建省农业农村厅	2022 年 10 月
漳浦县前亭镇洛运村	福建省第二批省级乡村治理示范村	福建省农业农村厅	2022 年 10 月
漳浦县官浔镇省炉村	福建省第二批省级乡村治理示范村	福建省农业农村厅	2022 年 10 月
漳浦县官浔镇下炉村	福建省第二批省级乡村治理示范村	福建省农业农村厅	2022 年 10 月
漳浦县赤湖镇后湖村	福建省第二批省级乡村治理示范村	福建省农业农村厅	2022 年 10 月
漳浦县赤湖镇保安村	福建省第二批省级乡村治理示范村	福建省农业农村厅	2022 年 10 月
漳浦县深土镇近院村	福建省第二批省级乡村治理示范村	福建省农业农村厅	2022 年 10 月
漳浦县六鳌镇下寮村	福建省第二批省级乡村治理示范村	福建省农业农村厅	2022 年 10 月
漳浦县长桥镇友爱村	福建省第二批省级乡村治理示范村	福建省农业农村厅	2022 年 10 月
漳浦县马坪镇马圩村	福建省第二批省级乡村治理示范村	福建省农业农村厅	2022 年 10 月
漳浦县南浦乡美林村	福建省第二批省级乡村治理示范村	福建省农业农村厅	2022 年 10 月
漳浦县石榴镇东山村	福建省第二批省级乡村治理示范村	福建省农业农村厅	2022 年 10 月
漳浦县盘陀镇蒲野村	福建省第二批省级乡村治理示范村	福建省农业农村厅	2022 年 10 月
漳浦县赤土乡赤土村	福建省第二批省级乡村治理示范村	福建省农业农村厅	2022 年 10 月
漳浦县赤岭畲族乡杨美村	福建省第二批省级乡村治理示范村	福建省农业农村厅	2022 年 10 月
漳浦县湖西畲族乡枋林村	福建省第二批省级乡村治理示范村	福建省农业农村厅	2022 年 10 月
漳浦县朝阳水库工程	2022 年度水利工程标准化示范工地	福建省水利厅	2022 年 11 月
漳浦县鹿溪至赤湖引水工程	2022 年度水利工程标准化示范工地	福建省水利厅	2022 年 11 月

续表 9

获奖单位	获奖名称	颁奖单位	颁奖时间
漳浦县融媒体中心	2022 年度全省县级融媒体中心三十强	福建省委宣传部	2022 年 11 月
漳浦县红十字会	2022 年度福建省红十字会“99 公益日”优秀组织单位	福建省红十字会	2022 年 11 月
漳州东南花都森林康养基地	省级森林康养基地	福建省林业局、福建省民政厅、福建省卫健委、福建省总工会、福建省医保局	2022 年 11 月
漳浦县赤土乡溪东村（余干）	2022 年度福建“一村一品”专业合作村	福建省农业农村厅	2022 年 11 月
漳浦县马坪镇仙都村（杨梅）	2022 年度福建“一村一品”专业合作村	福建省农业农村厅	2022 年 11 月
漳浦县南浦乡大坪村（竹笋）	2022 年度福建“一村一品”专业合作村	福建省农业农村厅	2022 年 11 月
漳浦县官浔镇	福建省全域生态旅游小镇	福建省文化和旅游厅	2022 年 12 月
漳浦县湖西乡赵家城村	福建省森林村庄	福建省绿化委员会、福建省林业局	2022 年 12 月
漳浦县赤岭乡杨美村	福建省森林村庄	福建省绿化委员会、福建省林业局	2022 年 12 月
漳浦县官浔镇西北村	福建省森林村庄	福建省绿化委员会、福建省林业局	2022 年 12 月
漳浦县天福文化产业园	福建省第二批“气候康养福地”	福建省气象局	2022 年 12 月
漳浦县官浔镇康庄村	省级农业生产社会化服务展示基地	福建省农业农村厅	2022 年 12 月
漳浦县公安局官浔派出所	枫桥式公安派出所	福建省公安厅	2022 年 12 月
巡特警反恐大队	党的二十大安保维稳成绩突出集体	福建省公安厅	2022 年 12 月
漳浦县融媒体中心	《大埔村的故事》获评 2022 年“村村福 • 振兴的力量”微广播剧创作展播活动“优秀剧本”	福建省广播电视局	2022 年 12 月
福建宝旺莱生态农业科技有限公司	福建省巾帼示范基地	福建省妇联	2022 年 12 月
官浔中心卫生院	2022 年“优质服务基层行”活动达到推荐标准的基层医疗卫生机构	福建省卫生健康委员会	2022 年 12 月
绥安社区卫生服务中心	2022 年“优质服务基层行”活动达到推荐标准的基层医疗卫生机构	福建省卫生健康委员会	2022 年 12 月
霞美镇北江村	2022 年度福建省乡村振兴实绩突出村	中共福建省委扶贫开发成果巩固与乡村振兴工作领导小组办公室	2022 年 12 月
赤湖镇人民政府	福建省卫生乡镇	福建省爱卫办	2022 年 12 月
六鳌镇人民政府	福建省卫生乡镇	福建省爱卫办	2022 年 12 月
沙西镇人民政府	福建省卫生乡镇	福建省爱卫办	2022 年 12 月
赤湖镇半石村	福建省卫生村	福建省爱卫办	2022 年 12 月
赤湖镇北桥村	福建省卫生村	福建省爱卫办	2022 年 12 月
赤湖镇东城村	福建省卫生村	福建省爱卫办	2022 年 12 月
赤湖镇后湖村	福建省卫生村	福建省爱卫办	2022 年 12 月
赤湖镇前湖村	福建省卫生村	福建省爱卫办	2022 年 12 月
赤湖镇亭里村	福建省卫生村	福建省爱卫办	2022 年 12 月

续表 9

获奖单位	获奖名称	颁奖单位	颁奖时间
赤湖镇西城村	福建省卫生村	福建省爱卫办	2022 年 12 月
六鳌镇鳌东村	福建省卫生村	福建省爱卫办	2022 年 12 月
六鳌镇大澳村	福建省卫生村	福建省爱卫办	2022 年 12 月
六鳌镇店下村	福建省卫生村	福建省爱卫办	2022 年 12 月
六鳌镇东门村	福建省卫生村	福建省爱卫办	2022 年 12 月
六鳌镇山门村	福建省卫生村	福建省爱卫办	2022 年 12 月
六鳌镇下寮村	福建省卫生村	福建省爱卫办	2022 年 12 月

2022 年度漳浦县突出经济贡献 500 万元以上企业名录

（62 家）

纳税 1 亿元以上企业（5 家）

漳州市烟草公司漳浦分公司
福建兆睿房地产有限公司
联盛浆纸（漳州）有限公司
福建漳浦农村商业银行股份有限公司
天福集团

纳税 5000 万元至 1 亿元企业（3 家）

漳浦金座置业有限公司
同溢堂药业有限公司
福建福船一帆新能源装备制造有限公司

纳税 1000 万元至 5000 万元企业（19 家）

漳浦丽都房地产开发有限公司
福建南荣建筑有限公司漳州漳浦分公司
漳浦夏商置业发展有限公司
国网福建省电力有限公司漳浦县供电公司
漳州佳利伟业置业有限公司
聚丰置业（福建）有限公司
福建泰庆皮革有限公司
漳州兆澄房地产有限公司
龙睿集团
大通互惠（福建）硅砂有限公司
凯盛（漳州）新能源有限公司
政伸包装印刷（福建）有限公司
漳浦联创世纪置业投资有限公司
漳州伟伊化纤有限公司
革新（漳浦）金属制造有限公司
中国人民财产保险股份有限公司漳浦支公司
漳浦县达川食品工业有限公司
中国建设银行股份有限公司漳浦支行
漳州市漳浦滨江南岸开发有限公司

纳税 500 万元至 1000 万元（35 家）

漳州泓润房地产开发有限公司
漳州市弘安房地产开发有限公司
福建绿泉食品有限公司
福建省锋达建设集团有限公司漳州漳浦分公司
漳州信德皮革有限公司
中交三航局（漳浦）投资建设有限公司
中国农业银行股份有限公司漳浦县支行
福建和进食品制罐工业有限公司
漳浦龙麟水泥有限公司
车城汽车配件（福建）有限公司
漳州市圣元环保电力有限公司
中国平安财产保险股份有限公司漳浦支公司
漳浦致远皮革有限公司
漳浦翔通宝达建材有限公司
中信银行股份有限公司漳州漳浦支行
福建漳州市德昌皮业有限公司
中国银行股份有限公司漳浦支行
福建大佳建设工程有限公司
漳州顺益食品有限公司
漳浦民生村镇银行股份有限公司
漳州瑞沃电子科技有限公司
大唐漳州风力发电有限责任公司
漳浦发展水务有限公司
漳州锋瑞建材有限公司
漳浦豪骏置业有限公司
漳浦县南顺时装针织有限公司
漳浦泉舜房地产开发有限公司
漳州海景洲海洋生物科技有限公司
中国工商银行股份有限公司漳浦支行
漳发金地（漳浦）置业有限公司
漳州迈士通电器有限公司
漳州元新食品有限公司
金名山光电（漳浦）有限公司
漳州伟浩化纤有限公司
漳州香洲皮革有限公司

（编辑：陈厦屏）

文献选编

在漳浦县2022年三级干部大会暨“产业发展项目建设攻坚年”动员大会上的讲话（节选）

漳浦县委书记 黄键鹏

2022年2月11日

一、谋事于早，干事于快，在提高效率中抢抓发展新机遇

2022年，是具有特殊重要性的一年，党的二十大将召开，贯彻省、市、县党代会精神开局起势，必须迈好第一步、展现新气象。然而好项目、好成绩都是拼、抢、追得来的，效率的高低，直接影响发展的快慢。各级各部门要在“快”上下功夫，以更高效率抢抓发展新机遇。

提高效率，首先要准确把握形势。去年以来，特别是县乡村三级换届后，全县上下勇于担当、攻坚克难，年度定下的目标任务全面完成，办成了很多过去想办没有办成的事，招商引资、项目推进、“两违”整治、农村人居环境整治提升等一系列重点工作取得了新进展新突破，我们“六比一看”竞赛排名位居全市前列，获评“全市2021年‘产业发展项目建设年’活动集体嘉奖”。另外，全县上下好的氛围、好的势头、好的生态逐步形成，具体就是履职压力大了、工作节奏快了，“闻令而动、听令而行”的冲锋劲头进一步提振，“逢山开路、遇水搭桥”的拼抢意识进一步牢固，这是最难能可贵的。但也要清醒地看到，当前漳浦仍处于滚石上山、爬坡过坎的关键阶段，前进道路上还面临着城乡建设、民生领域、生态环保等历史欠账，还存在着县域经济总量不大、项目接续不足、发展支撑不够稳固、产业发展不均衡等短板弱项，加上今年大事要事多，维稳任务重，各项工作必须保证稳字当头、稳中求进，对我们提出了更高要求。形势在不断变化，我们只有准确识变、科学应变、主动求变，才能在发展大局中掌握主动，抢占先机。

提高效率，其次要找对方式方法。“工欲善其事，必先利其器”，开展工作要找准切入点，掌握发展规律，巧干才能够事半功倍。市里的动员会，侯为东常务详细解读了全市“七比一看”精神的考评细则。规则已经明确、已经公开，关键就看我们怎么去运用。我举个例子，今年的“看高质量发展成效”竞赛增加了“农林牧渔业总产值”和“第三产业增加值”两项指标，加上原来的规模工业增加值，相当于整个GDP构成体系基本上考评了两遍，所以农业、规模工业和第三产业指标含金量很高，那我们就要在这里加压奋进。所以不论是在竞赛中还是在其他工作的落实上，大家善于研判政策，弄清楚我们的优势在哪里、短板在哪里、问题在哪里，对症下药、有的放矢，一把钥匙开一把锁，做到章法有度、以“智”取胜。

提高效率，还要全力鼓劲冲刺。今年，从中央到省市都把稳增长作为全年经济工作的头等大事，省委、市委多次强调要实现一季度开门红、二季度双过半、三季度冲劲足、四季度结果好，这是重大政治任务，需要全县上下加压鼓劲全力冲刺，上下齐心攻坚奋进，“以旬保月，以月保季，以季保年”，确保发展势头始终向好。另外，今年我们提出“七比一看”竞赛要在全市保三争二，总的工作要求是勇争一流，力争上游。瞄定这一目标，全县上下要坚持早谋快动，全力助跑、起跳、摸高，一刻也不松懈。特别是市里已经明确，全市“七比一看”竞赛，一、二季度的成绩占全年60%，所以一定要“开年就开跑，起跑就冲刺”，千方百计克服困难和压力，奋勇争先、全力冲刺，确保开门红、红到底。

二、提振精神，锤炼作风，在提升效能中开创发展新局面

习总书记曾经深刻指出，党的作风就是党的形象，关系人心向背，关系党的生死存亡。这一论述态度之坚决，言辞之峻切，可谓振聋发聩。可以这么说，服务效能是一个地区党员干部作风的集中体现，是最重要的发展环境，决定一个地区经济建设和社会全面发展的进程。

一分为二来审视问题，从总体上看，当前全县广大党员干部的作风主流是好的，大家的党性修养、纪律意识、群众观念明显增强，抓发展的氛围更浓了，抓服务的力度更大了，工作上取得了一些成效，对此应该充分肯定。然而我们也要清醒看到，作风问题具有长期性、顽固性、复杂性，部分党员干部在作风上、在效能上的一些积弊尚未根除，有些病灶依然存在，主要表现为“五个不”：一是不作为。有的只要不出事、宁可不干事；有的把说的当做了，把做了当成做好了，工作落实在口号上；有的解决问题“推诿扯皮”，转来转去、议来议去，最后问题哪来哪去。二是不担当。有的爱惜羽毛、明哲保身，不敢啃硬骨头；有的“新官不理旧账”，事不关己，高高挂起。三是不进取。安于现状、小进即满，习惯纵向比，不愿与先进发达地区比，不敢拉高标杆，不愿争先进位，甘于“躺平”。四是不务实。有的乐于做表面文章，应景造势，热衷于搞一些有形式没内容、有声势没成效的工作；有的重留痕轻实效，监督检查走过场，风险排查“一阵风”，执法不严“稻草人”。五是不知止。我们现在还有极少数干部吃拿卡要、优亲厚友，不给好处不办事，给了好处乱办事。

以上种种问题，尽管只表现在个别单位、少数人身上，但消弭的是干部队伍的精神士气，损害的是党委政府的形象威信，影响的是全县改革发展稳定的大局。我在不同场合多次提到，当前我们漳浦的发展正处在一个重要窗口期，这个机遇稍纵即逝，需要全县上下倍加珍惜，用心呵护。全县三级党员

干部要坚持问题导向，认清自身存在的差距与不足，进一步提振精神，以抓铁有痕的力度锤炼作风，在提升效能中开创发展新局面。

一要保持纯真的感情。密切联系群众是我们党的最大优势，党执政后的最大危险是脱离群众。各级党员干部要对群众保持纯真的感情、质朴的情怀，大力弘扬“四个万家”“四下基层”的优良传统，主动靠前、跟进服务，把人民群众的呼声、市场主体的需求作为第一信号，真正做到目光所至看到问题，耳听范围想到问题，所作所为解决问题，自始至终、坚定不移地和群众坐在同一条板凳上。前段时间，我们通过网络征集思路建议、召开座谈会听取意见、梳理人大代表和政协委员议案提案等多种形式，研究安排了7大领域15个为民办实事项目，向各界传递出县委、县政府切实肩负起为民服务的强烈信号。各级各部门也要对标对照、主动作为，围绕群众关注的就业、教育、医疗、生态环保等热点，紧扣企业关心的惠企政策落地等难点，实打实地为群众和企业做几件事情，做到“将心比心、马上就办、办就办好”。

二要秉承认真的态度。“世界上怕就怕‘认真’二字，共产党就最讲‘认真’”。这是我们对待工作的基本要求，基本态度，如果我们认真了，凡事就会往心里去，往深里想，往实里做。今天参加会议的党员干部，都是县镇村三级的“关键少数”，现在发展的接力棒既然交到我们手中，要善于抓细、抓常、抓实，心无旁骛干事业，只争朝夕促发展。所谓抓细，就是要事无巨细，对待工作心中有本账，大事小事亲自过问，亲自部署；所谓抓常，就是要以驰而不息的态度和久久为功的精神，凡事有部署、有跟踪、有督导、有反馈，一个节点一个节点坚守，一个阶段一个阶段推进，形成工作闭环；所谓抓实，就是要有一说一、有二说二，既报喜又报忧，决不能回避问题，更不能信口开河、弄虚作假；要为基层减负下更大功夫，少开会、开短会，少发文、发短文，多干有益之事，多行务实之举，不做没错也没用的文章。

三要增强较真的韧劲。其实“较真”是一句俗话，也就是任务面前不“摆手”，困难面前不“缩手”，事不干成不“撒手”，这恰恰是我们一些党员干部身上逐渐退化的精神品质。我们很多重点难点工作完不成、做不好，不是缺少解决问题的方式方法，而是我们的干部没有不达目的誓不罢休的执着精神。对于流域水质、信访积案、滞留缅北高危人员、村集体“三资”管理不规范等“老大难”问题，县处级领导要主动牵头、勤于协调，责任单位要认真研究、紧盯不放，村一级要守土有责、守土尽责。总的就是要杜绝“推诿扯皮”，多从主观查原因、少从客观找理由，多谋解决问题之策、少思应付交差之法，打几个攻坚战，杀几个“回马枪”，真正把攻坚克难作为前进的动力、作为取胜的绝招。

四要坚守本真的品格。作为一名党员，越是职务提升越要固守应有的本色。清廉才能威重，干净才好干事。今天我们在座的三级干部，手中或多或少、或大或小都有一些权力。手中的权力是谁赋予的，是要为谁服务的，大家对此一定要有清醒的认识。全面从严治党永远在路上，大家务必要严格按照县纪委十四届二次全会的部署要求，坚持不懈把全面从严治党向纵深推进，自觉把行使权力与担当责任统一起来，紧紧咬住“责任”二字，抓住“问责”这个要害，把主体责任和监督责任一贯到底。基层一线的干部更要保持头脑清醒，入党升职绝非“发家致富”的通行证，吃苦在前、享受在后，勤奋工作、廉洁奉公，这才是我们共产党人的“本色”，这才是我们赶路的出发点。

三、压实责任，狠抓落实，在提增效益中夺取发展新成效

漳浦目前到了一个船到中流浪更急、人到半山路更陡的时候，我们必须强化结果导向，坚持质量第一、效益优先，以实实在在的举措夺取实实在在的战果。

一是责任再压实。工作千头万绪、竞赛事无巨细，

作为“一把手”，要坚决扛牢扛稳第一责任、政治责任，善于领导、善于统筹、善于协调，让各项工作井井有条、落到实处。班子成员要各司其职、各负其责，齐心协力推动各项工作取得更大突破、实现更好成效。刚才，我们总共颁发了三份责任书，各级各部门要严格落实各项领导责任制和目标管理责任制，坚持党政主导、守土尽责，坚持齐抓共管、协同作战，统筹抓好疫情防控和经济社会发展，扎实做好综治平安、安全生产、生态环保等重点工作，确保经济社会平稳健康发展，确保全年任务顺利完成。

二是督导再加力。督查是推动落实的一把“利剑”，大家既要敢亮剑又要会亮剑，不断创新督查方式，凸显督查实效，有力推动各项工作落到实处。昨天我们在县委常委会上研究决定参照市委市政府的做法，抽调人员成立决策督查办，对各项决策的落实情况采取“五不两直”的方式进行决策督查，持续加大督导检查力度，对措施有力、工作推进快、成效好的，要进行表扬；对工作推进慢、成效不明显的，要给予通报批评，形成比学赶超的良好氛围。另外，县直各职能部门不能将任务分解了之，要坚持“一线工作法”，定期下沉基层实地察看推进情况，帮助解决堵点难题，以务实的业务指导推动目标任务落实。

三是导向再鲜明。这次县里的实施方案和考评细则，经过多方征求意见，反复修改，目的就是要让真正“干得好”的“考得好”，让“考得好”的“用得好”。县委将继续坚持“凭担当用干部、以实绩论英雄”的用人导向，发挥“七比一看”竞赛考评的指向作用，严格落实容错纠错机制和“三个区分开来”要求，旗帜鲜明支持创新、宽容失败，为敢想的人鼓足劲、为敢干的人加满油、为试错的人卸包袱，传递出“干与不干不一样、干多干少不一样、干好干坏不一样”的强烈信号，真正让昂扬向上的清风正气重扬起来，让奋斗实干在全县上下蔚然成风。

另外，刚才丁顺县长已经就今年的重点工作做了部署，大家要认真抓好贯彻落实，力求经济效益、社会效益、生态效益全面提升。

经济效益方面。要结合省市县党代会确定的各项目标任务，紧紧围绕招商引资、固投、项目建设、规上限上企业培育、企业帮扶等重点工作，大力发展工业、海洋、绿色、文旅四种经济。现在我县发展态势良好，联盛、明阳、中船等大项目接连落地开工，我们要全力保障好这些好项目、大项目，让项目建设高效推进，助推经济社会高质量发展。

社会效益方面。把让72万漳浦人民过上好日子作为最大责任，聚焦人民最关心最直接最现实的利益问题，重点解决医疗、教育、水利等方面的短板弱项，让人民群众切实感到变化、看到实效、得到实惠；要统筹城乡发展，突出城市更新，大力实施“大城关”战略，全面推进乡村振兴，深化人居环境整治提升，增强城乡发展的平衡性协调性；要建设更加完善的公共设施、提供更加丰富的精神生活，打造“共建共治共享”的社会治理新格局，切实为每位漳浦人民创造平安和谐、舒心幸福的良好环境。特别是今年是党的二十大召开之年，对我们来说，安全稳定就是最大效益，各级各部门要精准精细做好疫情防控、安全生产、信访维稳、扫黑除恶、缅北滞留人员劝返等工作，全力确保大局持续安定稳定。

生态效益方面。要坚决守牢生态底线，深入打好污染防治攻坚战，重点加快实施绥东溪、南溪等水环境治理项目，全面肃清牛蛙养殖和畜禽等非法养殖面源污染，确保鹿溪后港大桥国控断面和南溪何寮、西岭省控断面水质稳定达标。中央环保督察和市级环保督察反馈问题整改方面，石板材企业和矿山两个个性已基本完成整改销号，下一步中央环保督察还会“回头看”，大家一定要做好后续的监管工作，严防问题反弹回潮。

漳浦县人民代表大会常务委员会工作报告（节选）

——2022年12月28日在漳浦县第十八届人民代表大会第二次会议上

漳浦县人民代表大会常务委员会主任 刘达文

2022年是县十八届人大常委会的开局之年。县人大常委会在县委的坚强领导下，在省市人大常委会的精心指导下，高举习近平新时代中国特色社会主义思想伟大旗帜，认真贯彻党的十九大、十九届历次全会和党的二十大以及省、市、县党代会精神，全面落实中央和省委、市委、县委人大工作会议要求，拥护“两个确立”，增强“四个意识”、坚定“四个自信”、做到“两个维护”，坚持党的领导、人民当家作主、依法治国有机统一，围绕中心、服务大局、依法履职、为民尽责，为推进我县经济社会发展发挥了积极的作用。

一、紧扣中心工作，发挥职能作用

坚持围绕中心、服务大局，充分发挥职能作用，推动县委决策部署有效贯彻落实。

（一）强化理论武装。县人大常委会党组把学习宣传贯彻党的二十大精神作为首要政治任务。常委会领导通过集中学习、个人自学和专题研讨等方式，带领机关党员干部原原本本学、全面系统学、深入思考学、联系实际学，在学深悟透中下功夫、在融会贯通上强本领、在自觉自律中铸忠诚；深入乡镇、机关、企业、学校宣讲党的二十大精神，推动党的二十大精神落地见效。深入学习《习近平谈治国理政》第四卷、《闽山闽水物华新——习近平福建足迹》、习近平来闽考察重要指示精神。深入学习中央和省委、市委、县委人大工作会议精神，确保人大工作沿着正确的方向和道路前进。

（二）主动服务大局。开展省级文明县城创建工作督查，助力建立长效工作机制，推动县委决策部署贯彻落实。县人大常委会领导挂钩重点项目和联系乡镇，经常深入项目建设现场和基层一线，检查指导疫情防控和经济社会发展工作。县人大常委会机关挂钩联系绥安镇油车社区、炉尾村，协助落实疫情防控措施，机关还挂钩联系旧镇镇后埭村、狮头村的脱贫攻坚工作，定期开展脱贫跟踪，巩固拓展脱贫攻坚成果。

（三）做好人事任免。坚持党管干部原则，严格依法做好人事任免工作。换届以来决定任免行政机关工作人员42人次，任免监察机关工作人员2人、司法机关工作人员38人次、县人大常委会机关工作人员21人次，任命县十八届人大常委会各工作委员会委员67人。

二、突出问题导向，增强监督实效

坚持以人为本、履职为民，深化法律监督和工作监督，推动监督工作取得新进展。

（一）加强计划预算审查。听取和审议2022年上半年国民经济和社会发展计划执行情况的报告，开展县域经济高质量发展工作调研，组织对“十四五”规划重大项目进展情况及营商环境工作视察，推动深入贯彻新发展理念、加快构建新发展格局，提高经济发展质量和效益。听取和审议预算执行和决算报告，审查批准2021年县级决算、2022年县级预算调整方案。进一步加强对地方政府债务的审查监督，听取和审议国有自然资源资产管理情况专项工作报告，审议国有资产管理情况综合报告，推动加强国有资产规范管理体系建设。听取和审议审计工作报告，要求县政府加强对审计查出问题整改情况的跟踪督查和责任追究，促进预算管理科学化、规范化。

（二）推动民生持续改善。听取和审议专项工作报告11项，形成“审议意见”11件43条。听取和审议县政府关于乡村振兴专项工作报告，促进县政府及其职能部门强化乡村振兴人才保障、推进城乡融合发展、提升乡村产业发展质效，更好满足人民对美好生活的向往。听取和审议县政府关于铸牢中华民族共同体意识推动新时代漳浦县民族工作高质量发展专项工作报告，促进县政府持续开展中华民族共同体意识教育，深化民族团结进步创建工作，推进民族乡村逐步实现共同富裕。听取和审议县政府关于进一步减轻义务教育阶段学生作业负担和校外培训负担专项工作报告，助力中小学课后服务普遍推开，各类校外培训机构办学行为不断规范，学生校外培训和作业负担有所减轻。听取和审议县政府关于2022年度环境状况和环境保护目标完成情况的报告，开展浦台农业融合发展、院前医疗急救、老旧小区改造提升等工作调研，组织对主要河流水域建设和保护进行视察，助推环境质量持续改善、人民群众生活品质持续提升。开展水污染防治法执法检查，助力严厉整治水环境突出问题，确保广大人民群众饮用水安全。首次听取和审议县监委专项工作报告，促进县监委完善基层监察工作体系、做实监督首责、着力解决好人民群众反映强烈的问题，使人民获得感、幸福感、安全感更加充实、更有保障、更可持续。

（三）推进依法治县进程。依法行使重大事项决定权，作出决议、决定8项。听取和审议县政府关于“七五”普法规划实施情况和“八五”普法工作安排意见的报告，作出关于在全县开展第八个五年法治宣传教育的决议，强化“谁执法谁普法”“谁管理谁普法”“谁服务谁普法”的责任落实。组织开展“12·4”国家宪法日、宪法宣传周系列活动，营造全社会尊崇宪法、学习宪法、遵守宪法、维护宪法的浓厚氛围。开展未成年人刑事检察专项工作整改情况跟踪督查，进一步落实未成年人保护法律制度和保护责任。开展水污染防治法执法检查，省实施渔业法办法、消防“一法一例”执法检查工作整改情况跟踪督查，促进法律法规正确实施。贯彻落实《福建省各级人民代表大会常务委员会规范性文件备案审查条例》，依法审查县政府报送备案的规范性文件3件。协助做好修订后的计划生育法和水能资源开发利用权涉及地方性法规、规章和规范性文件等清理工作，维护国家法制统一。

（四）完善监督工作机制。坚持跟踪问效，对2021年专项工作和执法检查工作整改情况进行“回头看”。主任会议专题听取报告机关关于“审议意见”研究处理情况的报告，首次开展水污染防治法执法检查工作“审议意见”满意度测评，进一步发挥“审议意见”的监督功能和作用。把信访工作作为监督工作的重要组成部分。2022年以来受理群众来信96件、接待群众来访18批30人次。认真听取信访群众的合理诉求，督促“一府一委两院”化解信访积案，努力维护信访群众的合法权益和社会的安定稳定。

三、强化履职保障，彰显代表作用

坚持夯实基础、拓展平台，支持和保障代表依法履职，更好地发挥代表主体作用。

（一）夯实工作基础。换届之后，以乡镇为单位，把全县342名县人大代表编成30个活动小组、1963名各级人大代表混合编成145个活动小组，为代表参加活动创造条件。每月向代表寄送有关文件和材料，及时通报常委会行使职权的情况以及县情县政，保障了代表的学习权和知情知政权。于2022年5月举办新一届县乡人大代表初任培训班，进一步激发代表履职热情，提升代表履职能力和水平。依法接受9名县人大代表的辞职请求，补选10名县人大代表，确保代表工作连续性。认真落实代表活动经费，为代表履职活动提供有效保障。

（二）拓展活动平台。邀请县人大代表列席县人大常委会会议，参加常委会组织的调研、视察和执法检查等活动，拓展代表对“一府两院”工作的知情知政途径和履职渠道。直面县人大代表履新实际，确定2022年“‘6·28’代表统一活动日”活动主题为“为民履职，助力乡村振兴”，有效增强代表履职的责任感和使命感。继续加强乡镇人大代表联系群众活动室建设，用好人大代表联系群众工作平台，进一步密切人大代表与人民群众的联系，畅通民意表达渠道，广泛听取、真实反映广大人民群众的愿望和诉求。

（三）提升办理质量。加强和改进代表建议办理工作，健全完善督办机制，对办理方案、进度、质量进行督查。将与民生关系密切、迫切需要解决的代表建议作为重点督办件，由县人大常委会领导进行重点督办；对于其他的代表建议按照对口联系挂钩的原则进行对口督办和协同督办。听取县政府关于代表建议办理情况的报告，督促县政府及其有关部门及时解决办理过程中的突出问题，不断提高代表建议办理质量和代表的满意度。县十八届人大一次会议期间，代表提出建议、批评和意见77件，分解为154个交办件，交由46个承办单位办理，办结率为100%，满意和基本满意率达100%。

四、加强机关建设，保障自身过硬

坚持学习为先、提升素质，切实加强人大自身建设，不断提升依法履职能力水平。

（一）坚持政治建设统领。自觉把政治建设摆在首位，牢牢把握“两个维护”的根本政治任务，深刻领悟“两个确立”的决定性意义。坚持党组理论学习中心组、机关党支部定期学习制度，使学习成为推动人大工作的强大动力。坚持调研先行，加强“双联”工作，践行全过程人民民主。健全常委会组成人员联系代表制度，密切县人大常委会与代表、代表与人民群众的联系，促使县人大常委会的工作更好地体现广大人民群众的意愿与呼声。

（二）加强人大宣传研讨。牢牢把握意识形态工作主动权，围绕常委会履职亮点，认真组织策划，加强宣传阵地建设，办好《漳浦人大简报》，进一步做好以宪法为核心、以弘扬社会主义法治精神为目标的法治宣传教育。认真组织县乡人大和“一府两院”参加省人大组织的课题研讨，提交研讨论文9篇，有2篇获奖。

（三）加强工作联动协同。与省、市人大常委会联动，开展环境保护法执法检查，听取和审议进一步减轻义务教育阶段学生作业负担和校外培训负担、铸牢中华民族共同体意识推动新时代民族工作高质量发展、乡村振兴等专项工作报告；配合省人大常委会开展科普“一法一例”执法检查、就业工作情况调研；配合市人大常委会开展妇女权益保障“一法一例”执法检查、养老服务机构医养结合工作情况调研、漳州市海域养殖生态保护管理办法立法调研等，发挥上下协同效应，增强地方人大工作整体实效。坚持乡镇人大主席列席县人大常委会会议制度，邀请乡镇人大主席参与县人大常委会的重要活动，支持乡镇人大依法履职，不断提高乡镇人大的工作水平。

政府工作报告
（节选）

——2022年12月27日在漳浦县第十八届人民代表大会第二次会议上

漳浦县人民政府县长 吴丁顺

一、2022 年工作回顾

2022 年，在市委市政府和县委的坚强领导下，我们高举习近平新时代中国特色社会主义思想伟大旗帜，深入贯彻落实习近平总书记对福建工作的重要讲话重要指示精神，认真开展迎接党的二十大召开和学习宣传贯彻党的二十大精神各项工作，坚决落实“疫情要防住、经济要稳住、发展要安全”的重要要求，聚焦提高效率、提升效能、提增效益，经济运行稳中有进，“七比一看”竞赛排名全市前列。预计全年实现地区生产总值 500.22 亿元、增长 6.8%；规模工业总产值 475 亿元、增长 13.7%，规模工业增加值增长 13.4%；固定资产投资 164.66 亿元、增长 15%；一般公共预算总收入 27.82 亿元、增长 12.8%；地方一般公共预算收入 20.58 亿元、增长 26.6%；限上社会消费品零售总额 209.33 亿元、增长 5.8%；实际利用外资 5004 万美元、完成 133.5%；外贸进出口总值 65.6 亿元、增长 4%；城镇居民人均可支配收入 47083 元、农村居民人均可支配收入 27872 元，分别增长 7%、8%，工作亮点纷呈，做到“八个坚持、八个最”：一是坚持生命至上，科学精准落实疫情防控各项措施，以最快速度扑灭疫情燃点，坚决守住不发生规模性疫情底线，全力维护人民生命安全。二是坚持产业引领，以最实举措护航重点项目，总投资超 200 亿元的联盛林浆纸一体化项目快速推进，锦联线、横六路等 8 个关联配套项目进度加快，鹿溪至赤湖引水、尾水深海排放工程竣工投用，为明年 4 月项目正式投产提供坚实保障。三是坚持人民至上，以最暖初心重启民生工程，殡仪馆、朝阳水库、国道外甩、文体中心等一批备受关注的重点民生项目加快推进，“打造漳州南部区域医疗中心，推动医养结合产业发展”位列市 2022 十大民生实事榜首。四是坚持为国育才，以最佳成效谱写教育新篇，2022 年高考漳浦一中 4 名学生被国内顶级名校录取，本科上线率达 98% 以上。五是坚持创新发展，以最大力度深化国企改革，整合 81 亿元国有资产组建金瑞公司；龙睿公司总资产超百亿元，主体信用达 2A 级，企业债发行获国家发改委注册批复。六是坚持文化自信，以最精艺术传播漳浦声音，廉洁文化题材芗剧《一代相国蔡新》入选省舞台艺术精品工程，荣获国家艺术基金资助，全国公开巡演。七是坚持拥军爱军，以最深情怀共话，顺利实现全省双拥模范城“八连冠”，六鳌武装部获评省军区基层武装工作先进单位，浦籍“兵王”蔡条阳荣获全军“四有”优秀个人标兵。八是坚持底线思维，以最强担当维护社会稳定，圆满完成党的二十大安保维稳任务；沉着应对房地产领域风险，泰禾·香山湾、福晟·钱隆首府等中高风险楼盘全面复工。各项工作主要体现在：

一年来，我们聚焦产业发展，稳增长、促转型，综合实力迈上新台阶。

临港工业气势迸发。225 个在建工业项目预计完成投资 93 亿元、增长 69.6%，巨信智能器材、伟伊包覆纱等一批重点项目建设进度加快，国昌茂 100 兆瓦渔光互补等 6 个总投资 39.1 亿元的项目获批省发改委集中式光伏试点。完成规上企业研发投入6.67亿元，新增规上企业43家、总数达279家，新增产值亿元以上企业25家；申报国家级高新技术企业17家，为历年之最；福船一帆入选全省战略性新兴产业企业百强。九龙江南引、将军澳作业区、万安工业园万福路和万钦路市政道路及配套项目等基础设施建设不断完善，临港工业发展当下可喜、未来可期。

现代农业优势凸显。严守耕地保护红线，攻坚整改耕地图斑1543宗、面积122.04公顷，新建高标准农田2073.33公顷，引导退林退果还粮172.33公顷。六鳌一级渔港建成投用，佛昙后社、旧镇白沙等渔港加快推进。创建省级优质农产品示范基地2个，新增市级以上农业龙头企业24家，示范农民合作社、家庭农场19家，桥辉农林、中鹭祥等一批项目竣工投产，省粮食储备直属库、农产品冷藏保鲜设施等一批项目扎实推进。新增认证无公害农产品10个，官浔康庄入选首批省级农业生产社会化服务展示基地，南浦大坪、马坪仙都、赤土溪东获评省级“一村一品”[①]专业村，佛昙东坂入选全国“一村一品”示范村、全国乡村特色产业超亿元村，六鳌获评国家级农业产业强镇。

第三产业态势向好。持续提振消费信心，组织217家企业商户参与省市线上线下促消费活动，引导打造新都、万新、永嘉3个夜间经济集中区，府前唐街花漾街区正式运营。全年新增限上贸易企业72家、规上服务企业13家，及时兑现政策奖励资金340万元。文旅产业加速回温，全年预计接待游客662.8万人次，旅游总收入80.67亿元，分别增长1.2%、1.6%，云峰寨等景区设施持续完善，天福文化产业园获评省级气候康养福地，东南花都获评省级森林康养基地和休闲农业示范点，中共闽粤边特委红色革命教育基地（车本）入选省级爱国主义教育基地。

一年来，我们聚焦项目发力，破瓶颈、优服务，经济发展激发新活力。

项目建设蹄疾步稳。预计110个在建重点项目完成投资200亿元以上，超年度计划15%。华煜城汽配、国嘉防火门等29个总投资279.38亿元的市级以上重点项目顺利开工建设，天福医院、万辰金针菇等13个总投资42.07亿元的市级以上重点项目竣工投用，赤湖工业园热电联产代表全市参加第一季度全省重大项目视频连线集中开工。抢抓国家政策机遇，策划生成项目350个、总投资505.8亿元，预计全年新增入库项目308个、总投资333.44亿元。

招商引资成效显著。围绕“2+3”产业体系[②]，编制完成《漳浦县产业链招商地图》，坚持“一把手”招商、精准招商、以商引商，组织产业招商专题推介会2场，县处级领导赴深圳、杭州、温州等地招商84次， 中船风电、吉华新材料、万洋众创城、金顺鑫新材料、六鳌海上风电二期等一批超10亿元的大项目落户漳浦，同溢堂和天福医养产业园实现利润转增资超亿元。预计全年完成签约项目135个、总投资316亿元，其中重大项目22个、总投资262.07亿元。

要素保障有力有效。全年报批土地233.33公顷、林地185.87公顷，供应污染物排污权指标326.9吨、能耗指标85万吨标准煤，处置批而未供139.59公顷、闲置土地67.29公顷。累计争取上级专项资金12.38亿元，谋划专项债项目16个、获批债券资金36.96亿元，龙睿公司完成政策性融资18.4亿元。深化“放管服”改革，“两办两中心”[③]揭牌成立；大力推行不见面招投标模式，组织开展公共资源交易335宗，节约工程建设项目招投标资金8.8亿元；推出“一件事”[④]集成套餐服务改革11项，137个高频事项实现跨省通办，审批服务事项网上申办率达94.46%，区域“打捆”项目环评审批获生态环境部典型案例推广。

一年来，我们聚焦品质提升，抓治理、优生态，城乡环境展现新面貌。

城市建设扩容提质。投入23.07亿元，实施城建项目30个。开工建设国道324城关过境段，新改扩建金鹿路、金浦大道、得仙路等道路工程，县城区供水管网建设、滨江南岸西区电力工程等一批基础设施建成投用。突出整体形象打造，府前唐街、绥东花园等旧城片区房屋征收强势重启；投入3410万元，提升改造老旧小区12个，惠及居民617户；智慧体育公园、绿道建设工程、府前街无障碍设施改造工程等项目建成投用，城市品质更加宜居。扎实推进智慧停车场项目建设，重新规范划定主城区17条道路停车泊位，新建改造文庙西侧、碧桂园御江府停车场，新增停车位2300个以上。

乡村振兴效应彰显。扎实推进农村集体“三资”“四清”⑤专项整治，清理农村集体资产8877宗、17.15亿元。谋划专项债项目包3个、总投资51.8亿元，开工建设佛昙、湖西等乡村振兴提升改造项目，石榴乡村振兴整镇推进工程加快实施。建成东南片区村镇污水处理工程，改造提升六鳌、湖西、前亭、赤岭、佛昙5座垃圾中转站，新建改造农村公路54公里、镇村公厕13座，整治裸房4008栋，获评省级美丽庭院122户、卫生村15个，六鳌、赤湖入选省级卫生乡镇。投入4200万元，巩固提升溪坂后坑、近院东坂、大埔后垅、攀龙车本4条乡村振兴示范线，赤岭入选省级乡村振兴特色文创示范乡，官浔获评省级全域生态旅游小镇。

生态质量稳步提升。坚定践行“绿水青山就是金山银山”的理念，除治互花米草269.94公顷，赤湖工业园区突出生态环境问题整改有序推进，第二轮中央生态环保督察矿山非法开采问题完成省级终验。绥东溪污水主干管提升改造工程实现通水运行，鹿溪北岸污水主干管改造、县城区临时污水处理站等项目完工投用，整治入河排污口86个，流域断面水质持续提升，近海海域水质优于二类。大力整治露天烧烤、工地扬尘污染，空气质量不断改善。完成植树造林1.88万亩，湖西赵家城、赤岭杨美、官浔西北入选省级森林村庄。

一年来，我们聚焦民生福祉，办实事、暖民心，社会事业取得新成效。

为民实事扎实推进。全年财政用于民生支出43.74亿元、占财政支出82.74%。市县两级37项为民办实事项目年度完成投资10.7亿元，超序时进度19.5%。投入3.55亿元，新建改造县医院和中医院综合诊治能力提升、深土卫生院等卫生项目6个，新增床位337张；实施漳浦二中教学楼B幢、顶坛民族小学综合楼、鉴湖小学附属幼儿园等教育项目11个，建成后可供学位5405个。投入1.8亿元，启动建设城乡供水一体化等农村供水保障工程12个，惠及26个村庄5万余人。

民生保障坚实有力。坚持稳就业保民生，落实各类就业创业补贴资金1463万元，新增城镇就业4403人，实现失业人员再就业1328人，开发公益性岗位250个。投入583.8万元，提升改造区域性养老服务中心3个、三星级以上幸福院64个、长者食堂4个。赤岭、南浦等4个公益性生命公园项目有序推进，天福养生村建成投用。累计发放城乡低保、特困供养、残疾人两项补贴等各类资金1.02亿元，惠及群众40.3万人次，城乡居民参保率达98%。

社会事业全面进步。成立全县奖教基金，意向捐赠款超5000万元，实验小学分校入选全国首批气象教育特色学校，赤岭民族中学郑雅秀获教育部乡村优秀青年教师培养奖励。县医院被确定为公立医院高质量发展省级试点单位，旧镇、佛昙卫生院成功创建全国“社区医院”。县剪纸艺术创作基地再获省新时代特色文艺示范基地。大南坂司法所入选省级司法行政系统先进集体。建成县应急指挥中心，排查各类安全隐患6636个、整治率100%，安全生产事故起数、死亡人数实现“双下降”，获评省级平安县城。

过去的一年，我们认真贯彻新时代党的建设总要求，转作风、提效能，全面提升政府治理能力现代化水平。健全完善向县人大报告、县政协通报工作机制，认真办理人大代表议案、建议、意见77件，政协委员提案98件，办结率100%，满意率97%以上。创新出台行政部门和行政执法人员考核管理办法，严格执行规范性文件制定程序和备案审查制度，定期清理规范性文件，依法行政水平持续提升。认真推进政府信息公开，积极推进党风廉政建设和反腐败斗争，锲而不舍落实中央八项规定及其实施细则精神，完善领导干部经济责任审计、政府投资项目资金审计等制度，扎实推进干部作风“五不”[⑥]问题专项整治，加强行政监察、审计监督和绩效评估，机关工作效率和服务质量不断提高。

此外，“八五”普法[⑦]、统计审计、防震减灾、食药物价、民宗外侨、双拥支前、网络媒体、工青妇残、老干老龄、老区老促、国防动员、外事及援藏援疆援宁等各项工作均取得新成效。

在充分肯定成绩的同时，我们也清醒看到，全县经济社会发展中还存在不少短板问题：工业总体基础薄弱，新兴产业和新动能支撑不足，投资增长后劲乏力，大项目、大企业龙头示范带动作用不明显；区域城乡发展不均衡，教育、文化、卫生、养老等公共服务短板依然存在；污染防治压力较大；政府职能转变还需进一步加强等。对此，我们将坚持问题导向，认真加以解决。

二、2023 年工作重点

2023 年是“十四五”规划[⑧]承上启下的关键一年，我们将始终坚持以习近平新时代中国特色社会主义思想为指导，深入贯彻党的二十大精神，坚持稳中求进工作总基调，完整、准确、全面贯彻新发展理念，积极主动融入新发展格局，更好统筹疫情防控和经济社会发展，更好统筹发展和安全，紧扣“四个更大”重要要求，深入开展“产业发展项目建设提升年”活动，加快建设活力新产城、生态富家园，全方位推进漳浦高质量发展超越。预期目标是：地区生产总值增长 7.0%；规模工业总产值增长 14%；规模工业增加值增长 13.7%；固定资产投资增长 10%；一般公共预算总收入增长 8.5%；地方一般公共预算收入增长 6%；限上社会消费品零售总额增长 6.5%；实际利用外资完成 3000 万美元；外贸进出口总值增长 8.0%；城镇和农村居民人均可支配收入分别增长 7%、8%。实现上述目标，重点要抓好以下五项工作：

（一）突出工业主导，打造县域经济新引擎

夯实园区平台。科学量化水电路网等基础设施，全力推进九龙江南引、将军澳作业区、万安大道二期等配套项目建设，持续提升园区承载力和竞争力。坚持“亩均论英雄”[⑨]，加快清理闲置厂房和“僵尸企业”，鼓励企业建设多层厂房，提升土地集约利用水平。倾力支持前亭工业园申请设立化工园区，积极承接古雷石化中下游产业，打造东部片区经济新增长极；以赤湖工业园环保整治为契机，大力推进皮革、五金产业改造升级；激活长桥漳龙林业产业园合作机制，力促木业产业回归；力争绥安工业区、赤湖工业园和联盛纸制品专业园区组成的“一区两园”获批省级经济开发区。

强化项目引领。坚持产业链招商、以商引商，密切跟踪大丝束碳纤维、桐昆纺织产业园、远景储能电站等 25 个总投资 198.71 亿元的在谈项目，力争引进亿元以上项目 10 个，总投资超 200 亿元。聚焦龙头培育，推动万洋众创城、金顺鑫新材料等 20 个重点项目及早开工，加快巨信智能器材、凯盛新能源等在建项目建设，确保联盛纸业、明阳一期等重点项目和达川、舜洋等技改项目竣工投用，力争工业投资和技改投资分别达 99 亿元、75 亿元，新增规上企业 35 家、产值亿元以上企业 15 家，高新技术企业数量突破 30 家。

优化服务保障。深入开展第五次全国经济普查，确保普查数据真实准确。坚持集约用地，加大九曲岭片区、东南花都等批而未供和闲置土地处置力度，力争全年处置批而未供土地超 120 公顷、闲置土地超 53.33 公顷。大力推动乡村振兴二期、滨海新区基础设施配套完善等 20 个专项债项目申报，启动生态公益林储备库、能耗指标收储平台、耕地占补平衡储备库建设工作，积极推动“园改耕”[⑩]，力争新增耕地超 333.33 公顷。持续优化营商环境，大力推行“招落一体”[⑪]机制，开启“交地即交证、交证即开工、建成即投产”服务新模式。凝聚一体化共识，主动服务古雷发展，强化古雷用地用海用

林报批等要素保障。

（二）突出产城融合，打造宜居品质新“城关”

*完善基础设施。*计划投入30亿元，实施城建项目52个。新改扩建黄仓北路、旗山北路等道路工程，全力服务保障漳汕高铁、通海高速、漳诏高速扩容、漳梅高速公路招银经漳浦至平和段等重大交通项目建设，扎实做好沈海高速杨美互通口项目前期，构建“内畅、外联、绿色、高效”的综合交通体系。启动实施鹿溪流域4条支流村庄污水整治项目，加快推进鹿溪南岸生活污水一体化处理站、城乡垃圾中转站渗滤液运输服务一体化、县城区及周边建筑垃圾资源化处理等基础设施建设，持续开展绥东溪、南门溪内河整治，巩固提升县城区黑臭水体治理成效。盘活主城区公共停车位资源，加快智慧停车场项目建设，解决乱停车、停车难问题。

*加快城市更新。*围绕漳州次中心城市定位，秉承精品理念，致力精心建管，追求精致效果，提升城市品位。在老城区做“减法”，集中力量加快推进旧城片区房屋征收，启动鼎元路临时批发市场搬迁，实施7个老旧小区改造提升，推进县属国企参与县城环卫一体化服务。在新城区做“加法”，优化城市天际线、景观廊道和建筑立面等城市设计，持续完善城市口袋公园、慢行系统，加快国道324城关过境段建设进度，力争文体中心主体及室外配套工程竣工投用，着力打造绥城、鹿溪、九曲岭3个高品质片区。

*激活消费动能。*以港城大道通车为契机，加快推进万达广场综合体项目建设，完善江滨新区商贸配套，持续增强县城辐射作用和虹吸功能。以府前唐街花漾街区为轴，整合文庙、旧县衙等古迹新景，塑造唐郡历史文化示范街区。充分发挥新都、永嘉、万新等大型商超及夜间经济优势，持续开展“全闽乐购”“乐购漳州”等促消费活动。出台跨境电商奖励办法，加快推进长德商贸物流城扩建，持续完善县乡村三级物流网络，助力企业通过电商平台、直播带货等形式提振消费需求，力争新增限上贸易企业50家以上。

（三）突出示范引领，打造乡村振兴新样板

*致力发展特色农业。*深入开展第三次全国土壤普查，坚决遏制耕地“非农化”、防止“非粮化”⑫，稳定粮食生产面积，完成退林退果还粮133.33公顷。计划投入1.1亿元，启动县粮食储备库建设，守好群众“米袋子”。计划投入5.5亿元，建设高标准农田1893.33公顷，实施隆达昌、易利得等农业项目10个。启动建设深土岈仔山和前亭江口渔港，提升改造六鳌中心渔港，持续夯实农业基础。以天福、万辰等龙头企业引领，打造佛昙河豚、石榴填鸭、赤土余甘、官浔玉米、长桥食用菌等一批产业强镇，培育申报省级农业龙头企业2家、农产品地理标志10个，新增省级“一村一品”示范村3个，示范农民合作社、家庭农场6家。

*着力优化人居环境。*持续深化农村人居环境整治提升五年行动，围绕“拆旧拓新整漂亮、穿衣戴帽扮靓丽”，统筹推进历史建筑保护、裸房整治、厕所革命、农村生活垃圾和污水提升治理各项工作。加快盘陀、深土、赤湖等13个乡镇场乡村振兴提升改造工程建设进度，全面推行乡镇农村生活垃圾治理市场化运行管理，力促东南、西北片区村镇污水处理工程正式运营，持续补齐农村基础设施和公共服务短板，串点连线成片培育典型样板村12个，打造宜居宜业和美乡村2.0版。

*大力培育文旅经济。*抢抓G228线滨海风景道建设契机，统筹规划江口湾沙滩驿站，加快湖西至G228连接线、深六线白改黑等项目建设，大力推介“五里三城”⑬、六鳌古城等文旅资源，打造六鳌和湖西精品旅游支线；大力推动云峰寨争创A级景区，创建南浦后坑、石榴车本2个省级金牌旅游村。深化闽台乡建乡创融合发展，加快天福台湾小镇建设进度，引进台湾团队助力打造G228滨海文旅、G324山区康养、X535田园生态乡建乡创示范线。

（四）突出源头治理，打造生态文明新典范

*深化污染防治攻坚。*坚决打赢“蓝天、碧水、碧海、净土”保卫战，扎实推进大气污染防治，确

保空气质量优良天数比例超98.6%。加快推进南溪流域水环境综合整治、农村黑臭水体治理试点等项目建设，探索推广养殖底泥尾水沉淀消纳处理模式，确保主要流域国省控断面、小流域省考断面和“以奖促治”断面水质稳定达标，饮用水水源地Ⅰ—Ⅲ类水比例100%达标。稳步推进入海排污口分类整治，强化海漂垃圾清理，确保近岸海域水质优良比例超90%。实施农用地土壤重金属污染源头防治行动，守住土壤防控红线。

加快生态修复治理。严格落实河（湖）长制、湾（滩）长制、林长制，始终保持打击盗采矿产资源、滥伐林木等非法行为高压态势。计划投入3.7亿元，实施重大水利项目13个，开工建设南溪官浔段、浯江溪旧镇段安全生态水系，加快山水林田湖草沙一体化保护修复、鹿溪支流石榴安后段堤防及护岸等工程建设进度，力促马坪佛昙溪、大南坂下楼溪、盘陀溪安全生态水系项目建成投用。完成植树造林8000亩，创建省级森林村庄2个。

推动绿色低碳发展。贯彻落实国家“碳达峰、碳中和”[14]战略部署，严把高耗能高排放项目准入关口，集成推进“风、光”等可再生资源开发利用，积极推进风电和光伏装备制造产业园建设，密切跟踪对接中节能光伏电站、逸明新能源等一批在谈项目，推动中船风电、远景智能风机、凯盛光伏玻璃、大明光福产业园等一批新能源装备制造产业项目开工建设，力促六鳌海上风电二期、大唐风电等一批新能源项目建设提速，精心培育千亿级清洁能源产业集群。

（五）突出惠民利民，打造民生福祉新高地

坚持发展为了人民，发展成果由人民共享，围绕群众最现实、最关心、最直接的民生问题，尽力而为、量力而行，年度计划投入8.6亿元，推动总投资26.5亿元的7大领域18件为民办实事项目落地见效。

1. 生活便民方面：启动实施城乡供水一体化东部水厂配水管道延伸至赤湖应急管道工程，续建金鹿东路（金浦大道至大亭路段）工程。

2. 卫生养老方面：加快推进第二医院整体迁建功能完善、县医疗系统高水平综合诊治能力建设、疫情防控应急能力提升项目进度，推动东街社区长者食堂（一期）建成投用。

3. 教育设施方面：启动建设龙湖中学教学楼B幢，加快推进江滨幼儿园、第二实幼等5个幼儿园扩容，提升改造道周中学、绥西小学等4个中小学办学条件。

4. 居住改善方面：新建改造县城区自来水供水管道，建成滨海新区至旧镇照明工程和新时代电力“双满意”工程[15]。

5. 社会关爱方面：完成公共场所配置AED[16]+群众性应急救护公益培训项目，加快推进殡仪馆迁建配套，力争骨灰楼及配套附属设施建成投用。

6. 出行交通方面：开工建设沈海高速万安互通口、龙泉路市政工程，续建X535（石佛线）梅北至马坑段公路工程。

7. 生态环境方面：开工建设县城区污水收集与环境整治项目，加快推进2023年度农村生活污水提升治理。

三、加强政府自身建设

各位代表，新时代定有新机遇，新起点要求新作为。我们将一步一个脚印，全面提升政府治理体系和治理能力现代化水平，以永不懈怠的责任担当，精准务实做好政府系统各项工作，切实加强自身建设，努力打造人民满意的有为政府，做好“四个深化”：

深化政治引领。坚持把高站位与实干事紧密结合起来，不断提高政治判断力、政治领悟力、政治执行力，始终胸怀“两个大局”[17]，服务“国之大者”，坚定不移做“两个确立”[18]忠诚拥护者、“两个维护”[19]示范引领者，勇担发展使命，以实际行动体现对党的绝对忠诚。深化法治思维。深入学习贯彻习近平法治思想，扎实推进法治政府建设，坚持依法行政，做到有法必依，规范提升行政执法和

行政复议能力水平，自觉接受人大法律和工作监督、政协民主监督和社会舆论监督，高质高效办理代表委员建议提案，确保党和人民赋予的权力始终用来为人民谋幸福。深化诚信建设。带头讲诚信守契约，言必信、行必果，坚持“新官理旧账”，按轻重缓急，分批分类，尽心尽力妥善解决历史遗留问题。深化政务公开和权力运行网上公开，健全完善“12345”平台机制，提升热线服务水平，维护诚信政府形象。深化作风转变。全面落实政府系统全面从严治党主体责任和领导干部“一岗双责”，扎实开展干部作风“五不”问题专项整治，全力惩治不正之风和腐败问题。带头厉行节约、反对浪费，以政府的“紧日子”换取人民群众的“好日子”。

各位代表，千年古郡金漳浦，风劲潮涌正当时。迈上新征程，我们必须始终铭记，加快发展是永恒主题，奋楫扬帆要矢志不渝。新的一年，让我们更加紧密团结在以习近平同志为核心的党中央周围，在市委市政府和县委的坚强领导下，踔厉奋发向前进、勠力同心奔未来，为加快建设活力新产城、生态富家园而努力奋斗！

《政府工作报告》有关注解

①“一村一品”：通过大力推进规模化、标准化、品牌化和市场化建设，使一个村（或几个村）拥有一个（或几个）市场潜力大、区域特色明显、附加值高的主导产品和产业。

②“2+3”产业体系：食品医药、家居建材两大传统优势产业和清洁能源、高端纸业、精细化工三大新兴产业。

③“两办两中心”：漳浦县提升营商环境工作领导小组办公室、项目前期工作办公室、营商环境与信用建设服务中心、项目服务中心。

④“一件事”：指企业群众视角的“一个事项”，涉及多个相关政务服务事项，经部门协调和数据共享后，通过整合关联事项，再造政务服务流程，集成办理所需提供的各类材料，推行一个部门牵头，多部门协作，实现“一表申请”“一窗办理”。

⑤“三资”“四清”：“三资”指集体所有制下农村集体所有的资金、资产和资源；“四清”指清理资产资源、清理经济合同、清理工程项目、清理债权债务。

⑥“五不”：履职不担当、工作不碰硬、落实不见效、能力不适应、内心不敬畏。

⑦“八五”普法：中央宣传部、司法部关于开展法治宣传教育的第八个五年规划（2021—2025年）。

⑧“十四五”规划：中华人民共和国国民经济和社会发展第十四个五年规划和2035年远景目标纲要。

⑨“亩均论英雄”：以提高“亩产效益”为核心，围绕节约集约用地、节能降耗减排等重点，促进经济增长方式从粗放到集约、从量的扩张到质的提高。

⑩“园改耕”：指为解决“非粮化”问题，实现产业用地类型合理转换，通过盘活低效益果园、荒地，增加耕地面积。

⑪“招落一体”：指从招商到落地一条龙、一体化、机制化。

⑫“非农化”“非粮化”：在耕地上从事非农业活动；在永久基本农田和一般耕地种植非粮作物的现象。

⑬“五里三城”：湖西畲族乡有赵家堡、诒安堡和蓝廷珍府第三个国家级文物保护单位，因为相隔不过五里地，被合称为“五里三城”。

⑭“碳达峰、碳中和”：“碳达峰”指二氧化碳的排放不再增长，达到峰值后开始下降；“碳中和”指企业、团体或个人通过植树造林、节能减排等形式，抵消自身产生的二氧化碳排放量，实现二氧化碳“零排放”。中国力争2030年前二氧化碳排放达到峰值，努力争取2060年前实现碳中和。

⑮“双满意”工程：聚焦供电质量、规范用电秩序、缩短办电流程等民生热点，以“让客户满意、让党和政府满意”为目标。

⑯AED：自动体外除颤器，是一种便携式的医

疗设备，是可被非专业人员使用的用于抢救心脏骤停患者的医疗设备。

⑰“两个大局”：一是中华民族伟大复兴战略全局，二是世界百年未有之大变局。

⑱“两个确立”：十九届六中全会公报指出，党确立习近平同志党中央的核心、全党的核心地位，确立习近平新时代中国特色社会主义思想的指导地位。

⑲“两个维护”：指坚决维护习近平总书记党中央的核心、全党的核心地位，坚决维护党中央权威和集中统一领导。

政协第十五届漳浦县委员会常务委员会工作报告（节选）

——2022年12月26日在漳浦县政协十五届二次会议上

漳浦县政协委员会主席 林兆波

2022年，我国发展正处于“两个一百年”奋斗目标的历史交汇期，党的二十大在北京胜利召开，开启我国迈上全面建设社会主义现代化国家新征程。一年来，县政协在中共漳浦县委的坚强领导下，坚持以习近平新时代中国特色社会主义思想为指导，深入学习贯彻中央、省委、市委、县委政协工作会议精神，以政协工作提质增效为抓手，按照县第十四次党代会提出的发展思路，结合开展“产业发展项目建设攻坚年”活动、“七比一看”竞赛以及优化提升营商环境行动，勇担使命，创新履职，全力助推县委决策部署有效落实和各项事业的发展，为把古郡金漳浦建设成为活力新产城、生态富家园贡献智慧和力量。

一、坚决维护核心，把牢正确政治方向

我们坚持把党的领导贯穿到政协工作全过程各方面，旗帜鲜明讲政治，切实增强“四个意识”、坚定“四个自信”、做到“两个维护”，确保政协工作始终沿着正确方向前进。

1. 加强理论学习，筑牢政治根基。始终把政治理论学习摆在首位，采取多种形式学习习近平新时代中国特色社会主义思想、党的二十大精神，贯彻落实习近平总书记关于加强和改进人民政协工作的重要思想、习近平总书记来闽考察重要讲话精神，切实做到学思用贯通、知信行合一。扎实开展座谈研讨，把《闽山闽水物华新——习近平福建足迹》《习近平谈治国理政》第四卷和党的二十大精神，作为必修课，着力在学懂弄通做实上下功夫，提升思想境界，打牢理论功底。通过加强学习，实践创新，强化使命担当，努力提高委员履职能力和政协工作水平。

2. 维护县委领导，保持政治自觉。充分发挥政协党组把方向、管大局、抓落实的作用，自觉把接受党的领导作为政协工作最根本的政治规矩，同心同向谋发展、同心同力抓落实，做到县委的工作部署到哪里、政协的力量就汇聚到那里，政府的工作推进到哪里、政协的作用就发挥到那里。全面落实新时代党建新要求，在县委领导下，召开县委政协工作会议，推进全县协商民主建设，营造全社会重视支持政协工作的浓厚氛围；共同制定年度协商计划，明确监督重点，把党委主张、政府主抓和政协主动有机融合，在凝心聚力、服务大局、促进发展中主动发声，协同发力。严格执行请示报告制度，重大活动、重要事项及时向县委请示汇报，县委重要部署第一时间抓好贯彻落实，确保政协履职与县委工作同心同向。

3. 落实主体责任，强化政治担当。加强政协党组自身建设，完善政协党组议事规则，健全管党治党责任体系，层层压实党建工作、意识形态工作、党风廉政建设“三个责任制”，推动政协履职提质增效。严格规范党内生活，做好规定动作，认真落实“三会一课”制度，开展主题党日活动，党组成员以上率下带头讲党课，做到“规定动作”对标对表，“自选动作”有声有色，确保党内生活规范化、制度化、经常化。充分发挥党员委员模范带头作用，夯实党建工作基础，开展高质量民主生活会，坚持刀刃向内，勇于自我革命，做到检视问题不躲躲闪闪，谈心谈话不遮遮掩掩，做到边学边查、立行立改。强化日常监督，全面从严治党，推进正风肃纪，提高政协机关党的建设水平。

二、服务发展大局，彰显政协担当作为

一年来，县政协常委会牢牢把握人民政协新方位、新使命，凝聚社会各界智慧和力量，围绕全县高质量发展建言献策、主动作为。

1. 紧贴中心工作献计出力。准确把握政协性质定位，坚持民主协商在一线、凝心聚力在一线、排忧解难在一线，全面落实“产业发展项目建设攻坚年”活动，全力投身“七比一看”竞赛，为漳浦高质量发展倾情倾力。县政协领导班子成员带头落实工作责任，经常深入乡镇和项目一线调研情况，协调化解突出问题，服务中心工作取得新成效：县城征迁逐步推进、朝阳水库有序建设、海上疫情防控筑牢屏障、招商引资取得新成效、各项产业呈现良好发展态势。县政协机关深入开展驻村帮扶，全力巩固脱贫成果，今年来，政协机关干部累计走访慰问脱贫户共68人次。机关委室牢记职责使命，依托各自优势，主动投身项目建设、产业发展实践，成为经济建设的有力参与者、社会发展的有心推动者。坚决服从县委的统一指挥，助力疫情防控，深入到社区一线，坚持把防控措施落细落实。组织广大委员和政协干部职工进企业、进工地、进农村、进社区献策出力，及时协调解决困难和问题。助力我县招商引资工作，发挥委员联系广、渠道多、信息灵的优势，成功引进投资额达50亿元的“万洋众创”企业落户万安工业园。

2. 紧盯发展难题协商资政。围绕“党政所想、发展所需、群众所盼、政协所能”的特点，今年共安排10个协商课题，做到精心选题，精深调研，精确论证，精准建言，议政建言上接天线有高度、下接地气有深度、剖析问题有精度、协商解决有力度。开展专题协商、提案督办、跟踪问效方式，形成涉及教育、医疗、民生、生态环境、民俗文化等一系列高质量调研成果。在专题协商会上，政府部门与委员深入互动、坦诚交流，提出的建议得到积极回应，一批个案问题得到落实整改，产生积极社会反响。今年来，为进一步在全社会掀起尊师重教、奖教助学的热潮，县政协大力开展全县教育基金专题调研活动，持续发动漳浦籍企业家和社会乡贤踊跃捐资奖教助学，助力漳浦教育事业高质量跨越发展。深圳、广州、福州、泉州、厦门、上海、同安等异地漳浦商会和漳浦新阶联、木业协会、青创会等一批单位，以及众多政协委员、乡贤积极响应、踊跃捐资，其中林炳义以福建舜洋食品有限公司名义捐资300万元、陈木顺以漳州市木业商会漳浦人造板分会名义捐资200万元、吴志民以个人名义捐资108万元，等等。今年来，累计签订协议意向捐赠款近5000万元，收到捐款600多万元，颁发奖教金386万元。同时，我们还通过调研视察、召开议政性常委会议专题协商，积极推动在乡镇设立教育基金，进一步撬动教师兴教育才积极性，有力助推了我县城乡教育事业发展，2022年高考，漳浦县高考工作在全市各县区位居前列，全县高考本一上线624人，本科上线率达63.4%，122名学生被双一流院校录取，其中漳浦一中本科上线率达98.02%，4名学子被清华、北大录取。

3. 紧扣民生改善参政建言。坚持把提案工作作为反映民情、保障民利、发展民生的有效载体，加强与承办单位的联系，跟踪督促抓落实。坚持重点提案重点办，民生提案倾情办，今年10件重点提案全部由县政协班子领导领衔督办，由县政协提案委牵头，联合县委督查室、县政府督查室对22个承办单位进行全面跟踪督办。县政协十五届一次会议以来共收到委员提案130件，立案98件，办复率100%，众多惠及民生实事的提案得到办理落实。我们还组织引导委员深入基层，真情倾听民声，广泛收集反映民意，全年累计被市政协专刊采纳的社情民意信息16条，有效推动事关人民群众切身利益问题及时解决。为助力创建省级文明县城工作，县政协专门研究制定《创建第七届省级文明县城工作民主监督实施方案》，由县政协班子领导带队，分11批次组织县政协常委、各专委会委员对创建省级文明县城工作开展专题民主监督，形成民主监督报告，为县委、县政府科学决策提供重要参考，不断优化软硬环境，助力提升漳浦形象。

三、坚持和合与共，凝聚共识有效提升

牢牢把握团结民主两大主题，加强与社会各界的沟通联系，广泛凝聚共识，努力寻求最大公约数，画出最大同心圆，形成推进县域高质量发展的强劲合力。

1. 增进发展共识。不断完善协商工作运行机制，积极搭建平台，让各种观点得到充分表达，各种智慧得到交汇融合，各种活力得到有效释放。县政府、县政协联席会和政协常委会上定期通报经济社会发展情况，让委员们面对面及时了解情况，点对点会商群众普遍关注的重大问题，汇集形成统一思想、破解难题、促进发展的共识与合力。

2. 增进各界团结。鼓励、引导、邀请各社会团体、各界群众代表人士参与事关漳浦经济社会发展的重大问题和民生实际问题的研究讨论，积极营造民主协商、平等议事的良好氛围。充分发挥工商联、无党派人士等在协商议政中的主体作用，引导他们积极发表意见、参与活动。开展宗教场所视察活动，共同维护和谐的宗教民族关系。密切与新的社会阶层人士的联系沟通，引导他们认同主旋律、凝聚正能量。以亲情、乡情、爱国情为纽带，邀请港澳台侨代表人士列席政协全会，为他们了解漳浦发展情况、寻求合作商机、充分发表意见创造条件，带动更多海外侨胞关心支持漳浦发展。

3. 增进文化认同。坚持政协文史工作的统战性质，准确把握政协文史工作的重点，着力发掘地方文化，不断推出具有“三亲”特色的文史精品力作。编辑出版《湖泽储英——漳浦县西湖公园建设纪实》一书，认真协作市政协编撰《漳州古代卫所》，精心组织编印《漳浦文史》第41辑，充分发挥了文史资料“存史资政、团结育人”的独特功能。注重加强与兄弟县（市、区）政协文史工作同仁的联系和交流，充分发挥政协文史工作联动互动作用；组织与县委党校、档案馆、博物馆、相关协会领导及专家学者的座谈交流，广为宣传漳浦文史的时代价值和现实意义，有效增进漳浦文化的认同。

四、注重强基固本，自身建设全面加强

按照习近平总书记关于人民政协要提高“政治把握、调查研究、联系群众、合作共事”四种能力，做到“懂政协、会协商、善议政”的要求，县政协常委会不断加强自身建设，夯实履职基础，提升服务水平。

1. 拓展培训提升素质。坚持把思想政治建设放在首位，深入学习贯彻党的二十大精神、习近平总书记系列讲话精神和中央、省委、市委、县委关于加强和改进人民政协工作的会议意见精神。为增强政协组织和广大委员履行职能的政治本领，保证履职方向不偏，作用发挥更大，县政协将委员学习培训列入年度重点工作，于2022年8月份分两批组织全体委员到谷文昌干部学院进行履职能力提升专题培训。通过学习培训，拓宽建言献策思路，提升参政议政能力，增强履职积极性和使命感。

2. 深化政协组织建设。立足懂政协、会协商、善议政，着眼守纪律、讲规矩、重品行。进一步加强常委会建设，提高常委会组成人员的整体素质和协商议政能力；进一步加强专委会建设，切实发挥专委会的基础作用；进一步加强对乡镇政协工作联络组的指导，通过履职经验交流，互相促进，互相提高；进一步加强委员履职管理，强化委员责任意识，细化委员履职要求，全面展现委员风采。通过走访委员和商会活动，进一步加深了委员对政协性质定位、工作章程、各项制度的理解，提升了人民政协的影响和地位，增强了全体委员的政治认同、制度认同和情感认同。开展“喜迎二十大，同心铸辉煌”暨“委员诚信杯”羽毛球比赛活动，进一步激发了广大委员团结奋斗、拼搏进取的精神。

3.提升机关工作效能。强化党建引领，有序开展支部活动，优化工会服务，推进省级文明单位创建工作，在机关营造了担当作为、比学赶超的浓厚氛围，党员干部党性修养不断提升，精神风貌持续良好，工作激情竞相迸发。全面落实机构改革要求，据实优化机构设置，在县委编委的关心支持下，成立了政协委员履职服务中心，有力推动了政协履职规范化、科学化、高效化。不断完善各项制度，统筹安排调研视察、学习培训和各类会议，机关服务保障能力进一步增强。

漳浦县2022年度财政决算（草案）

一、县本级财政收支决算情况

（一）一般公共预算收支决算

1. 收入决算情况

经县第十八届人大常委会第七次会议审议批准，2022年县本级一般公共预算总收入调整为27.61亿元，地方一般公共预算收入调整为20.22亿元。2022年县本级一般公共预算总收入实现28.01亿元，完成预算调整数的101.46%，同比增收2.1亿元，增长8.13%，扣除留抵退税因素后同口径增长13.55%；地方一般公共预算收入实现20.76亿元，完成预算调整数的102.68%，同比增收3.98亿元，增长23.69%，扣除留抵退税因素后同口径增长27.67%。上划中央级收入完成7.25亿元，完成预算调整数的98.14%，同比减少1.87亿元，下降20.5%。其中：

税务部门完成19.26亿元，完成预算调整数的101.03%，同比减少2.32亿元，下降10.74%，扣除留抵退税因素后同口径下降3.86%；财政非税收入完成8.75亿元，完成预算调整数102.43%，同比增收4.42亿元，增长102.23%。

税性收入情况：在总收入中，税性比例67.8%，同比下降14.13%；在地方级收入中，税性比例56.55%，同比下降15.56%。

2. 支出决算情况

2022年一般公共预算支出完成52.53亿元，比上年同期增加16.13亿元，增长44.32%，其中：县本级财力安排一般公共预算支出41.98亿元，完成预算调整数的98.99%，比上年同期增加13.13亿元，增长45.54%，主要是国务院关于进一步深化预算管理制度改革，规范按权责发生制列支事项，将2021年国库集中支付因财力不足结余结转2022年形成的支出4.75亿元，兑现规范后的基础绩效奖、退休人员生活补贴、行政参公人员年度考核奖新增支出3.44亿元，一般债券上年结转及本年下达新增支出4.65亿元；上级专项转移支付支出10.55亿元，同比增加3亿元。

3. 收支平衡情况

2022年地方一般公共预算收入完成20.76亿元，加上：税收返还收入3.16亿元，一般性转移支付收入19.58亿元（其中专项改列一般性转移支付收入8.70亿元），专项转移支付收入2.76亿元，调入资金3.91亿元，地方政府一般债券转贷收入5.94亿元，动用预算稳定调节基金1.39亿元，上年结余7.07亿元，综合财力合计64.57亿元。减去：上解上级支出0.16亿元（体制上解0.53亿元，专项上解0.63亿元，代扣古雷港区与漳浦体制结算1亿元，抵扣后实际上解支出为0.16亿元），地方政府债务还本支出4.45亿元，援助其他地区支出0.12亿元，安排预算稳定调节基金0.67亿元，调出资金1.15亿元，实际可用财力合计为58.02亿元。2022年一般公共预算支出52.53亿元，年终结余5.49亿元结转下年使用，净结余为0。

（二）政府性基金预算收支决算情况

2022年我县政府性基金预算收入完成9.05亿元，完成预算调整数的96.98%，同比增收0.18亿元，增长2.08%，其中：国有土地使用权出让收入完成8.37亿元，完成预算调整数的96.58%，同比增收0.11亿元，增长1.35%。

2022年政府性基金预算支出55.66亿元，同比增加38.76亿元，增长229.31%，其中：上级专项基金支出0.41亿元，比上年同期增加0.19亿元，增长84.22%；县本级基金预算支出55.25亿元，完成预算调整数的98.61%，比上年同期增加38.57亿元，增长231.23%，增长主要因素是专项债券上年结转及当年下达新增支出35.63亿元。

收支平衡情况：2022年政府性基金收入完成9.05亿元，加上：上级补助收入0.89亿元，地方政府专项债券转贷收入36.96亿元，上年结余14.88亿元，调入资金1.15亿元，基金财力合计62.93亿元，减：上解上级支出1.06亿元，调出资金3.9亿元，实际可用财力57.97亿元，安排政府性基金预算支出55.66亿元，年终结余2.31亿元（其中：本级基金财力结余0.28亿元，专项债券结余1.35亿元，专项基金结余0.68亿元）。

（三）国有资本经营预算收支决算情况

2022年我县国有资本经营预算收入35万元，加上：上年结余13万元、上级补助收入9万元，国有资本经营预算财力合计57万元。国有资本经营预算调出资金35万元，年终国有资本经营预算结余22万元。

（四）社保基金收支决算情况

2022年城乡居民基本养老保险基金收入3.71亿元，支出2.80亿元，本年收支结余0.91亿元，年终滚存结余7.45亿元；机关事业单位基本养老保险基金收入3.48亿元，支出3.51亿元，本年收支结余-0.03亿元，年终滚存结余2.34亿元。

（五）其他重要事项情况

1. 政府债务情况

2022年我县地方政府债务限额153.11亿元（县第十八届人大常委会第七次会议审议批准2022年我县政府债务限额为158.87亿元，减去：2023年2月省财政厅收回我县2022年政府债务限额5.76亿元），其中：一般债务限额48.55亿元，专项债务限额104.56亿元。2022年底我县地方政府债务余额147.74亿元，其中：一般债务余额43.18亿元，专项债务余额104.56亿元。债务余额严格控制在省财政厅核定的债务限额153.11亿元内。

2022年县本级债务还本付息支出8.18亿元。全年兑付本金4.45亿元，其中：一般债券4.45亿元（再融资债券还本2.89亿元）、专项债券0亿元。全年偿还利息3.73亿元，其中：一般债券1.45亿元、专项债券2.28亿元。

2. 部门存量资金盘活使用情况

2022年，收回部门存量资金3.77亿元，盘活使用存量资金3.66亿元，存量资金优先用于保障部门“三保”及刚性支出、民生项目、政府重点项目等支出2.53亿元，消化历年暂付性款项挂账1.13亿元，年终存量结余0.11亿元。

3. 一般债券资金调整使用情况

2021年我县一般债券资金结余2.43亿元，2022年新增一般债券资金3.05亿元，合计5.48亿元。由于部分一般债券资金原实施项目进度缓慢甚至未开工，无法形成实物工作量，为进一步提高债券资金的整体使用效益，相应调整用于急需的、保障类民生项目（详见附表9）。

4.“三保”支出执行情况

2022年，漳浦县“三保”支出完成29.91亿元，完成“三保”支出预算调整数的90.99%，其中：保工资16.68亿元，保运转1.41亿元，保民生11.82亿元。

5.预算绩效管理情况

2022年，全县67个部门全部纳入预算绩效管理体系，实现部门整体评价全覆盖，涉及资金43.62亿元，绩效目标调整项目7个，其中：预算金额调增6个，调减1个；结合年度预算执行情况及强化预算约束和绩效管理的要求，对30个项目开展预算绩效自评结果抽查复查，涉及资金0.15亿元；选取5个项目开展重点项目绩效评价工作，涉及金额0.42亿元，评价等级均为“良”。

二、工业区财政决算情况

（一）绥安工业区决算情况

2022年绥安工业区地方一般公共预算收入完成3.11亿元，加上补助收入、上年结余0.92亿元，扣除体制结算上解2.52亿元，当年可支配财力1.51亿元。2022年一般公共预算支出0.64亿元，年终结余0.87亿元。

2022年绥安工业区政府性基金收支为0，加上上年政府性基金结余0.14亿元，年终政府性基金结余0.14亿元。

（二）古雷港开发区决算情况

2022年古雷港开发区地方一般公共预算收入-2.58亿元，加上上级补助收入、一般债券转贷收入、调入资金、上年结余等25.86亿元，收入总计23.28亿元。一般公共预算支出21.25亿元，加上上解上级支出、一般债券还本支出、调出资金等2.03亿元，支出总计23.28亿元，安排预算稳定调节资金0亿元，年终结余0亿元结转下年使用，净结余为0。

2022年古雷港开发区政府性基金收入33.87亿元，加上上级补助、上年结余、债务转贷收入等0.91亿元，收入总计34.78亿元。政府性基金支出15.48亿元，加上上解上级支出、专项债券支出19.80亿元。收支相抵后，年终结余-0.50亿元。

漳浦县2022年国民经济和社会发展计划执行情况

2022年，在市委市政府和县委坚强领导下，在县人大和政协监督支持下，全县上下认真学习贯彻党的二十大精神，聚焦“提高效率、提升效能、提增效益”行动，深入开展“产业发展项目建设攻坚年”活动和“七比一看”竞赛，高效统筹疫情防控和经济社会发展，有效落实稳经济一揽子政策和接续措施，全县经济运行稳中向好，民生保障有力有效。全年预计实现地区生产总值500.22亿元，增长6.8%；规模以上工业总产475亿元，增长13.7%；规模以上工业增加值增长13.4%；固定资产投资164.66亿元，增长15%；实际利用外资5004万美元；外贸进出口总值65.6亿元，增长4%；限上社会消费品零售总额209.33亿元，增长5.8%；一般公共预算总收入27.82亿元，增长12.8%；地方一般公共预算收入20.58亿元，增长26.6%；城镇居民人均可支配收入47083元，增长7%；农村居民人均可支配收入27872元，增长8%。一年来，国民经济和社会发展成效主要体现在四个方面：

一、产业发展质量稳步提升

工业生产趋势向好。积极扩大生产增量，预计新增新上规上工业企业43家，新增亿元以上工业企业25家；深化"百名干部挂百企"活动，持续抓好企业减产帮扶、技术改造等工作，加大市场主体纾困解难力度，全力稳住基本盘优存量；联盛、巨信等一批工业项目进展顺利；加快科技成果转化，舜洋、绿泉等6家企业入选省科技小巨人企业，天福、伟伊化纤、台玻入选省级工业龙头，伟伊化纤、福船一帆入选省"专精特新"中小企业，福船一帆入选全省战略性新兴产业企业百强。现代农业稳步发展。抓好粮食生产，新增粮食生产面积1200公顷，水稻规模化生产900公顷，开工建设高标准农田2073.33公顷；全面提高蔬菜产量，提升果树优良品种覆盖率，稳定推动生猪产业发展，推进渔业设施升级改造，预计全年水产品可达28.29万吨、增长4.7%，"菜篮子、果盘子、肉案子"供应平稳有序；花卉苗木产业发展势头不减，海峡花卉集散中心入选国家林业产业示范园区。第三产业逐步回暖。红色旅游、A级景区等旅游市场持续升温，东南花都获评省级森林康养基地和休闲农业示范点，中共闽粤边特委红色革命教育基地（车本）入选第七批省爱国主义教育基地；积极发展府前唐街花漾街区、麦市街等夜间经济聚集区，多渠道开展"汽车促消费""全闽乐购"等促消费活动，持续提振消费信心，预计新增限上贸易企业72家；电商经济、直播经济等新业态日趋活跃；房地产业健康平稳，预计全年实现商品房销售面积60万平方米。

二、经济增长动力逐渐增强

投资拉动成效明显。抢抓国家全面加强基础设施建设、国家"十四五"102项重大工程等重大政策机遇，策划生成基础设施项目23个、总投资375亿元，"十四五"102项重大工程子项目58个、总投资1136亿元；持续深化"比项目攻坚"竞赛，110个在建重点项目预计完成投资200亿元以上，超年度计划15%；开展县"十四五"能源专项规划编制，"风、光"新能源产业跑出发展加速度，六鳌海上风电场二期即将开工建设，明阳、中船等能源装备制造项目落地，海上风电产业链不断完善，国昌茂漳浦盐场100MW渔光互补等6个光伏发电项目列入省试点。投资环境继续优化。调整成立"两办两中心"（县提升营商环境工作领导小组办公室、县项目前期工作办公室、营商环境与信用建设服务中心、项目服务中心），进一步优化提升全县营商环境，为项目建设提速增效提供"全程、无偿、专业、高效"的服务；深化"放管服"改革，下放绥安工业开发区11项行政审批事项，部分实现"区内事区内办"；推进e政务"自助办"，已入驻高频政务服务事项105项；强化土地要素保障，加快推进土地成片开发，完成土地报批233.33公顷，处置批而未供139.59亩、闲置土地67.29公顷，全力保障产业发展空间。投资活力不断激发。深化大招商招大商行动，围绕"2+3"产业，编制产业链招商地图，有效提升招商精准度，预计全年实现签约项目135个、总投资316亿元，其中重大项目22个、总投资262.07亿元；继续加大对符合条件的民间投资项目金融支持力度，全力争取预算内投资、专项债、政策性银行贷款等上级资金支持，鼓励各类社会资金投入，提高项目建设资金保障能力，有16个项目获得地方政府专项债资金36.96亿元。

三、生态宜居家园建设有力

城区品质新跃升。实施府前唐街人行天桥、江滨景观路至龙湖大道改造、文庙西侧停车场等30个城市品质提升项目；持续推进老旧小区改造，补齐老旧小区基础设施短板，有12个小区共617户群众受益；新建污水管网11.89千米，完成绥东溪河道两侧污水主干管提升改造、鹿溪北岸东段污水管网改造、龙泉路和仙阳路片区加压泵站及供水管道改造等工程；坚持交通先行，开工建设G324漳浦城关过境段公路工程；加强户外广告、"门前三包"、"两违"管控、共享单车治理等市容市貌专项整治，持续抓好背街小巷及人行道整治提升工作，开展省级文明县城创建；推进数字城管常态化运营。乡村振兴大跨越。建成美丽庭院863户、美丽乡村微景观233个、美丽小公园63个、美丽田园50片、美丽乡村休闲旅游点20个；培育市级以上农业龙头企业24家，示范农民合作社、家庭农场19家；六鳌入选国家级农业产业强镇；佛昙东坂获评全国“一村一品”示范村，赤土溪东、马坪仙都、南浦大坪获评省级“一村一品”专业村；官浔获评省级全域生态旅游小镇；赤岭入选省级乡村振兴特色文创示范乡；扎实推进石榴乡村振兴整镇推进等提升工程；高质量发展“四好农村路”，新改建农村公路54千米；加快朝阳水库、鹿溪至赤湖引水、城乡供水一体化等一批水利项目建设，完成农村供水保障工程1.852亿元；整治既有裸房4008栋。生态环境展新颜。完成南溪流域南浦段小流域综合整治，开工建设南溪水环境综合整治工程；严格落实河（湖）长制、湾（滩）长制，深入开展河湖“清四乱”整治，强化水土保持监管，加强海湾保护；环境空气质量优良天数占比达99.1%；深化农业面源、危废规范化管理等土壤污染防治；积极落实节能减排，加强能源消费总量和强度“双控”形势分析和预测预警，依法依规淘汰落后产能；大力开展造林绿化，完成造林1253.33公顷、森林抚育2733.33公顷，湖西赵家城等3个村获评省级森林村庄。

四、社会民生保障持续改善

公共服务加快发展。实施漳浦二中教学楼B幢、鉴湖小学附属幼儿园等11个教育建设项目，争取各类政策性资金近3亿元，加快补齐教育事业短板；科学有序抓好常态化疫情防控工作，稳步推进县医院、二院等6个卫生项目，县中医院被认定为三级中医院，天福医院正式开业，卫生应急、妇幼保健、疾控、中医药等工作继续保持在较高水平；开展蓝廷珍府第、赵家堡完璧楼等文物保护修缮工程，文化遗产保护不断夯实；建成智慧体育公园，全民健身、竞技体育活动蓬勃开展。社会保障更加有力。上线“人策匹配机器人”，加大高校毕业生就业服务力度，妥善化解劳资纠纷，保持劳动关系和谐稳定，新增城镇就业4403人，失业再就业1328人；大力实施“菁英汇浦”行动计划，不断提升人才服务水平；进一步促进参保扩面，基本建成覆盖城乡的社会保障体系；持续做好双拥工作，顺利实现省级双拥模范城“八连冠”；强化兜底保障，完善城乡低保动态管理；加快佛昙、盘陀、六鳌区域性养老服务中心提升改造及“长者食堂”等养老补短板项目建设，天福养生村建成投用，持续提升“线上+线下”居家养老服务品质；继续落实“四个不摘”，推动脱贫攻坚成果再巩固；开工建设省级漳浦直属粮库扩建工程，全力保障粮食安全。社会治理扎实推进。坚持依法治县，严厉打击整治非法出入境从事跨境违法犯罪，社会治安形势持续向好；开展食品药品、特种设备、道路交通、危险化学品、工贸行业等领域安全监管，全力做好森林防灭火、防汛抗旱、减灾救灾等工作，建成县应急指挥中心，应急体系进一步完善；获评省级平安县城。与此同时，审计统计、民族宗教、对台侨务、档案党史方志、工会残联、妇女儿童、青少年、红十字会、老干老龄、老区老促、地震气象等各项工作扎实开展。

重要文件目录

2022年县委（县政府）出台的部分重要文件（通知）一览表

表10

发文日期	文号	文件名称
2月10日	浦委〔2022〕4号	中共漳浦县委　漳浦县人民政府关于表彰2021年度乡镇、县直机关绩效考评先进单位和纳税大户的决定
2月10日	浦委〔2022〕5号	中共漳浦县委　漳浦县人民政府关于对2021年全县重点工作表现突出的集体和个人给予记功嘉奖的决定
2月25日	浦委〔2022〕7号	中共漳浦县委　漳浦县人民政府关于印发《漳浦县2022年“产业发展项目建设攻坚年”活动实施方案》的通知
3月22日	浦委〔2022〕8号	中共漳浦县委　漳浦县人民政府关于印发《漳州市创建国家食品安全示范城市漳浦县落实工作方案（2022—2023年）》的通知
9月23日	浦委〔2022〕20号	中共漳浦县委印发《关于落实〈省委2022年全面从严治党主体责任落实情况检查反馈问题〉整改任务分工方案》的通知
11月8日	浦委〔2022〕27号	中共漳浦县委关于认真学习宣传贯彻党的二十大精神的通知
11月23日	浦委〔2022〕31号	中共漳浦县委　漳浦县人民政府关于2022年漳浦县河湖长制工作进展情况的报告
4月20日	浦委发〔2022〕1号	中共漳浦县委　漳浦县人民政府印发《关于做好2022年全面推进乡村振兴重点工作的实施意见》的通知
4月22日	浦委发〔2022〕5号	中共漳浦县委　漳浦县人民政府关于印发《漳浦县弘扬“马上就办、真抓实干”优良传统作风的实施办法》的通知
4月22日	浦委发〔2022〕6号	中共漳浦县委关于印发《漳浦县实施“提高效率、提升效能、提增效益”行动工作方案》的通知
10月14日	浦委发〔2022〕8号	中共漳浦县委　漳浦县人民政府关于印发《漳浦县“菁英汇浦”行动计划》的通知
12月31日	浦委发〔2022〕12号	中共漳浦县委　漳浦县人民政府关于印发《漳浦县深入打好污染防治攻坚战实施方案》的通知

2022年县政府出台的部分重要文件（通知）一览表

表11

发文日期	文号	文件名称
1月12日	浦政文〔2022〕3号	漳浦县人民政府关于印发漳浦县推进海洋经济高质量发展三年行动方案（2021—2023年）的通知
1月16日	浦政文〔2022〕13号	漳浦县人民政府关于公布委托绥安工业开发区管委会部分行政审批与服务事项清单的通知
4月18日	浦政文〔2022〕52号	漳浦县人民政府关于印发《漳浦县人民政府工作规则》的通知
6月22日	浦政文〔2022〕92号	漳浦县人民政府关于表彰2021年度民兵工作先进单位和先进个人的通报
6月30日	浦政文〔2022〕99号	漳浦县人民政府关于印发漳浦县妇女发展纲要和漳浦县儿童发展纲要的通知
7月12日	浦政文〔2022〕104号	漳浦县人民政府关于印发2022年漳浦县农产品产地冷藏保鲜设施建设项目实施方案的通知

续表 11

发文日期	文号	文件名称
7月13日	浦政文〔2022〕107号	漳浦县人民政府关于印发漳浦县“十四五”民政事业发展专项规划的通知
7月15日	浦政文〔2022〕108号	漳浦县人民政府关于公示2020—2021年度守合同重信用单位的通知
7月27日	浦政文〔2022〕117号	漳浦县人民政府关于赋予乡镇人民政府部分行政执法事项（第一批）的决定
7月25日	浦政文〔2022〕125号	漳浦县人民政府关于公布第九批县级非物质文化遗产代表性项目名录的通知
8月10日	浦政文〔2022〕137号	漳浦县人民政府关于公布认定2022年新增县级农业产业化龙头企业名单的通知
10月10日	浦政文〔2022〕174号	漳浦县人民政府关于印发2022年漳浦县营商环境攻坚提升“12345”行动方案的通知
10月20日	浦政文〔2022〕183号	漳浦县人民政府关于做好第三次全国土壤普查工作的通知
10月31日	浦政文〔2022〕187号	漳浦县人民政府关于印发漳浦县城市区域声环境功能区划分方案的通知
12月30日	浦政文〔2022〕230号	漳浦县人民政府关于印发《漳汕高铁（漳浦段）土地与房屋征收补偿安置实施方案》的通知

2022年县委办（县政府办）出台的部分重要文件（通知）一览表

表 12

发文日期	文号	文件名称
5月12日	浦委办〔2022〕5号	中共漳浦县委办公室 漳浦县人民政府办公室关于印发《落实省委涉粮专项巡视、市委涉粮专题了解整改推进绿色储粮、科学保粮三年行动方案》的通知
6月8日	浦委办〔2022〕8号	中共漳浦县委办公室 漳浦县人民政府办公室关于印发《漳浦县工程项目招标投标领域突出问题专项整治工作方案》的通知
7月1日	浦委办〔2022〕10号	中共漳浦县委办公室 漳浦县人民政府办公室关于印发《漳浦县贯彻落实省生态环境保护例行督察反馈问题整改方案》的通知
8月24日	浦委办〔2022〕17号	中共漳浦县委办公室 漳浦县人民政府办公室关于印发《漳浦县2022年度打击整治涉诈外流犯罪工作问责办法（试行）》的通知
2月15日	浦委办发〔2022〕1号	中共漳浦县委办公室 漳浦县人民政府办公室关于印发《漳浦县惠企政策汇编》的通知
4月20日	浦委办发〔2022〕3号	中共漳浦县委办公室 漳浦县人民政府办公室关于印发《县级领导“四下基层”工作制度》等三项制度的通知
4月20日	浦委办发〔2022〕4号	中共漳浦县委办公室 漳浦县人民政府办公室关于印发《漳浦县决策督查问责与激励办法（试行）》的通知
6月23日	浦委办发〔2022〕5号	中共漳浦县委办公室 漳浦县人民政府办公室关于印发《漳浦县县直有关部门生态环境保护责任清单》的通知
7月27日	浦委办发〔2022〕6号	中共漳浦县委办公室 漳浦县人民政府办公室关于印发《漳浦县存量工业企业“亩均论英雄”评价和结果运用实施方案》的通知
10月19日	浦委办发〔2022〕8号	中共漳浦县委办公室 漳浦县人民政府办公室关于印发《漳浦县重大决策社会稳定风险评估实施方法（试行）》的通知
7月15日	浦委办发〔2022〕9号	中共漳浦县委办公室印发《漳浦县贯彻落实〈关于加强新时代廉洁文化建设的意见〉工作方案》的通知

2022年县政府办出台的部分重要文件（通知）一览表

表13

发文日期	文号	文件名称
1月20日	浦政办〔2022〕2号	漳浦县人民政府办公室关于做好水电站清理整治工作的通知
3月18日	浦政办〔2022〕5号	漳浦县人民政府办公室关于印发漳浦县2022年度地质灾害防治方案的通知
4月8日	浦政办〔2022〕7号	漳浦县人民政府办公室关于调整土地整治项目补助资金的通知
5月18日	浦政办〔2022〕9号	漳浦县人民政府办公室关于印发漳浦县贯彻中国反对拐卖人口行动计划（2021—2030年）实施方案的通知
6月1日	浦政办〔2022〕11号	漳浦县人民政府办公室印发漳浦县关于推进市场监管领域“不见面审批”服务标准化规范化便利化实施方案的通知
6月7日	浦政办〔2022〕12号	漳浦县人民政府办公室关于印发漳浦县“十四五”防震减灾规划的通知
6月6日	浦政办〔2022〕13号	漳浦县人民政府办公室关于印发漳浦县进一步优化政务服务便民热线工作方案的通知
6月6日	浦政办〔2022〕14号	漳浦县人民政府办公室关于印发漳浦县12345政务服务便民热线中心对接110非警务事项分流处置方案的通知
6月17日	浦政办〔2022〕15号	漳浦县人民政府办公室关于印发漳浦县海上超规划养殖专项整治工作方案的通知
6月17日	浦政办〔2022〕16号	漳浦县人民政府办公室关于下达2022年补充耕地任务的通知
7月29日	浦政办〔2022〕18号	漳浦县人民政府办公室关于调整部分县级议事协调机构的通知
8月26日	浦政办〔2022〕20号	漳浦县人民政府办公室关于印发《漳浦县工程建设项目前期策划会商实施细则（试行）》的通知
8月29日	浦政办〔2022〕21号	漳浦县人民政府办公室关于印发漳浦县农村供水应急预案的通知
8月29日	浦政办〔2022〕22号	漳浦县人民政府办公室关于印发漳浦县森林火灾应急预案的通知
9月14日	浦政办〔2022〕23号	漳浦县人民政府办公室关于成立漳浦县高速公路建设总指挥部的通知
9月15日	浦政办〔2022〕24号	漳浦县人民政府办公室关于印发漳浦县农村生活污水提升治理五年行动计划（2021—2025）的通知
10月17日	浦政办〔2022〕25号	漳浦县人民政府办公室关于禁止占用永久基本农田种植草皮的通知
10月27日	浦政办〔2022〕26号	漳浦县人民政府办公室关于印发漳浦县石榴镇集镇环境整治实施方案的通知
11月3日	浦政办〔2022〕27号	漳浦县人民政府办公室关于印发漳浦县互花米草除治攻坚行动方案的通知
11月8日	浦政办〔2022〕28号	漳浦县人民政府办公室关于印发漳浦县“十四五”残疾人保障和发展规划的通知
12月21日	浦政办〔2022〕30号	漳浦县人民政府办公室关于印发漳浦县行政许可事项清单（2022年版）的通知
12月27日	浦政办〔2022〕31号	漳浦县人民政府办公室关于印发漳浦县建立健全应急救援力量联调联战工作机制实施意见的通知

统计资料

2022年漳浦县社会经济基本情况表（含古雷港经济开发区）

表 14

项目	计量单位	数量
一、基本情况		
行政区域面积	平方公里	2148.84
乡	个	4
镇	个	17
街道办事处	个	0
二、人口与就业		
户籍户数	户	248072
户籍人口	人	948352
第一产业从业人员	人	224831
第二产业从业人员	人	128231
第三产业从业人员	人	145326
三、综合经济		
（一）地区生产总值	万元	6696719
第一产业增加值	万元	1047100
第二产业增加值	万元	2666577
第三产业增加值	万元	2983042
其中：农、林、牧、渔专业及辅助性活动增加值	万元	34753
（二）财政、金融		
地方一般公共预算收入	万元	181803
地方一般公共预算支出	万元	737817
其中：教育支出	万元	166070
科学技术支出	万元	2131
文化旅游体育与传媒支出	万元	10767
社会保障和就业支出	万元	98534
卫生健康支出	万元	58551
农林水支出	万元	60281
年末金融机构各项存款余额（本外币）	万元	5119040

续表 14

项目	计量单位	数量
其中：住户存款余额	万元	3256039
年末金融机构各项贷款余额（本外币）	万元	6194567
四、农业		
（一）生产条件		
耕地面积	公顷	20501.6
设施农业种植占地面积	公顷	295.3
设施林业经营占地面积	公顷	193
设施畜牧养殖占地面积	公顷	90
设施水产养殖占地（水面）面积	公顷	46
耕地灌溉面积	公顷	17810.6
高标准农田面积	公顷	19686
（二）农作物播种面积	公顷	50662.7
粮食作物播种面积	公顷	16007.5
其中：稻谷	公顷	11404
玉米	公顷	426.7
大豆	公顷	734.2
油料播种面积	公顷	3747.1
糖料播种面积	公顷	228.7
蔬菜播种面积	公顷	25637.5
（三）农产品产量		
粮食总产量	吨	114295
其中：稻谷	吨	82876
玉米	吨	2625
大豆	吨	3008
油料产量	吨	14021
糖料产量	吨	16394
园林水果产量	吨	268743
肉类总产量	吨	67742.6
其中：猪肉	吨	40435
牛肉	吨	749.1
羊肉	吨	247.6

续表 14

项目	计量单位	数量
禽肉	吨	25875
禽蛋产量	吨	14278
奶类产量	吨	222.8
蔬菜产量	吨	759815
水产品产量	吨	427010
（四）农产品质量		
“两品一标”农产品	个	5
“两品一标”农产品基地面积	公顷	198.7
五、工业		
规模以上工业企业	个	311
规模以上工业增加值增速	%	21
利润总额	万元	-33569
六、交通、通讯		
公路里程	公里	2124
固定电话用户	户	97806
移动电话用户	户	865671
互联网宽带接入用户	户	292407
七、贸易、外经		
社会消费品零售总额	万元	2739788
其中：限额以上消费品零售额	万元	430272
亿元及以上商品交易市场	个	1
出口总额	万美元	89960.5
当年实际使用外资额	万美元	21750
八、固定资产投资		
固定资产投资	万元	
房地产开发投资	万元	
九、教育、科技、文化、卫生		
普通中学	所	42
小学校	所	162
普通中学专任教师	人	3611
小学专任教师	人	3563

续表 14

项目	计量单位	数量
普通中学在校学生	人	45782
小学在校学生	人	80191
全年专利授权	件	724
公共图书馆图书藏量	千册	249.7
医疗卫生机构床位	张	3904
卫生技术人员	人	4713
其中：执业（助理）医师	人	1736
十、居民生活		
居民人均可支配收入	元	36117
城镇居民人均可支配收入	元	47661
农村居民人均可支配收入	元	28499
农村居民人均消费支出	元	19328
十一、社会保障		
提供住宿的民政服务机构	个	321
提供住宿的民政服务机构床位数	张	3659
城镇职工基本养老保险参保人数	人	142439
城乡居民基本养老保险参保人数	人	423624
基本医疗保险参保人数	人	850408
其中：城乡居民基本医疗保险参保人数	人	757741
失业保险参保人数	人	62449
城市居民最低生活保障人数	人	1474
农村居民最低生活保障人数	人	15202
十二、附记指标		
森林面积	公顷	111177.7
自然保护区面积	公顷	3400
污水处理率	%	97.1
其中：污水处理厂集中处理率	%	97.1
生活垃圾无害化处理率	%	100
农田灌溉水有效利用系数		0.567
农村义务教育专任教师本科及以上学历比例	%	57
涉农产业园区	个	5

注：本数据包含古雷港经济开发区。

说明

一、本索引采用主题词分析法，按主题词首字汉语拼音字母（同音字按声调）顺序排列。

二、栏目、分目标题用黑体字。“专记”“大事记”“人物 荣誉”“附录”内容不作索引。

三、索引主题词后的数字表示页码，数字后的 a、b、c 表示栏别左中右。

四、空一字起排的款目为上一主题的“附见”。

C

D

E

F

G

H

J

K

L

M

N

P

Q

R

S

T

W

X

Y

Z